KB125838

자각몽과
유체이탈의
모든 것

THE PHASE: a Practice Course on Out-of-Body Experiences
by Mikhail Raduga

페이즈 현상의 메커니즘,
진입기법과 응용사례,
총체적 조감까지

자각몽과 유체이탈의 모든 것

미하일 라두가 지음
이지윤, 이균형 옮김

정신세계사

자각몽과 유체이탈의 모든 것

미하일 라두가 짓고 이지윤, 이균형 옮긴 것을 정신세계사 정주득이 2016년 3월 31일 처음 펴내다. 김우종이 다듬고, 김윤선이 꾸미고, 한서지업사에서 종이를, 영신사에서 인쇄와 제본을, 김영수가 기획과 홍보를, 하지혜가 책의 관리를 맡다. 정신세계사의 등록일자는 1978년 4월 25일(제1-100호), 주소는 03965 서울시 마포구 성산로4길 6 2층, 전화는 02-733-3134, 팩스는 02-733-3144, 홈페이지는 www.mindbook.co.kr, 인터넷 카페는 cafe.naver.com/mindbooky이다.

2023년 3월 20일 펴낸 책(초판 제4쇄)

ISBN 978-89-357-0399-9 03180

이 도서의 국립중앙도서관 출판시도서목록(CIP)은 서지정보유통지원시스템 홈페이지(http://seoji.nl.go.kr)와 국가자료공동목록시스템(http://www.nl.go.kr/kolisnet)에서 이용하실 수 있습니다.
(CIP제어번호: CIP2016007272)

차례

4부 의식 진화 2.0

서문

나는 곧 모든 인간이 동시에 두 세계에 존재할 수 있게 되리라고 생각한다.

의식을 페이즈 상태•에 들게 하는 훈련은 현대인들이 추구해볼 만한 가장 뜨겁고 가망성이 보장된 공부거리다. 예전과는 달리 '유체이탈체험'이니 '아스트랄 투사'니 하는 것들을 둘러싸고 있던 신비주의적 베일은 이미 거두어졌고, 면밀한 과학적 연구가 그런 현상들의 진짜 원리를 파고들고 있다. 이제는 누구든지, 그것도 각자의 세계관과는 무관하게 페이즈 상태를 경험할 수 있게 되었다. 그 방법을 쉽게 익히고 효과적으로 활용할 수 있는 시대가 된 것이다.

이 안내서는 내가 지난 10년간 페이즈 상태를 몸소 철저히 체험하고 연구해온 결과물인 동시에 수천 명의 사람들에게 그 기법을 가르쳐온 경험으로부터 나온 것이다. 나는 이 현상을 접하고자 하는 사람들이 마주치게 될 모든 장애물과 문제점을 알고 있으며, 이 책을 통해 그들을 그것들로부터 보호해주고자 한다.

• phase는 달(月) 또는 주파수의 위상 변화를 나타내는 말로서 이 책에서는 유체이탈(자각몽) 상태 또는 현상을 뜻한다. 역주.

이 책은 가볍게 읽고 치워버리는 독서 취향을 가진 이들을 위한 것이 아니라 정말로 뭔가를 배우고자 하는 이들을 위한 것이다. 이 책에는 모호한 추측이나 과장된 이야기가 전혀 담겨 있지 않다. 오직 철저히 실용적인 연습법과 명확한 절차, 있는 그대로의 사실만이 있을 뿐이다. 이 책의 내용은 무수한 — 물론 사전 경험이 없는 사람들을 포함한 — 실습자들의 성공을 통해 입증되었다. 당신이 그들과 같은 결과를 얻기 위해 필요로 하는 것은 그저 각 장章을 철저히 읽고 과제를 완수하는 것뿐이다.

이 책은 초보자만이 아니라 유체이탈체험이 어떤 느낌인지를 이미 알고 있는 유경험자들에게도 유용하다. 이 책은 페이즈 상태에 들어가는 것뿐 아니라 그 상태를 제어하는 방법까지 제시해주기 때문이다.

사람들의 선입견과는 달리, 페이즈 상태를 체험하는 것은 전혀 어려운 일이 아니다. 올바른 방법으로 꾸준하게 연습한다면 평균적으로 일주일 이내에 결과를 얻을 수 있다. 다시 말해서, 이 책의 페이즈 기법들은 말 그대로 '단 몇 번의 시도'만으로 효과를 발휘한다.

미하일 라두가

페이즈 연구센터 설립자

1부

사흘 안에 페이즈 진입하기

초보자를 위한 간단한 참고사항

성공률:

1~5회 시도할 경우(1~3일) — 50%

6~10회 시도할 경우(2~7일) — 80%

11~20회 시도할 경우(3~14일) — 90%

페이즈 현상

아주 오래전의 사람들에게는 자각의식이 없었다. 하지만 자각의식이 생기자 그것은 점차 발달하여 깨어 있는 시간의 대부분을 장악하게 되었고, 이제는 깨어 있는 시간 너머의 다른 의식상태로까지 영역을 넓혀가고 있다. 특히 REM 수면상태와 자각의식의 결합은 인간이 경험할 수 있는 가장 놀라운 의식현상 — '몸을 벗어난' 자기 자신을 인식하는 것 — 을 불러일으킨다. 미래의 인류는 두 종류의 세계에서 의식적으로 생활할 수 있게 될지도 모른다. 그러나 현재로서는 이 책에서 설명하는 것과 같은 특별한 기법을 사용해야만 이런 체험을 접할 수 있다.

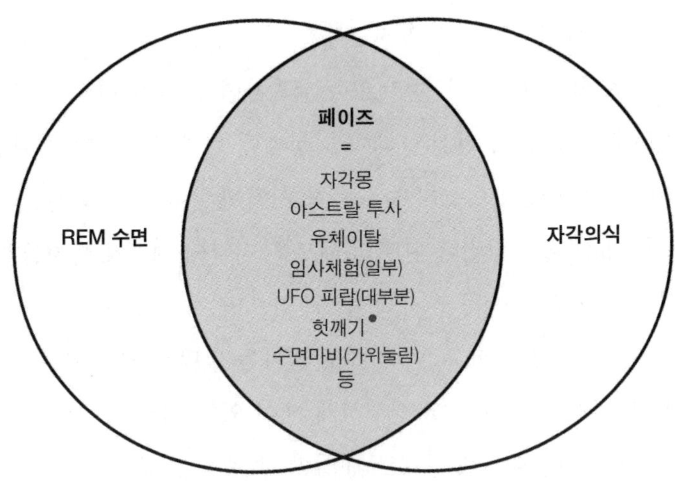

• 헛깨기: 꿈에서 깬 줄 알았는데 아직도 꿈속임을 깨닫는 것. 역자 주

페이즈 현상에 대한 암시는 성경 등의 다양한 고대문헌에서도 찾아볼 수 있다. 페이즈 현상은 임사체험, 외계인에게 납치되는 경험, 수면마비(가위눌림) 등과도 연관이 깊다. 많은 오컬트 단체들이 페이즈 상태에 숙달되는 것을 최고의 성취로 여겨왔다.

페이즈 현상의 존재 자체는 1970년대부터 과학적 사실로 받아들여졌다. 통계적 연구에 따르면 두 명 중 한 명은 살면서 이런 종류의 강렬한 체험을 하게 된다고 한다. 이 현상은 현대의 온갖 종류의 의식 훈련들과도 관련이 깊다. 단, 이를 일컫는 이름은 '아스트랄 투사', '유체이탈체험', '자각몽'에 이르기까지 다양하다. 우리는 이 현상들을 '페이즈' 또는 '페이즈 상태'라는 실용적인 용어로 부를 것이다. 왜냐하면 실제적인 훈련의 차원에서는 이것들 사이에 아무런 차이가 없기 때문이다. 우리는 이론과 관념은 던져버리고 실제로 효과가 있는 내용만을 다루며 최대한 실질적으로 접근해갈 것이다.

페이즈 현상의 감각적 지각으로 말하자면, 그것은 단순한 심상화의 수준이 아니다. 이 현실은 페이즈 상태에 비하면 혼미한 백일몽에 지나지 않는다! 페이즈 상태에서는 침대 위에 누워 있는 육신을 느낄 수 없다. 대신 모든 감각은 완전히 새로운 지각의 세계로 빠져들게 된다. 당신은 어떤 것이든 만지고 볼 수 있으며 걷고, 날고, 먹고, 마시고, 고통과 기쁨을 느끼고, 이 외에도 얼마든지 많은 일을 할 수 있다. 그것도 평상시보다 훨씬 더 생생하게 깨어 있는 의식 속에서 말이다! 많은 초보자들이 페이즈 상태로 진입할 때 충격을 받고, 심지어는 죽음의 공포까지 느끼게 되는 이유는 바로 이 때문이다. 인식의 측면에서 말하자면 이것이야말로 진짜 평행우주다.

당신은 페이즈 현상을 통해 다양한 도움을 얻을 수 있다. 페이즈 상태에서는 지구, 우주, 시간 자체를 여행할 수 있다. 친구나 가족, 고인故人, 유명인사 등 원하는 누구라도 만날 수 있다. 새로운 정보를 획득해서 일상생활을 개선시킬 수도 있고, 생리기능에 영향을 미쳐서 질병을 치료할 수도 있다. 자신의 감춰진 욕구를 깨달아 창의력을 계발할 수도 있다. 한편 신체적 장애가 있는 사람들도 페이즈 상태에서는 모든 족쇄로부터 해방되어 물리적 세계에서는 불가능한 일들을 해낼 수 있다. 지금 내가 언급한 것들은 페이즈를 일상적으로 활용함으로써 우리가 얻을 수 있는 혜택의 빙산의 일각일 뿐이다!

페이즈를 배우는 데 수년 혹은 수개월이 필요하다고 말하는 책을 읽은 적이 있다면 당신은 분명 그 과정이 무척 험난하리라고 지레짐작하고 있을 것이다. 그런 미신은 머리 밖으로 던져버리라. 우리는 21세기에 살고 있다! 이 책에 나와 있는 지침들은 대부분의 사람들이 시도한 지 2~3일 만에 이 놀라운 상태를 체험할 수 있게끔 도와줄 것이다. 기억하라. 이 기법들은 페이즈 연구센터에서 수년에 걸쳐 실험하고 연구한 결과이다. 수천 명의 사람들이 여기에 제시된 기법들을 개발하고 완성하는 과정에 직접 참여했고, 실제로 이 기법이 모든 사람에게 효과가 있음을 입증했다. 당신이 해야 할 일은, 최대한 정확하고 주의 깊게 이 단순한 지침들을 따라 행하는 것뿐이다. 그렇게만 한다면 당신은 말뜻 그대로 '두 세계'에서 살 수 있게 될 것이다!

몸을 벗어나기 위해서 알아야 할 세 가지 기본적인 방법이 있다. 이 방법들은 각기 하루 중 서로 다른 시간에 사용된다. 다시 말해서 잠에서 깬 직후, 잠자는 동안, 그리고 잠자리 밖의 깨어 있는 시간을 구분해서 접근해야 한다. 우리는 가장 쉬운 방법부터 시도해볼 것이다. 이것은 잠에서 막 깨어났을 때 간접적인 분리기법들을 반복해서 행하는 방법이다. 지침은 아주 간단하다. 이 방법을 습득하고 나면 잠을 자지 않고도 저녁이나 일과 중에 몸을 벗어나는 방법도 시도해볼 수 있다.

간접기법: 단계별 지침

이제 당신은 유체이탈 감각을 체험해보기로 마음먹고 그것을 가능한 한 빨리 성취하고자 한다. 이를 위해 가장 쉬운 방법을 간략하게 설명할 것이다. 간접기법이란 간접적인 분리기법들을 반복해서 연습하는 것이다. 이는 페이즈 체험을 얻기 위한 가장 보편적이고 효과적인 방법이다. 이 기법은 전 세계 수천 명의 사람들과 함께 페이즈 연구센터에서 다듬어진 것이다. 이 기법의 비결은 바로 '잠에서 깨자마자' 실행하는 데 있다. 이때 인간의 뇌는 생리학적으로 페이즈 상태에 매우 근접해 있거나 혹은 여전히 그 상태에 있다.

흥미로운 사실!

이 기법은 단 사흘간의 세미나 기간 동안에도(실제로 실습하는 기간은 이틀임) 무려 80퍼센트의 성공률을 보인다. 50명 또는 그 이상의 사람들로 이루어진 대규모의 세미나에서도 마찬가지다. 한번은 둘째 날이 지나기 전에 참가자의 절반 이상이 페이즈를 경험했고, 그중 상당수는 두 번 이상의 경험을 보고하기도 했다.

이 기법은 잠에서 깬 즉시 몸으로부터 '분리해 나오는' 기법들로 이루어져 있다. 만약 첫 시도가 실패할 경우에는 약 1분 동안 여러 기법들 중 한 가지가 효과를 발휘할 때까지 번갈아 시도하게 된다. 그중 하나가 효과가 있다면 성공적으로 몸으로부터 분리될 것이다.

통상적으로 결과를 얻는 데 필요한 것은 1~5회 정도 기법들을 적절히 시도하는 것이 전부다.

이 기법은 한밤중뿐만이 아니라 낮잠에서 깰 때에도 매우 효과적이다. 그러나 우리는 최적의 전략, 즉 잠을 푹 잔 후 깨어나는 순간에 집중할 것이다. 이것을 (잠의) '연장술'이라고 한다. 연장술은 하루에도 여러 번 시도해볼 수 있다. 연장술은 사흘 이내에 페이즈를 경험할 수 있도록 성공의 가능성을 크게 높여준다.

1단계: 여섯 시간 동안 잠을 잔 후 알람을 듣고 일어나라

일찍 일어날 필요가 없는 한가한 날의 전날 밤, 평소와 같은 시간에 잠자리에 들어 약 여섯 시간 동안만 잠을 자도록 알람시계를 맞추라. 알람이 울려서 일어나면 물 한 잔을 마시고 화장실에 가서 다시 한 번 이 지침을 읽어보라. 전날 밤 잠들기 이전에는 그 어떤 기법도 절대 시도하려 들지 말라. 당신은 그저 누워서 숙면을 취하기만 하면 된다. 여섯 시간 동안 잠을 푹 잘수록 좋은 결과를 얻을 확률이 높아진다.

2단계: 의도를 품고 잠들라

3분~50분 동안 깨어 있는 상태로 있다가 잠자리로 돌아가서, 다시 깨어날 때마다 어떤 방식으로 간접기법을 행할 것인지, 그리고 준비한 행동계획을 어떻게 실행할 것인지에 주의를 집중하라. 이때는 알람시계를 맞출 필요가 없다. 매번 자연스럽게 잠에서 깨어나야 한다. 방이 너무 밝으면 안대를 착용해도 좋다. 시끄러워서 잠들기 어려우면 귀마개를 사용하라.

간접기법을 위한 연장술

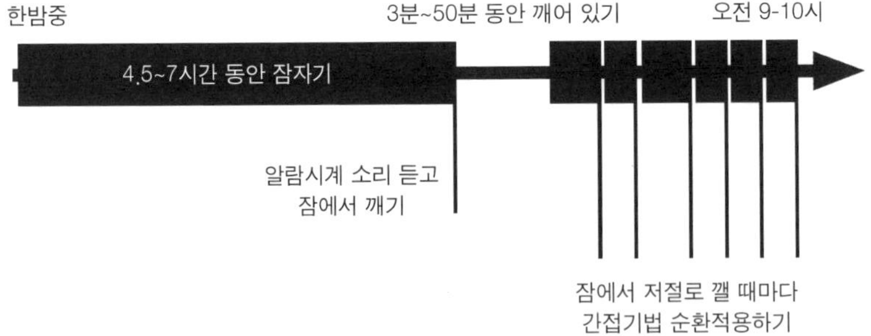

또한 잠에서 깰 때 몸을 움직이지 않도록 하는 데 주의를 집중하라. 이것은 필수사항은 아니지만 간접기법의 효율을 상당히 높여줄 것이다.

이제 두 시간에서 네 시간 동안 잠을 자되, 그 중간에 저절로 잠에서 깨게 되는 순간들을 활용하라. 평소보다 훨씬 더 자주 잠에서 깰 것이다. 기법을 시도한 후에는 성공 여부와는 상관없이 이전과 동일한 의도를 품은 채 잠에 들고, 깰 때마다 다시 연습을 행하라. 이런 방식으로 당신은 하루 만에도 여러 번의 시도를 해볼 수 있다. 초보자들조차 약 4분의 1의 성공률을 보인다.(경험이 많은 실습자들은 70~95퍼센트의 성공률을 보인다).

3단계: 깨는 순간 분리해 나오라

매번 잠에서 깰 때는 움직이거나 눈을 뜨지 말라. 대신, 즉시 몸으로부터의 분리를 시도하라. 간접기법을 사용해서 성공한 사례의 50퍼센트는 그저 단순한 '의도'밖에 없는 이 첫 단계에서 이뤄진다. 너무나 단순해서 효과가 있으리라고는 기대조차 않는 이 단계에서 말이다.

육체로부터 분리해 나오기 위해, 그저 일어서거나 몸을 옆으로 굴리거나 공중으로 떠오른다고 '상상'해보라. 당신의 마음이 인식하고 있는 그 몸(유체)으로써 시도하되, 실제 근육을 움직이지는 말라. 명심하라. 이 움직임은 평상시의 육체적 동작과 다름없는 느낌으로 지각될 것이다. 순간이 닥쳤을 때, 방법에 대해서는 너무 골똘히 생각하지 말라. 그저 잠에서 깬 직후의 순간에 당신이 할 수 있는 모든 방법을 동원해서 어떻게든 몸으로부터 분리해 나오게끔 무엇이든 마구 시도해보라. 대부분의 사람들은 분리해 나오는 법을 직관적으로 알아낸다. 가장 중요한 점은 너무 골똘히 생각하지 않는 것, 그리하여 깨어난 직후 몇 초의 순간을 놓치지 않는 것이다.

흥미로운 사실!

페이즈 세미나의 두 번째 시간에 참가자들은 어떻게 몸으로부터 분리될 수 있었는지를 자기만의 언어로 설명해보라는 요청을 받게 된다. 단 '쉽게', '단순히', '평소처럼' 등의 단어를 사용하지 않는 것이 조건이다. 그러나 대개 이 조건은 지켜지지 않는다. 왜냐하면 분리는 항상 '쉽게', '단순히', '평소처럼' 일어나기 때문이다.

4단계: 첫 시도 후에는 여러 기법을 번갈아 행하라

'순간분리'가 되지 않는 경우에는 — 결과는 3~5초 후면 분명해진다 — 그에 바로 뒤이어서 아래의 기법들 중에서 당신에게 가장 쉽게 느껴지는 것을 두세 개 골라서 어느 하나가 효과를 발휘할 때까지 번갈아 행해보라. 이런 방법으로 당신은 재차 분리를 시도할 수 있다. 즉각 실행할 수 있도록, 잠들기 전에 미리 아래의 다섯 가지 기법 중 두세 개를 골라두라.

회전하기

3~5초 동안 가능한 한 생생하게, 머리에서 발끝으로 이어지는 축을 따라 왼쪽이나 오른쪽으로 몸을 회전한다고 상상해보라. 감각에 별다른 변화가 없다면 다른 기법으로 넘어가라. 몸이 회전하는 듯한 감각이 실제로, 혹은 아주 조금이라도 느껴진다면 이 기법에 더욱 집중해서 더 강하게 시도해보라. 회전하는 느낌이 안정되고 생생해지면 그것을 출발점으로 삼아 몸으로부터의 분리를 다시 시도해보라.

헤엄치기

3~5초 동안 최대한 확연하게, 당신이 수영을 하고 있거나 팔로 수영 동작을 하고 있다고 상상하라. 어떻게든 그 감각이 생생하게 느껴지게 해보라. 아무런 변화가 없다면 다른 기법으로 넘어가라. 수영하는 듯한 감각이 느껴진다면 기법을 바꿀 필요가 없다. 대신 그 느낌을 강화시키라. 실제로 물속에서 수영하는 듯한 감각이 온다면 이미 페이즈 상태에 있는 것이다. 이미 페이즈 속에 있다면 분리를 시도할 필요가 없다. 그러나 어중간한 상태에 있다면 분리를 시도해야 한다. 수영하는 느낌을 출발점으로 삼으라.

이미지 관찰

눈을 감은 상태 그대로, 눈앞의 빈 공간을 3~5초 동안 응시하라. 아무 일도 일어나지 않으면 다른 기법으로 넘어가라. 어떤 이미지가 보인다면 그 이미지가 생생해질 때까지 응시하라. 이미지가 생생해지면 바로 그때 분리를 시도하거나 자신이 그 이미지에 끌려 들어가도록 허용하라. 이미지를 응시할 때는 그것이 사라질까봐 세부적인 모습까지 살피려 들지 않는 태도가 중요하다. 그저 그 이미지를 빠르게 훑어보라. 그런 태도가 오히려 그 이미지를 더 생생해지게 만들어줄 것이다.

손의 심상화

3~5초 동안 생생하고 확연하게, 당신의 양손을 눈앞에서 비비고 있다고 상상하라. 어떻게든 당신 앞에 있는 양손을 느끼고, 보고, 심지어는 비비는 소리까지 들으려고 해보라. 아무 일도 일어나지 않는다

면 다른 기법으로 넘어가라. 여러 가지 감각 중 하나라도 느껴지기 시작한다면 계속 이 기법에 집중하여 느낌이 완전히 살아나게 하라. 그러면 그 감각을 출발점으로 삼아 몸으로부터 분리를 시도할 수 있다.

유체幽體 움직이기

3~5초 동안 손이나 발을 움직인다고 상상하라. 어떤 경우에도 실제 근육을 움직이지는 말라. 그저 (마음으로만) 손이나 팔을 올렸다 내리거나 좌우로 움직인다고 상상하라. 아무 일도 일어나지 않는다면 다른 기법으로 넘어가라. 약간이라도 실제로 움직이는 듯한 감각이 느껴진다면 그 동작의 폭을 최대한 넓힐 수 있도록 집중해서 해보라. 대략 10센티 이상 움직일 수 있다면 이 감각을 출발점으로 삼아 즉시 몸으로부터 분리를 시도하라.

매번의 시도에서 당신이 해야 할 일이라고는 각각 3~5초씩 할애하여 두세 가지 기법을 실행해보는 것뿐이다. 간접기법에서는 이 과정을 몇 번 반복해야 한다. 즉 실습자는 효과가 있는 기법을 발견할 때까지 약 1분의 시간 동안 이 과정을 반복한다. 한 번 시도할 때 적어도 두세 개의 기법을 총 4회 이상 행하는 것이 매우 중요하다. 명심하라. 하나의 기법이 당장 효과를 발휘하지 않는다고 해서 바로 다음이나 그 다음 회차에서도 효과가 없는 것은 아니라는 사실을. 이것이 바로 최소한 네 바퀴 정도는 돌면서 끈질기게 기법들을 번갈아 시도해봐야 하는 이유이다. 단 그 전체 시간은 1분 이내에 끝나야 한다.

간접기법의 전 과정을 예를 들어 설명하자면 다음과 같다. 페이저phaser(페이즈 실습자)는 밤 11시 30분에 침대에 누워 오전 6시로 알림을 설정한다. 오전 6시에 알람 소리를 듣고 일어나서 화장실에 간다. 그리고 물을 마시고 페이즈 상태에서 할 수 있는 흥미로운 행동계획(예를 들면 거울을 보고 화성으로 날아가기)과 함께 골라둔 간접기법들을 마음속에 챙겨놓는다.

6시 5분에 페이저는 잠이 깰 때마다 페이즈 상태로 들어가겠노라는 명확한 의도를 품고 다시 잠에 든다. 오전 7시 35분(혹은 저절로 잠이 깰 때는 언제라도) 페이저는 문득 잠에서 깨고, 그 즉시 몸으로부터의 분리를 시도한다. 3~5초 동안 변화가 없으면 페이저는 회전하기를 시도한다. 그러나 이 또한 3~5초 내에 효과를 발휘하지 않는다면 헤엄치기를 시도한다. 이 또한 3~5초 내에 효과를 발휘하지 않는다면 유체 움직이기를 시도한다. 3~5초 내에 효과가 없을 경우 페이저는 다시 돌아가서 구르기를 시도한다. 그러고 나서 헤엄치기와 유체 움직이기를 각 3~5초씩 시도한다. 그리고 다시 한 번 3~5초 동안 구르기, 헤엄치기, 유체 움직이기를 시도한다.

이제 그는 네 번째로 회전하기를 시도하는데, 이것이 뜻밖에도 효과를 발휘하기 시작한다. 회전하는 감각이 느껴진 것이다. 페이저는 이 기법에 집중하여 그 느낌을 최대한 강화시킨다. 그리고 그 느낌을 사용하여 몸으로부터 분리해 나온다.

그는 주변의 사물들을 만져보거나 세밀히 살피면서 거울을 향해 간다. 거울을 보는 동안 감각이 더욱 강화된다. 거울을 들여다본 후에는 '공간이동' 기법을 사용해서 화성에 있는 자신을 느낀다. 그러다가 그는 갑자기 몸속으로 돌아온다.

페이저는 즉시 몸으로부터 분리를 재시도하지만 이번에는 성공하지 못한다. 그는 다음번에 깨어날 때 이 시도를 반복하고, 성공하여 화성에 더 오래 머물겠다는 명확한 의도를 가지고 다시 잠속으로 들어간다.

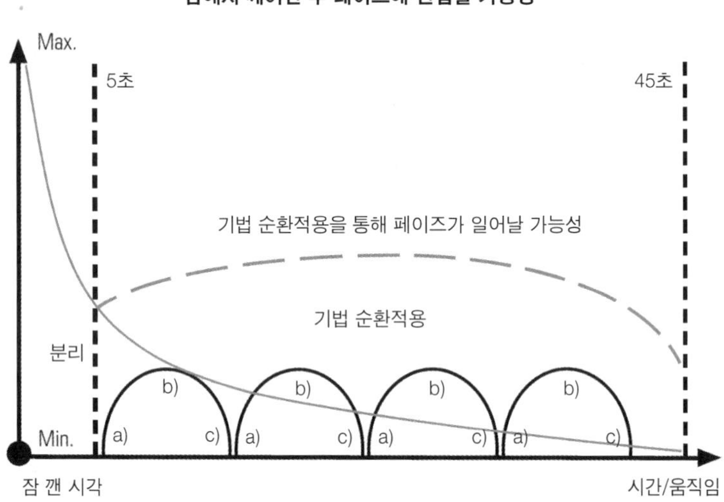

간접기법의 순환적용

1. 최초의 5초 동안은 분리기법을 시도하라
2. 즉각 분리가 일어나지 않는다면 간접기법을 행해야 한다:
   - 기법 a
   - 기법 a가 효과가 없을 경우, 기법 b를 시도하라.
   - 기법 b가 효과가 없을 경우, 기법 c를 시도하라.
3. 기법 a-b-c를 번갈아 시도해도 아무런 결과가 없을 경우, 이 과정을 적어도 3회는 더 되풀이해봐야 한다.
4. 4회를 반복해도 아무런 결과를 얻지 못했다면 다음에 다시 깰 때 전 과정을 다시 시도해볼 수 있도록 다시 잠을 잔다.

당신에게 가장 친근하게 다가오는 기법을 사용해서 이 과정을 반복하라. 그러면 당신은 당신 앞에 열린 완전히 새로운 세계를 마주하게 될 것이다!

이 기법들과 절차를 훈련하기 위해 하루 중 20~30분의 시간을 낸다면 전 과정을 충분히 기억할 수 있게 될 것이고, 그러면 효과가 더 커질 것이다. 친숙해진 기억은 깨어나자마자 행하는 시도의 성공률을 상당히 높여줄 것이다.

꿈의 자각(자각몽) 또한 페이즈 체험으로 간주된다. 꿈을 꾸고 있는 중에 문득 자신이 지금 꿈을 꾸고 있다는 사실을 깨닫게 된다면 그것은 이미 페이즈 상태인 것이다. 그러니 당신은 그 즉시 일련의 행동계획을 실행하여 그 상태가 안정되게 만들어야 한다. 꿈을 정말로 의식하게 된다면 그것은 잠을 깰 때마다 기법들을 번갈아 실행해온 덕분에 나타나는 부수효과일 것이다. 이런 부수효과는 꽤 흔히 일어나는 일이니 늘 마음의 준비를 갖추고 있어야 한다.

5단계: 시도 후

다시 잠에서 깨면 몸으로부터의 분리를 재시도할 수 있도록, 한 번 시도한 후에는 — 성공 여부와는 관계없이 — 가능한 한 다시 잠에 들라. 이렇게 하면 당신은 하루 만에 몸을 떠나는 데 성공할 수 있을 뿐만 아니라 그 첫날에만도 페이즈를 여러 번 경험할 수 있다!

흥미로운 사실!

페이즈 세미나에서 한 초보자는 첫날 아침, 잠에서 깨어난 후 여덟 번의 시도 중 여섯 번째 만에 난생처음으로 몸을 떠나는 데 성공했다.

가장 실패한 시도라도 1분 이상을 넘기지는 말아야 한다. 이 시간 동안 아무런 변화가 없다면 고집스럽게 결과를 쥐어짜내려고 하기보다는 다시 잠에 들어 다음에 잠 깨는 순간을 노리는 편이 훨씬 더 효과적이다.

페이즈 상태에서 수행할 행동계획

몸에서 분리된 즉시 그곳에서 해야 할 일들에 대한 명확한 윤곽을, 페이즈 상태에 들어가기 전에 그려놓아야 한다. 이는 경험의 질과 페이즈 상태가 일어날 가능성, 양쪽 모두를 높여줄 것이다. 아래는 초보자를 위한 가장 흥미 있는 — 가장 수월하지는 않더라도 — 페이즈 활동의 목록이다. (두세 가지 이상은 선택하지 않도록 하고 선택한 활동들을 잘 기억하라).

거울 보기 (첫 페이즈엔 필수!)
좋아하는 것을 먹거나 마시기
관광명소 방문하기
지구 위를 비행하기
우주 곳곳을 날아다니기

이웃, 친구, 가족에게 날아가기
연인 만나기
죽은 친척 만나기
유명인사 만나기
치료를 위해 약을 복용하기
페이즈 상태에서 물체들로부터 정보 얻기
과거 또는 미래로 여행하기
벽을 통과해서 걷기
동물로 변신하기
스포츠카 운전하기
오토바이 타기
물속에서 숨쉬기
자신의 몸속에 손을 넣어보기
진동을 느끼기
동시에 두 개의 몸에 존재하기
다른 사람의 몸속에 존재하기
그냥 바라보는 것만으로 물체를 움직이거나 불붙이기
술 마시기
성행위를 하고 오르가즘을 느끼기

처음으로 페이즈를 시도할 때는 반드시 거울까지 도달하는 데 성공해서 거울 속의 자기 모습을 보는 것을 목표로 세우라. 이 일을 하도록 자신을 확실히 프로그래밍해야 한다. 이것은 페이즈 상태를 정복하는 첫 번째 단계를 매우 쉽게 통과하게 해줄 것이다. 그런 다음에는 행동계획 목록의 다른 항목들을 완수하라. 다시 거울로 돌아올 필요는 없다.

페이즈 상태에서 감각이 무디게 느껴진다면 — 시력 저하나 신체 감각의 마비 등 — 주위에 있는 모든 것을 적극적으로 만져보고, 가까이 다가가서 사물의 극히 미세한 부분까지 자세히 살펴보라. 이것은 한결 더 생생한 경험을 할 수 있도록 도와줄 것이다. 몸으로 돌아가려는 첫 번째 조짐이 나타날 때 — 예컨대 모든 것이 희미해질 때 — 페이즈 상태를 더 오래 끌기 위해서는 이렇게 해야 한다.

몸으로 돌아가는 것은 당신이 걱정할 일이 아니다. 어쨌든 페이즈 상태는 몇 분 이상 지속되지 않을 테니까. 특히 페이즈 상태를 유지하는 기법을 거의 숙지하지 못한 초보자들의 경우엔 더욱 그렇다.

효과가 없는가?

깨어나자마자 5~10회 정도 몸으로부터 분리를 시도하겠노라고 자신의 목표를 분명히 정해두라. 이런 확고한 다짐만으로도 50~80퍼센트의 초보자들이 첫 결과를 얻어낸다. 계속 문제가 생길 경우에는 지금 이 페이지로 돌아오라. 분리 시도가 실패하는 이유는 99퍼센트가 아래에서 설명할 실수들 때문이다.

이 기법들을 매일같이 시도하면 성공률은 크게 떨어질 것이다! 일주일에 2~3일 이상은 시도하지 말고, 가급적이면 휴일을 골라서 연습하라. 오랜 시간 방해 없이 잠을 잘 수 있는 기회가 없다면 잠에서 깰 때마다 언제든지 간접기법들을 행해도 된다는 사실을 잊지 말라. 예를 들어 한밤중이나 심지어 낮잠을 자는 동안에도 시도할 수 있다. 가장 중요한 것은 잠들기 전에, 이 기법들을 행하겠다는 명확한 의도를 품는 것이다.

이 기법들은 단순한 것인데도 불구하고 초보자들은 고집스럽게 자기만의 방법을 따르거나, 지침을 반만 따르는 식으로 분명한 지침을 벗어난다. 기억해둬야 할 가장 중요한 점은, 이 책에 있는 지침들을 더 신중하게, 문자 그대로 따를수록 성공률이 높아진다는 것이다. 처음부터 모든 절차를 제대로 따른다면 90퍼센트의 독자는 3회 이내의 시도에서 결과를 얻을 것이다.

흥미로운 사실!

페이즈 세미나의 최대 과제는 적절한 절차를 설명하는 것이 아니라, 참가자들이 그 절차를 정확히 따르게끔 만드는 데 있다. 이 목표가 절반만 달성되어도 성공사례는 반드시 나온다.

간접기법의 수행에서 일반적으로 나타나는 실수로는 다음과 같은 것들이 있다.

1. 분리 시도를 까먹음

잠에서 깨자마자 즉시 분리를 시도하는 것만으로 페이즈 체험에 성공하는 경우는 최대 50퍼센트까지 달하기도 한다. 문제는 간접기법들을 반복하기에 앞서서 '즉각적인 분리'부터 일단 시도해야 한다는 사실 자체를 잊어버리는 것이다.

예외: 몸을 움직이면서 깨버린 경우에는 곧바로 간접기법 실행에

들어가도 된다.

2. 적극성 부족

무슨 일이 있어도 목표에 도달하고자 하는 욕구는 간접기법 성공의 관건이다. 그 결심은 건성이 아니라 수행할 행동계획에 대한 강렬한 집중으로 이어져야 한다. 결심이 부족하면 분리를 시도하는 동안 자신도 모르게 다시 잠에 빠져버리게 된다.

3. 4회 이하의 반복

무슨 일이 일어나든, 무슨 생각이 떠오르든, 간접기법들을 네 순배 이하로 행해서는 안 된다. 어떤 기법도 효과가 없는 것처럼 느껴지더라도 횟수를 채우라. 이 간단한 규칙을 따르지 않는다면 페이즈 상태로 들어갈 기회가 절반 이상 무산되어버릴 것이다.

4. 불필요한 기법전환

명확한 지침이 주어졌음에도 불구하고 초보자들은 기법이 어떤 식으로든 효과를 발휘하기 시작했을 때조차 고집스럽게 3~5초 후에 기법을 바꿔버린다. 이것은 중대한 실수다. 한 기법이 효과를 발휘하기 시작했다면 그 느낌이 아무리 미약할지라도 그 기법을 계속하면서 가능한 모든 방법을 동원해서 그것을 강화시켜야 한다.

5. 한 기법의 불필요한 지속

한 기법이 3~5초 후에도 아무런 효과를 발휘하지 않는 경우에는 단호하게 기법을 전환해야 한다. 기법 전환의 핵심은 기법들 중 하나가 효과를 발휘할 때까지 여러 개의 기법들을 신속하게 바꿔가며 행하는 데 있다.

6. 효과는 느꼈으나 분리를 시도하지 않음

어떤 기법을 썼든 효과가 느껴진다면 실습자는 그 느낌의 강도와는 상관없이 이미 페이즈 상태에 있는 것이며, 단지 아직 자신의 몸속에 머물고 있을 뿐이다. 그러므로 그 느낌을 강화하고 안정시킨 다음에는 즉각 몸으로부터 분리를 시도해야 한다. 한 번에 성공하지 못했다면 다시 그 기법으로 돌아갔다가 재차 분리를 시도하라. 효과를 느낀 직후의 몇 초간을 이용하지 않는다면 그 페이즈 상태는 대개 그대로 사라져버리고 만다. 페이즈 상태를 느끼면서도 당신의 몸속에 계속 누워 있지 말라!

7. 지나친 분석

만약 당신이 잠을 깨서 간접기법들을 반복해나가는 동안에 머리로는 무슨 일이 일어나고 있는지를 계속 분석하려 든다면, 당신은 기법 자체에 집중하고 있는 것이 아니라 곁길로 새고 있는 것이다. 이것은 결과를 얻을 수 있는 거의 모든 기회를 놓쳐버리게 만들 것이다. 마음속에 분석이나 생각을 위한 여지를 남겨두지 말고 오직 그 효과를 경험하고자 하는 욕구만이 당신을 완전히 압도하도록 해야 한다.

8. 지나치게 맑은 정신으로 깨어남 (아무런 시도가 없거나 부진한 시도)

잠에서 깨어 정신이 너무 맑아졌다고 생각하는 실습자는(사실 그중 70~90퍼센트는 정말로 맑게 깨어난 것이 아니라 스스로 맑은 것처럼 느끼는 것일 뿐이

다) 아무것도 시도하지 않거나 매우 소극적인 태도로 기법을 시도하게 된다. 이것은 전혀 시도하지 않는 것이나 매한가지다. 그저 자동적으로 지침을 따라하기만 하되, 깨어난 순간에 의식이 각성된 정도 따위에는 신경을 쓰지 말아야 한다.

9. 1분 이상의 시도

1분 동안 기법들을 반복했는데도 아무런 결과를 얻지 못했을 경우에는 고집스럽게 계속하기보다는 다음번 다시 깨어날 때 새로운 시도를 하기 위해 바로 잠에 드는 것이 성공률을 훨씬 더 높여준다.

10. 불완전한 분리

분리를 시도할 때, 때로는 분리가 쉽게 되지 않거나 완전히 되지 않는 경우가 있다. 움직임이 느릿느릿하거나 특정 부위가 움직여지지 않는 느낌, 동시에 두 개의 몸속에 갇힌 것 같은 느낌 등이 일어날 수 있다. 그렇더라도 절대 포기하지 말라. 몸으로부터 분리해 나오기를 멈추지 말라. 당신이 온 힘을 다해서 이 문제에 대처한다면 완전한 분리가 일어날 것이다.

11. 페이즈 상태를 인지하지 못함

실습자들은 흔히 페이즈 상태에 들어섰다가도 일어난 일이 기대했던 바와 다르다는 느낌 때문에 이내 몸으로 되돌아가버리곤 한다. 예를 들어 이미지 관찰 기법을 통해 어떤 풍경 속으로 끌려 들어가거나 자기도 모르게 몸을 굴려서 다른 세계 속으로 내던져진 실습자들은 종종 '분리' 그 자체의 느낌을 경험해야만 한다고 생각하기 때문에 몸으로 되돌아오게 된다. 꿈을 꾸다가 그것이 꿈임을 자각하게 되는 경우에도 마찬가지다. 이미 페이즈 속에 있다면 그 느낌을 더욱 강화하고 행동계획을 실행해야만 그 상태가 지속된다.

12. 움직이면서 일어났다는 이유로 시도를 하지 않거나 소극적으로 시도함

부동자세로 잠에서 깨는 것은 바람직하긴 해도 필수조건은 아니다. 제대로 된 깨어남을 기다리면서 대부분의 기회를 포기해버리는 것은 말이 되지 않는다. 매번의 깨어남을 최대한 활용해야만 한다.

13. 처음 몇 초의 허비

깨어나자마자 1초도 허비하지 않고 즉각 분리를 시도하고 반사적으로 간접기법들을 속행하는 습관을 들이라. 깨어남과 시도 자체 사이에 시간이 많이 경과할수록 성공률은 낮아진다. 잠에서 깬 정확한 순간 말고, 잠으로부터 깨어 있는 의식의 수면으로 '떠오르고 있는' 과도기적인 순간을 잡아채는 법을 터득하는 것이 가장 좋다. 바로 그 과도기적 순간에는 거의 항상 분리를 성공시킬 수 있다.

14. 동일한 유형의 기법 선택

(이 책의 다른 부분들에서 소개하는 기법을 사용하는 경우) 서로 비슷하거나 같은 감각에 집중하는 기법들을 연달아 선택하는 것은 의미가 없다.

15. 한 가지 기법만을 사용

깨어나자마자 간접기법을 반복하는 것은 누구에게나 효과를 발휘

할 수 있는 보편적인 방법이다. 단, 여러 기법들을 번갈아 사용하는 경우에 한한다. 각각의 시도마다 완전히 다른 기법을 써야만 효과가 잘 발휘되기 때문에 한 가지 기법만을 사용하는 것은 적어도 두 개의 기법을 번갈아 쓰는 것보다 성공률을 상당히 감소시킨다.

16. 신체 동작으로 오인함

몸으로부터의 분리는 종종 평소의 신체 움직임과 거의 구별이 되지 않기 때문에 초보자들은 자신의 성공을 믿을 수 없어한다. 그들은 분리를 신체적 움직임으로 오인한다. 그러고는 실망해서 다시 몸속으로 들어가 눕는다. 이런 경우에는 상황을 주의 깊게 식별하면서 어떻게든 그것이 현실인지 아닌지를 확인해야(reality check) 한다.

성공의 네 가지 원칙

무슨 일이 있어도 실행하라.

몸으로부터 분리해 나와 페이즈로 진입하는 기법을 행하는 순간에는 마치 그것이 삶의 유일한 목표이자 임무인 것처럼 집중하라. 몸을 떠나기를 절실히 갈구하라.

적극적으로 덤비라.

당신의 모든 열정과 갈망을 에너지로 쓰라. 간접기법들로부터 효과를 얻어내어 성공하고야 말겠다는 적극성을 갖추라.

스스로 확신하라.

시도하는 동안 결과를 최대한 확신하라. 자기 자신이나 결과에 대한 확신이 없다면 페이즈로 진입할 가능성은 상당히 낮아질 것이다. 거의 모든 페이즈 진입은 '이제 나는 해낼 거야'와 같은 확신을 동반한다. 반면 실패한 시도에는 '시도는 해보겠지만 잘 될지 몰라'와 같은 생각들이 덧붙어 있다.

로봇처럼 하라.

절차를 따라 기법을 행할 때는 다른 아무것도 생각하지 말라. 당신은 이미 지침을 가지고 있다. 그것이 당신에게 어떻게 보이든, 어떤 생각이 떠오르든 상관 말고 그냥 지침을 따르라. 로봇처럼 하라는 말은 또한 '정확히' 하라는 말도 된다. 간접기법은 전 세계 수천 명의 실습자들의 실습을 통해 다듬어진 것이기 때문에 그 어떤 세부사항도 소홀히 해서는 안 된다.

성공했다!

간접기법을 사용해서 적어도 3~5회 페이즈 상태에 들어가는 데 성공했다면 연습을 체화하기 위해 서서히 고급 단계로 넘어갈 수 있다. 이제 당신은 미래의 인간이며, 남은 일이라곤 당신의 새로운 능력을 연마하는 것뿐이다!

2부

100가지 페이즈

안내 및 동기부여를 위한 실제 체험들

제1장

첫 유체이탈체험

페이즈 연구센터, 전 세계의 페이즈 학교 세미나, 여러 나라 언어로 된 웹사이트와 포럼 등의 메일함은 페이즈 진입을 증언하는 글로 매일같이 홍수를 이루고 있다. 유체이탈체험이 실제로 어떻게 일어나는지를 생생하게 보여주기 위해서 이들 중 일부를 이 책에 수록한다. 물론 언어만으로는 사람들이 체험하는 느낌의 10분의 1도 전달할 수 없지만, 페이즈 체험이 모든 사람에게 얼마나 중요하고 매혹적인지를 보여주기에는 충분하다고 본다. 우리 포럼의 '실습자 블로그'에서도 수천 개의 페이즈 체험담을 찾아볼 수 있다.

먼저 처음으로 페이즈를 체험한 초보자들의 이야기부터 시작해보자. 이야기는 진입 방법 및 기법의 순으로 소개되었다.•

• 2부의 경험담에서 언급되는 몇몇 생소한 기법과 용어들은 3부에서 자세히 설명될 것이다. 기법들을 이해한 후에 에피소드를 읽고 싶은 독자들은 3부를 먼저 읽어도 무방하다. 역자 주.

깨어난 즉시 분리해 나오기

여기 소개된 이야기들은 간접기법 순환적용의 맨 첫 번째 단계 — 즉 깨어나자마자 즉시 분리하기 — 를 시도해서 처음으로 페이즈를 체험하게 된 사례들이다.

덴마크 실케보르에 사는 조니 아스무센

어느 날 아침 나는 움직이거나 눈을 뜨지 않고 잠에서 깨어났는데, 그것은 매우 좋은 느낌이었다. 그 순간 나는 간접기법을 행해야겠다고 생각했다. 그러나 대신 나는 스스로에게 "몸 떠나기를 시도해봐"라고 말하고, 침대 곁에 앉아야겠다고 생각했다. 나는 등을 대고 누워 있었는데 아직은 전혀 움직이지 않고 있었다. 나는 최선을 다하기로 마음먹었다. 그리고 '그냥 해!'라고 생각했다. 그와 거의 동시에 나는 침대 옆에 앉아 있었다.

나는 내가 전혀 움직이지 않은 것을 알고 있었다. 나는 절대 그렇게 빨리 침대에서 일어나지 않기 때문이다. 그것은 눈 깜짝할 사이에 일어났다.

그 완전한 자유를 즐기는 와중에 나는 행동계획을 잊어버렸고 다음에 해야 할 가장 중요한 것 — 심화시키기 — 을 잊어버리고 말았다. 앉아 있는 동안 나는 내 몸을 보기 위해 고개를 돌렸다. 내가 몸 밖에 나와 있음을 120퍼센트 확인하기 위해서였다. 나는 침대를 내려다보았다(잘못된 현실점검임: 저자 주). 나는 내 '진짜' 몸속에서 천장을 보며 깨어났다(페이즈로 다시 들어갔어야 함: 저자 주).

그것은 매우 짧고 순식간이었지만 페이즈였다. 나는 죽을 때까지

이 일에 흠뻑 빠질 것이다!

러시아 모스크바에 사는 알렉산드르 디렌코프

나의 첫 페이즈 진입은 밤에 일어났다. 한동안 잠이 오지 않았기 때문에 침대에 누워 페이즈에 대해 생각하고 있었다. 나는 잠시 졸다가 다시 깼다. 이번에는 연습하기에 적절한 상태에 있었고 쉽게 몸을 굴렸다(거의 무의식적이고 반사적으로). 나는 촉각을 따라 더 깊은 상태로 들어갔고, 그러고 나서 물속으로 거꾸로 뛰어들었다. 많은 경험들이 기억에서 지워져버려서 유감스럽지만 심화 이후 할머니 집 마당에 떨어진 것은 기억한다. 그 후 의식을 잃었고 나는 내 몸으로 돌아와 여러 번 몸에서 굴러 나오기를 시도했다.(행동계획이 없음: 저자 주) 모든 감각을 예민하게 만들 수는 없었다. 한 감각을 심화시키면(예컨대 촉각) 다른 감각(시각)이 희미해졌다. 그 이후의 여행에 대해서는 기억에 공백이 생겼다(자각의식과 명료도가 약했고, 몇 번 잠들었다가 '다시 떠올랐다'). 그러나 많은 곳에 가봤다는 사실은 기억난다.

그 에피소드는 이렇게 끝났다. (먼저 약간 심화를 한 후) 나는 높은 다이빙대에서 머리부터 물속으로 다이빙을 했다. 그러고 나자 촉감은 점점 더 선명해졌다. 나는 '물'을 느꼈고 아주 부드러운 '바닥'에 머리를 부딪쳤다. 의지력을 써서 중단된 다이빙을 재개했지만 곧 할머니가 나를 깨우고 싶어한다는 것이 생각났다. 내 자각의식의 수준은 충분하지 못했다. 사실은 할머니 집이 아니라 기숙사에서 잠을 자고 있다는 사실이 생각나지 않았기 때문이다. 그래서 나는 몸속으로 돌아가야 한다고 생각했다. 이 생각을 품자마자 곧바로 떨어졌고, 숙취 때 느끼는 것과 비슷한 느낌이 따라왔다.

앤서니 푸치

나는 좀 불쾌한 꿈을 꾸고 있었다(무엇인지는 기억나지 않지만 나를 조금 동요시켰다). 나는 눈을 감은 채 잠에서 깼고 몸은 전혀 움직이지 않았다. '그래, 한번 시도해보자'라고 마음먹었다. 나는 근육을 쓰지 않고 팔을 움직이려고 시도했다. 팔이 약간 떴다. 나는 분리되었을 때 느꼈던 얼얼한 감각을 상기하는 것이 도움이 된다는 것을 경험한 적이 있다. 세상에. 드디어 효과가 있다!

일어날 시간이 왔을 때 여전히 약간의 의구심을 가지고 있었지만 그럼에도 시도를 했고, 완전한 분리 후 '전기충격'과 같은 느낌이 지나가는 것을 느꼈다. 나는 "해냈다!"고 외쳤다. "이제 그녀를 보러 갈 수 있어." 그녀가 누구인지는 나중에 내키면 설명하겠지만, 일단 그녀를 미아라고 부르겠다. 그녀가 이 이야기와 관련이 있고 이 이름이 타이핑하기가 간단하기 때문이다. 나는 평정을 되찾고 경험을 심화시켜야 한다는 점을 상기하고 그렇게 했다. 벽과 침대 기둥과 옷을 느껴보았다. 나는 잠잘 때 입고 있었던 옷 대신 매우 긴 셔츠(허리 아래로 내려오는)와 복서용 짧은 팬츠를 입고 있었다.

시야가 돌아오자 모든 것이 실제보다 크게 보여서 기분이 약간 불안했다. 무서운 영화를 본 후에 느껴지는 공포감과 같은 느낌이었다. 그럼에도 불구하고 나는 더 밀어붙였다. 나는 문으로 다가가서, '미아가 이 문 뒤에 있어'라고 마음속으로 생각했다. 하지만 나는 낯선 곳이 아니라 우리 집 복도에 와 있었다. 역시 모든 것이 실제보다 약간 컸고 어떤 장소들은 매우 희미한 녹색 빛으로 덮여 있었다. 나는 손짓을 하며 "미아?" 하고 그녀의 이름을 불렀다. 목소리는 작고 떨렸다. 무슨 이유에서인지 평정심을 되찾을 수 없었다. 나는 계속해서 그녀의 이름을 부르며 "어디에 있니?"라고 물었다.

"응? 나 여기 있어"라고 응답하는 그녀의 목소리가 머릿속에 들렸다. 나는 반쯤 공포에 빠진 채 그녀를 찾아 집안 곳곳을 살피며 복도를 내려갔다. 내가 가는 모든 곳이 평소보다 크고 녹색으로 희미하게 빛나고 있었다. 나는 "여기가 어디지?"라고 외쳤다. 미아의 목소리가 다시 "늘 있던 곳"이라고 대답했다. 안달이 났다. 미아가 너무나 보고 싶어서 "늘 있던 곳이 어딘데?"라고 물었다. 나는 내가 지나온 곳을 되짚어갔다. 어쩌면 그녀는 내 뒤에 있었는지도 모른다.

유감스럽게도 내 이야기는 여기서 끝이다. 그 후 바로 몸속으로 돌아와버렸기 때문이다. 다시 몸을 떠나보려고 시도했지만 꿈쩍도 할 수 없었다. 마음속에 남아 있는 의심과 두려움이 방해가 된 것 같다. 기법 수행에서 몇 가지 실수를 한 것을 알고 있다. 즉 나는 그 문을 열면 미아를 만나게 될 거라고 100퍼센트 확신하지 못했고, 페이즈 상태를 유지하지도 못했다.

러시아 페름에 사는 스뱌토슬라프 바라노프

나는 옆으로 누운 채 깨어났다. 더 자고 싶지는 않았지만 어쨌든 눈을 다시 감았다. 등을 대고 누웠을 때 금방 소파에서 떨어질 것 같은 감각이 느껴졌고(나는 가장자리에 누워 있었다) 마치 어딘가로 끌어당겨지는 것처럼 일종의 흡인력이 느껴졌다. 다시 자리에 누웠는데, 윙윙거리는 소리가 들리기 시작했다. 그리고 눈앞에 녹색 빛이 나타났다. 난 더 뒤로 누웠고 눈꺼풀이 떨리기 시작했다. 그 순간 소파에서 떨어질지도 모른다는 생각이 들었는데 그 후 시야가 열려서 보니 나는 이미 소파 옆의 바닥에 누워 있었다! 일어서자 마치 술을 마셨을 때처럼 방이 빙빙 돌고 있었다. 하지만 모든 것은 금방 정상으로 돌아갔다. 그 순간 나는 이것이 바로 페이즈 상태라는 것을 깨달았다! (심화시키지 않았음: 저자 주)

나는 황홀경 속에서 기법에 대해서는 완전히 잊어버리고 방을 둘러보러 다녔다.(행동계획을 하지 않았음: 저자 주) 모든 것들이 현실에서와 동일했지만 몇 가지는 제 자리를 벗어나 있었다. 나는 위로 떠오르기를 시도하여 몸이 등쪽으로 구부러졌고, 그다음 어떻게인지 바깥으로 나와 있게 되었다. 밖은 어두웠고 땅에는 많은 눈이 쌓여 있었다. 집 주변을 둘러보면서 공중부양을 시도했다. 나는 위쪽으로 날아올라 수평선과 일몰을 보았다. 그러나 곧 고도를 잃고 내려오기 시작했다. 집의 다른 쪽 창문으로 날아간 후, 나는 지붕까지 가보고 싶었다. 하지만 거기서 막혀버렸다(유지하지 않았음: 저자 주). 그 찰나, 나는 내가 '아무 데도 없다'고 느꼈다. 하지만 그때 육안이 (어렵게) 떠졌고 다시 효과가 떨어지는 느낌을 느꼈다.(재진입하지 않았음: 저자 주) 페이즈 동안 인식은 흐릿했다. 아마도 충분한 수면을 취하지 못한 탓이리라.

간접기법 사용하기

일어나자마자 분리해 나오기에 실패했거나 분리를 시도하지 않았다면, 간접기법들을 재빨리 번갈아가며 행해볼 수 있다. 그중 한 기법이 효과를 발휘하기 시작하면 분리를 시도할 수 있다.

미국 벤투라에 사는 도드 스톨워시

나는 오후 10시에 잠들었다. 5시 30분에 일어나 화장실에 갔다가 침대로 돌아갔다. 나는 잠드는 데 꽤나 시간이 걸린다. 일단 잠이 들면 두어 번 잠에서 깨어 그때마다 위치를 바꾼다. 나는 진동을 느꼈고 사람들이 내 집으로 오면서 이야기를 하는 소리를 들었다. 그리고 침대 근처에서 작은 발소리가 들렸는데 나는 그 소리의 주인이 내 아이들 중 하나일 것이라고 생각했다. 다행히 나는 페이즈 상태에 진입할 때 이런 현상이 일어난다는 사실을 기억해냈다.(분리하지 않았음: 저자 주) 나는 그 상태에 가만히 머문 채로 두뇌가 진동을 높이도록 안간힘을 썼고, 이것은 매우 효과가 있었다.(분리하지 않았음: 저자 주) 그리고는 나는 유체 움직이기를 이용해 왼쪽 팔을 바깥으로 나가게 했다. 그리고 구르기로 분리를 시도했지만 성공하지 못했다. 그다음엔 오른쪽 팔을 바깥으로 나가게 했지만 사실은 진짜 팔을 움직인 것으로 여겨졌다. 일을 다 망쳐버린 게 아닌지 걱정됐지만 어쨌든 계속해보기로 했다. 눈앞에 양팔이 나타나게 하는 방법을 시도했다. 두 팔은 금방 나타났다. 나는 눈을 감은 채 그것을 보았다! 나는 양팔을 좌우로 흔들기 시작하여 몸에서 굴러 나왔다.

나는 이제 침대 옆 바닥에 있었다. 정말 신이 났다. 10개월 동안 책으로만 읽었던 일을 방금 해낸 것이다! 양손을 비벼서 이 경험을 안정시켜야 한다는 것이 기억났다. 비비는 동안 양손이 통통하게 부어 보이는 것을 알아챘다. 그러고는 아내가 침실을 나와 아래층으로 내려가는 것을 보았다.(행동계획을 하지 않았음: 저자 주) 아내를 뒤따라가면서 창문을 통해 햇빛이 들어오는 것을 보았다. 현실에서는 아직도 어두운 시간이었다. 아내는 그 후 다시 위층으로 올라갔고, 나는 밖으로 나가보기로 했다. 현관을 향해 가다가 창문을 통해 날아가기로 마음을 바꿨다. 나는 거리에 착지해서 잠시 주변을 걸어 다녔다. 이웃집을 향해 걷는데 모든 것이 희미해져 가는 것이 느껴졌다.(유지하지 않았음: 저자 주) 경험은 중단되고 나는 다시 침대 위에 있었다. 재빨리 (마음속으로) 구르기를 했더니 금세 아까 그 장소로 돌아와 있는 자신을 발견했다! 이웃집 현관까지 걸어가서 초인종을 누르고 그녀가 나오기를 기다렸다. 그러다가 경험은 다시 중단됐고, 구르기를 시도했지만 되지 않았다.

러시아 모스크바에 사는 막심 슈베츠

나는 꿈을 꾸는 동안이나, 아니면 아침에 깨어나자마자 페이즈 상태에 들어가려는 의도를 품고 잠자리에 들었다. 오전 6시 30분쯤에 잠에서 깬 나는 이미지 관찰 기법을 시도해보기로 했다. 지난 이틀간 유체 움직이기를 성공시키지 못했기 때문이다.(분리하지 않았음: 저자 주) 어렴풋한 이미지들이 점차 내 앞에 한 장면을 만들어냈는데, 다음 순간 그 속에 있는 나 자신을 발견했다. 몸에서 분리되어 몸 밖으로 굴러 나오는 자신을 느꼈다. 나는 눈을 떴다. 어떤 남자가 내 어깨를 붙잡고 “당신은 몸을 떠났으니 침착하세요”라고 말했다. 나는 그에게 준비가 되었다고 말했다. 그러자 그가 나를 돌려세웠는데, 내 육신이 보였다…

내 몸은 눈을 뜬 채 등을 대고 반듯이 누워 있었다. 나는 엎드려서 이미지 관찰을 시작했었는데 말이다. 나는 거기에 특별한 의미를 부여하지 않고 당장 경험을 심화시키기로 마음먹었다. 나는 쪼그려 앉아 손바닥으로 빠르게 바닥과 벽을 만지기 시작했다. 그리고는 집게 손가락을 보았는데 피부 표면의 선들을 식별할 수 있었다. 이 모든 것이 아주 멋지다고 생각하면서 나는 날기 위해 주방으로 갔다.(행동계획을 하지 않았음: 저자 주) 그러나 초보자는 시도하지 않는 것이 좋다고 했던 것을 상기하고 침실 문 앞으로 돌아와 문 뒤로 햇볕이 내리쬐는 해변이 펼쳐진 것을 상상했다. 문을 열자 이내 등을 대고 누운 자세로 잠에서 깨어버렸다.(유지하지 않았고 재진입하지 않았음: 저자 주)

영국 플리머스에 사는 앨런

나는 잠에서 깨자마자(분리하지 않았음: 저자 주) 즉시 5초 동안 왼팔로 유체 움직이기를 했다. 팔이 자유롭게 움직이기 시작했다.(분리하지 않았음: 저자 주) 이 시점에서 유체이탈을 경험할 수도 있었지만, 나는 자각몽을 원했다.(잘못된 논리: 저자 주) 유체 움직이기를 5초 동안 한 후에 5초 동안 듣기로 전환했다.(잘못된 행동: 저자 주) 내 머릿속에서 나오는 자연적인 고음을 약 2초 동안 들은 후 나는 소리를 키우기 시작했다.(분리하지 않았음: 저자 주) 5초 후에도 여전히 꿈속으로 진입하지 못했기 때문에 5초간 이미지를 관찰하는 것으로 전환했다. 아무것도 볼 수 없었다. 그래서 뇌를 긴장시키는 쪽으로 방법을 바꿨다. 그러자 이내 머릿속의 고음이 매우 커지기 시작해서 나는 즉시 듣는 쪽으로 다시 전환했다.(분리하지 않았음: 저자 주) 보라색 물웅덩이가 보였는데 물이 굉장히 맑다고 느꼈다. 그리고는 자각몽 속에 완전히 들어와 있는 자신을 발견했다.

나는 양들이 뛰노는 깊고 아름다운 계곡에 있었다. 주위를 둘러보면서 불과 몇 초 만에 자각몽을 꿀 수 있게 된 나의 능력에 감탄하면서(심화하지 않았음: 저자 주) 자각몽을 즐겼다.

러시아 모스크바에 사는 아락체예프

나는 간접기법을 사용했다. 이미지 관찰하기를 하다가 잠을 깨기 전까지 보고 있던 것과 같은 꿈의 장면을 발견했다. 그 장면은 매우 생생했다. 이 꿈속의 모든 것을 바꿀 수 있을 것처럼 느껴졌다. 나는 몸에서 빠져나가기를 시도했고, 즉시 머리를 통과해서 그 꿈속으로 날아갔다. 나는 내가 자란 집의 문 앞에 착륙했다. 그 다음 순간 2층의 한 창문 앞에 있는 나 자신을 발견했다.

심화기법이 기억나서 나는 재빨리 그 창문을 면밀히 관찰하기 시작했다. 그리고는 주의를 옮겨 창문 밖을 응시했다. 현실과 똑같이 모든 것이 그 자리에 있었다. 어떤 남자가 문으로 다가왔다. 이유는 모르지만 나는 그 남자가 무슨 일을 하려고 하는지 지켜봐야 한다고 확신했다. 나는 본능적으로 유리를 통과해 2층 창문 밖으로 나가서 1층 높이로 내려갔다. 그 남자는 현관 안으로 들어갔다. 나는 그를 따라 날아서 현관으로 들어가서 그의 뒤를 좇기 시작했다.

그때 페이즈 상태에서 하려고 한 행동계획이 있었다는 사실이 기억났다. 바로 그 순간 페이즈 공간이 희미해지면서 사라지기 시작했다. 나는 유지기법을 적용해야 한다는 것을 깨달았지만 제때에 그렇게 하지 못했다. 그러자 금방 침대에 누워 있는 자신으로 돌아와 깨어나버렸다. 체온이 높아져 있었고 호흡과 심장박동이 평소보다 빨랐다. 두 번째 분리 시도는 먹히지 않았다.

브라질 포르투알레그레에 사는 바그너

나는 어쩌다가 고양이 때문에 잠을 깨서 연장술을 사용하게 되었다. 이 유체이탈체험 전에 몇 시간 잠을 잤기 때문이다. 그리고 나서 나는 강제수면을 하고 회전하기, 이미지 관찰, 내부의 소리 듣기, 유체 움직이기 등을 번갈아 해나갔다. 어떤 기법이 진동으로 연결되었는지는 생각나지 않는다. 일단 진동을 느끼자 나는 그것을 증폭시켰다(그때까지 이 감각은 나에게 미지의 감각이었다). 그런데 그다음에는 무엇을 해야 할지 기억이 나지 않았다. 수면마비를 기다려야 할지 분리를 시도해야 할지 알 수가 없었다. 그래서 나는 그냥 아무거나 하기로 하고 공중으로 떠오르는 방법으로 몸에서 분리해 나오기를 시도했다. 마치 나와 내 몸이 자석의 같은 극성이어서 서로 밀어내는 것처럼 말이다. 몸 굴리기는 실제로 몸을 움직여버려서 망친 적이 있기 때문이다.

이것은 어느 정도 효과를 발휘해서, 내가 약 30센티 높이에 떠 있는 것처럼 느껴졌다. 한편 내 계획은, 분리해 나온 후 돌아서서 내 몸을 바라보며 '우와, 세상에!'라고 생각하는 것이었다. 그리고는 양손을 비비고 만져보고 응시하고, 상태를 유지시키면서 행동계획을 수행할 작정이었다. 그러나 그 대신 나는 아무것도 보지 못한 채 떠올랐다. 어떤 '힘'이 나를 막 밀어올리는 것이 느껴졌다. 이것은 0.5초 정도도 안 되는 사이에, 아무것도 보이지 않는 상태에서 벌어진 일이다. 그저 내가 의식적으로 선택하지 않은 장소에 '있게' 되었는데, 이 시점에서 내가 결정을 내릴 수 있다는 사실을 잊어버리고는 사물을 수동적으로 바라보기 시작했다. 전에는 행해야 할 모든 기법들을 기억해냈었는데 당시엔 그런 것들이 기억나지 않았다.

나는 어떻게 알았는지는 몰라도 음악가들이 다른 음악가들을 찾아 함께 연주하기 위해 모이는 곳으로 알려진 장소를 찾아갔다. 이곳은 정말 '분위기'가 밝았는데 주위의 사람들이 말하는 목소리가 들렸다. 여자 목소리가 들렸다. 이 여자는 내 뒤의 오른쪽에서 왼쪽으로 걷고 있었는데, 어떻게인지는 몰라도 그녀의 올스타(상표이름) 신발이 '보였다'. 그녀는 이곳이 정말 멋지고 편안한 장소라고 말하고 있었다. 거기에 코넷과 트롬본의 중간형태쯤 되는 어떤 악기를 연주하는 검정 트렌치코트를 입은 민머리 남자도 있었다. 그 악기는 짙은 암청색이었는데 그는 한 손으로는 그것을, 다른 한 손으로는 기타를 연주하며 멋진 음악을 만들어내고 있었다.

그런데 그 악기의 피스톤이 펜더 사社에서 만드는 베이스기타용 크롬도금 '코끼리 귀 모양' 줄감개였다.• 그는 한순간도 그 악기에 입을 대지 않았고 내내 그 나팔을 발 쪽으로 향하게 한 채로 연주했다. 기타는 그의 왼쪽 앞에 드리워진 끈에 매달려 있었는데 기타의 목이 위를 향하고 있었다. 기타는 때때로 피아노와 같은 소리를 냈다. 앰프나 페달이나 케이블 따위는 없었다.

그가 음악을 곧 끝낼 것 같다는 생각이 들었다. 나는 박수를 치면서 굉장했다고 말하고 싶었지만 그는 내가 모르는 어딘가로 사라져 버렸다. 그런데 음악은 여전히 들리고 있는 것 같아서 이상했다. 나는 그가 연주를 하고 있는 동안 감히 입을 열 수가 없었다. 음악은 매우 아름다웠다.

그때 어딘가 선원 같은 차림의 옷을 입은(적어도 나는 그렇게 생각했다) 60세 정도의 남자가 바이올린처럼 왼쪽 어깨에 받힌 알 수 없는 악기를 연주하고 있는 다른 남자에게 다가갔다. 나는 그것이 실제 악기가 아니라 재봉틀이나 뭔가 몽상적인 어떤 것이라고 생각했다. 그 선원

• 관악기에서 음정을 조절하는 피스톤 위치에 현악기용 줄감개가 달려 있으니 기이하고 황당한 광경이다. 역자 주.

은 재봉틀 남자의 옆에 멈춰서 대부분의 사람들이 한 푼도 넣어주지 않을 것처럼 생긴 낡은 검정색의 싸구려 비닐봉지 속에서 가장자리가 삐죽삐죽한 투명한 아크릴판을 꺼냈다. 그 아크릴판은 마치 방금 퍼즐에서 떼어낸 것처럼, 혹은 뭔가가 만들어지는 과정에서 임의로 잘려 떨어져나온 것처럼 보였다. 그 판은 대충 가로 30센티, 세로 40센티의 크기로 정확한 직사각형은 아니었다. 이 아크릴판이 음악을 연주하리라고는 결코 상상할 수 없었다.

실제로 그가 재봉틀 남자와 함께 완벽한 연주를 했을 때, 나는 마음속으로 '저 사람은 무엇을 가지고 연주할까…' 하고 궁금해하던 참이었다. 나는 너무 놀라 입을 벌린 채 휘청거렸다. 그것은 휘어지는 악기였던 것이다. 나는 이때까지 이 명백한 것을 생각도 해본 적이 없었고, 이 경험이 없었다면 아마도 생각조차 하지 않을 것이다. 엑스레이 필름이나 그와 유사하게 생긴 널찍한 판 — 재질은 다양할 수 있다 — 을 휘게 할 때 "퓨욱" 또는 "우욱" 하는 낮은 소리가 난다는 것을 누구나 알고 있다. 그리고 지름 5센티미터 정도의 통조림 캔 뚜껑이 접힐 때 나는 "끼익" 하는 높은 소리도 대부분의 사람이 알고 있다. 그런데 이 선원이 판의 가장자리 근처를 손가락 끝으로 잡자, 접히는 부분이 더 넓어지면서 소리가 더 낮아졌다. 그가 중심에 가까운 곳을 손끝으로 잡자 접히는 부분은 작아지면서 소리가 높아졌다. 그는 다른 악기들의 음을 찾는 것만큼이나 재빨리 손가락을 가깝게 혹은 멀리 가져가면서 재봉틀 남자의 모든 음에 맞춰 연주할 수 있었다. 그건 정말 인상적이었다. 이 페이즈 경험이 어떻게 끝났는지는 기억나지 않는다.(유지하지 않았음: 저자 주)

마음의 힌트

잠에서 깨어나는 중에 마음은 페이즈로 진입하는 데 용이하게 이용할 수 있는 다양한 감각적 힌트를 내보낸다. 당신이 해야 할 일은 그런 느낌을 강화하면서 몸에서 분리해 나오는 것이다. 이런 힌트로는 대개 심상, 수면마비, 진동, 소음, 꿈다운 허구, 실제의 또는 착각된 무감각 상태 등이 있다.

벨기에 엔트워프에 사는 이반 야코블레프

무엇 때문에 깼는지는 모르지만 나는 뭔가가 잘못되었다는 것을 금방 알아차릴 수 있었다. 눈을 뜰 수가 없었고 내 몸은 떠오를 것을 요구하는 듯했다. 나는 무슨 일이 벌어지고 있는지를 알아차렸다. 이 모든 것이 내가 유체이탈체험을 하고 있다는 사실을 보여주고 있었다. 내가 맨 처음 시도한 일은 왼손을 위로 올리는 것이었고, 그것은 효과가 있었다. 나는 그것이 아스트랄(유체의) 손이라는 것을 알 수 있었다. 손을 관통해서 그 뒤를 볼 수 있었기 때문이다. 나는 급히, 하지만 조심스럽게 침대의 반대쪽으로 이동했다(당시 내 머리에는 이상한 감각이 느껴졌다). 나는 마음을 진정시키고 다시 뭔가를 시도했다. 나는 침대 위 약 0.5미터 정도 높이로 공중에 떴다. 바로 그때 시각이 돌아와서 내 방으로 여겨지는 곳이 보였다. 그러나 정확히 내 방은 아니었다. 바닥에 있는 양탄자의 색깔 패턴이 달랐고 무슨 이유에서인지 문이 닫혀 있었기 때문이다.(심화와 행동계획을 하지 않았음: 저자 주)

나는 왜 모든 것이 내 등 뒤로부터 빛을 받고 있는지 알 수가 없었다. 왼쪽 어깨 너머를 바라보니 내 이깨뼈 뒤 20센티 정도 거리에 있는 작고 밝은 흰색 공이 보였다. 이 공이 방 안을 밝히고 있었던 것이다. 그다음에 나는 문을 통과해보려고 했지만 할 수 없었다.(유지하지 않았음: 저자 주) 진짜 몸으로 돌아갈 수 없을지도 모른다는 두려움 때문에(잘못된 논리: 저자 주) 나는 현실 세계 속으로 깨어나버렸다.(재진입하지 않았음: 저자 주)

러시아 셀코보에 사는 나탈리아 코제노바

나는 17~18살 때 아스트랄 투사에 관한 비전秘典의 글을 읽은 적이 있다. 그 글은 매우 흥미로웠지만 호기심 이상은 아니었다. 특별히 그런 것을 믿지는 않았던 것이다.

어느 날 저녁 나는 평소처럼 잠들었다. 한밤중에 잠에서 깼는데 몸을 움직일 수가 없었고 머릿속에는 큰 소음이 들려오고 있었다. 내가 읽었던 글들을 상기한 나는 그냥 공중으로 뜨기를 시도했는데 어찌된 일인지 이마를 통과해서 떠오를 수 있었던 것 같다. 놀랍게도 날아다니는 느낌은 매우 생생했다. 처음으로 한 생각은 '우와, 아스트랄 투사에 대한 그 이야기가 거짓말이 아니었군!'이었다. 나는 어둠 속에서 얼마간 내 몸 위를 맴돌았다. 시각에 대해 생각하자 시야가 열리기 시작했다. 나는 창을 향해 날아갔다. 그리고 내 몸을 마주 보기 위해 돌자(심화하지 않고 행동계획을 하지 않았음: 저자 주) 내 몸이 제자리에 있는 것을 볼 수 있었다. 나는 몸으로 다시 날아가 몸을 만져보기로 했다. 마침내 몸을 쿡 찌르자 몸이 내 등을 몸 안으로 빨아들였다. 이것은 매우 이상한 감각을 불러일으켰다.(유지하지 않았고 재진입하지 않았음: 저자 주)

러시아 상트페테르부르크에 사는 알렉산드르 푸르멘코프

어느 날 나는 겨우 잠들었다가 이른 밤 잠에서 깼다. 눈앞으로 흐릿한 이미지들이 떠다니기 시작해서 나는 페이즈 상태에 진입할 수 있음을 깨달았다. 나는 불필요한 이미지를 버리기 시작했고, 한 이미지를 붙잡은 후 노란색의 복도에 나타났다. 전반적인 현실감과 경험을 자각하는 수준은 현실에서 느끼는 수준의 80~90퍼센트 정도였다. 나는 심화를 위한 기법들을 기억해냈다. 그래서 주변의 모든 것을 바라보기 시작했다. 하지만 이렇다 할 만한 효과가 없었다. 나는 나 자신을 만지기 시작했다. 그러나 모든 느낌이 다소 무뎌져 있는 것처럼 느껴졌다. 나는 내가 자각의식을 잃고 있음을 깨달았다. 다시 의식을 차렸지만 그럼에도 20초쯤 후 잠에 빠져버렸다.(행동계획이 없었고 유지하지 않았음: 저자 주)

꿈 자각하기

꿈을 꾸는 동안 주위의 모든 것이 단지 꿈인 것을 자각하게 된다면 그 순간부터 이미 모든 것이 페이즈 상태에 있는 것이다. 남은 일은 감각을 강화하고 행동계획을 수행함으로써 그것을 온전한 페이즈 체험으로 만드는 것뿐이다.

리투아니아에 사는 에발다스

나는 아무런 생각도, 아무것도 하지 않고 벤치에 앉아 있었다. 그때 한 여자가 나타나서 나에게 말했다. “아마도 당신은 꿈을 꾸는 중일

거예요.” 나는 충격을 받았다. 그 말이 번개처럼 나를 때렸다. “세상에, 내가 페이즈 속에 있다니!”

계획, 계획, 나에게는 계획이 있었다. 다음에 해야 할 일은 뭐지? 바로 전에 미하일의 책을 끝까지 읽었기 때문에 나는 심화나 유지와 관련된 모든 것을 알고 있었다. 그래서 나는 주변의 모든 것을 만져보고, 내 손을 유심히 들여다보고, 손을 비볐다. 시각과 다른 감각들이 강화되어서 나는 세워뒀던 행동계획으로 넘어갔다.

나는 날기, 걷기, 순간이동, 땅속으로 다이빙, 벽을 통과해 점프하기 등을 시도해보고 싶었다. 우선, 날기를 시도했다. 나는 내가 할 수 있는 한 최대로 높이 뛰었고, 그다음 공중에 뜬 채로 아래로 내려왔다. 나는 다시 점프를 하고 비행을 시작했다. 바람과 태양이 느껴졌다. 멀리 떨어진 곳을 볼 수 있었다. 시야가 흐려지자 나는 내 방으로 순간이동을 해가기로 마음먹고 몇 가지 유지 및 심화기법을 수행했다.

방으로 오니 아까 봤던 여자가 있었는데, 그 여자는 내게 “벽을 통과해봐요”라고 말했다. 벽을 만져보니 좀 겁이 났다. 두려움을 떨친 후 나는 다른 벽을 향해 달리기 시작했고 그것을 통과해 뛰어올랐다. 그 느낌은 놀라웠다. 그 여자가 다시 내게 말했다. “땅속으로 다이빙을 시도해보세요. 마지막에 자신이 있고 싶은 곳을 상상하는 것을 잊지 마세요.” 나는 방 한가운데로 걸어 들어가서 떨어지는 연습을 시작했다. 눈을 감고 아름다운 논을 상상했다. 마치 영원히 떨어지고 있는 것처럼 느꼈는데, 그때 “짠!” 나는 매우 높은 높이에서 떨어지고 있었다. 나는 쌀이 주재료인 맛있는 요리들로 가득 찬 거대한 식탁을 향해 떨어지고 있었다. 나는 웃으면서 ‘우와, 내 잠재의식이 나한테 굉장한 농담을 거는군’이라고 생각했다. 그때 잠에서 깨어났다.(유지하지 않았고

재진입하지 않았음: 저자 주)

루마니아 레시차에 사는 세르기우

내가 꿈을 꾸고 있다는 것을 자각할 필요조차 없었다고 생각된다. 잠이 들자마자 자각 상태가 되었기 때문이다. 아이폰의 어떤 화면 외에는 아무것도 보이지 않았는데, 나는 내가 있고자 하는 장소를 선택해야 한다는 것을 알고 있었다. 나는 한 번도 본 적이 없는 이상한 장소를 선택했는데, 그때 흰색 문이 보였다. 나는 이 문이 나를 어디로 데려갈지 궁금해하며 문을 열었다.(심화하지 않았고 행동계획을 하지 않았음: 저자 주) 이상한 방에 도착했는데 바닥에는 해골이 가득 쌓여 있었다. 나는 기겁을 하고 다른 곳으로 순간이동을 했다.

침대 옆에서 깨어났을 때, 나는 여러 곳에 가본 것이 기억났다. 실제로 무슨 일이 일어났는지 확실히 알 수가 없었다. 나는 내가 아직도 자각몽 속에 있다고 생각했다.

나는 침대 옆에 있었고 방에 있는 거의 모든 것을 볼 수 있었다. 심지어 꺼져 있는 TV까지. 그러나 침대 쪽을 바라볼 수는 없었다. 침대 쪽은 전혀 돌아보고 싶지 않았다. 잠시 후 나는 내 숨을 느끼기 시작했다. 겁이 났다. 숨을 너무 천천히 쉬고 있었기 때문이다. 숨을 더 빨리 쉬지 않으면 죽을지도 모른다는 생각이 들었다.

깨어나고 싶었지만 깨어나려고 할 때마다 아주 잠깐 동안 몸으로 되돌아갔고, 그 후에는 또다시 내 침대 옆에 있게 되었다. 마침내 깨어날 수 있게 될 때까지 일곱 번 정도 깨어나려고 애를 썼다.(잘못된 행동: 저자 주) 무서웠지만 동시에 내게 일어난 일이 놀랍기도 했다. 그러나 나는 나 자신이 '운 좋은' 사람이라고 생각한다. 전에 수면마비를 경험한 적이 있고, 거기서 어떻게 빠져나오는지를 알고 있었기 때문이다.

이 경험 이후 나는 다시 자각몽을 꾸려는 시도조차 하지 않게 되었다. 유체이탈체험에 내 모든 관심이 쏠리게 된 것이다.

러시아 로스토프나도누에 사는 로만

나의 페이즈 진입 첫 경험. 나는 어딘가에서 서두르면서 뭔가를 끊임없이 생각하고 있는 꿈을 꿨다. 어느 멋진 순간에 내가 꿈을 꾸고 있다는 생각이 불현듯 떠올랐고, 나는 몸에서 나가기로 결정했다.(잘못된 행동, 심화하지 않았음: 저자 주) 나는 바닥에 누워서 몸에서 어떻게 분리해 나갈까를 상상하면서 몸을 빠져나가기 시작했다. 그렇게 전환하는 동안 긴장과 두려움 때문에 거의 페이즈 상태를 벗어날 뻔했지만 성공할 수 있었다. 벽을 통과해 기어나온 후 나는 출입구에 있는 자신을 보았다. 마치 수렁에서 나오는 것 같았다. 분리의 감각은 매우 선명했다.

나는 그곳에 누군가가 있다는 것을 문득 알아차렸다. 그가 내가 완전히 나오는 것을 도와주었다.(행동계획을 하지 않았음: 저자 주) 그는 자신을 소개하고 나서 내가 발을 딛게 된 세계에 대한 몇 가지 특기사항을 말해주기 시작했다. (나는 시종일관 두리번거리며 주변에서 눈을 떼지 못했기 때문에 — 나는 넋이 나가 있었다 — 그 남자가 말한 내용이 잘 기억나지 않는다.) 결국, 나는 내 몸이 걱정이 되기 시작했고, 이제 돌아갈 시간이라고 판단했다.(잘못된 논리: 저자 주) 돌아가는 것은 악몽과 같았다. 목소리들, 소리들, 이상한 감각들이 느껴졌다. 시간이 멈춘 것 같은 기분이 들었다. 나는 깨어난 것이 너무나 행복한 나머지 더 이상 잠을 잘 수가 없었다.

호주에 사는 조쉬

어느 날 밤 나는 친구와 함께 자동차를 타고 여행을 하는 꿈을 꾸었다. 그녀가 너무 빠르게 운전한다고 느낀 순간 나는 내 몸 전체를 감싸는 이상한 느낌이 압도해오는 것을 느꼈다. 마치 내 안팎이 뒤집히는 것 같은 느낌이었다.

그 느낌이 멈추자 나는 완전히 깨어서 온전한 자각의식을 찾아 눈을 떴다. 나는 침실에서 등을 대고 누워 있었고 내 몸은 푸른 빛깔 또는 색조를 띠고 있었다.(분리 및 심화하지 않았음: 저자 주) 내 팔이 이리저리 움직이는 것이 느껴졌고, 나는 무슨 일이 일어났는지를 깨닫고 공황 상태에 빠졌다. 나는 다시 내 몸속으로 돌아가기를 빌었고, 약간의 따끔거리는 느낌과 함께 실제로 눈을 떴다.(잘못된 행동: 저자 주) 나는 실제로는 내 파트너 쪽을 향해 옆으로 누워 있었다.

그때야 나는 나의 경험이 진짜라는 것을 알았다.

러시아 소치에 사는 알렉세이 바카레프

내가 꿈을 꾸는 동안 꿈을 자각할 수 있었던 적은 그때가 처음이다. 잠들기 전에 나는 눈앞의 어둠에 집중하면서 가능한 한 오랫동안 깨어 있으려고 애썼다. 그러다가 문득 내가 천장을 향해 떠 있는 꿈을 꾸었는데, 그것이 내가 꿈을 꾸고 있다는 것을 깨닫게 만들었다. 환영 속의 내 몸은 제어하려는 노력에 제대로 반응하지 않고 천장 아래를 배회하기만 했다.(심화하지 않았음: 저자 주) 아래의 바닥에는 두 사람이 앉아 있었다. 그들은 내 쪽을 바라보고 있었지만 나를 보지는 못한 것 같았다.(행동계획이 없었고 유지하지 않았음: 저자 주) 이 시점에서 잠이 깼고, 다리에 일종의 따끔거림과 가려움이 느껴졌다.(다시 들어가지 않았음: 저자 주)

잠을 자지 않고 바로 몸에서 나가기

잠을 자지 않고도(또는 완전한 자각상태 후에도) 깨어 있는 상태에서 벗어난 얕은 잠의 상태를 일으킴으로써 바로 페이즈 상태로 진입할 수 있다. 남은 일은 이런 얕은 잠에서 깨는 도중에 몸으로부터 분리해 나가는 것뿐이다.

미국 뉴욕에 사는 필립

나는 오전 6시에 일어나 화장실에 갔다가 잠을 자기 위해 바로 다시 누웠다. 잠드는 데에 어려움을 종종 겪기 때문에 이번에는 처음으로 귀마개와 마스크를 했다. 한 시간쯤 후에도 나는 깨어 있는 상태였고 머릿속에는 수업에 대한 생각들이 돌아다녔다.

한 시간 후에도 여전히 잠들지 못했지만 신체적으로는 매우 이완되어 있었기 때문에 나는 강제수면을 시도했다. 10~15초쯤 후에 이상한 분리감과 마비가 내 몸을 덮치는 것을 느꼈다.(분리하지 않았음: 저자 주) 독특한 느낌이었다. 그 즉시 귀를 기울이기 시작했는데 화재경보기가 울리는 것처럼 매우 큰 소리가 들렸다. 그 소리에 귀를 기울이자 소리는 점점 더 커지기 시작했고 마침내는 최고조에 이른 것처럼 들렸다. 매우 큰 소리였다.(분리하지 않았음: 저자 주) 그러나 그밖에 다른 일은 일어나지 않았고, 나는 몇 초 동안 이미지를 관찰하는 방법으로 전환했다. 여전히 아무 일도 일어나지 않았다. 울림소리는 더 커지기까지 했다. 그래서 나는 다시 귀를 기울이는 방법으로 돌아갔다. 다시 소리가 커지기 시작했고 최고조에 이르렀다.

그때, 나는 그 소리가 너무나 커서 내가 이미 페이즈 상태 속에 있는데도 그것을 깨닫지 못하고 있다는 것을 알아차렸다. 나는 갑작스러운 움직임과 함께 구르기를 시도했고 그리고 짠! 나는 침대에서 나와 바닥에 서 있었다! 이 일이 얼마나 갑자기 일어났는지는 설명할 수가 없다. 나는 굴러서 나오는 것이 어떤 느낌일지 전혀 예상하지 못했는데, 그것은 마치 수영장의 물 밖으로 기어나오는 일 정도의 저항이 느껴지는 일이었다. 걱정하지 말고 그냥 시도하라는 미하일의 조언은 정확했다.

나는 매우 흥분했지만 즉시 심화하라는 충고를 기억해냈다. 모든 것이 회색이었고 아무것도 느낄 수도, 들을 수도 없었다. 주변에는 온통 회색의 실루엣들만이 보일 뿐이었다. 나는 눈앞에서 두 손을 비비기 시작했다. 그러자 서서히 양손과 함께 방 안의 다른 모든 것들도 보이기 시작했다. 나는 양손과 손가락을 응시하기 시작했고, 그러자 시야가 매우 맑아졌다. 내 방이 완벽한 실제와 같은 생생한 광경으로 눈에 들어왔다. 보이는 모든 것을 응시하고 만지면서 방 안을 돌아다녔다. 이것은 나의 첫 페이즈 체험이었기 때문에 나는 선반과 테이블에 놓여 있는 모든 물건을 닥치는 대로 살펴보았다. 모든 사물이 완벽히 현실처럼 보였다. — 물건들에 적힌 글씨까지도. (상태가 엉켜버릴까 봐 단어들을 하나하나 읽어보려고 멈추진 않았다.) 나는 의식을 잃고 잠에 빠지지 않도록, 내가 페이즈 상태에 있다는 것을 나 자신에게 끊임없이 상기시켰다.(행동계획을 하지 않았음: 저자 주)

현실의 복제품 같은 환영에 놀라면서 약 1분가량 모든 것을 들여다본 후, 나는 이 경험을 가지고 뭔가를 시도해보기로 마음먹었다. 성공을 기대하지 않았기 때문에 사전에 어떤 계획을 세워놓지는 않았지만 충동적으로 비행을 시도해보기로 했다. 나는 천장을 올려다본 후

발을 내려다보며 깊이 숨을 들이쉬었다. 그리고 발을 보면서 공중부양을 시도했다. 발이 천천히 바닥에서 몇 인치 떨어졌는데, 숨을 내쉬자 발이 다시 내려왔다. 예상대로 완벽하게 제어할 수 있었다. 나는 깊은 숨을 들이쉬면서 다시 시도했다. 이번에는 점프였다. 그리고 나는 주먹을 뻗은 채로 슈퍼맨처럼 천장을 통과해 나를 쏘아 올렸다. 나는 천장을 생각으로만 통과하는 것이 아니라, 정말로 천장을 뚫어버리고 싶었다. 그래서 나는 약 10층의 건물을 아래서 위로 거꾸로 폭파하듯이 벽돌과 회반죽을 뚫고 천장을 관통해버렸다.

그런 후 나는 집 밖에 있었다. 우리 집 위였다. 나는 우리 동네가 아닌 도시 전체를 수용한 일종의 거대한 동굴 안에 있었다. 아무것도 알아볼 수 없었고 어디로 갈지에 대한 계획 같은 것도 가지고 있지 않았다. 그래서 나는 그냥 주변을 조금 날아다니다가 결국 내 '친구'(누구인지는 기억나지 않는다. 단지 꿈꾸는 의식 속에서 '친구'라는 꼬리표가 붙어 있었을 뿐이다)가 TV로 영화를 보고 있는 한 창문으로 줌인을 했다. 이때 나는 행동을 멈추고 그저 창문 밖만 맴돌고 있었기 때문에 페이즈 유지에 실패하고 침대에서 깨어나버렸다.

나는 몸을 움직이지 않았기 때문에 즉시 페이즈 상태로 재진입하고 싶었다. 그러나 나는 너무 흥분해 있었고 육체가 매우 선명하게 느껴졌다. 그래서 나는 일어나서 경험을 기록하기로 했다. 일어나자 내가 완전히 깨어 있으며 조금도 휘청거리거나 이완되어 있지 않다는 것이 분명해졌다. 컴퓨터를 켠 후 즉시 분명하고 명료하게 글을 쓸 수 있었기 때문이다.

러시아 바르나울에 사는 안나

나는 몸을 떠나는 것을 상상하며 침대에 누워 있었는데 곧 누군가에 의해 몸 밖으로 당겨지는 것을 느꼈다. 진동이 강렬해서 조금 무서웠지만 저항하지 않기로 마음먹었다. 그러다가 순식간에 몸 밖으로 나와 바닥에 서 있는 자신을 발견했다. 방은 햇빛으로 환했다. 마치 나를 늘 괴롭히던 불필요한 뭔가가 제거된 것처럼, 자유롭고 몹시 행복하게 느껴졌다.

나의 새로운 몸에는 다리가 없었지만 필요하지 않았다.(심화하지 않았음: 저자 주) 그리고 나는 내가 아스트랄계에 있다는 것을 확인할 증거로서 다른 방에서 뭔가를 가지고 와야 한다고 생각했다.(잘못된 논리, 행동계획을 하지 않았음: 저자 주) 나는 방을 뛰어나가 가방 하나를 들고 내 침실로 가져왔다.(아침에 보니 가방은 다시 예전의 위치에 놓여 있었다).

그때 뭔가 이상한 것이 눈에 띄었다. 새 침대를 들여놓은 방이 예전의 침대가 놓여 있는 방과 동시에 존재하는 것이었다. 모든 것이 뒤죽박죽 섞여 있어서 나는 몸으로 돌아가려고 서둘렀다. 내 몸이 침대에 누워 있는 것이 보인 순간, 갑자기 매우 화가 났다. '어떻게 이토록 젊은 영혼이 저런 "늙은" 몸에 돌아갈 수 있지?'라는 생각이 들었던 것이다. 나는 나 자신에게 연민을 느끼면서 몸으로 들어가려고 애썼지만(잘못된 행동: 저자 주) 되지 않았다. 나는 두려움에 휩싸였다.

그때, 몸으로 들어가려면 몸을 한 바퀴 돌리면서 들어가야 한다고 읽은 것이 기억났다. 그렇게 하자 나는 이내 내 육신 속에 있는 자신을 발견했다.

미국 휴스턴에 사는 존 메리트

친구 하나가 인터넷에서 실용적인 가이드북을 발견하고 나에게 링크를 보내주었다. 그래서 그 책을 읽어보았는데 그러자 곧 그 일이 일어났다.

나는 10시~11시쯤 잠자리에 들었다가 4시에 잠에서 깼다. 30분 동안 깨어 있은 후 다시 자리에 누웠다. 나는 명상을 시작했다. 그리고는 마음속으로 기법을 행하며 분리를 시도하기 시작했다. 나는 의식의 안팎을 들락거리며 부유하는 마음 상태로 빠져들었다. 이미지 관찰을 시작하자 곧 진동이 시작됐다. 나는 이미 한두 번 진동을 경험한 터였다. 처음 진동을 경험했을 때 나는 두려움을 느꼈고 진동은 몇 초 후 사라져버렸다. 두 번째는 진동을 강화하려고 했고 몇 초 동안 효과를 발휘하는 듯했지만 결국 다시 아무런 일도 일어나지 않았다. 이번에는 뇌 긴장시키기 기법을 사용했더니 진동이 점점 더 강렬해졌다. 그리고 이번에는 진동이 사라지지 않았다. 진동은 강화되어 최고조에 이르렀다. 진동이 끝나자 색다른 느낌이 들었다. 다음에 든 생각은 내가 이미 몸에서 분리되었다는 것이었다. 내가 할 일은 그냥 일어서는 것뿐이었다! 그리고 이 생각은 옳았다.

나는 몸 밖으로 나와서 앉았다가 침대에서 나왔다. 나는 몸 밖에 있었다! 무엇을 할지 계획한 것은 없었다.(심화하지 않았고 행동계획을 하지 않았음: 저자 주) 방이 어두워서 처음 든 생각은 불을 켜는 것이었다. 나는 침실에 있었기 때문에 화장실로 걸어가서 전등 스위치를 켰다. 아무 일도 일어나지 않았다. 나는 막연하게 '불이 나갔나 보군' 하고 생각했다. 그래서 나는 복도로 나가서 위층에 있는 다른 화장실로 간 다음 전등 스위치를 켰다. 또다시 아무 일도 일어나지 않았다. 그러나 그때 나는 자각몽에 관한 책들에서 꿈속에서는 전등 스위치가 작동하지 않는다고 읽은 것을 기억해냈다. 그리고 나는 아스트랄체로 있었기 때문에 전등 스위치를 켤 수도 없었을 것이다.

나는 다시 침대로 돌아가서 나의 몸을 보기로 마음먹었다. 나는 방으로 가서 침대를 보고 말 그대로 발판 위로 뛰어 올라가서 보았다. 거기에 내가 있었다, 아니, 내 몸이 있었다. 그것은 내가 인생에서 경험한 가장 놀라운 느낌이었다. 나는 내 몸 밖에 있었고 그 사실을 또한 알고 있었다. 나는 나의 모든 본성, 기억, 내 모든 것과 함께 활짝 깨어서 온전한 의식을 가지고 있었다. 그러나 내 육신은 침대에서 잠들어 있었다. 심지어 나는 한쪽 팔이 약간 경련을 일으키는 것도 보았다. 그 후 나는 방금 일어난 일을 검증하고 그것을 기억할 수 있는지를 확인해야겠다고 느꼈다. 그러다가 곧 육신으로 돌아와서 완전히 깨어났다.(재진입하지 않았음: 저자 주) 그리고 그것은 실제였다. 그것은 진짜로 일어난 일이었다. 마침내 내가 페이즈 체험을 해낸 것이다. 그리고 나는 그 체험을 낱낱이 기억하고 있었다.

러시아 울리야노프스크에 사는 민가조프

나는 소파에 누워 바로 빠져나오기를 시도했다. 내 의식이 갑자기 한순간 '이탈할' 당시, 모든 것은 잘 되어가고 있었다. 의식이 돌아오자 나는 내가 침대에 누워 있다는 것을 알아차렸고 유체를 느꼈다. 나는 옆으로 구르기를 시도했다. 비록 약간의 어려움은 있었지만 성공적이었다.

그래서 나는 침대와 나 자신을 만져보기 시작했다(모든 것을 약간 성급하게 했다). 아직 아무것도 보이지는 않았다. 나는 느낌을 심화시킬 수 있겠다고 판단하고 바닥을 향해 거꾸로 뛰어들었다(즉, 더 정확히 말하면, 허공으로). 나는 조금 아래로 날아서 아래층 이웃의 아파트에 있는 자신을 발견했다. 그러고 나서 나는 다시 내 아파트까지 날아와서 바닥에 섰다. 시각을 회복하려고 눈을 떴다. 오랜 기간 잠을 못 잔 상태에서 눈을 뜨는 것처럼 눈꺼풀이 무거워 겨우겨우 떠지는 듯한 느낌이 들었다. 주변을 둘러보았다. 나는 내 방 안에 서 있었고 바깥은 화창했다. 나는 날아오르기로 했다(그렇다. 나는 나는 것을 좋아한다). (행동계획을 하지 않았음: 저자 주) 나는 천장까지 날아갈 수 있었지만 이내 뒤로 당겨지며 천천히 아래로 떨어지기 시작했다. 바닥에 닿자마자 나는 다시 위로 튀어 올랐다. 이것은 풍선이 떨어져 바닥에 닿으면 다시 튀어오르고 또다시 떨어졌다가 튀어오르는 모양과 비슷했다. 이 과정을 여러 번 반복한 후에야 나는 바닥에 서 있을 수 있었다.

갑자기 호흡이 곤란해져서 나는 다시 몸으로 돌아가려고 애썼다.(잘못된 행동: 저자 주) 그러나 어찌된 일인지 돌아갈 수가 없었다. 처음에는 공포감이 일었지만 곧 나는 두려움에 굴복하는 건 좋을 것이 없으며 끝까지 포기하지 말아야 한다는 것을 깨달았다. 그러나 마음이 가라앉아 이완되자마자(유지하지 않았음: 저자 주) 깨어 있는 상태로 쫓겨나와버렸다.(재진입하지 않았음: 저자 주) 위에 말한 모든 느낌들은 약 1분 정도 지속됐다.

오스트리아 빈에 사는 마티아스 홀처

2011년 3월 13일. 이날은 내가 처음으로 유체이탈을 경험한 날이다. 전에도 '진동상태'를 경험한 적이 두 번 있었지만 당시에는 영혼의 속 알맹이가 몸을 떠나버릴 것으로 생각했기 때문에 끝까지 밀고 나갈 용기가 없었다. 위험할 수 있다고 생각했기 때문이다. 하지만 이번에는 정말로 유체이탈을 해보리라고 마음먹었다. 당시 나는 스무 살이었다. 나는 아침 5시에 일어났지만 매우 피곤해서 눕자마자 다시 잠들 것이라는 것을 알았다. 이완을 하자마자 진동 상태가 시작되었다. 몸이 마치 잠에 빠져든 것처럼 마비된 것이 느껴졌고 귀에 익은 포효하는 소리를 들었다. 그 상태는 매우 깊지는 않았던 것 같다. 움직이기를 시도하자마자 육신이 움직이면서 잠에서 깨버렸기 때문이다.

나는 즉시 두 번째 시도에 들어갔다. 이 시도는 효과가 있었다. 이번에는 약간 더 오래 기다렸다. 갑자기 나의 '신체 지각'이 바뀌었다. 그다음 나는 육신으로 일어서는 것처럼 그냥 조심스럽게 몸을 움직였다. 다음 순간 나는 일어서 있었고 몸 밖으로 나온 것을 깨달았다. 사물이 조금밖에 보이지 않았다.(심화하지 않았고 행동계획을 하지 않았음: 저자 주) 나는 책에서 읽었던 '은줄'(sliver cord)이란 것이 정말로 존재하는지가 궁금해졌다.(잘못된 논리: 저자 주) 손으로 더듬어보았더니 정말로 나의 아스트랄체 등 뒤로 뻗어 나온 은줄이 거기에 있었다. 나는 침대에 있는 육신을 보려고 했지만 볼 수 없었다. 그래서 다음엔 나 자신, 즉 나의 아스트랄체를 보려고 시도했다. 나는 밝은 자주색으로 희미하게 빛나는 왼손을 볼 수 있었다. 이 시점에서 나는 경험을 끝내기로 하고 다시 육신 속으로 들어가기 위해 침대로 돌아갔다.(잘못된 행동: 저자 주) 처음에는 성공할 수 없었다. 그러나 두려움은 없었다. 나의 의식은 꿈속으로 잦아들었고, 나는 약 한 시간 후 매우 편안하고 만족스럽게 잠에서 깼다.

러시아 모스크바에 사는 올레그 쿠드린

잠에서 깼다. 여전히 어두웠다. 화장실에 가고 싶은 신호가 와서 다녀와 시계를 보니 오전 4시 15분이었다. 나는 침대로 돌아가서 왼쪽으로 누워 눈을 감았다. 그런데… 뭔가 내 눈 속으로 빛을 비추는 것 같은 느낌이 들었다. 나는 그것이 불가능하다는 것을 깨달았다. 오전 4시 15분이었기 때문이다. 그리고 일어난 사람은 나뿐이었다. 아내 외에는 방 안에 아무도 없었다. 그 사이 그 빛은 서서히 강해졌다. 호기심과 뒤섞인 약간의 두려움을 느꼈다. 다음에 일어날 일은 무엇일까? 빛은 점점 더 밝아졌고 나는 위험에 처했다고 느꼈다.(분리하지 않았음: 저자 주) 그러나 한편으로는 그것을 조사해보고 싶은 본능이 일어났다. 뭔가 기이한 일이 일어나고 있었고 이 모든 것이 불가능함을 알았다. 알 수 없는 어떤 밝은 빛이 감고 있는 눈꺼풀을 통해 내 눈으로 들어오고 있는 것이다! 그때 이 빛이 나를 집적거려보기 위해 오고 있다는 생각이 떠올랐다. 그리고 그다음, 나는 갈 데까지 가보기로 했다!

다음 순간 나는 은은한 빛이 있는 작은 직사각형 방 안에 있는 나를 발견했다. 벽을 따라 앉을 수 있는 선반이 있었다(나는 그것들이 의자라고 생각했다). 벽 한쪽에는 각각 약 90센티 폭의 둥근 창들이 있었다. 창밖을 보다가 나는 내가 깊은 우주공간 속에 있다는 것을 깨달았다.(심화하지 않았고 행동계획을 하지 않았음: 저자 주) 내가 있는 방의 바깥에는 인상적인 구조물이 있었다. 그곳에서 본 구조물은 지상의 가장 환상적인 곳에조차 존재할 수 없는 것이었다. 구조물은 격자 모양이었지만 구성요소에는 논리적 구조가 없었고 벌집 모양을 하고 있었다. 그것은 이중 튜브 구조물 같았는데 엄청나게 거대해서 튜브 한 개의 직경이 하나의 경기장과 맞먹는 규모였다. 그 구조물 주변을 날쌔게 분

주히 돌아다니며 움직이고 있는 것은 작은 우주선이었다. 그 우주선은 어떤 일을 하고 있는 것처럼 보였다.

"이건 도킹을 위한 입구다"라는 대답이 내 머릿속에서 들렸다. 내가 몸을 돌리자 방 한구석에는 지구인과 똑같이 스커트에 재킷을 입고 있는 아름다운 젊은 여자가 앉아 있었다. 이상할 수도 있지만 그녀는 유명한 팝 가수처럼 보였다. 하지만 완전히 닮은 것은 아니었다. 이 여자가 그 가수보다 훨씬 더 흥미로웠다.

마침 당시 나를 괴롭히던 하나의 질문을 던져봐야겠다고 생각했다. ―'불교 스승들이 말하는 공空이란 게 대체 뭘까?' 나는 이 질문을 그 방의 아름다운 여인에게 물었다. 무슨 이유에선지 다른 짓은 할 생각이 떠오르지 않았다… 게다가 나는 결혼했다. 아무튼 그녀는 나의 질문을 들었고 대답이 나왔다…

이때의 체험은 일상과는 비슷한 데가 없다. 더구나 그 느낌은 언어로는 표현할 수가 없다. 그야말로 인간의 언어는 그 같은 개념을 표현할 수 있는 능력이 없다. 하지만 한 번 시도해보겠다. 그것은 마치 내 안이 바깥으로 뒤집힌 것만 같은 느낌이다. 별, 은하계, 다른 세계들을 포함하여 내 바깥에 있는 모든 것이 내 안에 있는 것으로 밝혀진 것이다. 한마디로 물질우주 전체가 말이다. 그리고 이 모든 것들이 바늘구멍에 들어갈 수 있을 만큼 작은 비율로 축소되어 있었다. 그리고 물질우주 밖에 있는 내가 그것을 모든 측면에서 동시에 보고 있었다. 수억 개의 눈을 가지고 있는 것도 아닌데 말이다. 나는 이 압축된 우주의 주변 공간을 포괄하고 있는 하나의 큰 장(field)이었고, 그 모든 것을 한꺼번에 시각적으로 받아들일 수 있었다! 나 자신이 무한했다. 시간적, 공간적으로 어떠한 경계도 없었다. 주변의 모든 것이 고요였고, 나 자신 또한 이 고요였다. 이 우주를 명상하자 내가 노력하면 무無로 변할 수 있다는 깨달음이 왔다. 그 다음 생각은, 그렇다면 명상을 할 자조차도 없을 것 아닌가 하는 생각이었다.

그러고 나서 나는 내 우주의 가장자리로부터 소용돌이 속으로 모든 것을 깊이 더 깊이 빨아 당기는 깔때기와 같은 것이 되었다. 그것은 화장실에 다녀와서 침대에 누웠을 때까지 계속됐다.(재진입하지 않았음: 저자 주) 이 환상은 너무나 감동적이었기 때문에 나는 잠을 이룰 수 없게 됐다. 그저 바깥을 달리며 기쁨과 환희에 뛰고 싶을 뿐이었다. 나는 그저 모든 사람들에게 나의 체험을 얘기해주고 싶었지만 정신병자 취급을 받을 것임을 알았다.

그리고 이것이 사실상 내가 그 이래로 살아온 방식이다. 종종 그 생생한 경험을 다시 꺼내어 내 영혼의 깊은 곳에서 그 경험을 음미하면서 말이다. 나는 비슷한 경험을 다시금 해보게 되기를 거의 매일같이 꿈꿔왔다. — 간접기법을 발견했을 때까지 말이다.

러시아 사마라에 사는 로만 레우토프

정말이지 가장 흥미로운 일은 거의 항상 예기치 않게 일어난다.

다른 세계로 가고자 하는 시도를 오랫동안 멈춘 끝에, 오늘 밤 나는 다시금 그것을 시도해보기로 마음먹었다. 또 한 번의 시도가 실패로 끝난 후, 나는 포기하고 다른 쪽으로 돌아누워 그저 잠이나 실컷 자기로 했다. 상상 속의 흥미로운 이미지들을 관찰하는 방법에 내가 아직도 무엇을 잘못하고 있는지를 생각하면 누워 있는 동안 시간이 정확히 얼마나 흘렀는지 모르겠다. 그런데 어느 멋진 순간, 문득 흔히 '진동'이라 불리는 현상이 느껴졌다. 나는 그 느낌을 강화하기 시작했다.(그것은 형언할 수 없는 느낌이었다는 점을 덧붙여야겠다.) 하지만 공중으로 떠오를 수가 없었다. 바깥으로부터 나 자신을 너무나 보고 싶었는데 말이다. 나는 그저 일어서기로 마음먹었는데 일이 정말 흥미로워진 것은 바로 그때다! 수평의 위치에서 수직으로 전환하는 동안 내내 진동이 점점 더 뚜렷해지고 머릿속에서 우르릉거리는 소리가 점점 더 커졌다. 그 느낌은 하루종일 잠을 못 잔 후 잠자리에 들었다가 갑자기 누군가에 의해 잠에서 깨는 느낌과 비슷했다. 머리는 빙빙 돌았고 머릿속의 모든 것이 탁탁하는 소리를 내기 시작했다. 곧 의식을 잃을 것만 같았다. 그때 깜박거리는 어떤 모습이 나타나기 시작했다. 1~2초 후 그 모습은 안정되었다. 머릿속의 우르릉거림이 잦아들고 나는 내가 침대 위에 앉아 있다는 것을 깨달았다.

나는 내 아파트에 있었다. 다만 아파트의 광경이 눈에 띄게 변해 있었다. 방은 비슷했지만 자세히 살펴보니 내부가 정말로 달라져 있었다.(심화하지 않았음: 저자 주) 예를 들어, 언제나 손 닿는 곳에 놓여있던 핸드폰이 어찌된 일인지 더 낡은 다른 모델이 되어 있었다. 핸드폰은 내가 가장 먼저 살펴본 물건이었다. 갑자기 날짜와 시간이 매우 궁금해졌기 때문이다.(행동계획을 하지 않았음: 저자 주) 나는 내 손안에 있는 핸드폰을 분명히 느꼈지만 집중하여 화면을 보려고 하자마자 다시 현실 속으로 내동댕이쳐졌다.

나는 즉시 몸에서 다시 빠져나와서, 실험해볼 만한 일을 떠올리는 동안 그저 아파트 주위를 서성거리기로 했다. 한 물체에 마법을 걸어보려고 했지만 성공하지 못하고 결국 마음만 움직였다. 이것이 페이즈 상태가 사라지게 만들어, 내 존재는 다시 현실 속으로 던져졌다. 총 다섯 번쯤 연달아 페이즈 상태로 재진입했고, 각 상태는 2~3분쯤 지속되었다. 경험은 전혀 안정적이지 않았다. 그 때문에 나는 번번이 손에 닿는 모든 것을 붙잡으려고 애쓰면서 서둘러 주변을 조사했다. 그러나 그것이 페이즈로 들어간 최초의 경험임을 고려하면 충분히 감동적이었다.

저절로 일어난 체험

때로는 페이즈에 도달하기 위해 아무것도 하지 않거나 심지어 그에 대해서는 전혀 모르는데도 저절로 페이즈 상태가 일어나기도 한다. 이것은 대개 휴식, 선잠, 깨어남, 꿈속의 에피소드 등의 상황에서 일어난다. 이런 사례들에서 벌어진 실수는 이 이야기들의 주인공들이 페이즈에 대한 사전지식이 부족했음을 고려해 분석을 최소화했다.

미국 오렌지 카운티에 사는 하이메 무뇨스 런드퀴스트

나의 첫 번째 유체이탈체험은 매우 극적이었다. 나는 오전 4~5시쯤 잠이 들었다. 전신에서 어떤 감각이 느껴졌다. 나는 명상과 같은 수면상태에 있었지만 동시에 나에게 무슨 일이 벌어지고 있는지를 인식하고 있었다. 온몸에 따끔거리는 감각이 느껴졌고 마비가 뒤따랐다.

갑자기 침대로부터 위로 떠올라 일어선 자세가 되어 있는 자신을 발견했다. 너무나 무서워서 신께서 나를 보호해줄 것을 비는 기도를 하기 시작했다. 그러자 나는 다시 섬광처럼 신속하게 몸으로 되돌아왔다. 깨어났을 때, 방금 내게 무슨 일이 일어난 것인지를 이해해야 한다는 느낌이 들었다. 조사를 해본 결과 여러 곳을 여행할 수 있고 달에도 갈 수 있다는 말을 듣게 되었다. 그래서 나는 그것을 다시 시도해보고 싶었다. 그날 나는 나 자신에 대해 매우 좋은 기분이 들었다. 새롭고 흥미로운 무언인가를 발견한 것 같은 느낌이 들었다!

러시아 모스크바에 사는 옥사나 랴보바

왼팔의 마비로 인한 불편함과 가벼운 통증이 아침의 깊은 수면을 방해했던 것 같다. 자는 동안 머리가 왼팔 위에 놓여 있었기 때문이다. 그 불편함을 제거하고자 하는 욕구가 내 안에서 일어났다. 나는 마비된 팔을 앞으로 옮기면서 눈을 떴다. 그러나 눈앞에 육신의 팔이 보이지 않았다. 분명히 팔이 내 앞에 있는 것을 느낄 수 있었고 다섯 개의 손가락을 굽혔다 폈다 할 수 있었고 팔꿈치를 구부릴 수 있었음에도 말이다. 이 모든 것이 나를 다소 혼란스럽게 만들었다. 나는 이런 일이 일상의 물리적인 세계에서는 일어날 수 없다는 것을 분명히 알고 있었다. 나는 그것이 매우 생생한 꿈이라고 판단했다. 그래서 깨어나기 위해서는 그저 눈을 감고 깨어나고자 하는 욕구로써 뇌를 긴장시켜야 한다고 생각했다. 그 생각은 행동으로 이어졌다. 그 후 마침내 깨어났다고 생각하며 눈을 떴다.

내 앞에는 깨어날 때마다 매일 보는 일상의 현실이 있었다. 방 한가운데에 있는 침대로 햇빛을 쏟아내는 큰 창, 책상과 의자, 학술서가 빼곡히 꽂혀 있는 책장, 옷이 들어 있는 옷장. 나는 늘 그러듯이 잔잔하고 편안하게 휴식을 취하면서 평일 중의 쉬는 날인 그날(그 주는 비번인 날이 많았다)을 보내기로 했다.

나는 무릎 위에 팔꿈치를 놓고 침대 위에 앉았다. 5월의 햇살이 내 얼굴을 부드럽게 어루만지는 것을 즐기며 곁눈질을 했다. 날은 따뜻했고 공기는 신선했다. 이 세상 것이 아닌 감로수와 같은 평화의 느낌이 내 몸을 관통하는 것을 느꼈다. 나는 주변을 둘러보기 위해 몸을 돌렸다. 그때 갑자기 휴식의 상태가 돌연 오싹한 떨림으로 바뀌었다. 평화의 느낌은 끔찍한 공포로 돌변했다. 내 뒤에 내 몸이 놓여 있었던 것이다! 공황. 느낄 수는 있지만 보이지는 않던 내 앞의 양손을 보았다. 양손은 내 몸 옆 침대 위에 평화롭게 놓여 있었다. 나는 양손을 만져 그 벨벳 같은 피부를 느꼈다. 그러나 손의 육체적인 느낌은 느낄 수 없었다. 나는 내 몸으로 돌아가려고 애썼다. 깨어나려고 애쓰면서 몸속에 누워 눈을 감았다. 그리고 눈을 뜨고 일어났다. 그러나 몸은 여전히 그곳에 누워 있었다. 공포. 비현실적인 치명적 공포. 눈물. 당황. 불가사의. 의문 — '다음엔 어떤 일이?' 그리고 사방은 온통 밝고 화창한 날이었다.

나는 점점 더 두려워졌다. 그 상태를 떠나고 싶은 욕구가 기하급수적으로 커졌다. 몸으로 돌아가려는 모든 노력이 무용지물이었다. 두렵고도 무서워서 나는 침대 위에 입상처럼 앉아 있었다. 갑자기 고요한 방 안에서 발소리가 들렸지만 아무도 보이지 않았다. 두려움은 점점 더 깊어졌다. 나는 내 방을 돌아다니는 눈에 보이지 않는 남자를 향해 내게서 떨어질 것을 명하며 비명을 지르기 시작했다. 그리고 질문했다. "저 남자는 누구이며 그가 여기서 원하는 것은 무엇이며, 왜 나는 그를 볼 수 없습니까?" 응답이 들렸다. "두려워하지 마세요. 이것은 모두 정상입니다." 다음 순간 내 침대 옆에 서 있는 그가 보이기 시작했다. 약 180센티의 키에 30세가 약간 넘어 보이는 다부진 근육질의 체격을 가진 남자였다. 머리는 거무스레한 짧은 금발이었다. 눈은 회색빛이 섞인 파란색이었다. 그는 검은 수영복만을 입고 있었고 목에는 두꺼운 금목걸이가 걸려 있었다. 그는 어떤 도시에 대해 뭔가를 설명하기 시작했다. 그는 그곳을 환승지점이라고 했다. 많은 사람들이 이런 상태를 경험하며 이것은 정상적인 일이라고 말했다. 그는 내 손을 잡아끌면서 "가자"라고 말했다. 잠시 후 우리는 어떤 오래된 마을의 한 거리에 있었다. 우리가 앞에 서 있던 집의 모퉁이에는 거리 이름과 집 주소가 적혀 있는 직사각형의 파란색 판이 붙어 있었다. 나는 모든 것을 쉽게 읽을 수 있었고 내가 본 것에 놀랐다.

우리는 거리 한복판에 거의 알몸으로 서 있었지만 지나는 사람들은 우리에게 관심을 보이지 않았다. 나는 그들이 우리를 보지 못한다는 것을 깨달았다. 나는 일어나는 일에 놀라고 무서워하며 연신 주위를 두리번거렸다. 내 머리는 당시로서는 끔찍한 질문 — 어떻게 돌아가지? — 으로 꽉 차 있었다.

그 젊은 남자가 갑자기 우리 앞에 있는 집의 코너를 향해 달렸다. 그는 벽을 통과해 들어가면서 이제 그의 친구가 곧 도착할 예정이기 때문에 돌아가야 할 시간이라고 말했다. 그는 사라졌다. 나는 나를 지나쳐가는 사람들을 바라보면서 얼마간 같은 자리에 서 있었다. 나는 내 방으로 돌아갈 방법을 몰랐다. 우리가 통과해 들어온 장소가 벽으로 변해 있었기 때문이다. 이 얼마나 얄궂은 일인가. 어떻게 벽을 통과해 가지? 나는 내 방을 생각하며 눈을 감고, "일어날 일은 반드시 일어난다"고 말했다. 나는 앞으로 걸음을 옮겼고, 침대에 있는 나 자신을 발견했다.

방을 훑어보니 아무것도 변하지 않았다. 햇살이 예전처럼 방 안을 비추고 있었다. 안도의 한숨을 내쉬고 깨어나리라는 희망을 품은 채 눈을 감았다가 서둘러 눈을 떴다. 그러나 끔찍하게도 나는 침대 위에서 의료기기가 놓여 있는 테이블을 발견했다. 공포의 파도가 새로운 강도로 내 몸을 휩쓸었다. 그들이 나를 수술대에 눕힌다면 살아날 수 없으리라는 생각에 숨이 막혔다. 나는 다시 한 번 눈을 감고 기도했다. 공포감이 서서히 물러나기 시작했다. 나는 가까스로 마음을 가라앉히고… 그리고 마침내 깨어났다. 내가 처음으로 한 일은 의료기기가 놓여 있던 테이블이 없어진 것을 확인하는 것이었다. 나는 뛰듯이 일어나서 모든 상황이 정말로 끝났는지 확인하기 위해 옷장과 벽과 창문을 두드려봤다.

안드레 산체스

나는 침대에 있었는데 오른손에 들려 있는 플라스틱 물건 두 개를 발견했다. 그것이 오른손에 들려 있는 것이 이상하다고 느껴져서 일어나서 물건을 바닥에 내려놓았다. 첫 번째 물건은 아무 소리도 나지 않았다. 두 번째 물건에서는 소리가 났다. 아마도 내가 첫 번째 물건이 아무런 소리를 내지 않는다는 것을 알아채고 소리가 날 것을 기대했기 때문인 것 같다. 나는 그것이 기이하게 느껴져서 문 옆의 전등 스위치 쪽으로 가서 불을 켜려고 했다. 불은 켜지지 않았다. 두 가지 생각이 떠올랐다. '정말 이상하군… 내가 "페이즈" 속에 있는 건가?' '전기가 나갔나?'

나는 거실로 가기 위해 방을 나와 복도로 갔다. 복도는 매우 어두웠다(밤에 전기가 나갔다면 정상적인 것이다). 나는 이 모든 것이 좀 기이하면서도 동시에 너무나 '진짜'처럼 느껴지는 것이 이상하다고 생각하고 있었다. 걱정이 되기 시작했다. 그리고 정말 이상하거나 무서운 일이 일어난다면 내가 페이즈 상태에 있다는 것을 확신할 수 있게 될 테니 걱정하지 않아도 된다고 생각하면서 자신을 진정시키기 시작했다. 거실에서 나오던 희미한 연녹색 빛이 어렴풋이 기억나지만, 아무것도 보지는 못했다.

러시아 모스크바에 사는 드미트리 마르코프

나의 첫 페이즈는 내 인생에서 가장 끔찍한 사건이었다. 그런 공포는 일찍이 경험한 적이 없었다. 그 일은 1990년 12월에 일어났다. 나는 침대에서 잠을 자고 있었다. 갑자기 누군가가 내 방으로 들어오는 듯한 소리가 들렸지만 나는 그 '침입자'에게 관심을 갖지 않았다. 그런데 여자의 두 손이 뒤에서 나를 잡고 배를 누르면서 내 몸을 위로 들어올리기 시작했다. 나는 내 배 위에 있는 손톱이 긴 얇은 손가락을 분명히 느꼈지만 몸이 완전히 마비되어 어떤 부분도 움직일 수 없었고 저항할 수도 없었다. 내 몸이 천장을 통과하는 것을 느꼈고, 그 후에도 내 몸은 점점 더 높이 끌어올려졌다.

죽을지도 모른다는 생각에 겁에 질렸다. 죽음보다는 오히려 미지가 더 두려웠다. 이 모든 것이 너무나 신속하게 일어나서 나는 나 자신이 이 같은 존재의 교차로에 전혀 준비되어 있지 않음을 깨달았다. 나는 기도하기 시작했다. 신께 나를 해방시켜달라고, 그리고 돌아가게 해달라고 빌었다. 나는 극심한 공포를 느꼈다. 강제 공중부양이 얼마나 오래 지속되었는지, 내가 집 위로 얼마나 높이 떠 있었는지는 알 수 없다. 아무튼 내가 순식간에 침대로 돌아오는 순간이 찾아왔다.

미국 롤리에 사는 에이프릴 앨스턴

나의 첫 유체이탈체험은 우연히 일어났다. 체육관에서 아침 운동을 한 후 지친 나는 낮잠을 자기 위해 기숙사로 돌아왔다. 꿈에서 깨어날 때 나는 내가 세 곳에 있는 것을 느꼈다. 나는 내가 꿈속에 있음을 자각했고 꿈속의 모든 것을 느낄 수 있었다. 또한 나는 침대 위에 누워 있는 내 몸의 모든 것을 느낄 수 있었다. 나는 침대를 통과하여 떨어지는 제3의 의식도 느꼈다. 세 번째 것은 내가 '실시간 구역'(real-time zone)으로 들어가는 유체이탈체험으로 믿고 있던 것이었다. 내 에너지체가 침대를 통과하여 떨어지면서 육체에서 분리되는 것처럼 느껴졌다. 이 것은 우연히 일어났다.

더 이상 몸이 없는 것처럼 느껴졌다. 나는 부유하는 의식의 구체球體였다. 나는 주변의 것들을 360도 전방위로 감지할 수 있었지만 눈으로 볼 수는 없었다. 눈이 없었기 때문이다. 그러나 주변의 사물이 어디에 있는지를 인식할 수는 있었다. 머리에 타는 듯한 강렬한 느낌이 느껴졌는데, 내가 아스트랄체에 의식을 집중하려고 애쓸수록 통증은 더 악화됐다. 결국 나는 그 경험에서 깨어났다. 나는 계속 가만히 누워서 다시 트랜스 상태로 들어가려고 시도했지만 실패했다.

캐나다 밴쿠버에 사는 타티야나 키셀레바

그날 저녁 마침내 나는 몇 번의 시도를 망치게 했던 외부 소음을 처리하기 위해 멋진 밝은 오렌지색 귀마개를 마련했다. 귀를 막은 후, 아침에 깨어나면 연장술을 연습하리라는 의도를 품은 채 잠자리에 들었다. 또한 잠자리에 들기 바로 전 미하일의 웹사이트에서 사람들의 첫 경험에 관한 글을 몇 가지 읽어보았다. 이 모든 것이 다음의 체험으로 연결되었다.

나는 건물 어딘가에서 들려오는 "쿵" 하는 매우 큰 소리 때문에 한밤중에 잠에서 깼다. 나는 귀마개를 하고 있었음에도 쿵 하는 소리를 분명히 들을 수 있었기 때문에 그 소리가 매우 컸던 것이 틀림없다고 생각하면서 침대에 앉아 있었다. 현관에 가서 무슨 일이 일어나고 있는지 구멍으로 내다보기로 했다. 다시 한 번 "쿵" 하는 소리가 들렸다. 그것은 조금 무섭게 들렸다. 나는 바닥에 발을 내리고 일어선 다음 침실을 나서 현관문으로 향했다. 맨발에 차가운 바닥이 느껴졌다. 현관문으로 다가가서 어둠 속에서 밝은 구멍을 내다볼 수 있게 되었을 때 문득 '내가 지금 페이즈 속에 들어와 있구나' 하는 생각이 머리를 때렸다!

믿을 수가 없었다. 나는 의아했다. '나는 어떤 기법도 실행하지 않았는데…'

그래서 내가 정말로 페이즈 속에 들어와 있는지 시험을 해보기로 했다. 양발을 들어올렸다. 이것은 나를 공중에 '앉아 있게' 만들었다. 그리고 오른손으로 옷장 슬라이딩 도어의 가장자리를 잡고 양발로 문을 밀었다. 나는 뒤쪽으로 날아올라 거실의 반대편까지 갔다. 나는 내 손이 아직도 옷장 문을 잡고 있음을 느끼고는 무척 놀랐다! 내 팔이 3미터 가까이나 늘어난 것이 틀림없었다!(심화하지 않았고 행동계획을 하지 않았음: 저자 주)

나는 파자마 바지를 입은 채 공중에 떠 있는 양발을 보면서 벽난로 바로 옆까지 떠갔다. 그리고 내가 페이즈 상태에 있다는 것을 아직도 믿을 수가 없어서 위로 날아올라보기로 마음먹었다. 하지만 양발이 공중에 떠 있었기 때문에 바닥을 밀어낼 수가 없었다. 그래서 나는 내가 페이즈 상태에 있는 것이 아니라는 결론을 내렸다.(잘못된 논리: 저자 주) 그리고 다시 잠자리에 들기로 했다.

그 순간 나는 침대 위에 앉아 있는 자신을 발견했다. 귀마개를 한 귀가 몹시 불편하다는 사실을 알아차린 참이었다. 그래서 귀마개를 빼냈다. 그러나 1초 후, 나는 여전히 귀마개를 귀에 꽂고 있다는 것을 깨달았다. '흠. 그거 이상하군. 방금 귀마개를 빼지 않았나?'

그 순간 나는 침대에 누워 있는 자신을 발견하고 육신의 귀를 느꼈다. 나는 방금 무슨 일이 일어났는지를 깨닫고 신이 나서 뛰었다. 비록 당시에는 믿을 수 없었지만 그것은 나의 첫 유체이탈체험이었다! 나는 그 체험을 100퍼센트 자각했지만 의식은 약 90퍼센트 정도밖에 깨어 있지 않았다. 그렇지 않았다면 내가 정말로 유체이탈을 했다는 사실을 분명히 인식했을 테니까 말이다. 나는 메모장을 꺼내어 모든 것을 적어 내려가며 몸을 떠나기 전에 느꼈던 진동을 생생히 기억해냈다. 그 느낌은 사람들이 일반적으로 설명하는 바로 그 느낌 — 고통 없이 감전되는 느낌 — 이었다.

미국 벨빌에 사는 조슈아 레이첼스

나는 '낮잠'처럼 느껴지는 수면을 취하며 완전한 잠에 들기 위해 애쓰고 있었고, 마지막으로 인지한 현실의 시각은 오전 4시 30분이었다.

나는 다시 한 번 거꾸로 다이빙을 했는데, 거의 그 직후에 내가 '자각한' 것은 내가 예전에 종종 들르던 오래된 만화가게로 여겨지는 곳으로 걸어가는 들판에 있다는 것이었다. 어떻게 이곳에 오게 되었는지는 전혀 알지 못한 채 발밑의 들판을 바라보며 내가 혹시 꿈을 꾸고 있는 게 아닌지 자문했던 것이 기억난다. 그러고 나서 나는 할 수 있는 한 높이 뛰어오르기를 시도했다. 이것은 몇 피트 높이의 장시간의 도약으로 이어졌는데, 이 때문에 나는 내가 실제로 꿈을 꾸고 있다는 것을 깨닫게 됐다.

여기서부터 기억이 완전하지 않기 때문에 (순서적인 면에서) 끈기 있게 들어주기 바란다.

다음으로 기억나는 일은 내가 향하고 있던 건물 내부에 들어와 있는 나 자신이었다. 그 건물은 재활센터라고 했다. 주위의 모든 사람들이 흰색 옷을 입고 있었다. 두 사람을 빼고는 어떤 얼굴도 온전히 인식할 수가 없었다. 두 명 중 한 명은 댄이라는 이름의 내 친구였고 다른 한 명은 이름이 없는 한 여자(페이즈 상태에서 나는 그녀를 '내가 사랑하는 사람'이라고 불렀다)였다. 그리고 그 여자의 얼굴은 나탈리 포트만과 전 여자 친구들 중의 한 사람을 섞어놓은 것 같았다.

내가 거울을 보고 있는 동안 (나는 나 자신을 볼 수 있었지만 내 손은 흐려진 얼굴을 계속 만졌다. 내 흰옷과 머리카락만을 눈으로 볼 수 있었다) 댄이 내 옆에 있는 출입구에 기대어 있었던 것이 기억난다. 그는 내가 왜 여기에 있고 얼마나 오래 있었는지를 묻는 나의 질문에 대답하기 시작했다. 그 질문은 나의 잠재의식에서 나온 것이라고밖에 생각할 수가 없었다. 나는 그에게 내가 어떻게 여기에 왔으며 왜 이곳에 있는 것인지 기억나지 않는다고 말했다. 그리고 나는 그의 대답을 분명히 기억한다.

댄: "네가 왜 여기에 있는지 아니?"

나: "어떻게 여기에 왔는지조차 기억나지 않아. 마리화나 때문인가?"

(내가 '재활센터'에 있었다는 것을 기억하라.)

댄: "하하. 기억 안 나? 아마 그게 애초에 네가 여기에 있는 이유일

거야. 넌 한 달 정도 여기에 있었어. 일정표를 확인해봐."

그 순간 나는 내 잠재의식이 이곳에 갇히게 되는 것이 아닐까 하는 생각에 당황하기 시작했다. 페이즈 상태에서는 시간이 압축되기 시작하는 것으로 보였기 때문이다. '일정표' 주변으로 사람들이 모여 나를 둘러싸기 시작했다. 나는 특히 한 흑인 남자가 내 옆에서 "누가 조쉬(조슈아의 약칭)지? 누가 조쉬지?"라고 소리친 것을 기억한다. '내가 사랑하는 사람'이 현관에 기대서서 내게 가까이 오라는 몸짓을 하고 있던 곳으로 내가 이끌려가기 시작한 직후였다.

그리고 '내가 사랑하는 사람'과 함께 걸었던 것이 기억난다. 그때 그녀는 울면서 내게 잠을 깨지 말라고 사정했다. 내가 머물면 이곳에서 함께 행복할 수 있다고 소리치면서. 그러는 동안 그녀의 팔과 다리에서 사슬이 생겨나는 것을 보고 나는 기분이 무거워졌다.

나는 내 가족, 특히 어머니를 생각하기 시작했다. 혼수상태에 갇히는 것도 생각했다. 내 생각으로는 이 생각이 내 잠재의식을 더욱더 당황하게 만든 것 같다. 시간이 더 압축되는 것처럼 보였기 때문이다.

그러자 '내가 사랑하는 사람'은 뒷방으로 나를 데려갔고 글쎄, 저속하게 말하고 싶진 않지만, 우리는 섹스를 했다. 그리고 내가 '오르가즘'에 이르기 직전에 그녀는 나에게 가지 말라고 소리를 지르기 시작했다. 그 순간 나는 자신이 당겨지는 기분을 느꼈다. 그리고 실제로 나는 멀리 끌려가고 있었다.

그리고 다음 사건이 정말 나를 놀라게 했다. 대낮에 눈을 뜬 나는 거실에 서 있는 어머니와 새 아버지를 찾아 서둘러 방을 나갔다. 나는 두 분께 나의 체험을 설명하기 시작했다. 하지만 새 아버지는 나의 체험을 몽땅 정확히 알아맞춰 말하기 시작했다. 나는 의아했다. 그래서 핸드폰을 꺼내봤는데 핸드폰 전체에 상처와 흠집이 있었다. 나는 어머니께 흠집이 난 곳을 보라고 핸드폰을 건넸는데 어머니가 백라이트 버튼을 누르자 나는 잠에서 깨어났다!!

나는 눈을 뜨자마자 재빨리 일어났다. 밖은 여전히 어두웠고 시간은 오전 5시 17분을 가리키고 있었다.

제2장

본격적인 페이즈 체험

여기서 우리는 유체이탈체험 자체가 아니라 유체이탈체험 동안에 수행할 활동에 초점을 맞출 것이다. 즉 페이즈 공간 속의 공간이동 및 이동을 제어하기, 물건 찾기, 실험 등이 바로 그것이다.

실습자들은 때로 특정한 목적에 유체이탈체험을 활용하는데, 이런 체험은 단순히 페이즈 상태로 들어가는 것과는 완전히 다른 수준의 것이다. 이 장에서 소개하는 페이즈 여행은 1장에서 소개된 여행보다 높은 수준의 기법을 보여준다. 어떤 경우에는 운도 필요하다. 그러나 행운이 실습자들이 저지르는 많은 실수를 면하게 해주지는 않는다. 이런 실수들이 종종 실습자가 최고의 체험을 할 수 있는 가능성을 막는다. 이런 실수를 분석함으로써 독자들은 자신이 연습하는 동안의 실수를 방지할 수 있다.

미국 로키산맥에 사는 루돌프

잠에서 깨었을 때 나는 움직이고 있었고 강제수면을 위해 다양한 자세를 시도하고 있었다. 그것이 별 효과가 없어서 나는 결국 등을 대고 반듯이 누워서 이완법을 해나갔고, 잘 된 것 같아서 그다음에는 두뇌 긴장시키기, 유체 움직이기, 내부의 소리에 귀 기울이기 등을 시작했다.

3~5분 내에 나는 곧장 페이즈 상태에 들어와 있는 자신을 발견했다. 나는 쇼핑센터에 있었다. 나는 앉아 있던 벤치에서 일어나 화장실에 가기로 했다.(심화하지 않았고 행동계획을 하지 않았음: 저자 주) 걸어가는 동안 벽의 타일이 거무죽죽한 흰색으로부터 빛나는 밝은 흰색과 검은색의 체스판으로 변해가는 것을 알아차렸다. 발이 없어졌고, 나는 몇 피트 상공에 떠 있는 채로 비행을 시작했다. 나는 둥근 벽을 지나가면서 '이 벽 뒤에 초콜릿 가게가 있어야 해'라고 생각했다. 그러나 벽을 통과해 들어가려던 순간 나는 멈춰서 이곳을 벗어나서 뭔가 더 나은 일을 하고 싶다는 생각을 떠올렸다.

나는 앞쪽의 입구 통로로 갔다. 그것은 쇼핑몰에서는 볼 수 없는, 훨씬 더 높은 빛나는 대리석으로 된 훌륭한 건축물이었다. 나는 그 꼭대기까지 날아오르다가 포기하고, 그냥 벽을 통과해 밖으로 갔다. 시야가 터널처럼 좁혀져서 나는 기공氣功을 하기 시작했다. 그리고 "명료해져라!"라고 외치자 시야가 좋아졌다. 그때 '행동계획' 목록이 기억나서 구름 속으로 날아 들어가기 시작했다. (이 시간은 수피교도 수준의 천국이었다.) 나는 오렌지색의 크림 같은 구름에 도달했는데 그 가운데에는 폴로 상표의 남자와 같은 모습의 검은색 반점이 있었다. 나는 '저건 나야'라고 생각했다.

그 밖에 다른 일은 없었다. 그래서 나는 다시 몸으로 돌아와(잘못된 행동: 저자 주) 그 경험을 기록하기 시작했다.

루돌프의 또 다른 체험담

간밤에 매우 긴 세 번의 유체이탈체험을 한 것 같다. 나는 오전 3시 45분쯤 깨어나서 두뇌 긴장시키기를 하고 유체 움직이기를 했다. 그러다가 문득 페이즈 상태에 던져진 것 같다. 나는 형제들과 오랜 시간을 보내며 그 방문을 즐겼다. 그러고 나서 나는 다시 내 몸속으로 돌아왔다. 이 글을 쓰기 위해 일어나려고 했었지만, 다시 한 번 페이즈 상태로 던져지고 싶어서 그렇게 했다. 최초의 분리에 성공하고 나자 다음에는 그것을 하는 데 단 몇 초밖에 걸리지 않았다. 나는 아무 일도 없었던 것처럼 내 형제들이 있던 같은 곳으로 즉시 돌아갔다.(심화하지 않았음: 저자 주) 우리는 함께 어떤 일을 하고 있었는데 나는 그들에게 다른 할 일이 있어서 혼자 떠나야겠다고 말했다.(잘못된 행동: 저자 주) 그들은 고개를 끄덕였다. 나는 몸을 돌려 달리기 시작했고 이내 공중으로 날아올랐다.

나는 큰 건물로 들어가서 매력적인 여성들과 잠시 동안 이야기를 나눴다.(행동계획을 하지 않았음: 저자 주) 그러나 보안요원이 나를 제지하러 와서 나는 위층 방으로 날아갔다.(잘못된 행동: 저자 주) 창문을 통과해서 날아가고 싶었지만 창문이 너무 진짜처럼 느껴졌다. 정말 진짜처럼 느껴져서 내가 그것을 통과할 수 있을지가 의심스러웠다. 나는 내가 유체이탈 상태에 있다는 사실을 자신에게 상기시켰지만, 창문에 가까이 다가갔을 때는 속도를 늦췄다. 그러고 나서 아무 문제 없이 창문을 통과해 날아갈 수 있었다.

그다음에 나는 남자들이 모여서 이야기를 하는 큰 테이블이 있는 방에 들어갔다. 고급 클럽 같은 느낌이 들었다. 한 번도 본 적이 없는 맛있는 음식이 놓여 있는 만찬이 있었고, 나는 그곳에 뛰어들어 즐거운 시간을 보냈다. 나는 두어 명의 남자들과 대화를 나누며 내가 유체이탈체험을 하고 있으며, 몸은 멀리 다른 차원에 있다고 말했다. 그들은 멍한 눈으로 나를 응시했다. 그중 한 명이 재빨리 눈을 돌리며 다른 곳으로 떠났다. 그다음에 나는 테이블 건너편에 있는 남자와 이야기를 시작했다. 그는 나의 '행동계획' 항목 중 하나를 떠올리게 하는 뭔가를 말했다. 나는 그에게 내가 하고 싶은 일을 말했고 그는 내 뒤에서 있는 여자에게 말을 건넸다. 나는 그녀가 누군가에게 말하는 소리를 들을 수 있었다. 그는 "그렇다면 그녀야말로 당신이 이야기를 나눠야 할 사람입니다"라고 말했다. 나는 뒤로 돌아 그녀에게 나 자신을 소개하려고 했지만 몸으로 돌아오고 말았다.(유지하지 않았음: 저자 주) 나는 일기 적기를 미뤄두고 다시 페이즈로 들어가기로 했다. 이 모든 것들을 아침에 기억해낼 수 있기를 바라면서.

나는 다시 페이즈 상태로 들어가서 곧 어느 번잡한 거리의 한 모퉁이에 도착했다. 나는 어떤 사람에게 앞선 유체이탈체험에서 이야기하도록 안내받은 여자를 찾을 방법을 아느냐고 물었고, 그는 군중 속에 있는 그녀를 가리켰다. 나는 그녀에게 다가갔고 우리는 갓돌 위에 앉아 이야기를 시작했다. 그녀는 나에게 자신의 애칭을 말해주었다. 일어나서 커피를 마시던 중에야 나는 실소를 터뜨리며 며칠 전 일기에 기록했던 어떤 내용과의 연관성을 찾아냈다.

알람시계가 울려서 나는 잠자리에서 일어났다… 그러지 않았다면 한두 시간 이상 페이즈 상태를 지속할 수 있었을 것이다.

멕시코 이달고에 사는 호르헤 안토니오 베체라 페레아

오전 8시쯤에 깨어서 (물론 휴일이었다) 아침식사를 하고 나서 다시 잠자리에 들었다. 아주 이상한 꿈을 꾼 후에 움직이지 않고 잠에서 깨는 데 성공했다. 나는 즉시 몸을 굴려 분리를 시도했지만 실패했다. 그러고 나서는 강제수면을 시도했고, 다음에는 유체 움직이기를 시도했다. 이번에는 발을 천천히 움직이면서 움직임을 느끼려고 노력했다. 그러다 문득 내가 이미 침대 옆에 서 있다는 것을 깨달았다. 그러나 몸에는 아직도 이불이 걸쳐져 있었다. 이불을 벗어버린 후 나는 모든 것을 만져보고 응시하면서 페이즈 상태를 심화시키기 시작했다. 그리고 극도로 생생한 현실 속에 놓여 있는 자신을 느낀 직후, 나는 집을 탐험하기 시작했다.(행동계획을 하지 않았음: 저자 주)

시간은 낮과 밤 사이를 끊임없이 오가고 있었다. 옆방에서 삼촌이 TV를 보고 있는 것이 보였다. 나는 페이즈 상태에 들어서게 된 것이 너무나 신 나고 호기심이 일어 삼촌에게 모든 것이 비물리적이라는 사실을 설명해주려고 애썼다. 그저 삼촌의 반응을 보기 위해서 말이다. 삼촌은 나더러 미쳤다고 하면서 나를 무시하고 계속 TV를 보았다. 그래서 나는 TV를 창밖으로 던져버리고 옆방으로 갔다.

나는 갑자기 몸속으로 다시 돌아왔고(유지하지 않았음: 저자 주), 다시금 분리를 시작했다. 내 방 안에서 나는 다시 몸으로부터 분리해 나왔다. 이번에는 밤이었다. 나는 찾고 있던 여자의 이름을 부르기 시작했지만 목소리에 문제가 생기기 시작했다. 그래서 학교로 공간이동을 하기로 했다. 눈을 감고 학교를 상상했다. 갑자기 공중을 나는 느낌이 느껴지기 시작했고, 눈을 뜨자 나는 이미 학교에 있었다. 학교는 현실 속의 모습과는 많이 달랐지만 평소의 그곳보다 훨씬 더 좋았다. 나는 사람들에게 묻고 그녀의 이름을 부르는 등으로 페이즈에 있는 시간의 많은 부분을 그녀를 찾는 데 할애했지만 결국 찾지 못했다.

마침내 나는 의식을 잃고 일상적인 꿈속으로 빠져들었다. 어쨌든 그것은 멋진 경험이었다.

베체라 페레아의 또 다른 체험담

헛깨기를 한 직후에, 나는 꿈속에서 자각의식을 찾았다. 나는 집의 위층으로 막 올라가려던 참이었다. 계단이 빌어먹을 만큼 뒤죽박죽이어서 나는 이내 그것이 꿈임을 자각할 수 있었다. 그때 갑자기 페이즈 상태가 다시 희미해져갔다. 그리고 무슨 일이 일어났는지를 깨닫기도 전에 다시 꿈속으로 돌아갔다. 나는 거대한 거리의 한복판에 나타났다.(심화하지 않았음: 저자 주) 나는 이런 경험을 기대하지 않았기 때문에 아무런 행동계획도 가지고 있지 않았다. 그래서 나는 있지도 않은 계획에 대해 생각하는 대신 과격한 파쿠르• 스타일로 자동차와 건물 사이를 달리고 점프하기로 했다.

이것이 내가 경험한 가장 생생하고 재미있는 페이즈 체험 중 하나이다. 그 순간 경험한 완전한 자유의 느낌은 말로 다 설명할 수 없다. 전체 도시의 절반을 탐험하고 나자 (나는 매우 빨리 뛰었다) 페이즈 상태의 안정성에 심각한 문제가 생기기 시작했다. 그래서 나는 일상적인 꿈에 빠져서 이 체험의 소중한 기억을 잃어버리기 전에 스스로 깨어나

• parcours: 프리러닝Free-running이라고도 하며, 주변환경을 빠르고 효율적으로 극복해가는 훈련 또는 이동기술을 뜻한다. 〈야마카시〉라는 영화에 소개되어 맨몸으로 벽을 타고 건물과 건물 사이를 질주하는 장면으로 유명해졌다. 역자 주.

기로 결정했다.(잘못된 논리: 저자 주)

베체라 페레아의 또 다른 체험담

모든 것은 일상적인 어떤 꿈속에서 비롯됐다. 꿈속에서 나는 침대에 누워 잠을 자려고 하고 있었지만 실패했다. 그런데 갑자기 밖에서 이상하고 시끄러운 소리가 들렸다. 나는 무슨 일인지 보려고 창문 쪽으로 머리를 돌렸다. 그런데 정말 놀라운 광경이 눈에 들어왔다.

마치 납치할 사람들을 찾기라도 하는 것처럼 UFO가 도시를 날아다니고 있었던 것이다. UFO는 바로 내 집 위에 멈췄다. 나는 눈을 감고 자는 척했다. 그때 갑자기 전혀 미동도 않은 채 잠에서 깨어버렸다. 피랍 기법이나 공포 기법을 시도해야겠다는 생각이 떠올랐다. 나는 몇 초 전에 느꼈던 공포감을 떠올리기 시작하면서 납치를 상상하려고 애썼다. 소리와 진동이 발생하기 시작해서 곧장 단순히 일어서는 방법으로 분리를 시도했다.

그것은 효과가 있었다.

이것저것 만져보며 분리를 심화하고 나서, 나는 가장 친한 친구 중 세 명이 나와 함께 있음을 깨달았다. 그들은 TV를 보고 있었다. 내 모국어는 스페인어였지만 TV 프로그램은 영어로 방영되고 있었는데, 내가 그것을 모두 이해할 수 있었다는 점이 재미있었다.

그 후, 나는 거실로 이동했고 내 행동계획에 따라 런던으로 공간이동을 시도했다. 이번에는 공간이동에 문제가 많았다. 나는 내 눈앞에 빅 벤•의 모습을 심상화하기 시작했지만 내 눈꺼풀 앞으로 이미지

• 영국 국회의사당의 상징인 시계탑. 역자 주.

가 형성되는 동안 그것은 중단되고 건물은 이상한 일본식 건물로 바꿔어버렸다.

나를 공격하기 위해 많은 사무라이들이 건물 밖으로 뛰어내리기 시작했다. 나는 그것이 내 의식이 명료함을 잃고 있기 때문이라고 생각했다. 그래서 나는 페이즈 상태를 심화하기 위해 응시 기법을 사용하면서 눈을 감았다. 그러자 갑자기 눈앞에 스위치의 이미지가 나타났다.

나는 전등 스위치에 정신을 집중했다. 그리고 공간이동을 하는 동안 런던을 심상화했지만 결국 도착한 곳은 해변에 있는 일종의 공식적인 회의 장소였다.

이제 나는 네덜란드 헤이그에 있었다. 나는 한 가지 실험을 해봤다. 아이팟 터치를 꺼내자 그것은 갑자기 핸드폰으로 변했다. 화면을 보니 보이는 것이라곤 이상한 기호들뿐이었다. 그다음에 나는 군중 속을 걸었다. 아버지가 내게 다가와 무엇을 찾고 있느냐고 물었다. 나는 나에게 매우 중요한 사람을 찾고 있다고 말했다. 나는 계속해서 빅토리아(이것이 그녀의 이름이었다)를 찾았지만 소용이 없었다. 그러다가 갑자기 페이즈 상태가 사라졌다. 몸으로 돌아오고 나서 나는 다시금 몸에서 분리해 나갔다. 친구들 중 하나가 아직도 내 방에 있었다.

나는 공간이동을 하여 학교로 갔다. 의식이 너무나 흐릿해져서 나는 교실로 들어가 책상에 앉아서 수업에 주의를 집중했다. 그러다 갑자기 일어나서 자신에게 말했다. "너 도대체 뭘 하고 있니?" 나는 교실을 나와서 몇 가지 심화기법을 한 다음 가방을 내던졌다. 친구 한 명이 나에게 와서 말했다. "이봐, 이거 네 가방 아냐?" 나는 그에게 "너 가져"라고 말했다.

그다음에는 무슨 일이 있었는지 기억이 나지 않는다. 아마도 잠들었을 것이다.(유지하지 않았음: 저자 주) 다음으로 기억나는 것은 내가 세차장에 있었다는 것이다. 손에는 병이 들려 있었는데 나는 그것을 가지고 실험을 시작했다. 나는 병 안의 물을 바닥에 쏟으면서, 병에는 여전히 물이 가득 차 있는 것을 느끼려고 애썼다. 그 결과 내 손에는 바닥이 없는 병이 들려 있었다.

미국 롤리에 사는 에이프릴 L. 알스톤

어느 날 나는 꿈속에서 일에 대해 걱정하면서 잠을 자고 있었는데 그때 갑자기 무수한 닌자들이 비수를 던지며 나를 공격해오기 시작했다. 나는 비수 하나의 방향을 바꿀 수 있었는데, 그걸 보고 내가 꿈을 꾸고 있음을 깨달았다. 자각의식을 찾은 나는 주변을 날아다니면서 비수들의 방향을 바꾸며 놀았다.(심화하지 않았음: 저자 주) 비수의 방향을 바꾸느라 바빠서 아스트랄계에서 실험을 해볼 시간을 갖지 못했다. 갈수록 더 많은 닌자들이 나를 공격해오기 시작했다. 내가 바깥 공터로 달아나자(행동계획을 하지 않았음: 저자 주) 닌자 무리는 나를 내려다보고 있었다. 닌자가 너무 많았기 때문에 나는 흐르는 듯한 동작으로 손에서 얼음 공을 쏘아서 닌자의 무리 전체를 얼어붙게 만들기 시작했다. 닌자들을 얼리는 중에 등에서 예리한 통증을 느꼈다. 칼에 찔린 것이었다. 재미는 끝났다. 나는 억지로 잠에서 깨어나야 했다.(잘못된 행동: 저자 주)

깨어나자 남자친구가 나를 불렀다. 인사를 하기도 전에 그는 "에이프릴, 내 칼을 등에서 빼줄테니 제발 다시 꿈으로 돌아가"라고 말했다. 나는 그에게 내 꿈에 대해 말했다. 그러자 그는 나의 주의를 딴 데로 돌리기 위해 자신이 내 꿈속으로 닌자를 보냈다고 말했다. 자신에 대한 나의 의중을 떠보기 위해 그가 내 등에 칼을 꽂을 수 있도록 말이다. 이 경험은 인셉션이 정말로 가능하다는 것을 내게 증명해주었다!

캐나다 밴쿠버에 사는 타티야나 키셀레바

연장술. 오전 7시쯤. 귀마개를 하고 마스크를 함. 기법들을 시도함. 유체 움직이기, 이미지 관찰, 내부의 소리 듣기… 아무것도 효과가 없었다. 너무 활짝 깨어버린 느낌이었지만 그래도 강제수면과 함께 각 기법들을 번갈아가며 계속 시도해보고 있었다.

어느 순간 나는 내가 아직도 침대에서 TV를 보고 있다는 사실을 깨달았다. 침실에 TV가 있긴 했지만 이 TV는 아니었고 위치도 달랐다. 내가 보는 TV는 예전에 가지고 있던 것이었고 그 TV는 현재 어머니 집에 있다.

이것을 본 순간 내가 페이즈 상태에 들어 있음을 깨달았다. 나는 화면을 보면서 행동계획을 떠올렸다.(심화하지 않았음: 저자 주) '페이즈 상태의 행동계획' 중의 하나는 오래전에 실종된 아버지에 대해 알아보는 것이었다. 나는 그가 살아 있는지 죽었는지조차 알지 못했다. TV에서 어떤 사람이 멀어져가는 것이 보였다. 그 사람은 아버지가 매우 좋아했던 가수 중 한 명처럼 보였는데 아버지와도 매우 닮아 보였다. 그래서 나는 그를 "아버지, 아버지" 하고 부르기 시작했다. 화면 속의 남자는 고개를 돌리며 아버지로 변하기 시작했다. 나는 그 장면 속으로 끌려 들어가는 느낌을 받았다. 다음 순간 그와 나는 나의 침실 가운데서 서로를 마주 보며 서 있었다. 그는 야구 모자를 쓰고 밝은색의 재킷을 입고 있었다. 노란색 스웨터가 재킷 밖으로 삐져나와 있었다. 나중에 나는 아버지가 그런 옷을 입은 적이 있는지 어머니께 물어보았다. 어머니는 그런 적이 없다고 하면서 나의 묘사가 아버지의 동생, 즉 삼촌과 더 일치한다고 말했다. 나는 삼촌을 만난 적이 없다. 나는 아버지를 안고 아버지를 보게 돼서 매우 기쁘다고 말했다. 그리고 내가 몸을 떠나는 법을 배웠다는 것을 설명하기 시작했다. 그러나 어떠한 대화도 없었다. 아버지는 거기에 있었지만 그게 다였다. 그는 아무런 반응도 행동도 하지 않다가 마침내는 사라져버렸다.

그 후에는 거울 속에서 본 내 모습이 기억난다. 거울 속에는 티셔츠와 파자마 바지를 입고 현실과 완벽히 동일한 모습을 한 내가 있었다.

나는 심화기법을 해야 한다는 것을 기억해냈다. 하지만 나는 우선 페이즈 속에서 당장 펜과 메모장을 찾아 모든 것을 적기로 했다. 잊어버리지 않기 위해서였다. 나는 메모장(나는 현실에서도 그 메모장을 가지고 있다)과 두꺼운 빨간 펜(현실에는 가지고 있지 않다)을 찾았다. 수면 마스크를 쓰고 있었기 때문에 페이즈 상태에서는 때로는 정상적인 시야를 가지기도 했고 때로는 마스크가 시야를 가리기도 했다. 나는 잠에서 깨게 될지도 모르니 눈을 떠서는 안 된다는 생각을 하며 마스크를 얼굴에서 벗었다… 그러자 빙고, 나는 잠에서 깨어버렸다.(재진입하지 않았음: 저자 주)

타티야나 키셀레바의 또 다른 체험담

나는 지금 LA에서 미하일이 이끄는 페이즈 연구센터에서 열리는 실험에 참여하고 있다.

오늘의 과제는 연장술과 간접기법 순환적용을 통해 몸 밖으로 굴러 나와서(혹은 위로 떠오르거나 기어 나와서) 그곳에서 우리를 기다리고 있는 외계인을 만나는 것이다(이것이 이 실험의 목표였다).

이번에도 나는 좀 실망한 채 잠에서 깼다. 이미 두 번째 세션에 참석해야 할 시간이었지만 기법 중 어떤 것도 효과가 없었기 때문이다. 나는 LA의 호텔 방에 있었다. 그것은 현실의 내 방과 다른 모습이었지만 아마도 내 마음속에서는 그 방이 그냥 다른 방으로 느껴졌던 것 같다. 때문에 나는 문과 창문의 위치가 변해 있다는 사실에 주의를 기울이지 않았다. 방의 색깔과 들어오는 빛이 전반적으로 훨씬 더 밝은 방이었다. 주변에는 직원들이 있었고 내가 가지고 있지 않은 카메라가 한 개 있었으며 사방이 장난감이었다.

그래서 결국 나는 샤워를 하던 중에 욕실 벽에 붙은 물방울이 어두운 색임을 알아차리면서 그것이 꿈임을 자각하기 시작했다. 나는 샤워를 멈추기로 하고 방으로 돌아와 세션에 참석할 준비를 하고 있는데, 모든 것이 너무나 현실처럼 생생해서 내가 왜 그것이 페이즈 상태인지를 확인해보려 들었는지가 의아할 정도였다.

상상을 해보라. 어제 당신은 잠자리에 들었다가 오늘 아침 잠에서 깼다. 샤워를 하고 나갈 준비를 하면서 이것저것을 했다. 그러다가 그것이 페이즈 상태인지 아닌지를 확인해보기로 마음먹었다. 그런데 그것이 페이즈 상태인 것으로 드러난 것이다!

그래서 나는 재미로 '코 막고 숨쉬기' 방법으로 내가 페이즈 상태에 있는지를 시험해보기로 했다. 그리고 물론 처음에는 효과가 없었다. '이게 어떻게 페이즈 상태일 수가 있어? 모든 게 너무나 현실적인데'라고 생각하면서 기법을 행하고 있었기 때문이다. 하지만 나는 계속 시도했고, 세 번째로 시도했을 때 귀 뒤의 어딘가로부터 공기가 빠져나와서 정말로 내가 완전히 페이즈 상태에 들어와 있구나 하고 기뻐했다.

너무나 행복했다. 나는 공중으로 떠올라 천장 아래서 몇 바퀴를 날아다녔다. 그런 다음 심화의 필요성을 느끼고 거기에 집중했다. 나는 몇 번 내 손바닥을 보았다. 나 자신을 바라보고 내 몸에 타올이 감싸여 있는 것을 알아차렸다. 그다음엔 방 안의 모든 것을 만져보기 시작했다. 나는 카메라를 꺼내어 바닥에 놓으면서 나중에 현실에서도 바닥에 놓여 있는지를 확인해봐야겠다고 생각했다. (왜 그랬는지 모르겠다. 그것은 무의미한 시험이었다. 아마도 누군가가 이런 테스트를 한 것을 기억했던 것 같다.) 처음에는 손에 감각이 없는 것처럼 느껴졌다. 그러나 모든 것을 만져보기 시작하자 촉감이 돌아왔다.

지각이 100퍼센트 돌아왔으니 외계인을 찾아 나설 시간이었다. 외계인은 방에 없었다. 호텔 창밖을 내다보니 거대한 가지가 떨어진 도로와 체인으로 연결된 울타리와 화초와 그 뒤쪽으로는 나무들이 보였다. 외계인은 거기에도 없었다. 그래서 나는 복도로 가기로 했다. 문을 열었다. 복도는 정말 어두웠다. 방으로부터 새나오는 빛도 없었다. 나는 외계인들이 분명 저곳에 있을 것이라고 생각했다. 그래서 어둠 속을 향해 걸어 들어갔다… 적어도 세 개의 작은 손이 나의 어깨를 만졌다… 나는 완전히 기겁을 하면서 잠에서 깼다… (재진입하지 않았음: 저자 주)

미국 로스앤젤레스에 사는 크레이그 P.

오전 10시 40분부터 11시 20분까지 낮잠을 잤다. 깨어나자마자 연습을 하기 위해 다시 잠들기를 시도했다. 다시 잠에 들기가 어려웠기 때문에 아무 일도 일어나지 않으리라고 생각했다. 잠시 후 분명히 잠이 든 것 같다. 몸이 뜨는 듯한 모종의 감각을 느꼈기 때문이다. 다음 순간 나는 분리를 시도하기로 마음먹었다. 그러나 아무 일도 일어나지 않는 것처럼 느껴졌다. 그때 문득 내가 상단 선반에 놓여 있는 유리컵을 내려다보고 있음을 알아차리고 몸 밖으로 나왔음을 깨달았다.

모든 것이 그다지 명확하지 않아서 나는 물체를 보고 느끼기를 시도했다. 나는 자신에게, 가서 외계인을 보라고 말했다. 그 다음 장면에서 나는 산 근처의 나무가 둘러서 있는 빈터에 와 있었다. 우주선이 있었고 헬멧을 쓴 외계인 두 명이 있었다. 그들은 일종의 로봇과 함께 있었다. 그것은 약 2미터 높이에 은색이었다. 외계인들은 친절해 보이지 않았다. 알람이 울렸을 때는 내가 마치 수백 킬로미터나 떨어져 있는 것처럼 느껴져서 몸속으로 돌아오는 데 어려움을 겪었다.

벨기에 앤트워프에 사는 보오

오늘 아침에 페이즈에 들어갔다. 대략 예전의 경우와 비슷했지만 이번에는 일부러 침대의 반대편으로 굴렀다. 나는 바닥에 내려왔고 눈을 뜨자 바닥이 보였다.

시트를 만져보았다. 모든 것이 진짜처럼 너무나 생생함에 압도되어 나는 '내가 있는 곳이 어디지?' 하고 생각했다.

불빛이 흐릿해서 더 밝은 빛을 요구했지만 변화가 없었다. 방은 현재의 내 방과 어렸을 때의 방의 혼합이었다.

코를 막아봤지만 정상적으로 호흡할 수 있었다. 나는 일어서서 문으로 갔다.(행동계획을 하지 않았음: 저자 주) 문을 여니 밖은 어두웠다. 그때 문밖에 형상이 하나 보였다. 그것은 작은 사람이었는데 내가 좀더 자세히 바라보자 머리를 움직이기 시작했다.

나는 그것을 만지고 싶었지만 몸이 마비된 느낌이 느껴졌다. 팔이 매우 무겁게 느껴졌다. 그 형체에 손이 거의 닿는 순간 잠에서 깨어버렸다.(재진입하지 않았음: 저자 주)

보오의 또 다른 체험담

오늘 아침 어렵사리 페이즈에 진입했다. 많은 것을 느끼지 않고 — 거의 진동이 없었다 — 침대에서 떨어졌다. 매우 어두웠고 의식은 불안정했다. 이상한 움직임을 여러 가지 해봤지만 여전히 반쯤은 의식이 없었다. 잠시 후 나는 침대에 앉아 있게 되었다.(심화하지 않았음: 저자 주) 여전히 어두웠지만 의식은 좀더 깨어 있었고 나는 혼잣말로 '봉투'에 대해 뭐라고 말했다.

네발로 기어서 탁자가 놓여 있는 침대 저쪽으로 기어갔다. 모든 것이 현실처럼 보였고 '봉투'는 제자리에 있었다. 봉투를 집어들었는데 봉투 안에는 작고 두꺼운 뭔가가 들어 있는 것처럼 느껴졌다. 나는 봉투를 찢었다. 거기에는 반짝이는 포장에 쌓인 쿠키와 그 비슷한 것들이 들어 있었다.

포장을 찢으니 초콜릿이 들어 있었다. 초콜릿을 베어 물었다. 맛있었다. 안에는 코코넛이 들어 있었다.

나는 초콜릿을 씹으며 맛에 집중하기 위해 잠시 동안 눈을 감았다. 맛은 그대로 유지됐고 물론 입을 쩝쩝거리기는 했지만 머릿속에서 압력이 느껴졌다. 압력이 점점 커져갔다. 다시 눈을 뜨자 압력이 사라졌다.

이제 나는 작은 딜레마에 봉착했다. 초콜릿을 다 먹을 것인가 아니면 공간이동이라는 나의 임무를 시작할 것인가. 나는 후자를 하기로 결정하고 초콜릿을 버렸다.

나는 일어서서 눈을 감은 채 달리기를 시작했다. 달리기가 자연스럽게 느껴지지는 않았지만 어쨌든 나는 움직이고 있었다. 나는 벽이나 다른 어떤 종류의 저항도 느껴지지 않았다.

눈을 감았기 때문에 다시 페이즈 상실이 다가오고 있는 것이 느껴져서 눈을 떴다. 그러나 여전히 주위는 매우 어두웠고 페이즈 상태를 잃어버릴까봐 두려웠다.

평소 같았으면 내 경험은 거기서 끝났을 것이다.

하지만 나는 포기하지 않고 계속 달리면서 할 수 있는 한 크게 눈을 떴다.

이것이 효과가 있었던 것 같다. 어떤 터널(임사체험의 터널은 아님)의 끝에 한 줄기 빛이 나타났기 때문이다. 터널 밖으로 나왔을 때 나는 기쁨으로 가득 차 있었다!

나는 큰 파도가 바위를 때리고 있는 파란 바다를 보았다. 나는 아름다운 바위로 된 해안선을 따라 난 도로 위에 있었다. 그 광경은 참으로 아름다웠다.

나는 버스 같은 것 위에 있었다. 큰 파도 때문에 어려움을 겪고 있는 도로 위의 트럭들이 보였다. 다음 순간 나는 깨어났다.(유지하지 않았음: 저자 주)

참고: 공간이동을 위해 달리기를 할 때 나는 특정한 장소를 생각하지 않았다. 그 며칠 전에 나는 어디로 공간이동을 할지 공상을 해봤었다. 그 공상 속에서 나는 푸른 바다에 떠 있는 17세기의 범선 위에 가 있곤 했다.

미국 뉴욕에 사는 제이슨

나는 움직이지 않으려고 애쓰면서 깨어났지만 실패했다. 어쨌든 나는 몇 가지 기법의 순환적용을 시도해보기로 하고 유체 움직이기를 시작했다. 놀랍게도 몸이 수면마비 상태가 된 것을 느끼면서 감각이 없는 상태가 되었다.(분리하지 않았음: 저자 주) 그래서 내부의 소리 듣기로 기법을 바꿨다. 그다음엔 구르면서 분리를 시도해보기로 했다. 저항이 있었지만 결국 효과가 있어서 나는 일어섰다. 이전에도 페이즈 상태를 경험해본 적이 많았지만 이번엔 내가 정말로 페이즈 상태에 있는지 의구심이 들었다. 아마도 깨어남과 꿈 사이의 전환을 이번처럼 의식적으로 스스로 유도해낸 적이 없었기 때문일 것이다. 단 1분 정도밖에 걸리지 않았음은 물론이다.

부엌에 있는 어머니의 목소리가 들렸다. 오른쪽 검지를 왼쪽 손바닥에 통과시켜 현실점검을 했다. 어려움이 있었지만 성공함으로써 내가 페이즈 상태에 있다는 것을 확인할 수 있었다. 나는 부엌으로 걸어갔다. 어머니가 아침인사를 했다. 나는 어머니의 볼에 키스를 하고 복도를 걸어갔다.(행동계획을 하지 않았음: 저자 주) 그럴 필요는 없었지만 페이즈를 안정시키기 위해 걸으면서 벽을 만졌다. 집안은 꽤 어두웠지만 바깥은 화창해 보였다. 평소에는 그냥 밖에 나가면 나도 모르는 사이에 옷이 생겨났지만 나는 셔츠와 반바지를 입고 있었다.

현관문을 열자 위층의 이웃들이 모두 현관 밖에 있는 것이 보였다. 반바지 차림으로 밖으로 나가기 전에 내가 페이즈 상태에 있는지를 다시 한 번 점검하기 위해 문을 다시 닫았다. 현실점검을 하니 다시 효과가 확인됐다. 그래서 나는 밖으로 나갔다. 이웃들은 위층으로 올라가고 있었다. 밖은 정말 화창했고 내게 잔소리 비슷한 것을 하는 작은 꼬마가 있었지만 나는 그를 무시했다. 나는 별 성의 없이 문을 만들려는 시도를 해보았고, 바닥을 통과해 순간이동을 해보려 했지만 두 가지 시도 모두 먹히지 않았다. 그 구역을 걸어 내려와서 좀더 빨리 돌아다니기 위해 예전에 읽은 적이 있는 깡충깡충 뛰기를 시도했지만 마음에 들지 않았다. 이번엔 위로 날아올랐는데 제어가 잘 되지 않았다… 계속 위로 높이 올라가서 대기권을 벗어나지 않기 위해 송전선을 붙잡아야만 했다.

그것은 긴 페이즈 체험이었는데 무엇 때문인지 여기서부터 많은 부분 기억을 잃어버렸다.(유지하지 않았음: 저자 주) 내가 어디에 착륙했는지는 기억나지 않는다. 이런저런 단편적인 것들만 기억날 뿐이다. 그러나 백화점에 들어서자 기억이 돌아왔다. 나는 낯익은 남자를 보았다. 그에게 물었다. "내가 당신을 알고 있나요?" 그는 머리를 흔들며 "아뇨"라고 대답하고 계속 걸어갔다. 그가 수상해 보여서 나는 그를 계속 지켜보았다. 그가 다른 남자를 만나서는 나를 가리켰다. 그리고 그들은 나를 쫓기 시작했다. 나는 사람들 뒤에 숨어서 그들이 지나쳐 가게 한 다음 다른 길로 갔다. 경보가 울리기를 기대하면서 비상출구 밖으로 나갔지만 경보는 울리지 않았다. 옥상으로 연결된 계단으로 가는 두 개의 잠긴 문이 있었다. 나는 두 문을 통과해 들어간 다음 옥상으로 갔다. 내가 날아오르자 그들도 나를 쫓아 날아오르기 시작했다. 나는 더 빨리 날기 위해 마음의 에너지를 사용했지만 충분하지 않았다. 우리는 잠시 동안 전투를 벌였는데 다음 순간 나는 어떤 우주선 속의 문 앞에 있었다.

나는 매트릭스를 연상시키는 터널 속을 운전하고 있었다. 벽에 조금 충돌하긴 했지만 대체로 괜찮았다. 나는 이 터널이 이끄는 곳에서 멈췄다. 이 부분은 지루하므로 건너뛰기로 한다.

나는 건물 밖으로 나왔고 사람들로 가득한 도시에 있었다. 그 블록을 걸어가는데 내 시야가 다소 달라져 있었다. 그것은 거의 영화와 같았다. 나는 한 호텔 로비로 걸어 들어갔다. 사람들이 주위에 앉아 있었다. 나는 이 경험을 끝내기 위해 섹스를 할 상대를 찾아보기로 했다. 모든 것을 기억하고 싶었기 때문이다. 주위에 있는 여자들은 매력적이지 않거나 너무 어렸다. 호텔문을 다시 돌아보니 거기서 어떤 여자가 나를 바라보고 있었다. 하지만 그녀는 재빨리 나를 외면했다. 나는 그녀가 왜 나를 보고 있었는지, 누구인지 궁금해졌다. 그래서 나는 밖으로 나갔다. 그녀는 공황상태에서 검은색 밴을 향해 달려가고 있었다. 나는 그녀를 쫓아가 차가 떠나기 전에 문을 열었다. 운전석에는 어떤 남자가 있었고 그녀는 조수석에서 울고 있었다. 그녀는 내 친구가 승진했을 때 (앞서 건너뛴 내용의 지루한 부분에서) 친구를 모함하도록 강요받았는데 이 남자가 바로 그것을 사주한 사람이라고 말했다. 나는 페이즈 상태에서 그를 주먹으로 치기 시작했다. 이것이 유지에 필요한 마음의 틀을 상실하게 만드는 원인이 되어, 나는 잠에서 깨어났다.(재진입하지 않았음: 저자 주)

제이슨의 또 다른 체험담

나는 약간의 의식을 가지고 깨어났고 몸을 움직였는지 움직이지 않았는지는 분명하지 않았다. 처음 든 생각은 다시 잠에 드는 것이었지만, 다음 순간 페이즈 진입을 시도해보기로 했다. 강제수면 기법을 행했더니 즉시 진동이 느껴지기 시작했다. 진동은 강력한 진동과 가벼운 진동 사이를 급격히 오가다가 차츰 진정되는 것이 느껴졌다. 그러고 나서 내가 스스로에게 늘 하는 말이 떠올랐다. 즉, 진동이 느껴지면 이미 페이즈 상태에 들어와 있다는 사실 말이다. 그래서 나는 굴러서 몸 밖으로 나오기를 시도했다… 저항이 있었지만 성공할 수 있었다.

나는 지금 살고 있는 아파트에서 일어섰고 아파트는 완전히 어두웠다. 현관문으로 걸어가면서 페이즈 상태인지를 확인하기 위해 오른쪽 검지를 왼쪽 손바닥에 통과시키기를 시도했다. 시도가 성공했다. 그래서 나는 복도로 향하는 문을 열었다. 복도는 현실의 복도와는 전혀 달라 보였다. 여전히 매우 어둑했고 그곳에는 다른 신사가 있었다. 나는 여러 곳을 가리키며 '조명'이라는 단어를 말했다. 그러자 아니나 다를까, 하나 둘 불이 켜지기 시작했다. 나는 걸으면서 감각을 회복하기 위해 계속 물체를 만졌다. 어린 소년이 있는 방으로 걸어 들어갔는데 소년은 TV를 보고 있었다. 행동계획을 떠올리다가 내가 염력이동(염력으로 물체를 이동시키는 일, 역주)을 시도해보고 싶어했음을 기억해냈다. 나는 이전에도 바닥을 녹이는 방식으로 염력이동을 해본 적이 있지만 그 경험은 안정적이지 않았고 나는 결국 어둠 속에 남게 되었었다. 나는 《자각몽 세계의 탐험》이라는 책에서 꿈속에서 눈을 감으면 잠에서 깨게 될 수 있다고 읽은 적이 있다. 하지만 미하일이 꿈속에서 밥 먹듯이 눈을 감는다면 눈을 감는 것이 반드시 잠을 깨게 만드는 것은 아닐 거라고 생각했다.

나는 소년에게 내가 어디로 가야 할지 물어보았다… 축구 경기에 가야 할까? 소년은 그렇다고 말했다. 하지만 나는 한 번도 실제 축구 경기에 가본 적이 없기 때문에 대신 농구 경기에 가야겠다는 생각이 들었다. 눈을 감고 내가 가고 싶은 곳에 정신을 집중했다. 움직임을 느끼기 시작했고 심지어는 롤러코스터에서 엄청난 낙하를 경험할 때의 감정까지 느껴졌다. 움직임이 멈춘 후 나는 눈을 떴다. 효과가 있었다. 나는 농구 경기가 열리고 있는 경기장 한가운데 서 있었다. 코트 쪽으로 걸음을 옮기자 즉시 심판이 경기를 멈추고 나를 코트 밖으로 내보내기 위해 호루라기를 불었다. 나는 관중석에 앉아 한 예쁜 소녀와 이야기를 시작했다. 무엇에 대해 이야기했는지는 기억나지 않지만 잠시 후 그녀는 경기장을 떠나 매점에 들렀다가 화장실로 갔다. 이 체험의 나머지 부분이 어땠을지는 추측할 수 있을 것이다.

오스트리아 빈에 사는 마티아스 홀처

자각몽을 꿨다. 그 꿈은 꽤나 자주 꾸는 꿈이었다. 일을 끝내고 집으로 오는데 가방을 가져오지 않은 것을 깨닫는다. 하지만 꿈속에서 집에 도착해보면 물론 내 가방은 그곳에 있는, 그런 식의 꿈이다. 그러면 스토리가 일관되지 않음을 깨닫게 된다. 회사를 떠날 때 근무시간 확인카드에 구멍을 뚫은 것을 기억하는데 그 카드가 가방 안에 들어 있는 것이다. 가방이 집에 있었다면 어떻게 그렇게 할 수가 있었단 말인가? 이건 꿈이 분명해! 나는 그것이 꿈임을 자각했다. 그리고 그런 경우에 늘 그랬듯이 흥분해서 즉시 잠에서 깼다. 하지만 이번엔 깬 즉시 진동 상태로 들어갔다. 그 상태는 매우 강력하고 안정적인 듯했다. 나는 구르기를 시도했고 그것은 완벽한 효과를 발휘했다.

평소와 같이 나는 은줄을 향해 손을 뻗었다. 그러나 평소에 줄이 있었던 목에서는 가벼운 전기 에너지 같은 것이 느껴졌을 뿐이다.(심화하지 않았음: 저자 주) 우선 나는 당시 함께 살고 있던 사람과 함께 어머니의 방으로 들어가기로 했다.(행동계획을 하지 않았음: 저자 주) 나는 일순간 어머니가 침대에 있을 것으로 예상하고 베개 위의 어머니 얼굴을 보게 될 것으로 생각했다(하지만 잘 보이지 않았다). 하지만 다음 순간 어머니가 틀림없이 거실에 있을 것이란 생각이 들었다. 어머니는 언제나 매우 일찍 일어나기 때문에 이 시간에는 분명히 일어나 계실 것이기 때문이었다. — 현실요동 현상이 분명했다. 그다음에 나는 무엇이 보일지 궁금해하면서 어머니 방에 있는 거울 중 하나를 들여다보았다. 내가 본 것은 주위를 떠다니는 완전히 분리된 내 신체부위들이었다. 마치 내 사진을 직소 퍼즐로 만들기 위해 잘라놓은 것 같았다!

그다음 나는 내 손을 바라보았다. 손은 절단된 선이 거울 속 손의 잘린 선처럼 보일 때까지 녹기 시작했다. 나는 어머니를 찾아 거실로 들어갔다. 그러나 어머니는 없었다. 이제 나는 마침내 아파트를 떠나야겠다고 마음먹었다. 이것은 수년 동안 유체이탈을 경험하면서도 한 번도 성공하지 못한 일이었다. 나는 닫힌 현관문을 아무 어려움 없이 통과해 걸어간 다음 복도로 나갔다. 불이 켜져 있는 것처럼 보였지만 내가 일종의 터널 시야, 즉 매우 좁아진 시야를 경험하고 있음을 깨달았다. 더 많은 에너지와 더 나은 시력을 마음으로 요구했지만 별 도움이 되지 않았다. 복도를 걸어가는데 복도의 끝(현실에서는 할머니의 아파트로 향하는 문이 위치한 곳이자 내가 가고 싶은 곳)으로 갈수록 물리적 현실의 모습은 점점 사라져갔다. 그곳에는 직사각형의 문이 있었다. 이제 의식이 절반쯤 남은 상태로, 나는 몸으로 돌아가 체험을 끝내기로 마음먹었다. 기억을 잃어버릴 위험을 감수하고 싶지 않았기 때문이다.(잘못된 논리: 저자 주) 그 순간 나는 침대 위에서 눈을 떴다.(재진입하지 않았음: 저자 주)

러시아 모스크바에 사는 올렉 수쉬첸코

지난밤 나는 몸의 감각을 전혀 느낄 수 없게 되었을 때 이미지들을 가지고 놀며 약 한 시간을 보냈다. 나는 불편한 자세로 등을 대고 누워 있었다. 얼마간 잠에 빠져들었을 때쯤 꿈속 세계에서 약간의 진동과 소리의 울림을 느꼈다. 그러나 불편한 자세가 여전히 나를 방해하고 있었다. 마침내 나는 에라 모르겠다며 편안하게 눕기로 마음먹고 엎드리기 위해 몸을 뒤집었다. 이 움직임이 과정을 틀어지게 만들었음에도 약 5분 후 그 상태가 다시 돌아오기 시작했고 점차 더 강해졌다. 이번에는 약간의 진동을 느꼈지만 그것을 강화시키는 데는 실패했다. 나는 우리 집 부엌의 광경을 마음속에 그렸다. 그 상태에서 그린 심상이 매우 생생하고 강력하고 현실적이었기 때문에 잠시 후 나는 내 주의와 의식뿐만 아니라 신체감각까지도 거기에 가 있다는 사실을 깨달았다. 내가 너무나 쉽게 페이즈 상태에 빠질 수 있었다는 것이 상당히 놀라웠다(이것이 페이즈 상태라는 데에는 의심의 여지가 없었다).

나는 창문을 통해 밖으로 뛰어나가 안뜰 주위를 비행하기 시작했다. 사실 육체적인 노력 없이 단 한 번의 마음의 명령에 의해 날아오른 것은 그때가 처음이었다.(심화하지 않았고 행동계획을 하지 않았음: 저자 주) 안뜰은 실제 안뜰과 10퍼센트 정도밖에 비슷하지 않았다. 그러나 나는 이 사실에도 전혀 놀라지 않고 최대한 그것을 즐겼다. 그것을 볼 수 있었고 바로 현실 속으로 되던져지지 않았기 때문이다. 그러나 시내로 가서 시내를 살펴보고 나자 이것이 단순히 자각몽이 아니라 페이즈인 건 아닐까 하는 생각이 들었다. 나는 꿈속에서도 너무나 의식이 깨어 있어서 이런 용어들을 알고 이해할 수 있었고 용어들 간의 차이점도 구별할 수 있었다. — 상상할 수 있겠는가?! 내가 기억에는 거의 주의를 기울이지 않았다는 점을 덧붙여야겠다. 때문에 내가 얼마나 '자신을 자각하고' 있었는지는 말할 수 없다. 하지만 페이즈와 자각몽의 차이점을 구분할 수 있을 정도(또는 적어도 차이점을 생각할 수 있을 정도)로는 깨어 있었다.

심지어는 이것이 페이즈인지 자각몽인지를 사람들에게 묻고 다니기까지 했다. 우습지 않은가? 가장 흥미로운 것은, 그들이 그건 또 다른 세계라고 답했다는 점이다. 그리고 그들은 더 이상 나와 그 주제에 대해 논하기를 거부했다. 그래서 나는 마음을 혼란스럽게 만들지 않고 그저 사건의 줄거리를 따라가기로 했다. 줄거리는 상당히 길었고 중단되지 않았다! 나는 그 전날에 등을 대고 누워서 페이즈를 유도하고 몸을 뒤집어 날아올랐던 기억을 떠올렸다. 나는 페이즈 상태에 있는 동안 수시로 이 모든 것을 상기해냈고, 나중에 포럼에서 나에게 무슨 일이 벌어진 것인지를 물어봐야겠다고 생각했다.

페이즈의 후반에서 나는 지하실에 있는 자신을 발견했다. 그곳은 매우 불쾌한 냄새가 났기 때문에 나는 이만하면 됐으니 이제 그만 돌아가야겠다고 마음먹었다. 돌아가는 일은 더 쉬웠다. 돌아가는 것을 생각하자마자(잘못된 행동: 저자 주) 미풍과 같이 가벼운 진동이 나를 관통했고, 그러자 나는 온전한 의식을 가지고 몸속에 돌아와 있었다. 휴식을 잘 취한 몸과 마음으로 말이다. 나는 완전히 생기를 되찾았다! 날기 시작한 순간부터 꿈속의 모든 순간이 기억난다는 사실에도 불구하고 말이다!

미국 오렌지 카운티에 사는 하이메 무뇨스 런드퀴스트

나는 오전 7시에 일어나 커피를 내리고 7시 30분쯤 다시 침대로 갔다. 긴장을 풀고 명상 상태에 들어간 다음 잠을 유도하기 위해 (미하일 라두가의 책에 나온) 호흡법을 시작했다. 갑자기 충격이 느껴졌다. 그 순간 나는 이것이 내가 이 현상을 알아차리기 위해 기다려왔던 그 순간이라는 것을 알았다. 숨을 들이쉬고 내쉬면서 계속 긴장을 풀었다. 그러다 문득 나는 침대에서 일어나서 주변을 둘러보며 내 침실을 유심히 살펴보고 있었다. 그다음 그동안 배운 심화기법을 행했고 벽과 천 만지기, 손바닥 비비기, 팔 바라보기 등을 했다. 그리고 자신에게 말했다. "이게 꿈일까, 아니면 유체이탈을 한 것일까?"(잘못된 논리: 저자 주)

내가 입고 있던 방한복의 질감은 진짜였다. 벽을 만져보니 단단했다.(행동계획을 하지 않았음: 저자 주) 나는 벽을 통과해갈 수 있다는 말을 들었지만 그런 일은 일어나지 않았다. 다시 한 번 방을 둘러보자 갑자기 모든 것이 숲 속과 같은 녹색 톤으로 일변했다. 내 방한복 셔츠조차도 말이다. 그것은 매우 강렬한 에메랄드그린 색이었다. 평화로웠지만 매우 강렬했고, 나는 무슨 일이 일어나고 있는지를 온전히 자각하고 있었다. 동시에 매우 흥분되었다.

나는 심화기법을 열심히 해야 한다는 것을 기억해내고 주변에 있는 모든 것을 만지기 시작했다. 손을 비비고 팔을 만지며 나 자신을 보려고 시도했다. 나는 그것이 나라는 것을 알았다. 매우 현실적이었다. 굉장했다! 왜인지는 모르겠지만 동생에 대해 생각하고 있었는데 그때 난데없이 갑자기 동생이 방 안에 나타났다. 나는 놀라 겁에 질리지 않았다. 그러고 나서 침실 문을 열었는데 모든 것이 너무나 달라져 있었다. 아래층으로 내려가니 집 주변의 모든 것도 녹색이었다. 마치 1920

년대의 낡은 집처럼 보였다.

나는 계속 다음 단계로 진행하여 검은 개 세 마리를 보았다. 개들의 털은 네온블루 빛처럼 빛나고 있었다. 굉장했다. 나는 '그래, 일단은 이 정도의 체험으로도 충분해'라고 생각하고 몸으로 돌아갔다(잘못된 논리: 저자 주). 일어난 후 나는 아무것도 잊어버리고 싶지 않아 모든 것을 적어 내려가기 시작했다. 경험내용과 진척을 기록하라고 들었기 때문이다.

미국 뉴욕에 사는 캐런

캘리포니아에서 유체이탈체험을 한 친구들을 만나 그들의 신나는 체험담을 들은 것은 나로 하여금 새로운 시도를 해보고 싶게 만들었다. 나는 집으로 가는 비행기 안에서도 유체이탈을 체험해볼 수 있을지 해보고 싶었다. 장거리 비행임을 알고 있었고 비행기 안에서 잘 수 있었기 때문이다. 체험이 일어나지 않을까봐 걱정되긴 했지만. 시끄럽고 덜컹거리며 움직이는 환경에서는 아직 해본 적이 없었다. 하지만 그래도 시도는 해보고 싶었다.

잠들기 전 평소에 하는 확언 및 심상화 기법을 행했다. 그리고 좌석에 앉자 왼쪽 무릎이 뜨는 느낌에 놀랐던 것이 기억난다(나는 비행기 날개 옆 창가 자리에 앉아 있었다). 그것이 유체이탈이란 생각은 들지 않았다. 유체이탈은 완전히 색다르지는 않더라도 뭔가 흥미로운 것일 거라고 마음에 인식되어 있었기 때문이다.

난기류를 만난 것은 그때였다. 혹은 어쩌면 옆자리에 앉은 사람이 살짝 움직이다가 나에게 부딪친 것일지도 모르겠다. 나는 내 아스트랄체의 다리가 빠르고 세게 육체로 떨어지는 것을 느꼈다. 그것은 나를 깜짝 놀라게 해서 의식이 더욱 깨어 있도록 만들기에 충분했다.

나는 '우와! 내가 유체이탈을 체험하고 있어!' 하고 깨달았다. 나는 잠을 깨지 않고 다시 돌아갔고, 곧 두 무릎이 자리에서 완전히 쪼그린 느낌이 드는 지점까지 떠 있는 것을 발견했다. 비행기 좌석에 앉아서도 어떻게 몸에서 온전히 빠져나갈 수 있는 건지가 의아했다!

자세를 바꾸는 것이 도움이 될지도 모르겠다고 생각했다. 그래서 좌석의 등받이를 통과해 뒤쪽으로 등을 떨어뜨렸다. 그러고 나서 떠오르기 위해 '떠 있는' 자신의 모습을 심상화했다. 다음으로 기억나는 것은 비행기 천장이 내 얼굴에서 불과 십여 센티미터밖에 떨어져 있지 않은 것을 본 것이다!

내가 몸 밖으로 나왔음을 깨달았다! 매우 신이 났지만 그래도 너무 흥분하지 말라고 나 자신을 타일렀다. 손을 비행기 지붕을 통과해 움직여서 내가 몸을 빠져나온 것을 확인해야겠다고 생각했던 것이 기억난다.(심화하지 않았음: 저자 주) 손이 비행기의 천장 일부를 통과하는 데 성공하자 내가 움직이는 비행기 안에 있다는 사실이 생각나서 무서워졌다. 그리고 중요한 '배선' 따위를 건드리면 안 될 것 같다고 생각했다. 그래서 나는 재빨리 손을 움츠려 당겼다! (이것은 밖으로 나가거나 움직이는 비행기를 방해하면 안 된다는 나의 신념이 얼마나 강력했는지를 보여준다!)

그다음 나는 좌석 뒤쪽에서 아무것도 모르는 승객들의 무릎 쪽으로 넘어지며 물구나무서기를 하고 나서 비행기의 앞쪽으로 이동했다. 나는 젊은 남자 옆에 있는 빈 좌석 두 개를 발견하고, 이젠 일등석 방을 살펴봐야겠다고 생각했다. 일등석에 있는 동안 스튜어디스가 공지사항을 말했고, 나는 사람들이 조용한 분위기를 방해받는 것을 그다지 좋아하지 않는다는 것을 알게 됐다. 나는 승객들의 '짜증'을 느낄 수 있었고 심지어는 스튜어디스가 자신의 일을 하면서 '불만스러워하고' 있음도 느낄 수 있었다.

이때 우리는 정말로 난기류를 만났고, 나는 이 체험으로부터 완전히 깨어났다. 성공한 것이 너무나 행복했다! 나는 비행기 밖으로 나가면 문제가 일어날지도 모른다는 두려움 때문에 비행기 안에 '갇힌' 경험을 했음을 깨달았다.

캐런의 또 다른 체험담

나는 소파에 누운 채로 '깨어나서' 두려움을 느끼고 있는 자신을 발견했다! 나 자신이 두려워하는 느낌이라기보다는 내 몸이 소파에 누워 있는 동안 꽤 가까이에 있던 누군가와 연관된 두려움이었다!(분리하지 않았음: 저자 주)

처음에는 그 사람이 잘 보이지 않았다. 나는 그저 그 또는 그녀가 내뿜는 두려움의 에너지를 느꼈다. 솔직히 말하자면 그 에너지가 그저 조금 걱정스러웠다. 하지만 그 사람이 내 옆에 서 있는 아주 작은 꼬마라는 것을 깨닫자 두려움은 즉시 사라졌다! (그는 두 살 이상은 되지 않아 보였다…)

나는 처음에는 방심한 상태였다. '이제 뭘 해야 하지?' 하고 망설였다.(심화하지 않았고 행동계획을 하지 않았음: 저자 주) 나는 소파 근처에도 한 성인成人이 있는 것을 느꼈다. 그 사람은 여자였고 잘 보였다. 작은 안경을 꼈고, 노란색의 짧은 머리에 작은 몸집이었다. 어찌된 일인지 몰라도 나는 이 여자가 꼬마가 그녀가 그곳에 있다는 것을 알아차려주기를 기다리고 있다는 것을 알고 있었다.

내가 어떻게 그렇게 했는지는 모르겠지만, 나는 몸을 돌려 그 아이를 마주 보며 사랑을 보내고 나의 에너지로써 아이를 안으려고 했다. 아이는 즉시 마음이 진정되었고 나는 그를 안아 올려 여자에게 건네주면서 "누군지 봐!"라고 말했다. 내가 그렇게 해야 할지를 어떻게 알았는지, 아니면 옳은 일을 한 것인지는 나도 모르겠다. 나는 그저 옳다고 느껴지는 일을 했을 뿐이다.

그 여자는 미소를 지었고 아이의 에너지는 차분하게 변했다. 그러고 나서 그들은 모두 사라졌다!

리투아니아에 사는 에발다스

나는 한 주 반 동안 침체되어서 페이즈에 진입해볼 시도를 하지 않고 있었다. 그러나 꿈속에서 의식을 찾음으로써 그 주술은 깨졌다. 페이즈 상태에 들어와 있다는 것을 알아차렸을 때, 나는 즉시 심화를 시도했다. 그러나 이것은 실패했고 나는 다시 몸속으로 던져졌다. 항복하기를 거부한 나는 어쨌든 다시 페이즈 진입에 성공할 수 있었다. 우와! 그래서 성공적으로 페이즈로 돌아온 후 나는 심화기법을 행했고, 페이즈 상태에 있는 동안 내내 유지기법을 실천했다.

나의 행동계획은 잠재의식과 대화하고, 나의 재능을 찾아내고, 돈을 벌 빠른 방법을 물어보는 것이었다. 나의 꿈속 캐릭터를 불러낸 후 나는 그와 대화를 시작했다. 그것은 아주 기이한 대화였다. 그녀가 지금은 기억나지 않는 상관없는 것들을 계속 캐물었기 때문이다. 마침내 내가 묻고 싶었던 질문을 하자 그녀는 "먹는 것"이라고 대답했다. 그녀는 이렇게 말하고는 더 이상 아무 말도 하지 않았다. 그때 나의 페이즈는 끝나버렸다.(유지하지 않았고 다시 진입하지 않았음: 저자 주) 페이즈에 진입한 지 약 10분이 지난 후였다.

에발다스의 또 다른 체험담

페이즈를 시도하지 않고 쉬고 있던 때였다. 그래서 나는 간접기법을 시도하지 않기로 했다. 나는 알람시계를 이용하지 않고 여섯 시간가량 잠을 잔 후 깨어나 있었다. 나는 그것을 무시하고 다시 잠을 잤다. 그러다가 의식을 가지고 잠에서 깼다. 그런데 내가 이미 페이즈 상태 속에 있는 것처럼 느껴졌다. 실로 매우 이상한 느낌이었다. 나는 '그래, 분리기법을 시도해봐야겠어'라고 생각하고 분리기법을 행했다. 그것이 효과가 있어서 나는 몸에서 분리되어 나왔다.

나는 내 방에 서 있었지만 내 몸은 침대에 없었다. 그래서 나는 분리가 매우 실제적으로 느껴지긴 했지만 내가 정말로 페이즈 상태에 있는 건지를 의심하기 시작했다. 나는 즉시 코를 막았다. 막은 코를 통해 숨이 쉬어졌다. 손을 비비고 내 주위의 모든 것을 만져보았다. 일단 페이즈 상태가 양호하다는 것이 느껴지자 나는 행동계획대로 움직이기 시작했다. 결국 그것은 아주 좋은 페이즈 체험이 되었다. 하지만 유지하기를 잊어버려서 약 10분 후에 깨어났다.

에발다스의 또 다른 체험담

내 휴대전화의 알람시계가 고장이 났다(왜 고장이 났는지는 묻지 말라). 그래서 요즘 나는 장치의 도움 없이 잠을 잔 지 여섯 시간 후에 일어나려고 노력하고 있다. 그리고 오늘 이것에 성공했다. 나는 일어나 화장실에 간 다음 다시 잠자리에 들었다. 꿈속을 표류하는 동안 의식을 가지고 깨어나는 것에 대한 생각이 머릿속을 지나갔다. 나는 그 꿈에서 나오는 데 성공했고, 그래서 나는 움직이지 않고 깨어났다.(분리하지 않았음: 저자 주) 그러고 나서 나는 가장 큰 어려움 — 시끄러운 소리 — 에 직면해야 했다(우리 가족은 출근 준비를 위해 매우 일찍 일어났고 까닭 없이 소리를 질러대고 있었다). 나는 이 기회를 놓치지 않기로 마음먹고 이미지 관찰기법을 행했다. 관찰기법은 즉시 효과를 발휘해서 분리기법을 행할 필요가 없었다. 그리하여 나는 드디어 페이즈 상태로 들어갔다. 페이즈 상태에 성공적으로 진입한 후 나는 즉시 심화를 행했다. 또한 페이즈 내내 유지기법을 행했다. 내 계획은 몸을 바꿔 늑대로 변신하는 것이었다. 나는 내가 늑대가 된 것을 상상하면서 개처럼 손과 발로 뛰어다니기 시작했지만 실패했다. 그래서 나는 다시 시도했다. 몇 번의 실패 끝에 시끄러운 소리가 들리기 시작했고 나는 부모님이 내는 소리라고 생각했다. 그래서 무언가를 행해야만 했다. 심화기법을 행했지만 효과가 없었다… 나는 통제력을 잃고 깨어났다. 다시 들어가려고 시도했지만 실패했다.

미국 미니애폴리스에 사는 숀

움직이지 않고 깨어난 후 나는 간접기법을 시작했다. 나는 여전히 매우 졸린 상태였다. '상상으로 움직이기' 기법을 하는 동안 나는 매우 사실적인 감각을 느끼기 시작하면서 육신과의 모든 연결을 잃어버렸다. 나는 아무것도 보이지 않는, 페이즈 상태 속의 어딘가에 놓여 있었다.

나는 시력을 찾을 때까지 손과 팔다리와 얼굴을 비볐다. 이상하게도 처음에는 평소의 꿈에서와 같이 상상 속의 시각視覺이었다. 그러나 그것은 이내 실제 현실에서와 같은 완전한 시각이 되었다. 페이즈 상태는 아직 매우 미약했지만 나는 행동계획을 실행하기 시작했다. 응시나 다른 방법을 통해 더 페이즈 상태를 심화했어야 했지만 그러지 않았다. 나는 곧 그 대가를 치러야 할 것이다.

나는 침실에 있었다. 아내가 있었지만 다행히도 다른 사람은 없었다. 평소처럼 떼를 지어 서성거리는 낯선 사람들은 없었다. 대개 아내는 그곳에 없다. 나는 여전히 얼떨떨했기 때문에 그녀와 이야기를 시작했다. 그러나 그때 나의 행동계획이 기억나서 아래층으로 내려갔다.

부엌으로 가는 길에 거실을 지나면서 색깔을 바꾸기 위해 벽을 만졌다. 나는 벽이 파란색으로 변하기를 의도했지만 벽은 노란색으로 변했다. 심화기법을 행했어야 했다. 이것은 나의 제어력이 온전하지 않다는 것을 말해주는 표시이기 때문이다. 나는 부엌으로 향했다.

우리가 아침을 먹는 곳에 모르는 사람 두 명이 있었다. 이것은 드문 일이 아니었다. 그들은 나를 무시했다.

나는 작은 묘약 병이 들어 있기를 의도하면서 냉장고를 열었다. 이 묘약은 페이즈를 심화하고 연장하는 데 도움을 줄 것이다(일종의 플라시보 효과를 유도하기 위해 나 자신에게 이렇게 말했다). 냉장고에는 음식이 가득 있었지만 유일한 음료는 세븐업과 우유뿐이었다. 우리 냉장고에는 세븐업이 들어 있었던 적이 없다. 나는 냉장고 문을 닫은 후 플라시보 효과를 의도하면서 다시 냉장고를 열었다. 여전히 냉장고에는 음식이 가득했고 세븐업과 우유가 있었다. 나는 나 자신에게 '페이즈 묘약'이라고 말하며 세븐업을 마셨다.

여기서도 다시 심화를 했어야 했다. 냉장고 속의 내용물에 대한 제어력 부족과 전반적으로 불안정한 상태가 페이즈 상태가 매우 미약하다는 것을 보여주고 있었기 때문이다.

나는 계속 행동계획을 따라 정원으로 나갔다. 밖으로 나가자 시각이 사라졌다. 페이즈에서 시력을 잃은 적은 없었는데 말이다. 나는 양손을 비비며 심화를 시도했다. 그러나 나는 너무나 불안정하고 페이즈 상태가 미약해서, 자주 그러듯이 이미 잠속으로 이내 퇴장당할 상황에 놓여 있었다.

결국 나는 시력을 회복할 수 있었다. 그러나 평소처럼 선명하지 않았다. 현실과는 전혀 가깝지 않은 상태였다.

나는 우리 집 포도나무 중 하나로 걸어가 1년 치만큼 성장하게 만든 다음 익은 과일을 생산했다. 과일은 매우 약해 보였고 맛이 없었다. 이 같은 제어력 부족은 심화의 필요성을 알리는 신호였지만 나는 계속했다.

문득 나는 내 마당에 있지 않고 과거에 내가 알던 두 사람과 함께 낯선 장소에 와 있었다. 그들은 나에게 말을 했다.

나의 의식은 거의 흐릿해져서 더 이상 페이즈를 제어하지 못했다. 우리는 수영장 옆에 있었는데 친구 한 명이 다른 한 명을 수영장 속으로 밀어 넣었다. 이것은 흡사 꿈같았고 그다지 명료하지 않았다. 하지만 일말의 명료함은 남아 있었다.

우리 집의 산벚나무처럼 보이는 나무 한 그루를 발견했는데 그 나무에는 잘 익은 과일이 달려 있었다. 나는 열매를 따서 맛보았다. 포도와는 달리 그것은 정말로 산벚나무 열매 맛이었다. 즉 매우 쓰고 끔찍한 맛이었다. 나는 그것을 여기저기 뱉어내며 생각했다 '포도도 아닌데 왜 이걸 맛봤지? 이건 정말 끔찍해. 하지만 우리 집 포도는 굉장해!'

그러고 나서 나는 몸속으로 돌아왔다. 오전 8시였다.(다시 들어가지 않았음: 저자 주) 전체 경험에 대한 기억은 다소 약해졌다. 그 어딘가에서 꿈의 상태로 완전히 빠져들었던 게 분명하다. 그것은 정상적인 페이즈 체험처럼 완전히 생생하게 느껴지지 않았기 때문이다.

숀의 또 다른 체험담

나는 정상적으로 분리해 나왔지만 시력은 없었다. 주위를 더듬어 봤지만 내가 느낀 가구는 우리 집 가구가 아니었다. 나는 그게 산속 오두막이라면 멋지겠다고 생각했다. 그리고 시력을 찾았을 때, 나는 낯선 산속의 오두막에 있었다. 이번에도 나는 혼자였다.

지난번 경험처럼 이 경험은 완전히 현실 같았다. 나는 (심화를 한 후에) 매우 신이 나서 주변을 뛰어다니기 시작했다. 숨이 헐떡거릴 때까지 잠시 집 주위를 뛰어다녔다.(행동계획을 하지 않았음: 저자 주) 거친 숨이 나를 깨울까봐 겁이 났다.

이번에는 진짜 몸으로 돌아갈 것에 대한 염려가 즉각적으로 페이즈 경험을 약화시켰다. 페이즈 경험이 매우 미약해진 탓에 잠에 빠져들까봐 두려워서 다시 심화를 시작했다.

그때 주방의 음료수병이 보였다. 나는 그것이 심화를 도와주리라고 혼잣말을 했다.

그것은 내가 마셔본 것 중 가장 맛있는 것이었다. 나는 전에도 페이즈 상태에서 음식을 먹고 마신 적이 있다. 그것은 항상 내가 생각하는 맛이 났다. 나는 어떠한 기대도 없었고 오직 심화만 생각했을 뿐이다. 그것은 달콤한 탄산음료 같았다. 씹히는 게 없을 뿐이었다. 그 맛은 참으로 형언할 수 없었다.

신기하게도 그 음료수가 느낌을 완전히 생생하게 심화시켜주었다. 나는 너무나 신이 나서 다시금 주위를 둘러보며 뛰어다녔다. 그런데 다시금 깨어날 것에 대한 두려움이 올라왔다. 이번에는 그 생각이 나를 침대로 다시 데려갔다.

분리를 시도했지만 그때 아내가 나를 불러서 바로 일어났다. 그런데 잠시 후 나는 내가 여전히 페이즈 상태 속에 있다는 사실을 깨달았다. 실제로는 페이즈 속에서 일어난 일이었던 것이다. 그러나 이것을 깨닫는 데는 시간이 좀 걸렸다. 나는 다시 집으로 돌아와 있었다.

집에서 조금 시간을 보낸 후 나는 현실에서 깨어났다. 그러나 재빨리 다시 한 번 페이즈로 돌아가서 내 집으로 갔다.

네 번째로 다시 페이즈에 들어가려고 분리를 하는 참에 실제 아내가 나를 깨우려고 팔을 흔들었다. 평소의 기상시간이 한참 지나 있었기 때문이다.

첫 번째 페이즈에 들어가기 전에 얼마나 오래 잠을 잤는지는 확실하지 않다. 그러나 잠자는 동안 평소와 같은 꿈을 매우 생생하게 꾼 것은 기억난다. 각각의 페이즈 체험들 사이에도 잠이 들었을 수 있다. 그러나 페이즈 체험이 매우 생생했던 것은 아직도 기억나기 때문에 잠들었을 가능성에 대해서는 확신할 수 없다.

나는 처음에 깨어나서 연장술을 행했던 때로부터 한 시간 반 후에 자리에서 일어났다(페이즈는 마지막 몇 분 사이에 일어났을 가능성이 있다).

러시아 상트페테르부르크에 사는 알렉산드르 렐레코브

꿈을 꾸고 있을 때 나는 주로 캥거루보다 훨씬 멀게, 100~300미터씩 도약하는 방식으로 이동한다. 이런 꿈을 늘 꾸는데, 대체로 나는 그 즉시 내가 꿈을 꾸고 있음을 깨닫는다. 그렇게 도약하여 공중에 떠 있는 동안에 나는 내가 꿈을 꾸고 있음을 깨달았고, 더러운 웅덩이에 착지하게 될 수 있음을 알았다. 예상한 대로 나는 웅덩이에 착지했고 물속 깊은 곳으로 빠져 들어갔다.(심화하지 않았음: 저자 주) 그리고 바로 그 순간 나는 양손과 머리가 육신의 형틀 속에 반쯤 끼어 있는 자신을 발견했다.

이번 시도도 성공하지 못할까봐 조금 불안해졌다. 그래서 나는 즉시 몸으로부터 분리를 시도했다. 머리와 손이 빠지지 않았는데 몸의 축을 중심으로 회전하기를 처음으로 시도해서 빠져나올 수 있었다. 그러고 나서 나는 아마 침대에서 미끄러졌거나 떨어졌을 것이다. 아무런 통증도 느껴지지 않았다. 나는 1~2미터를 기었는데 그러다가 몸으로 돌아가게 될 것 같은 느낌을 느꼈다. 나는 양탄자와 다른 물건들을 만져보기 시작했다. 어두웠기 때문에 내가 만진 것이 무엇이었는지는 정확히 알지 못한다. 그리고 하, 이것 봐라, 20~30초 내에 나는 아마도 작은 새끼고양이가 처음으로 눈을 떴을 때 느낄 법한 것을 느꼈다. 모든 것이 처음에는 뿌옇고 흐릿했지만 그런 다음 한 광경이 나타나기 시작했다. 방은 빛으로 가득 차 있었고 환하고 생생한 색으로 변했다. 나는 흥분을 억누르려고 매우 애를 썼다. 그리고 놀랍게도 흥분을 억제할 수 있었다.

나는 해야 할 일에 대해 생각하면서 아파트 주위를 걸었다.(행동계획을 하지 않았음: 저자 주) 시간이 많지 않다는 것을 깨닫고 나는 내 질문에 대답해줄 만한 나이 든 남자에게 말을 걸어보기로 했다. 나는 내가 아파트 정문을 열면 그 뒤에 모든 것을 다 아는 나이 든 남자가 있으리라고 의도했다. 그리고 과연 그곳에는 그가 있었다. 반쯤 머리가 벗겨진 60세쯤 되어 보이는 노인이 회색 코트를 입고 나를 기다리고 있었다. 나는 그에게 질문했다. "페이즈에 더 자주 들어가려면 어떻게 해야 하나요?" 그러나 그는 자신이 어렸을 때 강간당했던 일에 대해 이야기하기 시작했다. 그리고 정확히 말하자면, 그 사람은 이미 나이 든 남자가 아닌, 나이 든 여자가 되어 있었다. 나는 그녀의 이야기에 별로 흥미가 없었다. 때문에 나는 다음에 이야기하자고 하며 그녀에게서 떨어지려고 했다. 그러나 그 여자는 집요했다. 그리고 나도 그녀를 화나게 하고 싶지는 않았다. 왜냐하면 이것이 자체적인 규칙을 가진 드문 종류의 페이즈라고 생각했고, 일단 나이 든 여자에게 질문을 했으면 공손하게 대답을 다 들어야 한다고 생각했기 때문이다.(잘못된 논리: 저자 주)

나는 그녀와 함께 내 아파트의 부엌으로 갔다. 갑자기 전화가 울렸다. 나는 전화벨 소리가 나를 깨울까봐 겁이 났다. 그래서 유지를 위해 즉시 내 손을 들여다보기 시작했다. 그러나 그 느낌이 매우 안정적이어서 손 보기를 중단했다. 그러고 나서 나와 그 여자는 부엌에서 요리를 하기로 했다. 그녀는 가스 없이 프라이팬을 달굴 수 있다고 말했다. 하지만 나는 그 대신 양손을 한데 모으고 거기에다 숨을 부는 방법을 해보기로 했다. 그러다가 몸속으로 돌아왔다.(재진입하지 않았음: 저자 주)

루마니아 비스트리차에 사는 다니엘

나는 자정에 잠자리에 들면서 오전 5시로 알람을 맞췄다! 알람이 울렸고 나는 알람을 끈 후 오전 5시 10분에 침대에서 일어났다. 부엌으로 가서 뭔가를 먹고 담배를 피운 다음 의도를 가지고 침대로 돌아왔다.

그래서 나는 내가 어떻게 다시 페이즈로 들어가게 되었는지 모른다. 그저 페이즈 상태 속으로 깨어난 것 같다.

다시 낯선 방에 있게 된 것을 똑똑히 기억한다. 시야는 흐릿했다.

그 방은 색깔이 매우 다채로웠다. 나는 큰 소리로 외쳤다. "깨끗한 시야가 필요해." 그리고 그것을 반복했다. 그렇게 소리치다가 눈앞의 벽을 응시하고 있는 자신을 발견했다. 몇 초 지나자 모든 광경이 블루레이 디스크의 고화질 영상처럼 맑아졌다.

나는 주먹으로 벽을 쳐서 페이즈를 심화시켰다. 이번에도 다른 때와 마찬가지로 주먹이 벽을 뚫고 들어가는 모습을 세밀히 관찰했다. 그것은 매우 현실적으로 생생하게 느껴졌다. 마치 벽이 고무로 만들어진 것 같았다. 나는 벽이 내 주먹에 꼭 맞는 모양으로 꺼지는 것을 보고 느꼈다. 심지어는 색깔도 변했다. 노란색에서 푸른빛으로 바뀐 것이다. 늘 그렇듯이 나에게는 행동계획이 없었다. 행동계획이 있을 때조차 페이즈 속에서는 그것을 잘 기억하지 못한다.

그래서 나는 거울을 찾았다. 거울에 비친 내 모습을 바라보니 모든 것이 정상이었다. 그다음 나는 눈을 감고 근육이 더 커진 모습을 보기로 의도했다. 눈을 뜨자 가슴이 꽤 커진 듯이 보였지만 70세의 가슴처럼 보였다. 나는 '이런 젠장' 하고 속으로 말했다.

다시 눈을 감고 이번에는 좀더 강렬하게 의도를 만들어냈다. 다시 눈을 뜨자 놀랍게도 나는 영화배우 빈 디젤Vin Diezel처럼 가슴이 넓고 불룩하고 팔뚝이 우람해져 있었다. 나는 "우와, 끝내주게 멋있네!"라고 말했다.

그 뒤로는 거의 다 잊어버린 것 같다.(유지하지 않았음: 저자 주) 그러나 어쨌든 좋은 체험이었다.

호주에 사는 로빈

나는 잠에서 깬 즉시 구르기를 시도했지만 효과가 없었다. 그래서 두뇌 긴장시키기를 시도했다. 그러나 여전히 아무 일도 일어나지 않았다… 다시 나는 유체 움직이기를 했다. 몸의 어떤 부분인지는 확실하지 않았다. 그저 뭐라도 해야 했다. 몸에서 분리해 나가기로 단단히 결심했기 때문이다.

그것은 효과가 있었고 나는 자신이 위로, 앞으로 움직이는 것을 느꼈다. 그러고 나자 꼼짝없이 갇힌 것 같은 느낌이 약간 들었다. 그래서 나는 '아, 그냥 일어서야겠다. 꼼짝없이 갇힌 것 같을 때는 일어서는 것이 효과가 있다고 하니까' 하고 생각했다. 나는 즉시 일어섰다. 일어나려고 다리를 세우자 다리가 침대를 관통했다. 몸에서 자유로워져 매우 즐거웠다. 분리해 나오는 움직임은 전반적으로 발포發泡하듯 살짝 따끔거리는 느낌이 있었다(스타트렉에서 공간이동 기술을 쓰는 장면처럼. — "나를 전송해줘, 스카티!").

나는 침대 가장자리로 움직여갔다. 그러나 아직 눈을 뜨지는 않았다. 눈을 뜨면 무엇을 보게 될지 몰라서 아주 조금 불안(흥분)했기 때문이다. 나는 자동적으로 손에 닿는 모든 것을 만져보기 시작했다. 벽, 침대, 침대 끝에 있는 의자 등. 그러고 나서 눈을 떴다.

즉시 내 발에 있는 작고 어두운 그림자를 느끼고 그것을 바라보았다. 나는 그것이 어머니의 블루 러시안 고양이 차르임을 알았다. 그 고양이는 당시 나와 함께 살고 있진 않았지만 나는 그것이 차르임을 알았다. 방에서 멀어져 가면서 나는 침대에 누워 있는 내 몸을 언뜻 보았다. 입은 약간 벌려져 있었고 부드럽게 코를 고는 소리를 들을 수 있었다. 나는 내 몸을 똑바로 보고 싶지 않았다.

나는 몸 밖으로 나온 것에 감격했다. 거실로 발을 옮겼다.(행동계획을 하지 않았음: 저자 주) 왼쪽에는 어린 양 한 마리와 어미 양 한 마리, 그리고 갈색을 띤 검은색 거위가 몇 마리 있었다. 나는 그것들이 내 거실에 있는 것을 보고 기뻐했다. 다시 내 발 쪽에 있는 차르를 느꼈다.

내 주의는 창문 바깥에 있는 것들에 끌렸다. 창밖에는 형형색색의 빙글빙글 도는 회전목마가 있었다. 색깔은 내가 원하는 만큼 밝지 않았다. 그러나 그중 하나를 똑바로 보자 회전목마는 더 빨리 돌았다. 하늘에는 머리 위를 지나가는 아주 많은 새들이 있었다. 매우 비현실적이었다. 영화 〈쥬라기 공원〉에서 날아다니는 새를 보았을 때 받았던 것과 같은 느낌이었다.

다시 거실로 돌아왔을 때는 동물들은 사라지고 없었지만 카펫 위에 묽고 질척한 새의 배설물이 떨어져 있었다.(이런, 나쁜 거위!) 나는 손을 바라보았다. 손은 정상이 아니었다. 반은 자연스러운 피부였지만 나머지 반은 오페라의 유령에서 쓰는 마스크처럼 틀로 찍어낸 플라스틱 피부 같았다. 나는 그 광경에 전혀 동요하지 않았다. 그저 '오, 이거 재미있군' 하고 생각했을 뿐이다. 다음으로 생각한 것은 '손가락으로 손바닥을 관통해봐야겠다'는 것이었다. 실제로 그렇게 한 다음 '휴, 성공했어'라고 생각하며 재빨리 손을 뺐다. 이번에도 동요하지 않았다.

나는 부엌으로 옮겨갔다. 부엌은 마치 강도가 든 것 같았다. 의자 위 곳곳에 깨진 유리와 그릇 조각이 덮여 있었다. 나는 그것도 그 장난꾸러기 거위들의 짓이리라고 추측했다. 어쨌든 냉장고 쪽으로 몸을 돌렸는데 바닥에 있는 깨진 거울을 보고 그것이 어디에서 온 것인지 의아해했다. 냉장고 문은 약간 열려 있었다. 나는 문을 더 열고 채소 보관 서랍에 거울이 달린 문이 있는 것을 발견했다. 그 문은 박살나 있었다. 냉동실 문을 열어보니 아이스크림 콘이 여덟 개쯤 있었다. 아이스크림 콘의 뚜껑은 벗겨져 있었고 끈적끈적한 아이스크림이 곳곳에 떨어져 있었다. 또 그 새들의 짓인가?

다시 거실로 돌아와보니 새의 묽은 배설물이 더 많이 보였다. 나는 당황해서 이 더러운 것을 어떻게 치워야 할지 고민했다.

곧이어 밖에서 사람들의 소리가 들려서 창밖을 내다보았다. (나는 위층에 살고 있다.)

그곳에는 짙은 파란색 작업복을 입고 이야기를 하고 있는 대여섯 명의 사람들이 있었다. 그중 한 여자가 내게 불쾌한 시선을 던지며 뭐라고 말했다. 나는 위협을 느꼈다. 나는 약간 긴장한 채 그들이 내 아파트 밑을 지나가기를 기다렸다. 하지만 그들은 건물 건너편에 나타나지 않았다. 휴! (실제로 내 아파트는 두 건물 사이에 매달려 있어서 차와 보행자들이 그 아래를 지나다닌다.)

나는 거실과 부엌 사이의 문턱에 서서, 공중에 날아올라서 그게 어떤 느낌인지 느껴보기로 했다. 나는 천장 주변으로 몇 번 급상승을 했다.

이제 거실에 서서 다음엔 무엇을 해야 할지를 생각하다가 약간 지루해졌다. 나는 몸으로 돌아가는 편이 낫겠다고 생각했다.(잘못된 논리: 저자 주) 침대로 가서 내 몸속으로 기어들어갔다. 약간 흐트러지고 뒤틀린 듯한 느낌이 들었지만 부드럽고 편안한 느낌이 들자마자 눈을 떴다.

호주 브리즈번에 사는 니나

나는 잠에서 깨어났다. 화장실에 갈 필요가 있었지만 무시하기로 했다. 가벼운 진동을 느끼고 강제수면 기법을 행했다. 내가 페이즈 상태에 들어온 것을 알아차렸다. 자신이 움직이는 것을 느낄 수 있었다. 그러나 진동은 더 이상 없었다. 나는 '이상하네… 그럼 뭐 그냥 굴러보지'라고 생각했다. 그리고 그대로 했다!

나는 침대의 남편이 눕는 쪽에 있었고 제대로 볼 수 없었다. 눈꺼풀이 붙어버린 것처럼 느껴졌다. 안간힘을 쓴 후 왼쪽 눈이 잘 보이게 되자 바닥에 베개와 담요가 산더미처럼 쌓여 있는 것이 보였다. 나는 '이게 다 어디서 온 거지?' 하고 생각했다.

오른쪽 눈을 뜨려고 했지만 눈꺼풀이 붙어 있었다. 손가락으로 눈꺼풀을 물리적으로 벌리려고 했지만 오른쪽 눈은 풀처럼 붙어 있었다. '눈꺼풀을 찢어 버리면 어떨까?' 하고 생각했지만 그럴 수 없다는 것을 잘 알고 있었다. 그때 눈이 떠지지 않는 이유가 페이즈를 심화해야 하기 때문이라는 것이 깨달아졌다! 나는 눈을 감고 미친 듯이 손에 닿는 모든 것을 만지기 시작했다. 벽, 남편의 침대 테이블을 만지면서 모든 것을 쳐서 넘어뜨렸다. 유리잔이 테이블에 부딪히는 소리가 들렸다. 물이 든 잔도 쳐서 넘어뜨렸다. 눈은 여전히 보이지 않았다! 엉거주춤한 채로 무엇을 해야 할지 몰랐다.

그때 나는 페이즈에 들면 '닫힌' 침실 창문 밖으로 머리를 내밀어 보고 싶어했었다는 사실을 기억해냈다. 살펴본 다음 점프! (내 침실은 2층에 있다) 나는 신나게 창문을 향해 뛰어가 머리를 내밀었다! 아아! 성공했다! 너무 멋져!!

나는 밖으로 뛰어내렸다. 그리고 땅에 떨어지기 전에 "날고 싶어"라고 말했다. 나는 날아올랐고 우리 집과 이웃집들 주변을 날아다녔다. 아아. 이게 바로 나는 느낌이구나. 그 느낌은 정말 멋졌다! 그때 갑자기 쿵! 나는 공중에서 떨어졌다! 갑작스러워라!

나는 뛰어올라 다시 날기를 시도했다. 하지만 날아오르지 못하고 허공을 맴도는가 싶더니 다시 떨어졌다. 나는 두 번이나 떨어졌고 세 번째에 드디어 날아올랐다. 길을 따라 날았다. 여전히 오른쪽 눈은 보이지 않았다. 나는 '비를 만들 수 있을까?'라고 생각하고 "비가 내렸으면 좋겠어"라고 말했다. 그러자 비가 내리기 시작했다! 비가 내리기 시작하자마자 두 눈이 다 보였다. 나는 얼굴을 닦았다. 하늘을 나는 동안 아름답고 멋진 빗방울이 함께 있었다! 정말 평화로웠다. 끝나지 않기를 바랐지만 그것은 끝났고, 나는 집에서 한 블록 떨어진 도롯가에 앉아 있는 자신을 발견했다. 그런데 화장실에 가야 한다는 것을 깨달았다! 젠장! 나는 깨어났다.

이것은 내 평생에 가장 멋진 체험이었다. 정말 재미있었다! 더 많은 유체이탈체험을 하고 싶다. 해보자!

러시아 모스크바에 사는 보리스 벤더

나는 잠든 직후 꿈속에서 꿈을 자각하게 되었다. 나는 아파트의 복도에 서 있었다. 갑자기 페이즈 상태에 들어와 있게 된 것에 너무 놀라서 나는 물건들을 만져서 페이즈를 심화하는 것과 더불어 페이즈의 안전성이나 '실제성'을 시험하기 위해 벽을 만져보기 시작했다. 나는 방으로 들어갔다.(행동계획을 하지 않았음: 저자 주) 벽 옆에 침대가 있었고 침대에는 어머니가 자고 있었다. 어머니의 얼굴은 보이지 않았다. 그저 이불 아래에 있는 몸만 볼 수 있었을 뿐이다. 방과 복도는 실제 현실과 정확히 일치했다.

자고 있는 어머니를 생각하다가 갑자기 약간 불안해지기 시작했다. 창문으로 다가가자 재난영화에 나오는 장면들과 비슷한 괴기스러운 광경이 보였다. 황무지, 폐허 속의 집들, 쌓여 있는 이상한 건축자재들, 콘크리트 슬래브, 쓰레기, 폭발로 여기저기 파인 구덩이 등. 그리고 어떤 곳에는 사람의 모습도 보였다.

내가 파노라마의 시야로 보고 있다는 사실(창문에서 본 광경은 180도로 펼쳐져서 수평선에서 멈춰 있었다. 그 장면은 현실의 내 아파트에서 보는 전경과 거의 정확히 같았다)로 인해 페이즈에서 쫓겨나가게 될까봐 두려워서, 나는 방으로 돌아가 옷장을 만져보기 시작했다. 그리고 바닥을 만져보기 위해 무릎을 꿇었다. 그러는 동안에도 나의 두려움은 점점 더 커져만 갔다. 자고 있는 어머니에 대한 생각과 창문에서 본 광경 때문이었다. 불안감은 불과 몇 초 만에 실제적인 공포로 바뀌었고 두려움과 극심한 공황상태로 발전했다. 나는 비판적으로 사고할 수 있는 능력을 잃었다. 몸으로 돌아가야 한다는 한 생각밖에 들지 않았다.(잘못된 논리: 저자 주) 나는 쏜살같이 침대로 돌아갔고 문득 그 위에 누워 있는 자신을 발견했다. 눈을 감았다. 그러나 내가 진짜로 몸속에 있는 것인지 여전히 페이즈 속에 있는 것인지 알 수가 없었다. 눈을 반쯤 떠서 어머니가 침대에서 일어나는 것을 보자 나의 공포는 더 커졌다. 그녀는 공포영화에 나오는 인물처럼 보였고, 나에게 적대감을 품고 있는 것처럼 보였다.

나는 사라져버리거나 아니면 끝내고 깨어나고 싶었다! 나는 정신없이 페이즈에서 비상탈출하는 기법들을 기억해내려고 애썼지만 결과는 형편없었다. 실제 몸과의 연결을 느끼기 위해 얼어붙기, 이완, 손가락으로 발가락 만지기 등을 시도했다. 어느 순간 나는 성공했다고 느끼고 '연결이 복구됐어!' 하고 생각했다. 나는 눈을 떴다. 그러나 실제와 다른 쓰레기로 뒤덮인 방을 보고는 내가 여전히 페이즈 속에 있다는 것을 알아차렸다.

나의 시도가 계속 헛깨기로 끝난다는 사실이 나를 미치게 만들었다. 특히 헛깨기 후 일어나서 어머니가 여전히 내 침대 위에 서서 공포 영화에 나오는 뱀파이어나 좀비처럼 나를 위협적으로 바라보고 있는 것을 보았을 땐 충격적이었다. 더구나 그녀는 나에게 손까지 뻗기 시작하고 있었다!

그럼에도 불구하고 나는 계속 발가락 움직이기를 시도했다. 이번에는 눈을 뜨지 않고 내가 어디에 있는지 확인하지 않은 채였다. 얼마간 시간이 지나자 마음이 진정되기 시작했다. 그러나 내 진짜 몸을 느낄 수 없었다. 이것은 페이즈 상태의 소리가 들린다는 사실로부터 확인됐다. 창문 밖에서 참새가 짹짹거리는 소리가 들렸지만 실제로는 참새가 울기엔 너무 늦은 시간이었다. 그러나 그 짹짹거리는 소리와 그것이 가져다주는 느낌(즉 낮, 따뜻함, 참새, 태양)이 아마도 나에게 큰 도움이 되었고 나를 진정시켜줬다. 마침내 나의 실제 몸을 느낄 수 있었고 현실 속에 있는 나를 발견할 수 있었다. 그럼에도 나는 일어난 후 물건들을 만져서 사물이 딱딱한지를 확인하고, 30초가량 몸의 모든 신체적 감각을 느끼며 내가 더 이상 페이즈 속에 있지 않다는 사실을 확인했다.

수메르

나의 페이즈 진입은 모두가 자각몽이나 매우 희미한 의식상태에서 저절로 일어났었다. 이번의 경험은 난생처음으로 완전한 자각의식 상태의 분리였다. 이 점 때문에 정말로 재미있다는 느낌이 들었다.

나는 출장에서 돌아와 오후 3시에 안대를 쓰고 잠에 들었다. 직접기법을 써서 페이즈에 들어가려고 했지만 잠에 빠져들었다. 나는 약 세 시간 후에 움직이지 않고 잠에서 깼다. 하지만 잠에서 완전히 깬 것 같은 느낌이 들었다.(분리하지 않았음: 저자 주)

그럼에도 불구하고 팔을 움직여야 할 것 같은 느낌이 들었다. 그 팔이 나의 유체 팔일 경우에 대비해서 말이다. 팔은 이불과 함께 올라가기 시작했다. 나는 이불이 내 머리도 덮고 있다는 느낌이 들었다(사실이 아니었다). 그래서 그것이 나의 유체 팔인지 아닌지를 시험하기 위해 팔을 더 높이 들어보기로 했다. 그것이 실제로 내 팔이라면 창문으로 들어오는 햇빛이 반사될 것이기 때문이었다. 하지만 빛이 반사되지 않아서 나는 그것이 유체의 팔임을 깨달았다. 나는 그 팔로 굴러 나오기를 시도했다. 처음에는 부분적으로만 분리가 일어났다. 나는 다시금 시도하여 침대에서 굴러 바닥에 몸을 내려놓을 수 있었다. 거의 즉시 주변 광경이 보였다. 나는 바닥, 벽, 창문 블라인드 등을 만지며 그 질감을 느껴보기 시작했고 다음엔 일어나 손뼉을 쳤다. 소리가 들렸다. 그러고 나서 나는 방을 살펴보러 갔다.(행동계획을 하지 않았음: 저자 주) 거울 옆을 지났다. 짙은 색안경을 쓰고 활짝 웃고 있는 내가 보였다. 당시엔 웃고 있지 않았음에도 말이다. 방으로 들어가니 수족관으로 만든 아름다운 칸막이벽이 보였다. 나는 칸막이 뒤에 사람들이 있는 것을 보고 그곳으로 갔다. 그러고 나서 깨버렸다!(유지하지 않았음: 저자 주) 다시 분리하려고 시도했지만 성공하지 못했다.

페이즈에서 내가 저지른 중요한 실수는 심화가 충분하지 않다는 신호를 알아차리지 못한 데 있다. 신호에는 다음과 같은 것들이 있었다. — 심화기법을 행한 후에도 현실감이 변하지 않은 점, 손뼉 소리가 약했던 점, 거울에 비친 내 모습이 이상했던 점 등이다.

미국 휴스턴에 사는 존 메리트

나는 이미 아스트랄 투사를 몇 번 성공한 적이 있지만 체험이 오래 지속되지는 않았었다. 그리고 한 번도 집 밖으로 나가기에 성공한 적이 없었다. 친구와 상의했더니 그녀는 몸에 너무 가까이 있을 경우 일종의 중력이 유체를 다시 몸속으로 끌어당기는 경향이 있다고 말했다. 그리고 그 당기는 힘이 약해지도록 즉시 육체가 있는 장소를 떠나야 한다고 말했다.

그래서 나는 다음번 성공할 때는 가능한 한 빨리 집을 떠나기로 의도를 품었다. 며칠 후 나는 분리 체험을 했다. 그리고 이번에는 내가 집 밖으로 나가보고 싶어했다는 것을 기억해냈다. 그래서 침대에서 일어나자마자 나는 복도와 계단을 지나 현관까지 뛰어 내려갔다. 문을 열고(혹은 적어도 문을 연 것처럼 느꼈다) 밖으로 뛰었다. 그리고 해냈다. 몸을 떠난 지 몇 초 만에 집 밖으로 나가는 데 성공한 것이다. 일단 밖으로 나가서 무엇을 할지는 사실 계획하지 않았다. 그저 마당을 지나서 길을 향해 뛰기 시작했다. 나는 우연히 집 쪽을 돌아보았는데 어둠 속에서 작은 빨간 눈 몇 개를 보았다. 그 눈들 역시 움직이고 있었다! 그것들(그게 뭐든) 또한 뛰고 있는 걸 알 수 있었다. 그것들이 나를 쫓아올까봐 두려웠다! 나는 무서워졌고, 그 즉시 몸속으로 돌아와 있는 자신을 발견했다.(유지하지 않았고 재진입하지 않았음: 저자 주)

이 분리 체험은 특별했다. 내가 집을 떠날 수 있었던 첫 경험이었고 몸 밖에 있는 동안 다른 존재를 만난 것도 처음이었기 때문이다.

러시아 모스크바에 사는 알렉세이 테슬렌코

사실 그날 밤엔 여행을 할 계획이 없었지만, 자정쯤에 일어났을 때 페이즈에 들어가기로 마음먹었다. 나는 팔로 유체 움직이기를 시작했다. 그러자 졸린 듯한 강한 무기력감이 나를 압도해서 갑자기 페이즈로 들어가려는 시도를 포기하고 그저 자고 싶어졌다. 하지만 나는 끈질기게 팔로 유체 움직이기를 계속했다. 이 기법을 행할 때 발생하는 일반적인 진동을 느끼는 대신 나는 완전히 잠들어버렸는데, 꿈을 꾸는 동안에도 유체 움직이기를 계속했다. 이 때문에 내 의식은 완전히 잠들지 않고 꿈을 꾸고 있다는 것을 자각하게 되었다.

나는 즉시 몸 밖으로 움직여 나왔다. 시각은 없었고 의식적 자각도는 50퍼센트를 넘지 않았다. 그러니까 페이즈가 그렇게 깊지 않았던 것이다. 페이즈를 유지하기 위해서 나는 즉시 닥치는 대로 주위에 있는 모든 것을 만지기 시작했다. 이것은 도움이 됐다. 탁하기는 했지만 시각이 돌아왔다. 곧이어 나는 아파트에 있는 나 자신을 발견할 수 있었다. 나는 심화를 하기로 했다. 안정적인 페이즈에 도달한 다음, 나는 간식을 먹으면 좋겠다고 생각하고 냉장고로 향했다.(행동계획을 하지 않았음; 저자 주)

내가 당시 엄격한 다이어트를 하고 있었다는 사실을 덧붙여야겠다. 그래서 나는 달콤하거나 튀긴 음식을 갈망하고 있었다. 그러나 냉장고를 열어보고는 매우 실망했다. 냉장고에는 음식이 많았지만 모두 요리해야 하는 것들이었다(생고기, 생선, 허브 등). 그러나 아래 선반에 탄산 미네랄워터 병 한 개가 있었다. 나는 아무런 생각도 없이 병을 꺼내 그것을 단숨에 들이켰다.

모든 감각이 일상생활에서와 완전히 같았다. 나는 단산의 거품과 미네랄워터 특유의 맛을 느꼈고 물이 목구멍 속으로 넘어가는 것도 느꼈다. 전반적으로 모든 것이 매우 현실감 있었다. 그러나 뱃속이 물로 채워지는 느낌은 없었다. 더구나 물은 다소 건조하게 느껴졌다. 이상하게 들리겠지만 물의 건조함이라는 바로 그 느낌이 나의 전반적인 인상을 다소 망쳐놓았다. 깨어난 후 나는 실제로 내 입속이 건조했던 것이 그 느낌의 원인이었을 수 있음을 깨달았다.

부엌이나 냉장고에 예컨대 사탕이 있다면 나는 실제로 사탕을 한 줌 집어서 페이즈 여행을 하는 동안 먹곤 한다.

냉장고로 간 후 나는 뭔가 재미있는 것을 발견하게 되기를 바랐다. 나는 사물과 사람을 만들어내는 기법을 사용하기로 했다. 나는 눈을 감고 바로 그 순간 보고 싶었던 소녀의 이미지에 초점을 맞췄다. 나의 소망을 확언하면서 내 옆의 공간에 집중하며 눈을 떴다. 처음에는 공기가 뿌예지더니 곧이어 내가 기대하던 사람이 공기 중에서 유형화되어 살아 움직였다. 완전히 독자적이고 자유의지를 지닌 것처럼 보였다. 그녀는 실제처럼 말하고 행동했다…

미국 벤투라에 사는 도드 스톨워시

나는 알람을 여섯 시간 후에 울리도록 설정했다. 그러나 다섯 시간 후에 잠에서 깼다.(분리하지 않았음: 저자 주) 뇌를 긴장시키는 기법이 매우 효과가 있어서 진동이 점점 더 강해졌다.(분리하지 않았음: 저자 주) 그 느낌이 강해지는 동안 나는 자신에게, 누가 방으로 오고 있는 소리를 듣거나 침대가 흔들리는 것을 느꼈다면 그것은 다 가짜라고 말했다! 속은 적이 너무나 많았기 때문이다.

몸은 이완된 채 위로 떠오르기 시작했고 알아차리기도 전에 나는 이미 몸 밖에 있었다! 분리할 필요조차 없었다!

내 목은 4월부터 엉망인 상태였고 지난 몇 주간 나는 페이즈 속에서 어떻게든 이에 대해 조치를 취하는 것을 목표로 삼고 있었다. 나는 일종의 수동적 자극을 시도해보고 싶었다. 그러나 나는 침대에 있는 내 몸을 보지 않았다. 대신 나는 처제가 아내와 함께 내 침대에서 자고 있는 것을 보았다.

나는 페이즈에서 쫓겨나기 전에 목표를 달성하고 싶었다. 내 몸을 보지 못했기 때문에 나는 미하일이 약을 먹는 기법에 대해 말한 것을 기억해냈다. 아무 약이나 먹는다는 것이 좀 꺼림칙해서 먼저 현실점검을 하고 나서 약을 먹었다.

일어나자 목에 이상한 따끔거림과 진동이 느껴졌고 오늘은 상당히 기분이 좋다! 20퍼센트 정도 나아진 것으로 보인다! 굉장하다!

도드 스톨워시의 또 다른 체험담

잠에서 깨어나고 있는데 손과 발에 이상한 느낌이 들었다. 내가 아이 침대에서 자고 있다는 사실도 깨달았지만 대부분의 꿈에서처럼 그에 대해서는 아무 생각이 없었다. 한편, 내 침대 옆에 서 있는 누군가의 존재가 느껴졌다. 그것은 기이한 느낌이었고 그 존재는 내 의식이 깨어 있는지를 의심하게 만들었다. 그래서 나는 손가락을 벽 속으로 밀어넣었다. 그러자 뻥! 이제 내 의식은 명료해졌다.

그래서 나는 일곱 살짜리 아들을 안아서 어깨 위에 올려놓고 우리는 비행을 할 것이라고 말했다. 나는 뛰어올랐지만 아무 일도 일어나지 않았다. 그래서 벽을 통과해서 걸어가기로 했다. 벽을 통과하자 모든 것이 검은색으로 변했고 나는 내가 페이즈 상태를 잃어가고 있다는 것을 알아차렸다. 나는 양손을 비비면서 페이즈가 돌아오기를 참을성 있게 기다렸다. 놀랍게도 페이즈는 돌아왔다! 전에도 페이즈를 다시 회복한 적이 있었지만 이번처럼 오랫동안 잃어버린 다음에 되찾은 적은 없었다. 그래서 이번에는 페이즈가 더 안정될 때까지 아무것도 하지 않기로 했다. 양손을 좀더 비비자 모든 것이 매우 선명해졌다! 아들은 여전히 내 어깨 위에 올라타고 있었다. 나는 그냥 뛰어서 벽을 통과하기로 했다. 그리고 공중에 뜬 채로 부드럽게 길을 향해 내려갔다. — 왜 그렇게 성급했을까! 그러고 나서 나는 다시 크게 도약했고 다시 천천히 떠서 내려왔다.(행동계획을 하지 않았음: 저자 주) 모든 것이 희미해지고 비빌 수 있는 손조차 전혀 느낄 수 없었다. 그것은 그렇게 끝났다.(유지하지 않았음: 저자 주)

페이즈 후에도 가만히 누워서 다시 페이즈에 들어갈 수 있었다는 사람들의 이야기를 들은 적이 있지만 나는 그렇게 할 수 없었다.

캐나다에 사는 매튜 시어

나는 꿈을 꾸고 있었다. 꿈의 끄트머리 즈음에 의식이 침대로 돌아오면서 의식상태가 전환되는 것을 느낄 수 있었다.(분리하지 않았음: 저자 주) 나는 양손 비비기를 시도했다. 얼굴도 함께 비비기로 했다. 감각이 생생해지기 시작해서 나도 더 많은 노력을 기울이기 시작했다. 그리고 일어나기를 시도했다. 일어나기를 시도한 직후 나는 이 세계가 물리적 세계인지 아닌지 의심을 품었다. 하지만 의심과는 상관없이 시도는 계속했다. 많은 노력을 기울이고 나서야 결국 침대에서 나올 수 있었다.

눈이 뜨이지 않아서 손으로 강제로 뜨려고 애썼다. 그러자 빛이 조금 보였다. 그때 나는 때로 시력이 없을 수도 있으며 이럴 때는 페이즈를 심화시켜야 한다는 기억을 떠올렸다. 벽을 만지기 시작하자 곧 시력이 회복되기 시작했다. 그러는 동안에 내가 아는 여자가 누군가에게 주문을 하는 소리를 들었다. 시력이 돌아왔을 때 그녀는 사라지고 없었다. 나는 내 방이 아니라 남동생의 방에 와 있었다. 하지만 집 전체가 달라져 있었다. 사냥 복장을 한 사람들이 곳곳에 있었다. 나는 어떤 방으로 걸어 들어갔고 그곳에는 책상이 있었는데 책상 뒤에는 내가 아는 소녀가 있었다.(행동계획을 하지 않았음: 저자 주) 그 소녀는 그 방에서 일어나는 일들을 관장하고 있는 것처럼 보였다. 우리는 잠시 이야기를 나눴고 그때 누군가가 큰 가방 안에 든 죽은 사슴을 가지고 왔다. 정말 이상했다.

나는 다른 곳으로 걸어갔지만 어떻게 그곳에 갔는지는 모른다. 그곳은 매우 큰 방이었다. 옆쪽에 비디오테이프로 가득한 선반들이 있었고 누군가가 피아노를 치고 있었다. 그들은 내 생각에 유대인 음악 같은 것을 연주하고 있었고 주변에는 사람들이 둘러 모여서 음악을 듣고 있었다. 우리는 다른 방으로 갔는데 누군가가 춤을 추기 시작했다. 나도 거기에 어울려 함께 춤을 추기 시작했다. 모두가 그 방으로 왔고 우리가 춤을 추는 것을 보거나 함께 춤을 췄다. 페이즈가 희미해지기 시작했고 부분적으로 침대 위에 누워 있는 나 자신을 느낄 수 있었다. 나는 주변을 느끼면서 다시 페이즈를 심화시켜보려고 했지만 너무 늦었다. 나는 침대의 가장자리를 느낄 수 있었다. 다시 몸 밖으로 나가려고 시도했지만 성공하지 못했다.

매튜 시어의 또 다른 체험담

처음에는 내가 침대에 누워 있는 것 같은 느낌이 들었다. 그러나 동시에 꿈속에 있는 것 같은 느낌도 들었다. 나는 TV에서 게임 쇼 비슷한 것을 하는 소리를 들을 수 있었다. 그러니 그건 내 상상이 분명했다. 나는 긴장을 풀고 내가 꿈을 꾸고 있거나 꿈을 꾸려고 하고 있다는 사실을 알아차렸다. 그러다 갑자기 페이즈 상태로 던져졌다. 나는 우리 동네와 같은 잔디가 있는 들판에 착지했다. 그러나 그 들판은 약간 다른 모습이었다. 나는 길을 따라 걸으며 풀과 그 밖의 사물들을 느꼈다. 큰 차가 다가오고 있는 사이에 길을 건너려고 했는데 그 차가 나를 치어서 넘어뜨렸다. 하지만 다행스럽게도 다치지 않았다. 마치 영화를 보고 있는 것 같은 느낌이었다. 매우 좋은 느낌이었다. 문득 나의 행동계획이 무엇이었는지를 깨달았다.

나는 날아서 내가 아는 사람을 정말 만나보고 싶었다. 수차례 뛰어올랐지만 헛수고였다. 그래서 다시 뛰었더니 약간 날기 시작했다. 갑자기 경찰이 오더니 나를 하늘에서 끌어내렸다.(잘못된 행동: 저자 주) 그리고는 나에게 테러 혐의를 제기했다! 결국은 풀려났다. 그들은 자신들이 무슨 말을 하고 있는지조차 몰랐기 때문이다. 이 일이 마무리되자 나는 집으로 갔다. 내 친구에게 정말 다시 가보고 싶었다. 그래서 나는 가서 신발을 신었다. 그 순간 내 물리적 몸에 대한 생각이 떠오르기 시작했다. 그래서 즉시 그 생각을 멈추고 계속 신발을 신었다.

나는 밖으로 걸어나가 주변의 세계가 어떻게 보이는지에 대해 생각하기 시작했다. 집 뒤편을 바라봤다. 평상시 그곳에는 몇 개의 언덕이 있다. 이제 그 언덕은 아주 거대해졌고 바위 대신에 풀이 나 있었다. 이 사실이 흥미로워서 주위를 좀더 둘러보았다. 이제는 집 앞마당에도 언덕이 있었다. 하늘을 쳐다보자 놀라운 장면이 눈에 들어왔다. 평소의 색과는 다른 서로 다른 크기와 모양의 달들이 곳곳에 있었던 것이다. 어떤 것들은 엷은 파란색이었고, 어떤 것들은 타원형이었고 어떤 것들은 둥글었다. 매우 환상적인 광경이었다. 그 후 나는 내 친구가 있는 곳을 향해서 길을 갔다. 나는 계속 날기를 시도하면서 길을 따라 걸었다.

동생이 나타나서 나는 그에게 내가 무엇을 하고 있었는지를 이야기해줬다. 그는 나를 밀어주겠다고 했다. 내가 그렇게 하면 다치게 될 수 있다고 말했더니 그는 그것을 하지 않았다. 나는 나의 시도를 계속했다. 심지어는 누군가가 길을 따라 오는 것을 보고는 그의 머리에 올라갔다가 뛰어내리기까지 했다. 그러다 마침내는 내가 시도를 포기했던 것 같다. 그 시점과 내가 결국 집에 와 있게 되기까지는 약간의 시간차가 있다.(유지하지 않았음: 저자 주) 집에 오게 되자 우리는 뭔가를 먹었다. 부엌 식탁에 앉아 있는 동안 나는 갑자기 깨어났다.(재진입하지 않았음: 저자 주) 이런 경험을 하고 나서 침대 위에서 평화롭게 깨어나는 것 자체가 정말 재미있게 느껴졌다.

크리스

나는 잠에서 깨서 분리를 한 번 시도한 후 간접기법을 적용하기 시작했지만 아무 일도 일어나지 않았다…

계속해서 기법들을 번갈아 해나가야 한다는 것이 기억났고 네 번째 차례에 이르러는 잠에 빠지지 않으려고 매우 애쓰고 있었다. 그때 나는 내가 '삐—' 하는 소리를 듣고 있음을 알아차렸다. 그래서 가만히 그 소리에 귀를 기울이기 시작했다. 잘 기억나진 않지만 그때 나는 침실에서 분리를 시도했던 것 같다. 나는 공간이동을 했고 문득 쇼핑몰에 서 있는 나를 발견했다.

나는 그것이 꿈인 것을 대충 알고 있었지만 마음이 이를 받아들이지 않았다. 그래서 나는 자각한 동시에 자각하지 못하고 있기도 했다. 그때 나의 '자각하고 있는 반쪽'이 바닥과 주변의 모든 물건들을 만져보기로 했다. 그러자 이제 꿈이 완벽하게 명료해졌다.

나는 한 사람을 불러내는 것을 시도했다. 나는 '저 모퉁이 뒤에서 내 친구 조안을 만날 거야'라고 생각했다. 그리고 모퉁이를 돌자 조안이 보였다! 조안은 평소와 다른 옷을 입고 있었지만 얼굴은 완전히 똑같았다. 나는 이 생생한 세계와 내가 아는 사람들이 투사된 사실에 감탄하면서 그녀와 이야기를 나눴다. 조안은 나를 몇 초간 응시하더니 내게 키스를 했다! 나는 매우 놀랐다. 나는 그녀에게 별 감정을 품고 있지 않았기 때문이다. 아무튼 이 대목에서 나는 명료한 의식을 잃어버렸다.(유지하지 않았음: 저자 주)

러시아 모스크바에 사는 드미트리 볼로트코프

다음 일은 모두 내가 잠에서 깨어났다가 다시 졸기 시작했을 때 일어났다. 나는 옆으로 누워 잠들기 시작하고 있었다. 그때 전에 꾸던 꿈에 나왔던 흐릿한 이미지들이 보였다. 몸이 무거워지기 시작했다. 나는 몸을 느끼기를 멈췄다. 가벼운 진동이 일어났다. 나는 즉시 페이즈에 대해 기억해냈다. 그리고는 그저 이완했다… 내가 분리되고 있다는 것을 느꼈을 때의 놀라움을 상상해보라. 그러는 동안 심장박동이 급격히 빨라졌다. 나는 분리됐고 공중에 떠 있는 자신을 발견했다(여전히 눈앞은 보이지 않았다). 그래서 팔다리를 휘저어 어둠 속을 돌면서 날아 몸에서 가능한 한 멀리 떨어지려고 애썼다. 딱딱한 뭔가에 부딪혔다(내 생각에는 천장). 다리가 왼쪽으로 내려가서 수직으로 선 자세가 되었다. 나는 손을 보려고 애쓰며 양손을 비비기 시작했다. 시력이 서서히 회복됐다.

마침내 손이 보였다. 손은 실제보다 작았고 녹색을 띤 것 같았다. 상황을 점검해보았다. 나는 예전에 살던 아파트에 있었는데 가구는 제멋대로 놓여 있었다. 나는 모든 물건을 만져보면서 면밀히 조사하기 시작했다. 시각은 놀라우리만치 또렷해져서 현실보다 훨씬 더 선명했다(지난 2년 동안 나는 심한 근시가 되어 있었다). 이상하게도 나는 두 눈이 감긴 것처럼 느꼈다. 그래도 볼 수는 있었다. 그러다가 어찌된 일인지 시력을 꺼버릴 수 있게 되었다. 나는 방바닥으로 다이빙해 들어갔다.(행동계획을 하지 않았음: 저자 주)

나는 얼마 동안 아래로 날았다. 그런 다음 멈춰 서서 다시 시력을 켰다. 나는 외계의 우주공간 속에 있었다. 정말 이상한 행성들이 보였다. 나는 고소 공포증이 있어서 다시 시력을 끄고, 뭔가 단단한 것을 밟고 서 있을 수 있는 다른 곳으로 가기를 소망했다. 몇 초 후 나는 어떤 것 위에 서 있는 느낌을 느꼈다. 시력을 다시 켰다. 나는 사막에 있었다. 이상한 동물들이 풀을 뜯고 있었고, 곳곳에 비둘기들이 있었고 모래 위에 포커 칩이 온 데 흩어져 있었다. 무슨 이유에서인지는 모르지만 나는 내가 라스베이거스 근처에 있다고 생각했다. 주변을 조금 걸어다녔다. 주변을 둘러보려고 하자 가시권이 좁혀지기 시작했다. 시야가 작은 구멍만큼 남았을 때 나는 곧 양손을 비비며 손을 바라보기 시작했다. 몇 초 후 시력이 돌아왔을 때 비둘기 한 마리가 내 다리를 물려는 듯 내게로 다가왔다. 나는 비둘기를 향해 발로 모래를 차며

달아나기 시작했다.(잘못된 행동: 저자 주) 그 순간 모든 것이 끝나버렸다. 나는 몸속으로 돌아와 있는 자신을 발견하고 눈을 떴다.(재진입하지 않았음: 저자 주)

러시아 모스크바에 사는 얀 그보즈데프

나는 숫자 세기 기법을 행하면서 공원을 생각했다. 그러자 가을의 공원을 찍은 사진의 이미지가 내 앞에 나타났다. 나는 그 이미지의 구석구석을 움직이게 하여 그것을 살아 있는 현실로 만들려고 애썼다. 나는 내가 페이즈에 들어가기에 적당한 상태에 있다고 느꼈고, 한 번 만에 그 사진 속으로 들어갈 수 있었다.

나는 이제 그 가을의 공원에 있었다. 매우 아름다웠다. 페이즈를 심화하기 위해 나뭇잎, 나무껍질, 내 손 등 주변의 사물들을 만져보기 시작했다. 상태가 안정되어서 나는 그 멋진 공원을 걸어서 둘러보기 시작했다. 공원은 노래하는 새들과 바스락거리는 나뭇잎들로 가득했다.

미리 계획했던 대로 나는 즉흥적으로 놀기로 했다.

처음으로 떠오른 생각은 나의 미래의 집이 어떻게 생겼을까 하는 것이었다. 이것은 내가 많이 생각하고 있던 주제였다. 나는 의식을 집중한 채 눈감기 기법을 이용하여 그 집으로 공간이동을 했다.

나는 매우 아름다운 집 근처에 있는 자신을 발견했다. 현실에서는 그처럼 아름다운 집을 상상조차 한 적이 없었다. 그 상태를 심화하기 위해 내내 두 손을 비비면서 집을 향해 걸어갔다. 집에 가까워지자 집이 변하기 시작하여 내 머릿속의 생각과 같은 속도로 다른 형태를 취했다.

잠시 동안 집 안을 걸어 다니면서 가구들을 살펴보고 만져보면서,

나는 그 집이 왠지 아름다운 호텔을 떠올리게 한다고 생각했다. 그러자 집이 호텔로 변했다. 그것은 이집트에 있는 해변의 큰 관광 리조트와 같은 모습으로 내 앞에 서 있었다.

나는 그 거대한 호텔 안으로 들어갔다. 호텔은 손님들로 가득했다. 나는 그들 중 일부와 이야기를 나누고 호기심에 다른 사람들을 건드려보기도 하면서 그들 사이로 걸어 들어갔다. 그러다가 식당으로 들어가니 온갖 요리들이 보였다. 그 음식들 중 일부를 맛보았다. 그러고 나서 밖으로 나와 호텔 안을 돌아다니면서 만나는 사람들과 계속 이야기를 나누었다.

마음속으로는 현실의 가까운 미래에 대해 스스로 자문하면서 누가, 또는 무엇이 미래에 대해 말해줄 수 있을지 알아내려고 애썼다. 아내인 알렉산드리아가 나타났다. 우리는 우리의 가까운 미래에 대해 함께 궁금해하기 시작했다. 우리는 둘 다 미래에 대한 호기심이 많았기 때문이다. 페이즈 속의 아내는 실제의 아내와 완전히 똑같이 행동했고 똑같은 성격적 특징을 가지고 있었다.

알렉산드리아는 즐기자면서 바닷가에서 할 만한 놀이에 대해 생각해보자고 했다. 예컨대 호텔 수영장에 있는 큰 물미끄럼틀을 탈 수도 있었다. 우리는 가장 높은 물미끄럼틀로 갔다. 그것은 매우 높은 곳에 있어서 다소 숨이 찼다. 나는 이처럼 거대한 물미끄럼틀을 타면 페이즈 상태를 유지하고 안정시키는 데에 도움이 되리라는 것을 깨달았다. 물미끄럼틀의 끝에 착지할 수 있는 수영장이 왜 없는지는 전혀 알 길이 없었다. 미끄럼틀이 너무 높아서 미끄럼을 타는 것이 좋은 생각이 아닐지도 모른다는 생각이 들었다. 하지만 알렉산드리아가 앞장서서 갔다. 그리고 나는 정말 신사처럼 그녀 뒤를 따라 미끄럼을 타고 내려갔다. 그러나 내가 예상했던 것처럼 미끄럼틀은 땅에서 50미터쯤 떨어진 곳에서 끝이 나 있었다. 바닥은 아스팔트였다. 미끄럼틀 끝에 수영장이 있는 것을 상상하고 집중할 시간이 남아 있지 않았다. 그래서 나는 그 아스팔트를 향해 곧장 날아갔다. 110퍼센트 생생한 현실이었다. 공중을 나는 동안 나는 착지가 상당히 고통스러울 것이라고 생각했다. 발로 쿵 소리를 내며 착지했다. 고통이 몸 전체로 올라왔다. 특히 정강이와 무릎 쪽으로. 하지만 내가 단지 떨어지기 전에 고통에 대해 생각함으로써 고통을 만들어낸 것이라는 사실을 깨닫자 고통은 즉시 사라졌다.

알렉산드리아는 좀더 즐겨보고 싶어했다. 그녀는 이미 고통스러울 정도로 신나는 기분이 되어 있었다. 그녀는 오락거리를 하나 발견했다. 우리를 상당히 먼 바다까지 쏴줄 수 있는 대포였다.

그녀는 이번에도 자기가 먼저 가기로 했다. 그리고 나는 바로 뒤를 좇았다. 대포는 우리를 해변으로부터 300~400미터나 쏘아 올렸다. 알렉산드리아를 뒤따라 나는 동안 나는 너무나 무서웠다. 왜 이렇게 바다 멀리로 쏘는 거지? 해안까지 헤엄쳐 돌아갈 수 있을까?

나는 종종 마음속으로 페이즈 속 공간을 실제 세계와 비교해보곤 했다. 둘은 종종 서로 확연히 구분된다. 특히 아주 현실적인 페이즈 속에서 다음과 같이 질문할 때는 더욱 그렇다. '내가 지금 있는 곳이 정확히 어디지?' 이런 순간에 유일하게 도움이 되는 것은 상황을 깊이 분석하고 몸에 대해 생각하는 것이다. 하지만 이렇게 하면 페이즈에서 쫓겨날 위험이 있다.

알렉산드리아가 먼저 물속으로 들어갔다. 그러고 나서 내가 뒤를 따랐다. 떨어진 곳으로부터의 높이와 속도 때문에 나는 꽤나 깊은 물속으로 떨어졌다. 숨이 막히는 것 같았다. 나는 물속에서 숨을 쉬지 못한 채 알렉산드리아를 찾기 시작했다. 바닥 깊은 곳으로 수영해 가며 용감하게 그녀를 찾았다.

나는 정신을 차리고 물속에서 숨 쉬는 데에 집중하기 시작하여 숨쉬기에 성공했다. 그러나 물의 압력과 깊이가 나를 불안하게 했다. 나는 그녀를 따라잡기 위해 아래쪽으로 헤엄쳐갔다. 우리는 어렵사리 물의 압력을 극복해가면서 점점 더 깊이 헤엄쳐갔다. 우리는 수심 4백여 미터까지 내려갔다. 눈앞에 보이는 광경이 너무나 감동적이라서 나는 아무 생각도 할 수 없었다. 일어나고 있는 사건이 현실과 전혀 구분되지 않았기 때문이다.

더 깊은 곳으로 수영해 들어가자 뭔가가 우리의 눈길을 끌었다. 그쪽으로 수영해가자 산호초 속의 동굴 같은 것이 보였다. 좀더 깊은 곳으로 나아가자 해저를 선명하게 볼 수 있었다.

우리는 그 동굴 속에 이어진 터널을 발견하고 터널을 향해 수영해갔다. 알렉산드리아는 이미 방법을 아는 것 같았다. 나는 그녀 뒤를 따라갔다. 우리가 어디로 가고 있는지를 알 수 없었지만 그녀를 완전히 믿었다. 동굴 안으로 수영해 들어가자 동굴 안에 있는 물웅덩이 속으로부터 공기로 가득 찬 공간이 떠올랐다. 그 공간에는 수족관에서 볼 수 있는 창문이 있었다. 이 바다 동굴을 지나 수영하는 모든 아름다운 물고기를 볼 수 있는 창문이었다. 동굴 안에 있는 여자 네 명이 우리에게 인사를 건넸다. 그들은 우리를 기다리고 있었던 것 같았다. 그들은 우리를 서로 옆자리에 앉혔다. 그들은 저널리스트와 앵커우먼처럼 보였다.

자리에 앉자 나는 움직이기를 멈췄다. 그러자 의식이 희미해지기 시작했다. 나는 페이즈 유지하기를 잊어버린 채 우리의 미래와 관련된 문제에 집중하기 시작했다.

뉴스 프로가 시작되자 나는 그들에게 질문을 하기 시작했다. 그러다가 문득 내 몸에 대한 생각이 떠올랐는데, 그러자 나는 페이즈에서 어느새 쫓겨나와 있었다.(재진입하지 않았음: 저자 주) 그럼에도 불구하고 나는 많은 시각적인 정보를 얻었다. 나는 후에 그것을 사건과 이미지들로 정리했다.

2주 후, 나는 실제 세계에서 큰 호텔로 휴가를 갔다. 그곳에서 나는 위에서 이야기한 페이즈 속 풍경과 같은 이미지들을 보았다. 물론 100퍼센트 일치하진 않았지만 전체 상황의 그림은 의미와 중요성의 측면에서 완전히 일치했다.

브레드베이스드

나는 간밤에 네 시간 정도 잠을 잔 후 깨어나서 몇 가지 자잘한 일을 했다. 화장실에 다녀와서 향을 피운 다음 침대로 돌아왔다. 잠 속으로 빠져들면서 나는 의식 속을 오고 가는 꿈속의 이미지들을 관찰하기 시작했다. 이미지들이 충분히 또렷하게 느껴졌을 때 나는 그냥 일어나서 침대 끝에서 떨어졌다. 이제 나는 페이즈 속에 있었다.

완전한 어둠 속이었다. 이것은 내가 몸을 떠날 때 자주 일어나는 일이다. 그래서 나는 눈앞을 볼 수 있게 될 때까지 심화기법들을 행하기 시작했다. 재미있는 부분은 이것이다. 나는 한동안 유체이탈체험을 '검증'해보고 싶어했다. 그래서 그날 밤 잠에 들기 전에 카드 한 벌을 섞고 그중 하나를 내가 볼 수 없는 방의 높은 곳에다 갖다놓았다(카드의 그림을 보지 않고). 심화 후 시력이 돌아오자마자 나는 올라가서 그

카드를 보았다. 내가 본 것은 다이아몬드 8이었다.

그런 후 나는 창문 밖으로 뛰어 '페이즈' 속의 정원을 탐험했다. 외계인 같은 두 생물체가 운전하여 달려와 나에게 총을 겨눴다. 그러나 나는 그들을 재빨리 무장해제시켰다. 나는 그들의 차를 훔쳐서 재미로 여기저기 부딪히며 운전을 하며 돌아다녔다. 다음 순간 나는 헛깨기를 했다. 나는 방으로 돌아와서 선 자세로 잠에서 깼다. 그래서 나는 즉각 내가 여전히 페이즈 상태에 있음을 알아차렸다.

이번에는 내가 하고 싶었던 다른 일을 시도해보기로 했다. 살짝 미친 것처럼 들릴 수 있겠지만 나는 내 방에 있는 식물들과 이야기를 나눴다. 나는 식물들이 크게 자라게 했고 식물들은 내 방을 가득 채웠다. 장관이었다. 곧이어 식물의 정령이 내 가방으로 나타났다. 기이한 일이었다. 그리고 정령은 늙은 영국 남자처럼 말했다. 그가 무슨 말을 했는지는 잘 기억나지 않는다. 그다음에 곧장 나는 진짜로 깨어났다. 내가 페이즈 속에서 무엇을 했는지를 기억하는 데는 시간이 조금 걸렸다. 그러나 일단 기억이 돌아오자 나는 뛰쳐 일어나서 내가 맞았는지 확인하기 위해 카드를 봤다. 카드는 클로버 8이었다. 그러니 그림은 틀린 것이다. 하지만 숫자는 맞았다! 그래도 나는 매우 행복했다. 100퍼센트 맞추진 못했지만 나로서는 충분히 근사치를 맞춘 것이다!

브레드베이스드의 또 다른 체험담

오늘 아침은 6시 30분에 깨어났다. 몇 가지 일을 하고 다시 침대로 돌아왔다. 엄밀히 말하자면 아무런 기법도 행하지 않았지만, 잠이 드는 데 시간이 너무 걸려서 수면마비 상태에 들어선 것이 느껴졌다. 그래서 나는 적당한 순간이 되었다고 느껴지는 즉시 일어나서 침대 끝에서 떨어졌다(이것이 요즈음 나의 표준 분리법이 되어가고 있는 것 같다). 나는 심화를 한 후 침대 밖으로 나가 거울에 비친 내 모습을 보았다. 나는 모자를 쓰고 있었다. 그것은 내가 페이즈 속에 있음을 확인시켜줬다. 수년간 모자를 쓴 일이 없기 때문이다.

이전의 시험을 이번엔 약간 다른 방식으로 다시 해보고 싶었다. 나는 내 여동생에게 세 자리 숫자를 적어서 그녀의 방에 놔두라고 했다. 유체이탈 상태에서 내가 그것을 읽을 수 있는지 보기 위해서였다. 나는 그녀의 방으로 들어갔고 거기엔 동생의 남자친구가 잠을 자고 있었다. 나는 몇 번 그의 이름을 부르면서 그에게 이것이 페이즈 상태임을 말해주려고 애썼다. 그러나 그는 졸린 듯 반응을 하지 않았다. 숫자를 본 결과는 불확실했다. 충분히 심화하지 못했는지, 상태가 별로 안정적이지 않았기 때문이다. 어쨌든 나는 여동생에게도 이것이 페이즈라고 말한 후 그들은 그들이 하고 싶은 걸 했고 나는 장소를 바꾸기 위해 바닥으로 뛰어들었다.

나는 오래된 도서관에 도착해서 심화를 시도했다. 모든 것을 만져보는 흔한 방법이 효과를 발휘했다. 바닥에는 CD가 있었다. 나는 더 심화하기 위해, 촉각보다 더 많은 감각을 활용해보고 싶었다. 그래서 CD를 혀로 핥아보았다. 처음에는 아무 맛도 나지 않았다. 그러나 몇 번 핥자 내가 생각하는 CD 맛이 났다. 이것이 주변세계를 더욱 생생해지게 만든 것 같다.

지난밤 잠들기 전에 나는 일루미나티에 관한 매우 흥미로운 웹사이트를 읽고 있었다. 실제 일루미나티 회원들에 의해 만들어진 사이트였다. 나는 페이즈 속에서 일루미나티에 대해 좀더 알아보아야겠다고 생각했다. 그래서 나는 '일루미나티'라고 외쳤다. 그 단어를 다 말하기도 전에 세 개의 의자가 스스로 움직여 작은 줄을 만들었고 어떤 목소리가 "자리에 앉아"라고 말했다. 그래서 나는 자리에 앉았다. 도서관의 벽이 열리며 무대가 열렸고 가운을 입은 많은 사람들이 쇼를 시작하고 노래를 불렀다(내가 기대했던 것과는 전혀 달랐다!). 잠시 후 나는 '여기 그냥 앉아서 구경만 하고 있으면 난 아마 곧 깨어버릴 거야'라는 생각이 들었다. 그리고 이것 봐라, 그렇게 생각한 거의 그 순간 나는 곧장 깨어났다.(재진입하지 않았음: 저자 주)

어쩌면 깨어나는 것을 생각한 것이 페이즈 상태를 더 빨리 잃어버리게 만든 것일까?

또한 나는 페이즈에서 해야 할 일에 대해 생각을 떠올릴 때 그 일어날 일에 대한 기대도 대개 함께 따라온다는 것을 깨달았다. 내가 시도한 일이 그런 기대를 충족한 적은 한 번도 없다(더 낫거나 낫지 않았다는 것이 아니라 내가 기대했던 것과는 완전히 달랐다는 얘기다). 페이즈 속에서 나는 사건이 내가 기대한 대로 일어나길 바란다. 하지만 이건 분명히 그렇지 못하다.

브레드베이스드의 또 다른 체험담

어젯밤 나는 매우 길게 느껴지는 페이즈를 경험했다. 오전 1시에 잠자리에 들었는데 잠에 빠져들면서 어떤 심상들이 보이기 시작했다. 그러다가 결국 어둡고 흐릿한 방 안에 있는 자신을 발견했다. 내가 잠으로 곧장 빠져들 때 일어나는 체험은 항상 이런 식인 것 같다. 덧붙이자면 페이즈는 매우 불안정했고 마치 나를 붙잡으려는 것처럼 끌어당기는 눈에 보이지 않는 힘이 느껴졌다.

이전의 체험에서 시각을 강화하기 위해 감각 증폭을 시도한 것은 효과가 없었기 때문에 나는 좀 다른 것을 시도해보기로 했다. 나는 평소의 명상 자세로 앉아 심호흡을 했다. 처음에 앉았을 때는 그 '힘'이 강해서 나는 폭풍 속에 떠다니는 배에 탄 것처럼 계속 움직였다. 그러나 몇 번 깊이 숨을 쉬자 그 힘은 약해지고 시력이 나아졌다. 나는 창문 밖으로 날아갔고 잠시 후에 어둠 속에서 다시 깨어났다.

나는 그것이 헛깨기임을 깨달았고 다시 불편한 느낌이 들었던 것을 기억한다. 그래서 나는 내가 가장 좋아하는 밥 말리의 노래를 부르기 시작했다. 마치 내가 그곳에 있으면 안 된다는 듯이 '나를 쫓아다니며' 끌어내려고 애쓰던 양복 입은 남자가 기억난다. 나는 그를 사라지게 만들려고 애썼지만 효과가 없었다. 그래서 그에게 덤벼들었다. 그러자 그는 풍선처럼 쭈그러들어서 바닥으로 떨어졌다.

나는 클럽처럼 보이는 곳에 있었다. 한 여자에게 "이 현실의 실체는 뭡니까?"라고 물어보았다. 그녀는 "이건 모두가 통계수치예요"라고 대답했다. 혼란스러웠다. 그래서 나는 할 일을 찾으려고 애쓰며 주위를 돌아다녔다.(행동계획을 하지 않았음: 저자 주) 얼마 전 누군가가 어떤 웹사이트에 게시한 내용이 생각났다. 그 사이트에는 '시험'이 있었는데 그중 하나는 문에다 무한대 기호를 그리고 그것을 지나 걸어가는 것이었다. 나는 문을 찾아 그 위에 '오메가(Ω)' 표시를 휘갈겨 쓰고 그것을 통과해 걸었다. 그곳은 바가 있고 남자 두 명이 있는 그 클럽의 다른 방이었다. 그중 하나는 매우 바빠 보였다(나는 그가 매니저라고 생각했다). 그리고 다른 한 사람은 앉아서 술을 마시고 있었다. 매니저가 나를 지나쳐 걸어가길래 나는 그에게 지혜의 말씀을 해달라고 요청했다. 그는 "안 좋은 양말"이라고 말했다!

다른 사람과도 잠시 이야기를 나눴지만 대화내용은 잘 기억나지 않는다. 나는 방을 나가서 사람들과 함께 앉았다. 나는 티슈를 집어 들고 그것을 치즈케이크로 둔갑시켰다. 매우 맛있었다. 치즈케이크는 너무 맛있어서 섹스를 하고 싶게 만들었다. 그래서 나는 가까이에 있는 한 여자에게 덤벼들었다. 섹스를 시작하면서 우리는 공중을 날기 시작했다. 나무들 사이를 날아간 것과 내 피부를 어루만지던 나뭇잎들의 느낌을 느낀 것이 기억난다. 절정에 이르렀을 때 나는 다시 어둠 속에서 깨어났다.

나는 여전히 페이즈 속에 있었다. 이번에는 초록색의 거대한 기계가 있는 공장 안이었다. 그 기계의 용도가 뭔지는 잘 모르겠다. 페이즈 속의 인물들이 나에게 특별한 톱니가 필요하다고 말했다. 그들이 트리가도르(?) 톱니라고 말한 것 같다. 다음 순간 내 친구 한 명이 화를 내며 방으로 들어온 것이 기억난다. 나는 그에게 때로는 자신에게 너무 엄격하게 굴지 말고 용서를 해주어야 한다고 조언했다. 이것이 그에게 힘을 북돋아준 것 같았다.

나는 다시금 어둠 속으로 이동했다. 이번에는 잠에서 깨길 바라기까지 했다. 그러나 여전히 페이즈 속이었다. 나는 나를 깨우기로 마음먹었다(효과가 없을지도 모른다고 생각했지만 어쨌든 시도했다). 그러나 결과는 움직이는 느낌과 함께 어둠 속으로 다시 들어갔을 뿐이다. 나는 내가 아까의 그 클럽에 돌아와 있는 것을 발견했다. 내가 페이즈 속에 너무 오래 있었던 것처럼 느껴져서 걱정이 되기 시작했다. 나는 바 주변을 돌아다니다가 한 여자에게 물었다. "밤새도록 자각상태로 지낸다면 그건 얼마나 길게 느껴질까요?" 다음 순간 나는 그것이 바보 같은 질문이라는 것을 깨달았다. 페이즈 속에서는 시간이란 것을 확정할 수가 없기 때문이다. 나는 질문을 다른 표현으로 바꿔 내가 언제 깨어나게 될지를 물었다. 그녀는 "오늘 중 언젠가요"라고 대답했다. 곧 이어서 나는 진짜로 깨어났다.

이번 페이즈는 아주 오랜 세월이 걸린 것처럼 느껴졌다. 그리고 내가 여기에 쓴 것보다 훨씬 더 많은 일이 일어나고 잊혀졌다. 마침내 실제로 깨어났을 때 시계를 봤더니 오전 1시 43분이었다. 약 40분 정도밖에 잠을 자지 않았는데 그보다 훨씬 더 길게 느껴진 것이다. 나는 가능한 한 많은 것을 기억하려고 최선의 노력을 다했고 경험을 기록하고 싶었지만 여자친구를 깨우고 싶지 않았다. 그래서 나는 그 자리에서 일기를 쓰지 않기로 했다.

영국 런던에 사는 알린도 바티스타

그것은 내가 외견상 있는 그대로의 물리적 세계를 볼 수 있었던 최초의 유체이탈체험이었다. 나는 침대에 누워 있는 나와 파트너를 보았는데 모든 것이 수정처럼 선명했다. 나는 돌이 양동이의 안을 때리는 것 같은 소리를 들으며 몸 밖으로 세게 던져지는 느낌을 받았다. 흰색 천장이 나에게로 확 다가오는 것을 느꼈고, 천장에 부딪힐 것 같다는 생각이 든 순간 속도를 반대방향으로 늦췄다. 실제로 나는 결코 한 위치에 머물러 있지 않고 끊임없이 움직였다. 독자가 이해한다면, 그것은 마치 공간 좌표 속을 움직이는 것처럼 점진적이었다. 침실 안의 모든 것이 보였다. 나는 천장 가까이에 있었고 흥분된 기분은 나로 하여금 아무것도 건드리지 않은 채 놀라운 속도로 여기저기를 튕겨 다니게 만들었다.

나는 내 몸을 면밀히 관찰해보고 싶었다. 그 즉시 마치 원격이동을 한 것처럼 내 몸 곁에 있는 나 자신을 발견했다.(행동계획을 하지 않았

음: 저자 주) 그건 아주 기이한 느낌이었다. 처음에는 마치 내가 그저 '이리저리 떠다니는 머리'처럼 느껴졌다. 하지만 육신을 보자 나는 나의 새로운 몸을 찾으려고 주위를 두리번거렸다. 문득 투명한 손과 발이 보이기 시작했다. 나는 그 새로운 손발 속에서 움직이고 있는 무늬를 볼 수 있었고 투명한 혈관과 혈관 속을 돌아다니는 액체 같은 것이 보였다. 하지만 그것은 내가 본 해부학 책의 상세도와는 달랐다.

그다음 나는 침실 창문 밖으로 날아서 이른 아침의 바깥 풍경을 보았다. 나는 땅에서 약 5미터 위를 맴돌고 다니면서 이웃집 창문에서 나를 보고 있는 작은 소녀를 보았다. 나는 그녀에게 날아갔다. 그녀가 나를 볼 수 있다는 사실에 약간 혼란스러워졌다. 소녀에게 물었다. "내가 보이니?" 내가 이 질문을 사념체로 그녀에게 투사한 것 같았다. 소녀는 부인의 표시로 고개를 흔들었다. 이것은 그녀가 대답했다는 사실과는 모순되는 것이었다. 소녀는 겁에 질린 것처럼 보였다. 그래서 나는 그녀에게서 멀어져 나와 내 방으로 돌아왔다. 일어났을 때(재진입하지 않았음: 저자 주) 나는 생각했다. '강렬한 자각몽이었을까? 그게 내가 알고 있는 현실과 정확히 부합했나?'

어쨌든, 나는 이웃사람들을 알고 있었지만 그 소녀는 전에 본 적이 없었다(다섯 살 정도 된 것으로 보였다). 그러고 나서 얼마 후 나는 이웃집 딸의 친구들이 그 집에 머물고 있었다는 사실을 알게 되었다. 어느 날 내 파트너가 나를 피쉬앤칩스 가게에 심부름을 보냈다. 가는 길에 나는 근처의 침례교 교회를 지나갔다. 이웃집 사람이 밖에서 사람들과 이야기하는 것을 보았다. 그때 문득 그 소녀가 보였다! 그녀는 다른 아이들과 함께 교회 바깥을 뛰어다니고 있었으니 진짜였다. 그녀는 친구들과 어른들 주위를 뛰어다니며 재미있게 노느라고 나를 보지 못했다. 그 순간 나는 내가 아마도 그녀를 육안으로 본 것은 처음이라는 사실을 깨달았다. 하지만 내가 어떻게 그녀의 생김새를 기억하고 있을 수 있었을까?

알린도 바티스타의 또 다른 체험담

아이들과 공원에서 다사다난한 하루를 보낸 후 스테이시와 나는 오전 12시 30분 정도에 잠자리에 들었다. 나는 침대로 가기 전 우유 한 잔과 몇 개의 초콜릿 다이제스티브 비스킷을 먹었다. 너무 피곤해서 잠이 드는 데는 오래 걸리지 않았다. 화장실에 가기 위해 오전 3시 50분에 잠을 깼다. 거의 비몽사몽 상태여서 유체이탈 소풍을 떠나기엔 완벽한 기회로 느껴졌다. 나는 몸이 너무나 무거운 것을 느끼면서 누워서 그저 이완했다. 이내 익숙한 자각상태에 들어섰고 쉭쉭 하는 맥동이 돌아왔다. 아마도 '송과체 엔진'이 점화돼서 속도를 올리면서 롤러코스터가 돌진하는 것 같은 소리를 내고 있는지도 모른다고 생각한 것이 기억난다. 그다음엔 모든 것으로부터 떨어져 나온 듯한 감각이 잇따랐다. 하지만 시야가 닫힌 채 침대에 누워 있는 것은 여전히 의식되었다.

갑자기 마치 머릿속의 라디오가 켜진 것처럼 목소리들이 들렸다. 그들이 뭐라고 말하는지는 이해할 수 없었다. 그러다가 어찌된 일인지 그 소리는 강의를 하는 것 같이 말하는 특정한 여자의 목소리로 초점이 맞춰졌다.(분리하지 않았음: 저자 주)

주제는 의식 그 자체인 것처럼 보였다. 그중 한 문장이 나에게 꽂혔다. "'나'는 의식의 중심입니다. 그러니 우리는 모두가 의식의 중심입니다." 그 목소리는 이어서 현실에 대한 깊은 비밀을 밝히기 시작했다. 그것은 내게 직관적인 깨달음을 경험하게 했지만 그 내용은 기억나지 않는다. 그 목소리는 속삭임으로 변하면서 오케스트라 음악과 박수소리에 묻혔다. 그 후 진동이 밀려왔고, 잇따라서 나는 오로지 분리하고자 하는 의지만으로 몸에서 분리되어 나온 듯하다.

시야가 흐렸지만 침실의 상황은 파악할 수 있었다.(심화하지 않았음: 저자 주) 나는 공중에 뜬 채 복도로 이동하여 벽에 있는 거울로 향했다. 거울은 회색으로 빛을 전혀 반사하지 않는 것 같았다. 나는 스테이시의 죽은 할머니인 마지를 보고 싶었기 때문에 거울을 통과해 미끄러져 들어갔다. 그다음에 일어난 특이한 일은, 내가 복도에 있는 거울에 뛰어들 때 보통 경험한 것과 같이 어두운 허공을 지나가지 않았다는 것이다. 대신 나는 나무 위, 지붕, 거리, 차들을 지나쳐 빠르게 날아가고 있었다. 움직임이 멈추자 나는 쓰레기로 덮여 있는 한낮의 한 골목을 지나 지상에 있었다. 주변의 색깔은 흐릿해서 나는 마음으로 그것을 더 밝아지게 만들려고 했지만 소용이 없었다. 무심결에 나는 다른 곳으로 공간을 이동했다.

처음에는 내가 어디에 있는지를 살피기가 힘들었다. 한 곳에 멈추어 있지 못하고 이곳에서 저곳으로 문자 그대로 휙휙 움직이고 있었기 때문이다. 나는 큰 화장실로 보이는 곳의 천장 근처에서 움직이는 속도를 늦출 수 있었다. 어린 소녀가 보였다. 그 소녀는 여덟아홉 살 정도 되어 보였고 더러운 물로 가득 찬 욕조 안에 있었다. 소녀의 혼미해 보이는 얼굴은 겨우 물 밖으로 나와 있었다. 나는 소녀가 머리카락을 수면에 띄운 채 물을 삼키면서 물속으로 완전히 잠기는 모습을 볼 수 있었다. 한 험악한 남자가 들어왔다. 그는 키가 크고 다부진 체격이었고 검고 짧은 머리카락은 삐죽삐죽 튀어나와 있었다. 그는 눈을 부라리며 격분하면서 변기 청소기로 소녀의 머리를 눌러서 익사시켰다. 둘 중 누구도 나의 존재를 전혀 눈치채지 못했다. 이 경험은 놀랍도록 생생했고 범죄를 목격하는 동안 나는 말 그대로 공격이냐 도주냐 사이를 망설이고 있었다.

그러다 갑자기 나의 관점이 전환되어 이제는 내가 욕조 안에 있는 것처럼 보였다. 방은 똑같았지만 조명은 달랐다. 아까의 그 험악한 남자가 들어와 나에게 다가왔다. 나는 반사적으로 천장으로 떠올랐는데 내려다보니 욕조 속에서 완전히 공포에 질려 비명을 지르는 벌거벗은 소년이 보였다. 남자는 그 소년을 무자비하게 익사시켰다. 그러면서 그는 자신에게 일어나고 있는 일을 소년의 탓이라고 비난하면서 그가 괴물이 된 이유는 바로 그 때문이라고 욕했다. 그는 으르렁거리면서 물속의 소년을 흔들어댔다. 빠져나가려고 애쓰는 소년의 발버둥은 소용이 없었다. 나는 또 무슨 일이 일어나는지를 지켜보면서 정신없이 방 안을 우왕좌왕했다.

나는 내가 경험한 것이 상상이길 바라면서 수면마비 상태에서 몸의 의식으로 돌아왔다. 머리가 다시 쉬익 하는 소리를 냈다. 중간 중간 클래식 음악이 나오는 사이에 대화를 나누는 듯한 목소리들이 머릿속에서 들렸다. 나는 다시 몸에서 분리해 나왔다. 하지만 이번에는 어두운 허공 속으로 들어왔다. 나는 마지를 보게 되길 바랐는데, 나를 붙잡고 어딘가로 이끄는 손길이 느껴졌다. 앞쪽에 빛이 보이면서 나는 쾌적한 환경 속에 와 있는 자신을 발견했다. 선명한 색깔들이 마치 숲 속에 있는 로마시대 유적처럼 보이는 것들로 이뤄진 초현실적인 풍경을 만들어냈다. 나는 거기서 마지를 찾으려고 했지만 대신 대머리의 흑인 남자를 마주쳤다. 그에게 누구인지를 물으니 그는 자신의 이름이 쉬망 또는 주앙 휘고라고 말했다. 우리는 포르투갈어로 말했다. 여기가 어디인지를 물으니 그는 우리는 언제나 같은 곳에 있다고 말했다. 그 후의 대화는 더 모호하고 꿈과 같아졌다. 때때로 나는 그가 내가 생각하고 있는 것을 말할 수 있고 나도 그가 생각하고 있는 것을 말할 수 있는 것 같은 느낌을 느꼈다. 우리는 어떻게든 연결되어 있는 것 같았다. 내가 그가 하는 말을 제어할 수 있었던 것인지, 아니면 그가 말하는 것을 공교롭게 나도 생각하고 있었던 것인지는 알 수 없었다. 육체의 의식을 회복하자 머릿속에서 가벼운 소나기 소리가 들렸고 몸은 차갑게 느껴졌다. 오전 7시 30분이었다.

러시아 모스크바에 사는 드미트리 플로트니크

밤 외출에서 돌아오는 길에 우리는 '마법의 돌'이라는 가게로 들어갔다. 우리는 자수정을 샀다. 여자친구의 말에 따르면 자수정은 '꿈에 파장을 맞출 수 있도록' 도와준다고 한다. 그저 침대의 헤드스탠드에 자수정을 놓고 잠에 들기만 하면 된다는 것이다. 그것이 우리가 한 일이다. 우리는 소풍을 가기 위해 다음날 매우 일찍 일어나야 했다(오전 5시경). 말하자면 우리는 꾸물댈 시간이 없었다. 그럼에도 불구하고 나는 '꿈에 파장 맞추기'를 시도했다. 나는 어떤 시점엔가 잠에 빠져들었지만 침대에 누워 몸을 빠져나가기 위해 파장을 맞추느라 애쓰는 꿈을 계속 꾸었다. 바로 그 순간 나는 모종의 생명 에너지 같은 빛이 등에서 따끔거리는 것을 느꼈다. 나는 심지어 '좋아. 오고 있으니 행동을 개시해!' 하고 생각하며 그 느낌을 촉진했다. 그 느낌은 강화되어서 이제는 파도가 척추를 위아래로 오가는 것 같았다.(분리하지 않았음: 저자 주) 오랫동안 잊고 지냈던 특정한 느낌이 몸을 훑어 지나갔다. 그것은 어떤 식으로도 유쾌하다고는 할 수 없는 그런 느낌이었다. 그래서 '이제야 내가 왜 페이즈에 들어가기를 일부러 멈췄는지 기억나는군' 하는 생각이 들었다. 그러나 돌아가기에는 이미 늦어 있었다. 어느 순간 나는 들어 올려졌다. 소파를 돌아볼 시간이 거의 없었다.

곧 나는 넓은 방 안에 있는 자신을 발견했다.(심화하지 않았음: 저자 주) 방은 너무나 커서 내가 명확하게 볼 수 있는 유일한 것은 내 옆에 있는 벽뿐이었다. 방 안에는 사람들도 있었다. 그들은 모두 나에게서 뭔가를 원했고 바보 같은 구실을 대며 내게로 다가왔다. 나는 계속 그들에게 "저리 가"라고 하며 그들을 물리치려고 애썼다. 머릿속에는 '여자친구를 찾아야 해'라는 한 가지 생각밖에 없었다. 나는 우리가 어디서 잠들었는지를 기억해내려고 기를 썼지만 한사코 기억이 나지 않았다. 온갖 사람들이 끊임없이 나를 집적거렸다. 그들 중 한 명은 특히 끈질겼다. 그는 심지어 나더러 코르크 마개뽑이로 와인병을 따는 것을 도와달라고 떼를 쓰기도 했다. 나는 그를 도와주기로 했다. 병을 따고 나서 나는 '뭐 어때? 페이즈에서 와인을 마셔본 적은 없잖아'라고 생각하며 병째 입으로 가져갔다. 와인은 매우 이상한 맛이 났다. 와인이라기보다는 과일 조각을 띄운 물 탄 블랙베리 잼 같았다. 다 마시지 않은 병은 어찌된 일인지 더 이상 내 손안에 없었다. 나는 계속 그 방에서 나가려고 애쓰고 있었다.

심화할 수 있을 만한 것으로 내가 찾아낸 유일한 것은 나무 널빤지로 된 이상한 구조의 벽밖에 없었다. 그 벽은 유성 페인트로 보이는 것으로 칠이 되어 있었다(그 벽은 무엇보다도 옥외 화장실을 떠올리게 했다). 내가 그 속으로 머리를 들이밀려던 찰나, '이것은 초대받지 않은 손님도 밀고 들어올 수 있는 문이다'라는 단호한 글씨가 나타났다. 나는 거기엔 가고 싶지가 않아서 외벽의 작은 어두운 거울을 떼어내는 것으로 만족했다. 나는 거울 속에 비친 내 모습을 가지고 잠시 놀았다(거울 속의 그림자는 내가 머리를 움직일 때마다 늘 따라 움직이고 싫어하지는 않았다). 그런데 몰려다니던 그 사람들이 나에게 풀처럼 딱 달라붙어 버렸다. 그래서 나는 재밌는 일을 해보기로 했다. 나는 한 번에 한 명씩과 짝을 지어 함께 거울을 들여다보기 시작했다. 그러나 거울에 비친 모습은 그들의 외모와는 상당히 달랐다. 나는 이 게임에 금방 질려버려서 다시 모든 사람에게 가버리라고 말했다.

나는 결국 그 건물에서 나와서 우리가 잠든 곳을 찾는 데에 집중하기로 했다. 문을 확 열었지만 실망했다. 문밖은 낯선 야외였다. 동트기 직전의 가장 어두운 시간 같았다. 차들이 길을 달리고 있었다. 나는 길가에 주차되어 있는 차들을 바라보기 시작했다. 그 차들의 외관은 매우 웃기는 모습이었다. 갑자기 차 한 대가 길에서 벗어나 나를 향하더니 내 쪽으로 달려왔다. 흥미로운 모습을 한 여자가 운전대에 앉아 있는 것이 보였다. 그녀는 녹색 계통의 옷을 차려입고 있었다. 우리는 이야기를 나눴는데, 나는 그녀가 마치 19세기 소설 속 인물의 대사를 인용하듯이 '책만 좋아하는 사람'처럼 말한다는 생각을 떨쳐버릴 수 없었다. 그녀가 나를 바라봤다. 그녀는 눈이 이상했다. 그 눈알은 보통의 안구가 아니라 녹색 무당벌레였다. 나는 내가 현실로 돌아가기 시작했음을 깨달았다.(유지하지 않았음: 저자 주)

나는 깨어났다.(재진입하지 않았음: 저자 주) 내가 양팔을 옆으로 놓고 등을 대고 누운 채 여자친구의 손을 잡고 있는 것을 깨달았다. 그러자 그녀도 갑자기 깨어나서 자신의 경험을 이야기하기 시작했다…

러시아 모스크바에 사는 나데즈다 마슬로바

우리는 그 일이 일어난 날 밤 이미 스트레스를 좀 받고 있었다. 다음날은 소풍을 가기로 해서 매우 일찍 일어나야 했기 때문이다. 늦잠을 잘까봐 걱정이 됐다. 그날 밤 내내 나는 몇 번이나 잠에서 깼고 결국 밤중에 깨어난 시간을 페이즈 진입의 기회로 이용하기로 했다.

나는 성공적으로 '몸을 빠져나갈' 수 있었다. 그리고 침대 위에 섰다.(심화하지 않았음: 저자 주) 나는 잠들었던 방에 서 있었지만, 현실에는 없는 거울 두 개가 벽에 있는 것을 발견했다. 그중 하나를 들여다보다가 내가 잠들 때 입었던 옷을 입고 있지 않다는 것을 알아챘다. 곧이어 나는 남자친구를 나의 페이즈 체험으로 데려가고자 하는 나의 '강박증'을 상기해냈다. 나는 그가 자고 있던 소파로 가서 팔을 잡고 일으켜 거울로 데려갔다. 그때 나는 '그가 거울 속의 자신을 보면서 나의 페이즈 속에서 의식을 찾을 수 있게 될지도 몰라'라고 생각했다.

거울 앞에 섰을 때 나는 거울에 비친 우리의 모습이 흩어져버리는 것을 보았다. 나는 또다시 실패했다고 생각하고 그를 돌아가게 했다. 하지만 나는 장소를 옮기기 위해 거울 속으로 기어들어가기로 마음먹었다. 테이블 위에 서서 손을 거울 속으로 넣고 머리부터 들어가기 시작했다. 나는 문득 거울이 '닫혀' 있다는 것을 깨달았다. 그곳에는 어둠 외에는 아무것도 없으며 그 뒤에는 벽이 있고 따라서 나는 어떤 곳으로도 공간이동할 수가 없다는 사실을 말이다. 그래서 나는 '회전' 기법을 사용하기로 했다. 나는 회전하면서 페이즈 속을 여행하면서 본 것 중 내가 가장 좋아하는 자작나무 숲을 상상하기 시작했다. 나는 정말 그곳에 다시 가고 싶었다.

나는 계속 돌았지만 그 숲이 눈앞에 선명하게 보이고 있는데도 불구하고 숲으로 들어갈 수는 없었다. 나는 제 시간에 멈출 수 없었다. 결국 나는 어머니의 아파트에 착지했다. 바닥에 토끼인형이 놓여 있었다. 나는 페이즈가 희미해지기 시작하면 계속 머무르기 위해서 그 장난감을 만지작거려야겠다고 생각하며 장난감을 손에 들었다. 곧이어 나는 벽에 있는 다른 거울을 보았다. 거울에 비친 내 모습을 보기로 하고 거울을 들여다보았다. 그러나 거울에 비친 모습은 내가 아닌 유령 같은 어떤 희미한 생명체였다. 좀 무서워졌다. 그 두려움이 나를 여전히 토끼인형을 손에 쥔 채 몸으로 돌아오게끔 만들었다(아니면 여전히 페이즈 속에 있으면서 그렇게 생각했다).

나는 침대로 돌아와 있었지만 거기서 포기하지 않았다. 남자친구를 페이즈에 합류시킬 다른 방법을 시도해보기로 했다(아무튼 그곳은 혼자 걸어 다니면 외로워진다!). 나는 그의 손을 잡고 침대 밖으로 미끄러져 나오기 시작했다. 우리는 실제로 침대에서 떨어져 나왔지만 바닥으로 착지하지는 않았다. 마치 절벽에서 떨어져 나온 다음 공중에 매달려 있는 것과도 같았다. 우리가 자고 있던 방은 어두웠지만 떨어지는 동안에는 주위가 한낮처럼 매우 밝았다. 내가 아까 경험한 페이즈보다 훨씬 밝았다. 나는 그를 페이즈 속으로 끌어오는 데 성공했다고 확신했다! 하지만 이내 나는 나를 잡고 있는 팔이 분명히 남자친구의 팔이 아니라는 것을 깨달았다. 아래를 내려다보니 내가 다른 남자를 잡고 있는 것이 보였다!

그는 약간은 내 남자친구처럼 보였지만 얼굴은 더 나이가 들어 보였고 약간 달랐다. 그의 머리카락은 더 길었고 꽁지머리를 하고 있었다. 나는 그를 밀어내고 물었다. "누구세요?" 그는 "이미 이름을 말했잖아요. 아니면 어쩌면 당신은 미래를 보고 있는 건가요?"라고 대답했다. 나는 약간 진정하고 그에게 말했다. "나는 옷이 필요해요. 반쯤 벌거벗은 채로 돌아다니고 싶진 않아요." 그는 "그럼 가서 하나 삽시다"라고 대답했다. 나는 몸을 돌려 상점을 하나 발견했다. 우리는 그곳으로 들어갔다. 사실 우리는 바닥에서 한 발자국 정도 위에 떠 있었다. 흑백 혼혈의 상점 주인이 우리에게 인사했다. 그는 옷걸이에 걸려 있는 모든 드레스를 내게 보여주었다. 정말 황홀했다! 옷걸이를 향해 걸음을 내딛는 순간 나는 다시 몸으로 돌아와 있었다!(재진입하지 않았음: 저자 주)

페이즈 속이라 하더라도 그 예쁜 드레스들을 입어볼 수 없었다는 것이 정말 안타깝다!

제3장

유명인들의 체험

다음에 나오는 것은 이 분야에서 가장 유명한 작가와 연구자들 — 멀둔, 라버지, 카스타네다, 브루스 등 — 의 유체이탈체험에 관한 이야기이다. 그러나 그들의 체험을 앞에 나온 체험들과 비교해보면 시골에 사는 보잘것없는 초보자조차도 페이즈 현상을 제어하는 기법을 적용하는 방법에 대한 이해에 있어서는 그들을 모두 능가할 수 있다는 게 밝혀질 것이다. 스티븐 라버지만은 예외이지만.

이에 대한 설명은 간단하다. 즉 우리가 현재 가지고 있는 지식은 그들이 닦아놓은 기반 덕분에 생겨날 수 있었다는 것이다. 그 기반의 질은 문제가 아니다. 그들의 작업이 당대에는 혁명적이었다고 해도 과장이 아니다. 그러나 우리는 지금 과학기술과 기법이 현대적으로 발전해온 전혀 다른 시대를 살고 있다. 또한 지금의 첨단지식도 구닥다리가 되는 시대가 올 것이다.

독자들이 각자 분석을 연습해볼 수 있도록 이들의 체험담에는 실수에 대한 코멘트를 달지 않았다. 용기를 내서 앞에 나온 분석들을 지침 삼아 권위 있는 인물들의 체험내용 중 현재의 지식에서는 가장 전형적이고 일반적인 실수로 여겨지는 것들을 샅샅이 찾아내보라.

— 분리하지 않음

— 심화하지 않음

— 행동계획 없음

— 유지하지 않음

— 재진입하지 않음

실번 J. 멀둔 Sylvan J. Muldoon

《아스트랄체 투사》(The projection of the Astral Body, 1929)

며칠 전 아침, 나는 6시쯤에 일어나 20분쯤 잠에서 깬 채 누워 있었다. 그러고 나서 다시 졸았는데 앞서 이야기했던 메트로놈 꿈에서 서 있던 바로 그곳에 서 있는 꿈을 꾸었다.

꿈에서 어머니가 흔들의자에 앉아 있는 모습을 봤는데 어머니가 내게 말했다. "네가 꿈을 꾸고 있다는 것을 알고 있니?" 나는 대답했다. "아이쿠, 내가 꿈을 꾸고 있군요. 그렇죠?" 이것으로 꿈은 끝났다. "아이쿠, 내가 꿈을 꾸고 있군요"라고 말하자마자 침대 위의 몸에서 꿈을 깬 것 같다. 나는 의식이 있었지만 움직일 수 없었다. 단 한 소리도 입 밖으로 낼 수 없었고 눈꺼풀을 움직일 수 없었다. 이 상태는 3분가량 지속되었다. 그러는 내내 몸 전체, 특히 팔다리가 계속 경련을 일으켰다. 그러고 나서 나는 갑자기 정상이 되었다.

약 2초 후 쾅하는 큰 소리가 들렸다. 마치 누군가가 무거운 나무망치로 침대의 철제 뼈대를 내리친 것 같은 소리였다. 소리가 매우 커서 나는 '몸을 피했다'. 소리가 나를 다소 겁에 질리게 만들었기 때문이다… 이 쿵하는 소리가 들리기 전에 내가 2초 정도 완벽히 깨어 있었다는 점을 기억하라. 근처에는 아무도 없었고 이 일은 환한 가운데 일어났다. 이 같은 물리적 차원의 현상은 나에겐 매우 흥미로운 것이다. 적어도 이런 일을 전에 경험해본 적이 없기 때문이다. 그렇다고 그런 것을 시도해본 적도 없다. 그것은 저절로 일어난 것이다.

로버트 A. 먼로 Robert A. Monroe

《유체이탈여행》(Journeys Out of the Body, 1971)

… 나는 일찍 잠에서 깨서 7시 30분에 아침식사를 하러 간 다음 8시 30분쯤 내 방으로 돌아와 누웠다. 긴장을 풀자 진동이 왔고 곧이어 움직이는 느낌이 들었다. 잠시 후 움직임이 멈췄다. 내가 처음으로 본 것은 걸어 다니면서 야구공을 공중으로 던지고 받고 하는 소년이었다. 이내 장소가 바뀌어서 나는 자동차의 뒷좌석에다 뭔가를 갖다 놓고 있는 한 남자를 보았다. 큰 세단이었다. 그 남자가 뒷좌석에 갖다놓은 것은 바퀴와 전동모터가 달린 소형자동차처럼 보이는 이상하게 생긴 물건이었다. 그는 그것을 비틀고 돌려서 마침내 차의 뒷좌석에 올려놓고는 문을 닫았다. 이내 또다시 장소가 바뀌어서 나는 식탁 옆에 서 있었다. 식탁 주변에는 사람들이 앉아 있었고 식탁 위에는 음식이 가득했다. 한 사람이 흰색의 큰 카드처럼 보이는 것을 식탁에 앉은 다른 사람들에게 나누어주고 있었다. 나는 음식이 가득 차려진 식탁에서 카드놀이를 하는 것이 이상하다고 생각했고 카드가 흰색인데다 크기가 지나치게 큰 것이 의아했다. 다시금 금방 장소가 바뀌어서 나는 도시의 거리 상공 150미터쯤에서 '집'을 찾고 있었다. 나는 곧 라디오 타워를 발견하고 모텔이 라디오 타워 근처에 있다는 것을 기억해냈다. 그리고 그 즉시 나는 내 몸으로 돌아왔다. 나는 일어나 앉아

서 주위를 둘러보았다. 모든 것이 정상으로 보였다.

주요 결과: 같은 날 저녁 나는 친구인 애그뉴 밴슨 씨네 부부의 집을 방문했다. 그들은 나의 '활동'에 대해 부분적으로 알고 있었다. 그때 문득 나는 아침의 사건이 이들과 관계가 있다는 것을 직감했다. 내가 그들의 아들에 대해 물어보자 그들은 방에 있는 아들을 불러 그날 밤 8시 30분에서 9시 사이에 무엇을 했느냐고 물어보았다. 그는 학교에 가고 있었다고 말했다. 가면서 무엇을 했는지를 자세히 물어보자 그는 공중으로 야구공을 던지고 받고 있었다고 말했다.(나는 그를 잘 알았지만 야구에 관심이 있었는지는 몰랐다.) 그래서 나는 차에 짐을 싣던 광경에 대해서도 이야기해보기로 했다. 밴슨 씨는 놀라워했다. 그가 말하길, 바로 그 시간에 그는 반데그라프의 발전기를 차의 뒷좌석에 싣고 있었다는 것이다.

그 발전기는 바퀴와 전기모터, 플랫폼이 달린 크고 이상하게 생긴 장치이다. 그는 나에게 그 장치를 보여주었다. (제2의 신체로써 보았던 것을 육신을 가지고 다시 본다는 것은 으스스한 일이었다.) 그다음에 나는 식탁과 커다란 흰색 카드에 대해 말했다. 이 이야기에는 그의 아내가 흥분했다. 그녀는 2년 만에 처음으로 ― 그날은 모두가 늦게 일어났기 때문에 ― 아침에 배달된 편지를 아침 식탁으로 가져와서 가족에게 나눠줬던 것이다. 크고 흰색의 카드들! 그들은 이 사건에 매우 흥분했고 나는 그들이 내 비위를 맞춰준 것이 아니라는 점을 확신한다.

내가 꿈속에서 밴슨 씨와 그의 가족을 방문한 시간은 실제 사건의 시간과 일치한다. 자기암시나 환각이 아니다. 무의식적인 동기가 있었을 수는 있겠지만 의식적으로 밴슨 씨네를 방문해보려는 의도는 없었다. 실제 상황 그대로의 보고임.

로버트 A 먼로 Robert A. Monroe

같은 책에서

… 금방 쉽게 진동이 왔다. 그리고 전혀 불편하지 않았다. 진동이 강력할 때 나는 육신에서 들어올려지도록 애썼지만 성과가 없었다. 어떤 생각이나 기법을 동원해봐도 나는 내가 있던 그 자리에 꼼짝없이 남아 있었다. 그래서 나는 구르기 기법을 기억해냈다. 그것은 침대에서 몸을 뒤집는 것처럼 하는 것이다. 나는 구르기 시작했지만 내 육신은 나와 함께 '구르지' 않는다는 것을 알아차렸다. 나는 천천히 움직였다. 그리고 잠시 후 나는 '얼굴을 아래로' 향하고 있었다. 즉, 내 육신의 자세와 정확히 반대의 자세로 있었다. 이 180도 반대 위치(페이즈 밖, 반대 극성?)에 이른 순간 구멍이 보였다. 이것이 그것을 설명할 수 있는 유일한 방법이다. 내 느낌에 그것은 약 60센티 두께에 모든 방향으로(수직면상에서) 무한히 뻗어 있는 벽에 나 있는 하나의 구멍 같았다.

구멍의 가장자리는 정확하게 내 육신의 모양을 하고 있었다. 벽을 만져보니 부드럽고 단단했다. 구멍의 가장자리는 상대적으로 거칠었다.(비물리적인 손으로 이 모든 것을 만졌다.) 벽 너머에는 암흑밖에 아무것도 없었다. 그것은 어두운 방의 암흑이 아니라 무한한 거리와 공간의 느낌이었다. 마치 창문을 통해 먼 우주를 바라보는 것 같았다. 시력만 좋다면 가까운 별이나 행성들을 볼 수 있을지도 모르겠다고 느꼈다. 그러니까 그 느낌은 태양계 너머 까마득히 먼, 깊은 우주 공간의 느낌이었다.

나는 구멍의 가장자리를 잡고 구멍 밖으로 조심스럽게 움직여 머리를 조심스럽게 내밀었다. 아무것도 없었다. 암흑 외에는 아무것도. 사람도 없었고 물질적인 것은 아무것도 없었다. 나는 이 압도적인 기이한 느낌 때문에 서둘러 돌아왔다. 나는 다시 180도 몸을 굴렸고 자신이 육체와 합쳐진 것을 느끼고 일어나 앉았다. 몇 분 전 내가 떠났을 때와 같이 환한 대낮이었다. 경과시간: 한 시간 5분!

로버트 A 먼로 Robert A. Monroe
같은 책에서

… 이것은 가장 독특하고 생생한 경험이었다. 그리고 나는 내가 이제 더 이상 이런 것을 원하는지도 잘 모르겠다. 나는 늦게 잠자리에 들었고 매우 피곤했다. 새벽 2시쯤이었다. 유도 없이도 금방 진동이 왔고 나는 쉬고 싶은 욕구에도 불구하고 '뭔가를 하기로' 결정했다(아마도 이것이 휴식일 것이다). 나는 쉽게 빠져나가서 얼른 차례로 여러 곳을 방문하고 나서, 쉬고 싶어했던 욕구를 기억해내고는 육체로 돌아가려고 시도했다. 나는 침대에 누워 있는 내 몸을 생각했다. 그리고 거의 즉시 나는 침대에 누워 있었다. 그러나 나는 곧 뭔가가 잘못되었다는 것을 깨달았다. 내 발에는 박스처럼 생긴 기계장치가 있었다. 그것이 내 다리 위의 시트가 벗겨져 있게 하는 것이 분명했다. 방 안에는 한 남자와 흰옷을 입은 한 여자가 있었는데 나는 그것이 간호사라고 생각했다. 그들은 침대에서 약간 떨어져 서서 부드러운 소리로 이야기를 하고 있었다.

처음 든 생각은 뭔가 잘못되었다는 것이었다. 아내가 내가 일종의 혼수상태에 있는 것을 발견하고 나를 서둘러 병원으로 데려온 것이라는 생각 말이다. 간호사, 방 안의 소독 냄새와 침대, 이 모든 것이 그것을 뒷받침하고 있었다. 하지만 여전히 뭔가 느낌이 좋지 않았다.

잠시 후 두 사람은 이야기를 멈추고 여자(간호사)가 몸을 돌려 방을 나갔다. 그리고 그 남자는 침대로 다가왔다. 나는 그가 무슨 짓을 할지 모른다는 생각에 공황상태에 빠졌다. 그가 내 침대로 몸을 구부려 부드러우면서도 강하게 내 양팔을 잡고 툭 튀어나온 번쩍이는 눈으로 나를 바라보자 나는 더욱 두려워졌다. 최악의 일은, 필사적으로 몸을 움직이려고 했지만 움직여지지가 않는다는 것이었다. 몸의 모든 근육이 마비된 것 같았다. 내 마음은 그가 얼굴을 나에게 가까이 가져다 대는 동안 공포에 떨며 도망치려고 안간힘으로 몸부림을 치고 있었다.

그런데 너무나 놀랍게도, 그가 몸을 더 구부려 내 양볼에 키스를 했다. 그의 까칠한 수염이 실제로 느껴졌다. 그의 눈 속에 번쩍이던 것은 다름 아닌 눈물이었다. 그러고 나서 그는 몸을 세우고 내 팔을 놔준 다음 천천히 방을 걸어나갔다.

공포를 통해, 나는 아내가 나를 병원으로 데려온 것이 아니며 이 남자는 낯선 사람이고 내가 다시 아주 잘못된 곳에 와 있다는 것을 깨달았다. 뭔가를 해야만 했다. 그러나 내가 긁어모은 모든 의지력도 아무런 힘을 발휘하지 못했다. 머릿속에서 쉿쉿거리는 소리가 들리는 것이 서서히 알아차려졌다. 강력한 증기나 공기의 쉿쉿거리는 소리 같은 것이었다. 희미한 어떤 앎 때문에 나는 그 쉿쉿거리는 소리에 집중하여 그것을 조절하기 시작했다. 즉, 쉿쉿거리는 소리를 부드럽고 크게 바꾼 것이다. 나는 그 빈도를 좀더 빨라지게 했고 잠시 후 그것은 한 단계 높은 수준의 진동으로 가속됐다. 곧이어 나는 몸을 끌어올리는 시도를 했고 부드럽게 성공했다. 잠시 후 나는 또 다른 물리적 신체 속으로 들어갔다.

이번에는 신중했다. 나는 침대를 느꼈다. 방 밖에서 익숙한 소리가 들렸다. 눈을 뜨자 방이 어두웠다. 나는 전구 스위치가 있어야 할 곳으로 손을 뻗었고, 전구 스위치는 그곳에 있었다. 나는 불을 켜고 깊이깊이 안도하며 한숨을 내쉬었다. 돌아온 것이다…

스티븐 라버지 Stephen LaBerge
《**자각몽**》(Lucid Dreaming, 1985)

… 나는 거대한 성채 안의 높은 아치형 복도를 헤매며 다니다가 잠시 멈춰 서서 그 웅장한 건축물에 감탄했다.

어찌된 일인지 이 장관을 바라보며 음미하는 것이 내가 꿈을 꾸고 있는 것이라는 깨달음을 자극했다! 이미 충분히 인상적인 성의 장엄함은 명료한 의식의 빛 속에서 더욱더 경이롭게 보였고, 나는 매우 흥분해서 '공중의 성'이라는 이 환상 속의 현실을 탐험하기 시작했다. 나는 복도를 걸으면서 발밑에 깔린 돌의 차가운 딱딱함을 느낄 수 있었고 발소리가 울리는 것을 들을 수 있었다. 이 매혹적인 장관의 모든 요소는 지극히 현실감 있게 느껴졌다. 이 모든 것이 꿈임을 완벽하게 자각하고 있음에도 불구하고 말이다!

환상 이야기처럼 들릴지는 몰라도, 나는 꿈을 꾸면서 깊이 잠들어 있는 동안에도 온전히 깨어 있는 능력을 가지고 있었다. 나는 더없이 명료하게 생각할 수 있었고 깨어 있는 현실 속 삶의 시시콜콜한 사항들을 다 기억할 수 있었으며, 의식적인 생각에 따라 의도적으로 행동할 수 있었다. 그러나 이들 중 어떤 것도 꿈의 생생함을 감소시키지 않았다. 역설적이든 어떻든 간에 나는 꿈속에서 깨어 있었다!

성 안의 갈림길 앞에 다다른 나는 자유의지를 행사하여 오른쪽 길을 택했다. 그리고 곧 한 계단 앞에 다다랐다. 길이 어디로 이어질지 궁금해진 나는 층계를 내려갔고 거대한 지하동굴 입구에 있는 자신을 발견했다. 내가 서 있는 계단 끝에서 보았을 때 그 동굴의 바닥은 저 멀리 어둠 속 아래쪽으로 가파르게 경사져 있었다. 몇백 미터 아래에는 대리석 조각상으로 둘러싸인 분수 같은 것이 보였다. 심신의 정화를 상징하는 물속에서 목욕을 하는 상상이 나를 사로잡아서 나는 곧장 경사를 내려갔다. 하지만 발로 걸어간 것은 아니다. 꿈속에서는 어딜 가고 싶을 때마다 날아다녔기 때문이다. 물웅덩이 옆에 도착하자마자 나는 위에서 봤을 때에는 단순한 조각상으로 보이던 것이 이제는 분명히, 그리고 불길하게도 살아 있는 것으로 보이는 것을 깨닫고 놀랐다.

거대하고 위협적인 한 정령이 분수 위로 우뚝 서 있었다. 어떻게인지는 몰라도 나는 그것이 이 샘의 수호신이라는 것을 즉시 알아차렸다. 내 모든 본능이 "도망가!"라고 외치고 있었다. 그러나 나는 이 무서운 광경도 단지 하나의 꿈일 뿐임을 기억하고 있었다. 그 생각에 대담해진 나는 두려움을 버리고, 도망가지 않고 그 환영을 향해 똑바로 다가갔다. 꿈속에서는 그렇듯이, 그에게 다가가자마자 우리는 어찌된 일인지 똑같은 크기가 되어 있었고 나는 그와 얼굴을 맞대고 눈을 들여다볼 수 있었다. 나 자신의 두려움이 그런 무서운 겉모습을 만들어냈다는 사실을 깨달은 나는 내가 한사코 거부해왔던 것을 팔과 가슴을 열어 껴안기로 마음먹고 그의 양손을 잡았다. 꿈이 서서히 희미해지는 가운데 그 정령의 힘이 내게로 흘러들어오는 것처럼 느껴졌다. 나는 진동하는 에너지로 충만한 채 잠에서 깨어났다. 무슨 일이든 할 수 있을 것 같은 기분을 느꼈다…

카를로스 카스타네다 Carlos Castaneda
《**꿈꾸기의 기술**》(The Art of dreaming, 1993)•

… 방 밖의 풍경을 엿볼 수 있을지 알아보려고 애쓰면서 꿈속에서 한 창문을 바라보고 있을 때, 어떤 바람 같은 힘 — 나는 그것을 귀에 들리는 윙윙거리는 소리로 느꼈는데 — 이 창문을 통해 나를 밖으로 잡아당겼다. 그 잡아당김이 있기 직전 꿈속의 나의 주의는 약간 떨어져 있는 이상한 구조물에 꽂혀 있었다. 그 구조물은 트랙터처럼 보였다. 어느 틈엔가 나는 트랙터를 살펴보면서 옆에 서 있었다.

나는 내가 꿈을 꾸고 있음을 완벽히 자각하고 있었다. 내가 어느 창문에서 보고 있었는지를 알 수 있을지 보려고 주변을 둘러보았다. 그곳은 시골의 한 농장이었다. 눈에 보이는 건물은 없었다. 나는 이에 대해 깊이 생각해보고 싶었지만 마치 버려진 듯 주변에 널려 있는 농기계의 양이 내 주의를 끌었다. 나는 풀 베는 기계, 트랙터, 곡물 수확기, 원반형 쟁기, 탈곡기 등을 살펴봤다. 농기계가 너무 많아서 원래의 꿈은 잊어버렸다. 그때 내가 원한 것은 눈앞의 광경을 봄으로써 나 자신의 중심을 잡는 것이었다. 저 멀리에 광고판처럼 보이는 것이 있었고 그 주변에는 전신주들이 있었다.

주의를 그 광고판에 집중한 순간 나는 그 옆에 있었다. 그 광고판

• 정신세계사에서 2010년에 《자각몽, 또 다른 현실의 문》이란 제목으로 출간했음. 역자 주.

의 철골 구조는 정말 놀라웠다. 그것은 위협적이었다. 광고판은 한 건물의 사진이었다. 글을 읽어보니 그것은 한 모텔의 광고였다. 내가 오레곤이나 북부 캘리포니아에 있다는 기이한 확신이 들었다.

나는 꿈속 환경에 다른 특징들이 있는지 찾아보았다. 아주 멀리에 산이 있고, 멀지 않은 곳에는 둥근 녹색의 언덕이 있는 것이 보였다. 그 언덕들 위에는 캘리포니아 오크나무 덤불처럼 보이는 것이 있었다. 나는 그 녹색 언덕으로 끌어당겨지기를 원했다. 그러나 나를 끌어당긴 것은 멀리 있는 산이었다. 나는 이 산이 시에라 산맥이라고 확신했다.

그 산에서 나의 꿈꾸는 에너지는 모두 사라져버렸다. 그러나 에너지가 사라지기 전 나는 모든 형상들에 차례로 끌렸다. 내 꿈은 꿈이기를 멈췄다. 내 지각능력에 의하면, 나는 틀림없이 시에라 산맥에서 협곡과 바위와 나무와 동굴들에 휙휙 다가가 그것들을 구경하고 있었다. 나는 활력이 떨어져서 꿈속의 주의를 어떤 것에도 더 이상 집중할 수 없게 될 때까지 깎아지른 절벽으로부터 산봉우리까지 가보았다. 나는 제어력을 잃고 있는 자신을 느꼈다. 마침내 더 이상 풍경이 보이지 않았다. 그저 어둠뿐이었다…

카를로스 카스타네다 Carlos Castaneda
같은 책에서

… 당시에는 꿈속에서 일어난 모든 획기적인 일들이 예고 없이 갑자기 내게 닥쳐온 것처럼 보였다. 비생물적 존재들이 내 꿈속에 존재하는 것도 예외는 아니었다. 그것은 내가 어린 시절 보았던 서커스에 대한 꿈을 꾸고 있을 때 일어났다. 배경은 애리조나 산속에 있는

한 마을 같았다. 나는 돈 후앙이 처음으로 나를 제2 주의 상태(the second attention)에 들게 했을 때 만났던 사람들을 다시 만나게 되리라는 평소의 막연한 기대를 품은 채 사람들을 바라보기 시작했다. 그들을 보고 있을 때 나는 뱃속에서 상당한 충격을 지닌 불안감을 느꼈다. 그것은 마치 주먹질 같았다.

그 충격이 주의를 흩뜨려서 나는 사람들과 서커스와 애리조나 산악마을의 광경을 놓쳐버렸다. 그 대신 거기에는 이상하게 생긴 형상이 둘 있었다. 그것들은 얇고 한 자가 안 되는 폭이었지만 길이는 일곱 자 정도로 길었다. 그들은 마치 거대한 지렁이처럼 내게로 다가오기 시작했다. 나는 그것이 꿈이라는 것을 자각했을뿐더러 내가 '보고' 있다는 사실도 자각하고 있었다. 돈 후앙은 일상적 의식상태에서도, 제2 주의 상태에서도, '보는' 것에 대해 이야기했었다. 혼자서 그것을 경험할 수는 없었지만 그래도 나는 내가 에너지를 직접적으로 지각한다는 개념을 이해하고 있다고 생각했다. 꿈속에서 그 두 낯선 유령들을 보면서, 나는 내가 믿을 수 없는 무언가의 에너지적인 실체를 '보고' 있다는 것을 깨달았다.

나는 아주 침착하게, 꼼짝하지 않고 있었다. 나에게 가장 놀라웠던 점은 그것들이 없어지거나 다른 것으로 변하지 않았다는 사실이다. 그것들은 촛불같이 생긴 자신의 형상을 유지하는, 응집성 있는 존재들이었다. 그들 안의 뭔가가 내 안의 뭔가에게 자신들의 보이는 형상을 그대로 유지할 것을 요구하고 있었다. 내가 이 사실을 안 것은 내가 움직이지 않으면 그들도 움직이지 않을 것이라고 뭔가가 나에게 말하고 있었기 때문이다.

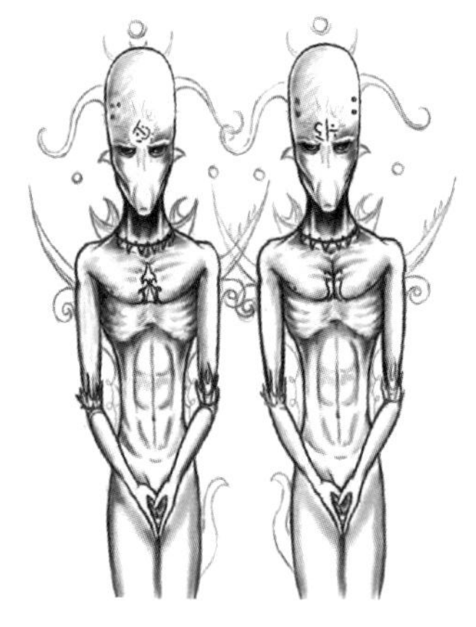

내가 두려움을 품고 깨어났을 때, 그 모든 일이 정해진 순간에 끝났다. 나는 즉시 공포감에 휩싸였다. 나는 뭔가에 깊이 몰입됐다. 그것은 심리적인 걱정이라기보다는 별 까닭도 없는 신체적 고통과 슬픔의 느낌이었다.

그 두 기이한 형상들은 그때부터 나의 모든 꿈속에 나타나기 시작했다.

그리하여 마침내는 내가 마치 그들을 만나기 위해서만 꿈을 꾸는 것 같은 지경이 되었다. 그들은 결코 내게로 다가오거나 어떤 식으로든 나를 방해하려 들지 않았다. 그들은 꿈이 이어지는 한 그저 그곳에 꼼짝 않고 줄곧 서 있었다.

카를로스 카스타네다 Carlos Castaneda
같은 책에서

… 나는 가장 기이한 꿈을 꾸었다. 그것은 비생물적 존재들의 세계에서 온 스파이들의 출현으로부터 시작되었다. 꿈수행修行 사자使者뿐만 아니라 스파이들은 이상하게 내 꿈에 나타나지 않았었다. 나는 그들을 보고 싶어하지도, 그들이 사라진 것에 대해 깊이 생각해보지도 않았었다. 사실 나는 그들이 없는 것이 너무나 편안해서 돈 후앙에게 그들이 나타나지 않는 것에 대해 물어보는 것조차 잊어버렸다.

그 꿈속에서 스파이는 처음에는 거대한 황옥黃玉이었다. 나는 그것이 서랍 안쪽에 처박혀 있는 것을 찾아냈다. 내가 '보고자' 하는 의도를 말로 표명한 순간 황옥은 뜨거운 에너지 방울로 변했다. 나는 그것을 따라가도록 강요당할까봐 겁이 나서 스파이에게서 시선을 거두어 열대 물고기가 있는 수족관으로 돌렸다. 나는 '보고자' 하는 의지를 말로 표명하고 나서 매우 놀랐다. 수족관이 은은하고 푸르스름한 빛을 내뿜으면서 보석으로 치장한 여인의 거대한 초현실주의적 초상화로 바뀌었던 것이다. 내가 보고자 하는 의도를 말로 표명하자 그 초상화 또한 똑같이 푸르스름한 빛을 내뿜었다.

그 빛을 응시하자 꿈 전체가 바뀌었다. 나는 친숙해 보이는 어떤 마을의 거리를 걷고 있었다. 아마도 투손Tucson이었던 것 같다. 나는 가게 진열창 안에 진열된 여성복을 바라보면서 큰 소리로 보고자 하는 의도를 표명했다. 즉시, 눈에 띄게 진열되어 있던 검은색 마네킹이 빛을 발하기 시작했다. 그리고 나는 마침 그 순간 진열창을 다시 진열하려고 온 여성 판매원을 보았다. 그녀도 나를 보았다. 의도를 표명하자 그녀가 빛을 발하는 모습이 보였다. 그 빛은 너무나 놀라워서 나는 그녀의 찬란한 빛의 어떤 특정한 측면이 나의 꿈속 주의를 붙들까봐 두려웠다. 그러나 그 여자는 내가 주의를 온전히 집중하기도 전에 상점 안으로 들어가버렸다. 나는 분명히 그녀를 따라 안으로 들어가려고 했지만 나의 꿈속 주의는 움직이는 빛에 사로잡혀 있었다. 그 빛은 증오로 가득 찬 채 내게 돌진해왔다. 그 안에는 혐오와 사악함이 들어 있었다. 나는 뛰어서 뒤로 물러났다. 그 빛은 돌진을 멈췄다. 대신 어떤 검은 물질이 나를 삼켰고, 나는 깨어났다.

이 이미지들은 매우 생생해서 나는 내가 에너지를 본 것이라고 굳게 믿었다…

로버트 브루스 Robert Bruce

《**아스트랄 역학**》(Astral Dynamics, 1999)

… 새벽 두 시쯤 등을 대고 누운 채로 온몸이 진동하는 가운데 깨어났다. 나는 저절로 밖으로 빠져나오려고 하는 자신을 느낄 수 있었다. 팔과 다리는 이미 공중으로 떠오르기 시작하고 있었지만 나는 몸에서 나가고 싶지 않았다. 나는 피곤했고 바쁜 일과가 기다리고 있었기 때문에 그저 다시 잠들고 싶었다. 그 직전에 매우 재미있는 꿈을 꾸고 있었기 때문에 할 수만 있다면 그 꿈으로 돌아가고 싶었다. 나는 무겁고 둔한 기분이었지만 왼쪽으로 구를 수 있었다. 진동은 즉시 멈췄고 무겁게 가라앉는 기분도 곧 사라졌다. 행복해진 나는 방금 떠나온 꿈속의 정경과 내가 그것에 붙인 이름인 '어드밴티지'에 집중하면서 기분 좋게 드러누워 나 자신으로 돌아와 휴식을 취했다. 이것이 나를 그 꿈으로 다시 데려가주길 바랐다. 이 기법은 종종 효과가 있었기 때문이다.

단 몇 초 후, 나는 갑자기 아까 떠나왔던 꿈속으로 들어와 있었다. 이 전환은 놀라운 것이었다. 깨어 있는 의식이 내내 이어졌다. 나는 잠든 채 꿈속에서 깨어나지 않았다. 완전히 깬 상태에서 꿈속으로 곧장 던져진 것이다. 나는 갑자기 전에 꾸었던 꿈에서와 똑같이 바쁘고 환하게 불이 켜진 백화점에 나타났다.

내 앞에는 검은 머리의 젊은 여자가 식당 진열대를 진열하고 있었다. 가는 데마다 쇼핑을 하고 서빙을 하고 선반에 상품을 채우는 사람들을 볼 수 있었다. 모든 것이 현실적이고 안정적이며 견고하게 보이고 느껴졌다. 그것은 그저 놀라웠다! 나는 내 몸의 무게를 느껴보기 위해 수차례 위아래로 뛰어보고 자신을 꼬집어보았다. "아야!" 현실에서와 똑같이 아팠다. 그리고 몸의 무게도 정상적으로 느껴졌다. 나는 완전히 옷을 갖춰 입고 있었고 신발 속에서 발가락을 꼼지락거릴 때 양말의 질감까지 느낄 수 있었다.

나는 내 손을 흘낏 보았다. 손은 정상적인 모습이었고 녹아버리지 않았다. 나는 손바닥 위에다 사과를 하나 만들어내려고 했지만 아무 일도 일어나지 않았다. 내가 있는 꿈속의 정경은 조금도 흔들리지 않았다. 이상했다. 보통의 자각몽 속에서는 상상으로 환경을 바꿀 수 있고 어떤 것이든 만들어낼 수 있는데 말이다. 그럼에도 아무튼 나는 내가 꿈을 꾸고 있다는 사실을 완전히 자각하고 있었다.

나는 젊은 여자에게 다가가서 무엇을 하고 있느냐고 물어봤다. 그녀는 중요한 행사가 있는 날을 준비하고 있다고 말했다. 나는 그녀가 정돈하고 있는 가구들의 가운데에 있는 탁자에서 꽃이 든 큰 화병을 집어들었다. 그 도자기는 진짜 도자기처럼 느껴졌고 꽃은 실제 꽃과 같은 냄새가 났다. 나는 장미 꽃잎 하나를 뜯어 먹어봤다. 그것은 장미 꽃잎 맛처럼 건조하고 향이 있었으며 살짝 쓴맛이 났다. 그러나 그 맛은 평소처럼 입속에 남아 있지 않았다. 나는 꽃병을 기울여 내 손에 물을 조금 부어봤다. 그것은 진짜 물처럼 차갑고 축축했다.

나는 내가 믿고 있는 것처럼 내가 정말로 자각몽 속에 있기를 바라면서 마음을 다잡았다. 그리고는 진열된 큰 탁자에 깔려 있는 린넨 보자기를 확 잡아당겼다. 거의 성공할 뻔했다. 그러나 꽃병과 접시 몇 개가 시끄럽게 바닥에서 떨어지며 깨졌다. 몇 사람이 이쪽을 바라봤지만 아무도 깨진 물건에 대해서는 신경 쓰지 않는 듯해 보였다. 내가 망쳐놓은 진열대를 진열했던 점원조차도 말이다. 그녀는 탁자를 다시 진열하느라 서두르면서 아무 일도 일어나지 않은 듯이 다른 린넨 보자기를 털어 덮고 물건을 풀어 진열하기를 계속했다. 나는 자신감이 붙어서 복도를 걸어가 선반 상단에 있는 값싸 보이는 큰 도자기 몇 개를 한 번에 한 개씩 밀었다. 나는 알아차리는 사람이 있는지 주변을 둘러보았다. 깨지는 소리가 매우 크게 났고 깨진 조각들이 사방으로 날아갔다. 몇 사람이 이것을 봤지만 아무도 신경 쓰지 않는 것 같았다. 안심한 나는 계산대로 걸어가 의자 위로 뛰어올랐다. 몇몇 사람이 나를 봤지만 아무도 신경 쓰지 않는 것 같았고 어떤 말도 하지 않았다.

나는 다시 내 몸속으로 미끄러져 들어가서 "우와! 정말 대단했어… 아주 생생했어!!"라고 생각하면서 몸을 돌려 등을 대고 누웠다. 나는 흥분을 억누르기 위해 싸워야 했다. 자신을 진정시키면서 꿈속으로 다시 돌아가기를 시도했다. 일이 매우 재미있어지고 있었다. 나는 그 상점과 상점의 이름을 마음속에 다시 품으며 다시 그곳으로 들어가고 싶어했지만 소용이 없었다. 진동이 다시 시작되면서 자신이 몸을 빠져나가기 시작하는 것을 느꼈다. 이번에는 반사작용의 진동이 나를 몸 밖으로 던져냈다. 나는 침대 끝에 떨어졌다. 무엇을 할지 생각하면서 침실 안을 떠다니는 동안 집은 어둡고 조용했다. 재빨리 내 손을 보았다. 양손은 이상하게 길쭉했고, 녹아내리기 시작했다.

유체이탈체험을 계속하고 싶지 않아진 나는 다시 몸속으로 뛰어들어가 눈을 떴다. 나는 잠시 그곳에 누워 있었다. 그런 다음 눈을 감고 다시 꿈속으로 돌아가기를 시도했다. 다시 진동이 시작되었고 다시 몸을 빠져나가기 시작하는 동안 파도처럼 일렁이는 무거운 느낌이 나를 덮쳐왔다. 나는 파도와 싸워 그것을 떨쳐내고 오른쪽으로 몸을 굴렸다. 빠져나가는 증세는 멈췄지만 꿈으로 다시 돌아가지는 못했다. 나는 왼편으로 굴러 내 안으로 다시 들어갔다. 이 자세가 느낌이 훨씬 더 좋았다. 마음속에 꿈속의 장면을 떠올리며 그 장면의 이름을 부르자 나는 다시 그곳으로 돌아가 있었다.

나는 몇 분 전에 있었던 그 가게에 다시 나타났다. 그때와 같은 점원이 똑같은 탁자를 바쁘게 진열하고 있었다. 내가 전에 깨뜨린 꽃병은 다시 온전한 모습으로 돌아와 전에 있었던 탁자 위에 놓여 있었다. 나는 지난번에 내가 입힌 피해의 흔적이 있는지 살피면서 상점을 걸어 다녔다. 먼젓번에 내가 깨뜨렸던 모든 것이 온전한 모습으로 다시 선반 위에 돌아가 있었다. 아무 일도 일어난 적이 없는 것 같았다. 놀라운 일이었다! 내가 무슨 짓을 했건 시나리오는 스스로 복구된 것이다.

다시 내 몸으로 미끄러져 들어가서 몸을 굴려 등을 대고 누웠다. 그리고 자신을 진정시키며 다시 꿈속으로 들어가려고 애썼다. 흥분한 것이 방해가 된 것 같았다. 다시 진동이 시작되었고, 그래서 나는 다시 왼쪽으로 몸을 굴렸다. 이제는 요령이 터득되어 왼쪽에서 꿈속으로 들어가는 것이 훨씬 수월하다는 것을 알았다. 자신을 진정시키고 상점의 이미지와 이름을 다시 마음속에 떠올리면서 나는 다시 그 가게로 들어갔다. 모든 것이 정상적이었고 내가 원래 출발했던 곳으로 다시 돌아와 있었다. 그때와 같은 젊은 여자가 바쁘게 탁자를 진열하고 있었다. 내가 손을 흔들자 그녀는 나를 향해 미소를 짓고는 행복하게 일을 계속했다. 나는 다른 일이 벌어지기 전에 좀더 멀리까지 탐험해 보고 싶었다. 그래서 안내대를 지나 쇼핑센터 안으로 들어갔다. 나는 거대한 쇼핑센터를 탐험하면서 얼마간 걸었다. 주변에 상당수의 사람들이 있었다.

모두가 쇼핑을 하느라 매우 바쁘거나 자신들이 하고 있는 일에 몰두해 있는 것처럼 보였다. 눈에 띈 것은, 내가 본 아이들은 모두 매우 조용하고 착하게 행동하면서 엄마 곁에 붙어서 공손한 작은 로봇처럼 걷는다는 것이었다.

가벼운 배경음악으로 오르간 음악이 연주되고 있었고 사람들이 조용하고도 분주하게 움직이는 일상적인 소음이 들려왔다. 소수의 사람들이 여기저기서 전화로 이야기를 하고 있었다. 그러나 아무도 다른 사람과는 이야기를 하지 않는 것처럼 보였다. 사람들은 질문을 받으면 대답을 했지만 대답은 재미가 없었고 별 도움도 되지 않았다. 자신과 직접 관련된 눈앞의 일에 대해 얘기하지 않고 대화를 시작하는 것은 불가능한 것처럼 보였다.

모두가 영화 속의 엑스트라처럼 성격이 없는 것처럼 보였다. 표면적으로 이 꿈속의 정경은 매우 현실적이었다. 어쩌면 너무나 현실적이었다. 그러나 표면 아래서는 뭔가가 빠져 있었다.

이것은 진짜 현실의 삶처럼 보였다. 그러나 내가 익숙한 실제 삶과는 확실히 다른 종류의 것이었다.

갑자기 약해지고 무거워진 느낌을 느끼고 있을 때, 나는 쇼핑센터에서 나가는 길을 찾아서 좀더 탐험을 해보기로 했다. 속에서 힘이 빠져나가서 내가 슬로우 모션으로 움직이는 것처럼 느껴졌다. 아주 느리게 바닥으로 넘어져서 힘없이 마비된 채 누워 있을 때 발이 천천히 위쪽으로 떴다.

그렇게 누워 있는 동안 사람들이 내 주변과 위로 지나다녔지만 아무도 나에게 관심을 주지 않았다. 나는 바닥에서 이리저리 움직이고 있는 풍선이 된 듯한 기분이었다. 나는 약하고 무거웠으며, 더 이상 내 몸의 정상적인 무게를 느끼지도, 내 아래에 있는 바닥을 느낄 수도 없었다.

이번에는 완전히 깬 채로 다시 내 몸속으로 미끄러져 들어갔다. 나는 굴러서 등을 대고 누운 채 이 경험의 의미를 곰곰이 생각하고 있었다. 이번에는 진동이 시작되지 않았다. 아마도 이제는 완전히 깨어 있었기 때문일 것이다. 휴식을 취하는 자세가 내가 경험한 서로 다른 유형의 경험들에 영향을 끼친 것이 분명했다. 이제 나는 너무 흥분하고 너무 깨어 있어서 이 현상을 어떤 식으로도 더 탐험할 수가 없었다. 그래서 나는 포기하고 물을 한 잔 마시고 이 경험을 일기장에 기록했다…

제4장

저자의 체험

다음은 저자 본인의 페이즈 여행 일지에서 발췌한 가장 흥미로운 사례들이다. 페이즈가 처음 일어난 것은 1999년 가을로, 당시 나는 고등학교 3학년이었다. 발췌된 내용의 가장 흥미로운 점 중 하나는, 그것이 10대 시절의 개인적인 연습으로부터 출발하여 오늘날까지 이어지는 발전과정을 묘사해주고 있다는 점이다.

나의 수년에 걸친 체험과 수천 건의 페이즈 관련 기록은 나의 훈련의 실용적 측면에 강한 영향을 미쳤다는 점을 언급해야겠다. 나는 오래전에 모든 사람들이 지니고 있는 욕망과 욕구를 깨달았는데, 그것도 여러 번이나 거듭해서 깨달았다. 요즈음은 대개 연습 자체와 그 속의 생생한 느낌에서 기본적인 만족감을 얻으면서 기법의 실험과 연구를 하고 기술을 다듬는다. 그런 이유로 내 블로그에서 가장 최근의 것을 발췌한 내용조차 일반적으로 행해지는 방식의 페이즈와는 성질이 다르다. 그것들은 그저 가장 본보기가 될 만한 사례들일 뿐이다. 준비되지 않은 독자는 일반적인 페이즈도 이해할 수 없을 것이다.

앞장과 마찬가지로, 독자들은 자신의 이론적 지식을 활용하여 이

곳에 묘사된 체험들을 독자적이고 비판적으로 분석해보기 바란다.

1999년 10월 – 가짜 외계 피랍 사건

나는 내 인생의 또 다른 귀중한 열두 시간을 잃어버린 기분을 품은 채 잠자리에 들었다. 그러다가 갑자기 깨어났다. 유감스럽게도 정확히 얼마나 오래 잠들어 있었는지는 모른다. 아마도 두세 시간이었을 것이다. 마음은 명료하게 깨어 있었다. 그리고 다른 뭔가가 있었다.

다른 것을 결정하기도 전에 갑작스런 생각이 나를 마비시켰다. 내가 끌려가고 있다는 생각, 즉 그들이 나를 납치하고 있다는 생각이었다! 그 생각이 나를 강타했다. 그 순간 내가 느꼈던 감정은 가장 큰 충격에 비견될 수 있을 것이다. 유일하게 다른 점은 충격의 모든 증상이 한꺼번에 덮쳤다는 것이다. 나의 세계는 거꾸로 뒤집혔고 내 내면 역시 그랬다. 그 당시 내가 왜 외계인들에 의해 납치되고 있다고 확신했는지는 나에게조차 설명할 수가 없다. 하지만 나는 내 추측에 대해 전혀 의심하지 않았다. 나는 알았다. 그저 알 수 있었다. 그리고 그다음에 일어난 일은 내가 미치지 않았음을 증명해줬다. 아까의 그 생각이 들었을 때, 나는 고압의 전류가 내 몸을 관통하는 느낌을 받았다. 그것이 내게 해를 끼치지는 않았지만 내 몸의 모든 세포를 진동하게 만들었다. 그리고 가장 중요한 것은, 움직일 수가 없었다는 것이다. 오직 눈꺼풀만이 내 말을 들었다. 살면서 그렇게 무서웠던 적은 없었다. 모든 감각이 실제보다 더 실제 같았고 모든 의심은 사라져버렸다.

마음속에서 나는 그 생명체들에게 지금은 여행을 떠날 기분이 아니니 뒤로 미뤄달라고 연신 빌면서, 다음번에는 모든 것이 나아질 것이라고 말했다. 동시에 나는 자신의 나약함을 저주했다. 그런 기회가 날이면 날마다 오는 게 아니라는 걸 알고 있었기 때문이다. 나는 벽을 바라보며 한쪽으로 누워 있어서 방의 나머지 부분을 볼 수 없었다. 그들이 이 일을 그들의 우주선에서 하고 있는 것이 틀림없다고 생각했기 때문에 아무것도 보고 싶지 않았지만 말이다. 하지만 나는 그들이 이 모든 와중에도 내 생각을 다 들었으리라고 확신했다. 한편, 무언가가 나를 침대에서 들어올리는 것을 보니 내 기분이 그들을 방해하지는 않는 것 같았다.

심장이 그 어느 때보다도 더 빨리 뛰고 있었다. 나는 그들에게 멈추라고 애원했다. 그러자 그들은 멈췄다. 그들은 나를 들어올렸을 때처럼 조심스럽게 나를 내려놨다. 나는 더할 나위 없이 행복했다. 마치 새로 태어난 것 같은 느낌이었다. 안도의 한숨이 새어나왔다. 그러나 샴페인을 마시기에는 너무 일렀다.

내게 행운의 탈출을 즐길 수 있는 기회를 주지 않고 그들은 나를 다시 들어올려 창문으로 데리고 갔다. 나는 아무리 애써도 여전히 움직일 수 없었다. 그때 문득 뭔가가 나의 흥미를 자극해서 나는 내가 얼마나 무서워했는지조차 거의 잊어버렸다. 나는 발 쪽을 창문으로 향한 채 움직이고 있었는데, 창문이 닫혀 있는 것을 볼 수 있었다. 그래서 나는 그들이 어떻게 나를 밖으로 끌고 나갈 것인지가 궁금해졌다. 모든 것이 너무나 현실적이어서 나는 그들이 유리를 깨는 데에 나를 사용하지 않기를 바랐다. 그리고 나는 그들이 그렇게 하지 않을 것이라는 걸 알았다. 진보된 종을 대표하는 그들은 내가 불쾌한 경험을 하지 않고, 창문도 깨지 않아도 되는 방법을 찾아내리라. 창문 가까이에 놓였을 때, 나는 새로운 감각을 강화하고 창문을 깨지 않기 위해 눈을 감았다(왜 이것이 도움이 되리라고 생각했는지 모르겠다). 하지만 나는 거의 아무것도 느낄 수 없었다. 단지 어떤 감지할 수 없는 차원만이 머리에서 발끝까지 내 몸을 관통했을 뿐이다.

나는 눈을 떴다. 나는 3층에 있는 내 창문 바로 맞은편 바깥에 있었다. 구름 한 점 없는 하늘에 별들이 박혀 있었다. 나는 그 위치에서 별을 본 적이 없었고, 그것은 잊을 수 없는 장면이었다. 그때야 나는 공포심을 이겨낼 수 있었고, 그래서 중요한 게 뭐였더라? — 나는 기회를 최대한 활용하기로 했다. 나는 외계인들이 내 말을 듣지 않고 나를 침대 밖으로 끌고 나온 것이 기쁘기까지 했다. 스스로는 감히 그러지 못했을 것이기 때문이었다.

공포감이 잦아들어서 이제는 마음을 진정시킬 수 있었다. 심지어는 날씨를 불평하기까지 했다. 약간 추운 날씨였는데 나는 아담의 복장을 하고 있었기 때문이다. 나는 운명에 순응하여 좋은 쪽을 보기 시작했다. 그 다음 순간 나는 이미 내 방의 침대 위에 있었다.

1~2년 후에야 나는 그것이 나의 첫 번째 자연발생적 페이즈 체험이며, 외계인과는 아무런 상관도 없다는 것을 이해하기 시작했다.

2001년 2월 — 주스 한잔

나는 밤에 잠에서 깨어 페이즈에 대해 생각했다. 그 생각은 두려움과 맞닿은 강력한 흥분을 불러일으켰다. 그 덕분에 나는 바로 페이즈에 빠질 수 있었다. 나는 진동을 가지고 실험하기 시작했지만 아직도 분리를 두려워하고 있었다. 진동은 점차 매우 강력해져 나를 완전히 몸 밖으로 던져버렸다. 어렵사리 두려움을 극복하고 나서 나는 방안을 떠다녔다. 시력이 돌아오자 밤은 낮으로 바뀌었다. 곧 나는 아래로 돌아와서 일어나는 모든 일의 현실성에 매우 겁을 먹은 채 바닥 위에 섰다.

방의 창문 앞에는 그곳에 있어서는 안 되는 테이블 한 개가 있었다. 그러나 나는 일어나고 있는 일들에 아직도 충격을 받고 있었기 때문에 그 사실에 대해 멈춰서 생각해보지 못했다. 눈앞의 상황에 집중하다가 나는 테이블 위에서 모종의 액체가 담긴 유리컵을 발견했다. 그 맛이 얼마나 진짜 같을지 시험해보고 싶은 생각이 들었다. 모든 것의 현실성에 아직도 너무나 놀란 채로, 나는 테이블로 가서 유리컵을 좀더 자세히 보기 위해 눈높이로 들었다. 그리고 나는 주저하면서 유리컵을 입술에 가져다 대고 한 모금 마셨다. 세상에! 그 음료수가 그처럼 현실적일 것이라곤 상상하지 못했다. 그것은 토마토 주스였다. 나는 입술과 혀와 미각을 통해 토마토 주스의 질감을 느낄 수 있었다. 토마토 주스가 목구멍에 다다를 때쯤 나는 이미 그 맛을 음미하고 있었다. 나는 손과 입술에 닿은 유리컵의 차가움을 느낄 수 있었다. 모든 것이 실제 현실과 구별이 불가능했다.

주스를 맛본 것과 페이즈로 들어오는 데 성공한 것에 찬탄하면서 목을 축이는 동안, 나는 내 앞에 펼쳐진 미지의 세계에 대해 곰곰이 생각에 잠겼다. 그러다가 집중해야 한다는 것을 완전히 잊어버리는 통에 페이즈에서 쫓겨났다. 이 체험을 맛본 다음날은 종일 기분이 너무나 좋았다.

2001년 5월 – 최고의 심화

저녁식사 직후 나는 직접기법을 사용해 페이즈에 들어가기로 했다. 이를 위해 나는 집중점 기법(몸의 다양한 부위에 주의를 집중하는 것)을 행하기 시작했다. 그러나 이완하는 동안 문제에 부딪혔다. 다른 생각으로 산만해진 마음을 멈출 수가 없었기 때문이다. 상당한 어려움을 겪고 나서야 할 일에 집중할 수 있었다. 나는 계속 이완했다. 그런 다음 다시 한 번 20분 정도 집중점 기법을 했지만 아무 효과가 없었다. 때때로 약한 진동이 일어나기는 했지만. 한편, 나는 점점 더 졸리기 시작했다. 한 번은 자각의식이 사라져버렸지만 곧 돌아왔다. (이것은 1분 이상 지속되지 않은 것으로 보인다. 몸으로 돌아왔을 때 알람시계를 보고 확인한 사실이다.) 시작할 때 품었던, 잠에 빠져들지 않겠다는 의도의 힘 때문이었다. 곧이어 나는 정신이 바짝 드는 느낌을 느끼면서 진동에 휩싸였다. 진동은 생리적 상태가 전환되는 도중에 저절로 발생한 것이다. 나는 쉽게 진동을 증폭할 수 있었다.

그런 다음 나는 구르기를 해서 나왔다. 그러나 진동이 잦아들기 시작해서 나는 몸으로 도로 돌아와버렸다. 나는 기어 나오기를 통해 다시 분리를 시도했다. 매우 어려웠지만 어쨌든 해낼 수 있었다. 나는 이제 모호한 느낌의 어떤 애매한 공간 속에 떠 있었다. 분리해 나오는 중에 나는 분리 시도를 그만두고 싶을 정도로 매우 불편한 느낌을 느꼈다. 하지만 나는 그것이 흔히 일어나는 일이고, 더 안정적인 페이즈로 뛰어들기 전에는 항상 일어난다는 사실을 알고 있었다. 나는 이 페이즈를 심화하기 위해 공중부양을 하기로 했다.

그것은 성공했고 그 과정은 짜릿한 기쁨을 선사했다. 어떤 이유에서인지 공중부양은 나를 가장 깊은 페이즈로 데려다주지 못했다. 그래서 나는 페이즈를 더 심화시키기 위해 다이빙을 시작했다.

이 움직임과 심화기법은 두려움과 맞닿은 일말의 불안감을 일으켰지만 나는 처음부터 그것을 제어할 수 있었다. 나는 곧 내가 지금까지 경험한 것 중 가장 깊은 페이즈 상태에 들어왔음을 깨달았다. 이 사실이 나의 불안감을 증폭시켰다. 실험의 목적을 위해 나는 더욱더 깊이 계속 들어갔다. 이렇게 깊은 상태에서는 몸으로 돌아가지 못할 수도 있지 않을까 하는 생각이 일어나기 시작했다. 시야는 꺼졌다 켜졌다 했다. 나의 불안감은 주변에 보이는 것들이 아니라 단지 감정에 의해서 일어났기 때문이다. 마침내 시야가 트였을 때 눈앞에 보인 것은 말로 표현할 수가 없었다. 내가 본 것은 너무나 기이하고 형언할 수 없었지만 현실적이었다. 마치 내가 인간의 눈보다 훨씬 더 진보된 모종의 시각기관으로 보고 있는 것 같았다. 몸은 느껴지지 않았다(육체와 유체 모두).

나는 생전 처음으로 나의 생각을 물리적으로 감지했다. 뭔가를 생각하기 시작하면 나는 자동적으로 공간을 통과해 이동하기 시작했다. 나의 생각이 이 움직임을 일으키는 원인이라는 것을 분명히 알 수 있었다. 나의 뇌는 어찌된 일인지 생각에 의해 고통을 받고 있었다. (이런 경험을 한 것은 처음이어서 나는 그것이 얼마나 실제적이었는지, 혹은 일상적인 상태에서도 경험할 수 있는 것인지는 말할 수 없다. 그럼에도 불구하고 그 느낌은 정말 생생했다.) 내가 얼마나 깊은 페이즈에 들어 있는지를 깨닫고, 나는 그곳에서 나가기로 마음먹었다. 죽을까봐 겁이 나기 시작했기 때문이다. 쉽게 상상할 수 있겠지만, 가볍게 말해도 그건 쉬운 일이 아니었다. 나는 두려워지기 시작했다. 몸속으로 들어가거나 몸을 제어할 수가 전혀 없었다. 마침내 몸을 느낄 수 있게 되었을 때, 그것은 전혀 다른 사람의 몸처럼 느껴졌다. 예상과는 달리 엄지발가락에 의식을 집중하는 것조차 도움이 되지 않았다. 이완은 그 상태에서 나를 꺼내주는 대신 오히려 그것을 더 심화시켰다. 그러자 나는 완전히 어찌할 바를 모르게 돼버렸다. 평소에 도움이 되던 것은 먹히지 않았고 써볼 만한 나른 효과적인 방법도 없었다. 오랜 시간 필사적으로 발버둥을 치고 나서야 나는 마침내 몸으로 들어갈 수 있었다. 그것은 오로지 호흡에 집중하면서 움직일 수 있는 신체 부위를 무엇이든지 움직이려고 온갖 애를 쓴 덕분에 일어난 일이다.

2001년 6월 – 돔 속의 낙원

문득 내가 꿈속에 있음을 자각하게 되었다. 나는 기쁘고 만족스러웠다. 현실 밖의 세계에 존재하게 된 것을 알게 되자 나는 매우 긍정적인 기분이 되어 지나가는 사람들과 나의 기분을 나눠보려고 애썼다. 그게 아무런 의미도 없는 일이라는 사실조차 신경이 쓰이지 않았다. 평소처럼 그 상태를 심화시키고 다시 분리해 나오기 위해 몸으로 돌아갈 필요가 없었음을 주지할 필요가 있다. 내 주변은 즉물적이고 비일상적인 현실성을 띠고 있었기 때문이다. 바로 그 현실성이 내가 꿈을 꾸고 있음을 애초부터 자각할 수 있게 해준 것이다.

나는 매우 흥미로운 장소에 있었다. 하늘이 없고, 하늘 대신 낮고 커다란 파란색 돔이 있었다. 이 돔은 공간 전체에 이상한 빛을 보내주고 있었다. 그 광경은 천국의 한 모퉁이를 상기시켰다. 많은 분수와 개울, 그리고 용도를 알 수 없는 수많은 진기한 건축물들이 있었다. 곳곳에 동식물도 있었다. 모든 개울은 무수한 물고기로 가득했고 모든 나무는 이국적인 새 떼(소박한 녹색 앵무새로부터 환상적인 모습의 새들까지)의 울음소리로 살아 있었다. 주변이 신기한 것들로 온통 가득 차 있었다. 어디를 보든 아름다운 꽃과 온갖 다양한 모양의 나무가 있었다. 많은 사람들이 내게는 전혀 관심을 보이지 않고 각자의 볼일을 위해 돌아다니고 있었고, 주변에는 낯선 물건이 많이 있었다.

모든 것이 다양하고도 이색적인 방식으로 생명을 표현하며 풍성하게 펼쳐져 있었다. 모든 곳이 사람과 동식물로 붐벼서 사실상 홀로 서 있을 만한 곳이 없었다. 모든 것이 문자 그대로 가득 차 있었지만, 자유롭게 움직일 만한 여지는 충분했다. 나는 그처럼 드물고, 더군다나 너무나 현실적이고 생생한 풍경을 대하고는 강렬한 감정에 사로잡혔다. 모든 것을 아주 세세하게 구석구석 시각적으로 볼 수 있었다. 주변의 모든 것이 새로운 구경거리여서 나는 흥미롭게 이 모든 것을 관찰했다. 달리 말하자면, 나는 이미 집중기법을 사용하고 있었다. 페이즈를 유지하기 위한 방법은 생각할 필요조차 없었다. 미리 생각해 둔 행동계획을 하고 싶지도 않았다. 이 천국의 한 모퉁이를 구경하는 순전한 기쁨을 즐기는 것 외에는 다른 어떤 것도 할 필요가 없었다. 나는 낯선 세계에 떨어진 이방인같이 느껴졌고 이런 곳에 오게 된 것과 이런 체험을 직접 해볼 수 있게 된 것이 너무나 기뻤다. 정말이지 페이즈 덕분이다. 이런 일은 현실에서는 결코 일어나지 않는다. 이건 한갓 나 자신의 내면세계가 아니라 살아 있는 현실세계라는 생각이 문득문득 들었다. 하지만 이 세계가 따르는 법칙은 나의 이 생각을 거스르고 있었다. 나를 놀라게 할 수 있었던 유일한 것은 현실성이었다. 내 내면세계는 그런 것들을 받아들이지 못했다. 내가 살아온 삶이 이미 나를 '현실'을 다른 식으로 생각하는 데 익숙해지게 만들어버렸기 때문이다.

나의 자각의식이 빠져나가버릴 우려와, 그에 따라 내가 잠들어버릴 수 있는 우려가 이 낙원에서의 나의 존재를 위협했다. 나는 이 우려 때문에 매우 걱정이 되기 시작했고 의식이 매몰되는 것을 막기 위해 적극적으로 기법을 행해야만 했다. 두 번 생각하지도 않고 나는 그곳의 사람들과 대화를 시작하기로 했다. 이것이 언제나 가장 재미있는 일 중의 하나이기 때문이다. 유감스럽게도 그곳에 있는 사람들은 모두 현실에서 나와 안면이 없는 사람들이었다. 그러나 그런 것은 별로 신경 쓰이지 않았다. 흥미로운 광경이 눈앞에 펼쳐지기 시작했기 때문이다.

두 남자가 노래를 부르기 시작했다. 그전에는 그들은 의자에 말없이 앉아서 포도주용 가죽부대에서 나온 알 수 없는 액체를 마시고 있었다. 목소리의 톤과 겉모습에서 그들의 음악회가 알코올의 영감을 받은 것임을 쉽게 추측할 수 있었다. 잘 알려진 노래들의 후렴구를 부른 후에, 그들은 점점 외설적인 5행시와 농담으로 넘어갔다. 그것이 정말 재미있게 된 것은 이때다. 나는 그들이 내가 이미 알고 있는 것들만 읊으리라고 예상했다. 그러나 너무나 놀랍게도 그들은 그렇게 하지 않았다. 나는 그곳에 서서 모든 것을 매우 주의 깊게 들었다. 5행시는 재미있었지만 나는 즐겁기보다는 충격을 받았다. 그중 단 하나도 전에 들어본 적이 없었던 것들이었기 때문이다. 이는 그 순간 나의 뇌가 나의 개입도 없이 그야말로 상당히 수준 높은 시를 써내고 있었음을 의미한다. 어쩌면 내가 그 세계에서 들은 모든 것이 언젠가 부지중에 들은 것이지만 관심을 기울여 듣지 않았는데, 이제 그것이 이런 식으로 나에게 돌아오고 있는 것일 수도 있다.

그때 문득 좀더 적극적이고 평소와 다른 방식으로 즐겨야겠다는 생각이 들었다. 결국 매 순간을 살아야 하니까…

2002년 3월 – 나 자신을 치유하다

어느 날 나는 아침에 깨어나서 몸을 전혀 움직이지 않고 즉시 몸에서 분리를 시도하기 시작했다. 몇 초 동안 분리를 시도해본 후 당장은 분리가 일어나지 않으리란 것을 깨달았다. 그래서 나는 어떤 이미지든 찾아내려고 애쓰면서 눈앞의 허공을 응시했다. 아무런 이미지도 발견되지 않았다. 그래서 몇 초 후 유체 움직이기를 시작했다. 그것은 발에서 약간 일어났다. 양발이 조금 들렸지만 다시 아래로 내려왔다. 한편, 귀에는 부드러운 잡음이 가득 들렸고 몸에는 약간의 진동이 있었다.

나는 5~10초 동안 움직임의 폭을 증가시키려고 해봤지만 아무런 소득이 없었다. 이 정체 모를 장벽을 극복하기 위해 나는 잠시 동안 이미지 관찰법으로 전환하고 나서 유체 움직이기를 계속하기로 했다. 그러나 이미지가 매우 강력하게 나타나서 유체 움직이기는 건너뛰어도 된다는 것을 깨달았다. 이미지 응시 기법만 사용하는 편이 훨씬 쉬울 것 같았기 때문이다. 내 마음의 눈앞에 강이 나타났다. 강 저편에는 큰 나무들이 무성한 가파른 언덕이 있었다. 나는 그 광경을 온통 받아들이려고 애쓰면서 그것을 응시하기 시작했다. 곧 언덕이 더욱더 가팔라지기 시작했다. 2~4초 후, 나는 내가 현실에서 창밖을 보는 것처럼 그 광경을 바라보고 있다는 것을 깨달았다. 그것을 깨닫는 즉시 나는 몸으로부터 방으로 굴러 나왔다.

나는 재빨리 두 발로 서서 사물을 만져보기 시작하면서 시력을 찾으려고 애썼다. 시력은 즉시 돌아왔다. 페이즈 상태는 충분히 깊어서 나는 모든 것을 현실에서와 같이 분명히 볼 수 있었다. 한편, 심화기법을 사용하자 모든 것이 현실 속의 익숙한 감각보다 시각적으로 훨씬 강렬하고 다채로워졌다. 이것은 조금 놀라웠다. 몸으로 돌아가는 생각이 마음을 스쳐 갔지만 나는 그 생각을 극복할 수 있었고 이내 내가 세운 목표에 집중했다. 즉, 고혈압을 치료하고, 체액의 점성에 대한 실험을 하고, 내 기분을 북돋아줄 재미있는 일을 하는 것이다.

나는 내 옷장 문을 열었다. 현실에서는 약이 든 상자가 옷장에 들어 있었다. 나는 혈압을 낮춰줄 약, 혹은 적어도 증상을 견디기 쉽게 해줄 약을 찾았다. 약상자를 더듬어 여러 가지 연고, 약상자, 분무 캔 등을 꺼내면서 페이즈를 유지하기 위해 그것들을 응시했다. 나는 또한 그것이 무슨 약이고 내게 그것이 필요한지를 알아내려고 애썼다.

그것은 시간이 조금 걸렸다. 15~20초 동안 나는 쓸 만한 어떤 것도 찾을 수 없었다. 그러다가 문득 알약이 들어 있는 파란색 약병이 손에 집혔다. 거기에는 '라이프믹스 — 고혈압 없는 세상. 최고의 제품을 모두 하나에'라고 적혀 있었다. 이것은 내가 찾던 것에 매우 가까웠다. 그래서 나는 즉시 정제를 두 개 꺼내어 씹어 삼켰다. 그것은 지독하게 쓰고 맛이 없었다. 쓴맛은 심지어 내가 페이즈 상태에 있으며 페이즈가 끝나버리지 않게 하기 위해서 뭔가를 해야 한다는 사실을 까맣게 잊어버리게 만들었다. 페이즈가 끝나버리지 않도록, 나는 몸을 구부려 손으로 얼굴을 덮었다.

갑자기 기이한 느낌이 파도처럼 몸을 지나갔다. 머리와 얼굴이 온통 피로 가득 차기 시작하여 입술과 코와 뺨과 눈꺼풀이 부어올랐다. 그것은 기이하기 짝이 없는, 말할 나위 없이 불쾌한 감각이었다. 특히나 머릿속에서 느껴지는 감각은 더욱 그랬다. 마치 그곳이 가열되어 팽창하는 것 같은 느낌이었다. 급기야 나는 내가 뭔가를 잘못했다고 생각했다.

그런 생각이 드는 순간 마치 차가운 물로 가득 찬 풍선이 머릿속에서 터진 것 같은 느낌이 들었다. 그러다가 열이 냉기로 바뀌면서 머리와 몸은 '압력이 풀려' 원래의 크기로 돌아갔다. 내부에서 드물게 신선하고 경쾌한 느낌이 느껴졌다. 기운과 생명력의 새로운 보고를 연 것 같은 느낌이었다.

그 파란 병을 다시 찾아 헤매지 않아도 되도록, 나는 그것을 낮은 선반의 오른쪽 모퉁이에다 두었다. 그 후, 나는 혈압을 높아지게 해서 항상 두통을 유발하던 한 가지 운동을 함으로써 이 상태를 굳혀놓기로 마음먹었다. 나는 복도로 뛰어가 바닥에 앉았다. 등은 벽에 기대고 다리는 반대쪽을 향한 채였다. 나는 다리로 버티면서 등으로 벽을 밀었다. 무거운 것을 등에 진 것 같은 효과를 내기 위한 것이다. 그러는 동안 나는 내 자세에 집중하면서 주변의 모든 것을 응시하려고 애썼다. 벽은 요지부동이어서 나는 어떻게든 다리를 쭉 펴기 위해 안간힘을 써야 했다. 그리고 다시 다리를 구부렸다가 폈다.

페이즈 속에서 육체적인 힘을 써본 적이 한두 번 있다. 그것은 항상 머리의 혈압상승을 동반했다. 그것은 종종 고통스러웠고 그 불편함은 깨어난 후에도 아침 내내 이어지곤 했다. 하지만 이번에는 머리가 편안하고 가볍게 느껴졌다. 나는 연습이 힘들다는 생각에 주의를 뺏기지 않고 그저 육체적인 노력에만 집중했다. 거기에 더하여 나는 물리적 세계에 대한 잠재의식의 프로그램을 만들어내려고 애쓰면서 머리에서 무게감과 압력을 의식적으로 덜어내기를 시도했다. 이 모든 것에 더하여, 나는 최선을 다해서 자신에게 최면 암시를 보냈다.

그것을 마친 다음 행동계획의 다음 항목으로 넘어갔다…

2002년 4월 – 허비된 페이즈

… 다시 깨어난 후 나는 페이즈로 들어가는 시도를 해보기로 했

다. 페이즈가 다가오고 있다는 신호는 없었지만 나는 즉시 몸을 굴려 나올 수 있었다. 구르는 것이 많이 쉬워진 데에 놀라며, 나는 물건들을 만져 페이즈를 심화하기 시작했다. 먼저 침대를 손으로 한번 주욱 쓰다듬고, 근처의 물건들을 만져보기 시작했다. 느낌이 점점 더 생생해졌다. 그러나 여전히 보이지는 않았다. 그래서 나는 이런 경우 늘 그랬던 것처럼 시력이 스스로 돌아오기를 바라면서 만지기를 계속했다. 아파트 안을 몇 걸음 걸어다닌 후에야 시력이 희미하게 돌아왔다. 나는 양손을 집중하여 바라봄으로써 그것을 쉽게 심화할 수 있었다.

이번에는 연구 같은 생산적인 일을 하기보다는 즐기기로 마음먹었다. 우선 나는 위층의 아파트들을 뚫고 급상승했다. 콘크리트 층을 뚫고 나는 것은 잊을 수 없는 느낌이었다. 그런 다음엔 지하층까지 반대 방향으로 뚫고 날았다. 그렇게 아파트 단지를 아래위로 오가는 동안 이웃들이 집 안을 어떻게 꾸미고 사는지를 볼 수 있었다.

1층에서 아파트에 대소동을 일으켜놓고 싶은 유혹도 있었지만 나는 날아다니는 데에 더 관심이 끌렸다. 그래서 머리부터 거꾸로 비스듬한 각도로 벽을 통과하여 바깥으로 날아갔다. 나는 약 50야드를 날아 아파트 단지의 놀이터 위를 떠다녔다. 페이즈 속에 머물기 위해서 나는 수시로 양손을 바라보곤 했고, 오직 그때만 양손을 보는 사이에 풍경을 둘러보곤 했다. 심장은 최고로 요동쳤다. 근처를 나는 새들의 날갯짓으로부터 오는 공기의 흐름이 느껴졌다. 이 모든 것이 정말 황홀한 느낌을 안겨주었다. 어느 순간 의식이 다소 흐려져 페이즈를 거의 놓칠 뻔했지만 뇌를 긴장시켜 진동을 만들어낼 수 있었다. 그 후에는 집중에 의지하지 않고도 진동을 조절함으로써 페이즈를 오랫동안 유지할 수 있었다.

그러고 나서 나는 멋진 아이디어를 떠올렸다. 나 자신이 전투기 비행사가 되는 테스트를 해보기로 한 것이다. 이 목표에 집중하는 것은 쉽지 않았다. 나는 빠르게 가속하며 몸체를 옆으로 기울였다. 속도가 빨라질수록 귓속의 비명소리도 커졌다. 나는 온몸의 세포를 통해 엄청난 속도와 중력을 감지했다. 물론 움직임 자체만을 느끼기로 선택할 수도 있었다. 하지만 나는 일부러 모든 유체역학적 현상에 감각을 기울여 느껴보았다. 휘파람 소리를 내며 스쳐 흐르는 공기가 점점 더 따뜻해졌다. 내가 현실세계로부터 지니고 온 본능적인 두려움을 온갖 어려움 끝에 간신히 극복할 수 있었다. 구름이 위에서 윙윙 소리를 내며 지나갔고 아래에는 집과 숲과 사람들이 있었다. 모든 것이 너무도 현실적이어서 나는 무슨 일이 일어나고 있는지, 그것을 가지고 무엇을 해야 할지를 무척이나 고민해야 했다.

2004년 1월 – 우주로의 여행

그날 밤은 이미 몇 시간이나 잘 수 있었는데도 몸은 여전히 매우 피곤했다. 눕자마자 거의 즉시 진동이 일어나는 것을 느꼈다. 하지만 진동이 온전히 일어나도록 끌어올릴 만큼 몸이 충분히 이완되어 있지 않았다. 현재로서는 이완하여 페이즈로 들어갈 수 있는 가장 좋은 방법은 '부유하는 마음 상태'처럼 보였다. 내 생각이 맞았다. 대여섯 번 시도하자 모든 방향에서 나를 감싸는 강렬한 진동이 느껴졌기 때문이다. 이번엔 진동을 증폭시키거나 페이즈를 심화시킬 필요가 없었다. 몸이 피곤해서 활기를 더 빨리 되찾기 위해 몸이 저 스스로 가장 깊은 상태를 만들어내곤 했기 때문이다. 나는 그저 잠시 누워서 내 안에서 일어나는 변화를 관찰했다. 그러나 잠에 빠져버리면 안 되니까 오랫동안 아무것도 하지 않고 있을 수는 없었다.

잠에 빠져서 의도치 않게 페이즈로부터 나오게 되는 것을 피하는 데에 주의의 일부를 고정시키느라 시간을 좀 보냈다. 늘 그랬던 것처럼, 나는 현실에서 하듯이 몸을 굴려 침대를 빠져나왔다. 그러나 바닥에 떨어지지는 않았다. 대신 나는 마치 30센티 높이의 보이지 않는 공기 매트리스에 떨어진 것처럼 바닥 위에 떠 있었다. 수백 번을 굴러서 나왔지만 항상 마음 한구석에서는 내가 실제로 침대에서 떨어지는 것이 아닌가 하는 의구심이 느껴지곤 한다.

이 상태를 어떻게 써먹을지에 대한 수많은 생각이 마음속을 지나갔다. 나는 즉시 대강의 행동계획을 만들어냈다. 여기에는 내가 비 오는 날을 위해 아껴뒀던 무의미한 일들도 포함되어 있었다. 하지만 나는 우선 외계의 모습을 살펴보기로 했다. 우주를 내 목표물로 정한 것이다. 그러자 나는 이미 수수께끼의 어떤 힘에 맹렬한 속도로 실려 가고 있었다. 시력이 금방 돌아왔고 나는 우주의 알 수 없는 어딘가에 떠 있는 자신을 발견했다. 우주에 있어본 적이 없었기 때문에 그 감각이 얼마나 진짜에 가까운 것이었는지는 모른다. 그럼에도 불구하고, 나는 아마도 실제 현실에서도 그럴 것 같은 경험을 했다. 이곳에서는 시각이 지배적인 감각이었다. 나는 다른 네 가지 감각에는 주의를 보내기를 멈췄다. 내 시야 속의 은하를 보는 것은 환상적인 즐거움을 주었다. 시야가 평소와 달라진 것은 눈의 초점을 맞추는 방식이 달라졌기 때문이다. 현실에서는 눈을 그런 식으로는 거의 사용하지 않는다. 은하를 보기 위해서는 양쪽 시선이 교차되지 않도록 완전히 풀어서 평행된 시선으로 바라봐야 했다. 은하는 마치 살아 있는 것처럼 보였다. 나는 아마도 이것이야말로 내가 본 것 중 가장 아름다운 것이리라고 스스로에게 말했다.

그러나 그곳에 오래 머물 수는 없었다. 피사체가 너무나 멀리 떨어져 있어서 시각을 집중시켜줄 만한 것이 아무것도 없었기 때문이다. 나는 허공으로 돌아왔다. 그리고 움직이지 않는 자세로 정지하고 강력한 진동을 만들어냈다. 잠시 동안 나는 이 흔치 않은 감각을 그냥 즐겼다. 이 현상의 특징을 관찰하는 것이 흥미로웠다. 팔을 들어 손바닥을 얼굴을 향해 가져오자 손바닥에서 얼굴 쪽으로 흘러나오는 강력하고 따뜻한 바람을 느낄 수 있었다. 소음이 귀를 울렸다. 손으로 머리를 더듬자 뇌를 직접 만지는 것처럼 느껴졌다. 그러나 통증은 없었다.

나는 알 수 없는 방향으로 뛰어들어 이 상태를 잠시 즐겼다. 짧은 비행 후 나는 다시 우리 집의 내 방 안으로 튕겨져 왔다. 내가 목표했던 바는 아니지만, 이번에는 페이즈 속의 모든 것이 현실과 100퍼센트 일치했다. 방에 있는 아무것도 나의 관심을 끌지 못했다. 그래서 나는 침실 문을 통해 다른 방으로 걸어갔다. 모든 것이 현실에서와 같았다. 모험은 오래 찾아다닐 필요가 없었다. 다른 방에서 어머니와 남동생을 찾을 수 있었기 때문이다. 나는 두 사람 모두를 한동안 보지 못한 터였다. 나는 마음속에 떠오르는 모든 것에 대해 그들과 이야기했다. 그저 그들의 목소리를 듣고 그들을 볼 기회를 얻기 위해서였다. 이것은 나에게 진정한 선물이었다. 그러나 나는 의식이 약간 희미해졌고 머리부터 거꾸로 떨어지는 악명 높은 기법을 통해 아주 어렵사리 다시 통제력을 회복할 수 있었다…

2006년 10월 – 살해된 친구

아침 뉴스를 보면서 음식을 먹지 말라. 나는 남도 아니고 바로 내가 아는 사람이 그날 밤 잔인하게 살해되었다는 뉴스를 본 후 화장실에서 오늘 아침에 먹은 것을 모두 토해냈다. 그는 한두 주 전 나에게 전화를 걸었었는데 받지 않았다. 그의 한바탕 술주정에 또다시 함께 하고 싶은 기분이 아니었기 때문이다.

마음의 평화를 위해서 어떻게든 기분을 전환해보기로 했다. 나는 자리에 누웠다. 매우 어렵사리 마음을 진정시킨 후 팔로 유체 움직이기에 집중하기 시작했다. 처음에는 아무런 움직임도 일어나지 않았다. 그러나 일단 시작되자 움직임이 빠르게 커지기 시작했다. 10분 후쯤 잠시 의식의 이탈이 일어났다. 그리고 나는 쉽게 침대에서 일어날 수 있었다.

심화할 필요는 없었다. 나는 눈을 감고 즉시 내 친구의 이미지에 주의를 집중했다. 그러자 무언가가 나를 들어올려 알 수 없는 방향으로 움직였다. 몇 초 후, 나는 말 그대로 그의 아파트의 부엌으로 던져졌다. 그는 평소와 같이 코냑으로 어질러진 식탁의 의자에 앉아 있었다. 그는 나에게 아무런 관심을 보이지 않았다. 그의 얼굴과 팔에는 많은 멍과 상처가 있었고 좋아 보이지 않았다. 피는 거의 없었지만 장면이 너무나 생생해서 보고 있기가 끔찍했다. 다시 구역질이 나기 시작했다. 가까이 다가가자 그는 나를 보고 흐느꼈다… 무슨 일이 일어났는지 그에게 물어보려고 했다. 뉴스에는 무슨 일이 일어났는지가 정확히 나오지 않았기 때문이다. 알고 보니 그의 생활방식이 그 모든 일의 원인이었다. 그는 살고 싶었다면서 다시 살아난다면 더 이상 그렇게 행동하지 않겠다고 소리치기 시작했다. 나는 전화를 받지 않은 것에 대해 사과했다. 나는 그를 마지막으로 보았다. 그리고 내 믿음과는 달리 내 몸으로 돌아왔다.

저녁이 되자 일어난 일에 대한 그의 설명이 맞았음이 확인되었다. 그의 행동과 모습은 여전히 아물지 않은 나의 감정으로 인해 유발된 것이었다. 몇 달 후에 그를 만난다면 그가 다른 모습과 다른 행동을 보이리라는 생각이 들었다.

2008년 12월 – 티라노사우루스 렉스

낮잠을 자던 중에 깨어났다. 여전히 졸린 상태로 나는 몸을 굴려 공중으로 날아오르기를 시도했지만 아무 일도 일어나지 않았다. 하지만 페이즈에 매우 가까운 상태에 있음을 느꼈다. 나는 강제수면을 시도했다. 그리고 의식의 이탈을 느꼈다. 그러는 동안 눈앞에서 이미지들이 깜박였다. 몇 초 후 나는 다시 몸으로부터 분리를 시도하기로 했다. 한편, 이것이 효과가 없다면 이미지 관찰로 돌아갈 수 있다는 것을 알았다. 이미지들이 이미 눈앞에 있었기 때문이다. 그러나 몸 밖으로 쉽게 일어서서 나올 수 있었기 때문에 그럴 필요는 없었다. 시야가 즉각 밝아졌다. 나는 주변의 물건들을 만지고 응시함으로써 신속히 내가 있던 상태를 매우 생생해지게 만들 수 있었다. 또한 나 자신을 깊은 페이즈 상태에 고정시키기 위해 진동을 만들어내고 증폭시키는 내내 몸도 재빨리 만져볼 수 있었다.

페이즈를 연구하기 위한 잘 짜인 행동계획이 있었지만, 나는 그 주에 이미 몇 번이나 행동계획의 세부사항을 재차 행해본 터였다. 이번에는 정말로 페이즈를 그저 개인적인 즐거움을 위해서 이용해보고 싶었고 한동안 기대하고 있었던 뭔가를 해보고 싶었다. 일주일 전 세미나에서 나는 학생들에게 공룡들 사이를 산책하는 방법에 대해 이야기했었다. 이제 그걸 해보고 싶은 욕구가 내 안에서 불타고 있었다.

그런 종류의 일을 오랫동안 전혀 하지 않고 있었기 때문이다. 그래서 나는 이전의 행동계획을 버리고 눈을 감은 후 티라노사우루스 렉스에 주의를 집중했다. 곧이어 나는 움직임이 느껴졌다. 공간이동은 평소보다 오래 걸렸다. 이것은 이런 경우에 일반적인 일이다. 전에 여러 번 성공했더라도 공룡을 만난다고 믿는 것은 심리적으로 어려운 일이기 때문이다. 이성적인 두뇌는 공룡을 만나는 것과 같은 일에는 힘들어하는 경향이 있다.

그럼에도 불구하고 나는 자신을 다독여 주의를 집중할 수 있었다. 나는 곧 부드러운 어딘가에 착지했다. 그것은 숲 속의 이끼 지대였다. 나는 이끼를 살피면서 손으로 만져보기 시작했다. 시야는 거의 즉시 트였고 믿을 수 없을 만큼 또렷해졌다. 나는 손과 발을 모두 웅크린 다음 내 앞에 있는 모든 것을 잠시 동안 응시했다. 대개는 다양한 모양의 작은 가지들과 썩은 나뭇잎들이었다. 주변에는 온갖 종류의 곤충들이 기어 다니고 있었다.

곧이어 나는 나의 느낌과 지각에 주의를 집중했다. 나는 잠잘 때 입었던 티셔츠와 반바지를 입고 있었다. 내 몸은 비정상적으로 창백해 보였다. 그런데 호흡하는 것이 너무나 어렵다는 사실에 가장 놀랐다. 공기 속에는 형언할 수 없을 만큼 혐오스러운 냄새가 배어 있었을 뿐만 아니라 매우 뜨겁고 습하기까지 했다. 코를 통해서만 숨 쉬려고 애썼더니 머리가 어지러웠다. 공기는 너무나 뜨거워서 입을 통해 호흡을 하면 목이 아팠다. 결국 나는 입으로 숨을 쉬기로 하고 고통이 사라지게 만들 수 있었다.

나는 주변으로 관심을 돌렸다. 도처에 숲이 있었다. 태양은 거의 임관林冠을 뚫고 들어오지 못하고 있었다. 거대한 나무들의 몸통은 길고 곧았다. 양치류로 보이는 식물이 곳곳에 널려 있었다. 그것은 거의 내 키 정도로 컸다. 나는 나무가 없는 작은 빈터에 있는 자신을 발견했다. 그곳은 온통 숲에는 어울리지 않는 소리로 가득했다. 새들이 지저귀는 대신 휘파람 소리와 개골개골 우는 소리가 들렸다. 어딘가 멀리서 으르렁거리는 소리가 수시로 들려왔다. 탁탁거리는 소리가 계속 들렸고 곧이어 뭔가가 바닥으로 떨어졌다. 30미터쯤 떨어진 덤불 뒤 어딘가에서 나는 바스락거리는 소리와 쿵 하는 둔탁한 소리가 많이 들렸다. 나는 즉시 그곳이 나의 목표물이 있는 곳임을 알아차렸다.

공룡 쪽으로 가보기로 했을 무렵 나는 이미 오만가지 색깔과 크기의 낯선 곤충들의 끊임없는 육공합작 공격으로 온몸이 가려웠다. 목표를 향해가는 동안 내내 나는 팔을 유심히 살펴보고 손으로 뜯어낸 나뭇잎들을 세밀히 관찰했다. 눈앞에 보이는 나무 밑둥치를 향해 의도적으로 오른쪽으로 돌았다. 나는 이 경험이 극도로 생생하다는 사실에 특별히 주목했다. 여기서는 그것이 가장 두드러진 점이었기 때문이다. 진동은 조금도 가라앉지 않았다. 내가 처음부터 끊임없이 진동이 이어지게 했기 때문이다.

나는 덤불까지 다가가서 살그머니 덤불 너머를 응시했다. 진흙 둑과 개울이 있었다. 거기서 거대한 꼬리가 치솟아 있었다. 내 목표는 개울의 한가운데를 걷는 것이었다. 나는 그놈을 발견하고 하마터면 황홀경에 소리를 지를 뻔했다. 공룡의 주의를 끌지 않으려는 마음 때문에 조용히 있었을 뿐이다. 소리를 쳤다면 모든 일을 망칠 수도 있었다. 나는 좀 무서워서 그놈의 주의를 많이 끌지 않으려고 했다. 그러나 그보다는 그저 비켜서서 이 장엄한 생명체를 보면서 눈으로 그 아름다움을 즐기고 싶은 욕구가 더 컸다.

나는 그전에도 이미 티렉스를 적어도 다섯 번은 본 적이 있었다. 그러나 이번 것은 이전의 모든 것들보다도 훨씬 컸다. 피부색조차 달랐다. 이전 것들에 비해 약간 어두운 색에 반점이 적었다. 이유는 모르겠지만 이 공룡은 암컷으로 보였다. 그 거대한 공룡이 어느 순간 멈춰 섰다. 보아하니 내게 반응하는 것 같았다. 나는 즉시 주의를 나뭇잎과 거기에 붙어 있는 곤충들에게로 옮겼다. 공룡을 방해하지 않고 깊은 페이즈 속에 남아 있기 위해서였다.

나는 이번 페이즈가 더 많은 감각을 느끼기에 충분하지 않을까봐 적이 걱정됐다. 그래서 그냥 그렇게 버티는 대신 재빨리 티렉스 뒤까지 달려갔다. 티렉스는 즉시 내 방향으로 몸을 돌렸으나 나는 티렉스가 나를 적이 아닌 친구로 본다는 생각에 최대한 집중했다. 페이즈가 끝나버릴 위험을 무릅쓰고 상황을 프로그램하기 위해 멈추기까지 했다. 티렉스의 거대한 머리는 몇 초간 더 나를 바라보았다. 그러더니 조용히 아래로 몸을 구부렸다. 아마도 그쪽에 먹이가 있는 것처럼 보였다.

나는 티렉스의 거대한 꼬리까지 달려가서 재빨리 그것을 가까이에서 살폈다. 그리고는 그놈의 얼굴 쪽으로 이동했다. 그러는 동안에도 페이즈와 페이즈의 깊이가 심히 걱정됐다. 그래서 느껴지고 있는 진동을 강화시키려고 무진 애썼다. 그러면서 한편으로는 내내 공룡을 쓰다듬었는데, 이제는 공룡의 옆구리를 쓰다듬으며 발목을 차가운 물속에 담그고 있었다. 모든 것이 너무나 진기해서 멍청한 행동을 해서 현실 속으로 내던져지고 싶지 않았다. 괴물에 대한 두려움은 이미 완전히 가라앉았다. 그러나 이번 페이즈가 매우 깊다는 것이 약간 걱정되기 시작했다. 그곳에 영원히 머물게 될지도 모른다는 불길한 생각이 갑자기 엄습했다. 그러나 자기보존 본능이 나를 제정신이 들게 했다.

나는 티라노사우루스의 거대한 근육질 몸통을 붙잡고 그놈 앞에 일어섰다. 티라노사우루스의 모습을 그토록 가까이서 본 적은 자주 없었다. 그래서 티라노사우루스의 너무나 무력해 보이는 앞발을 구경하면서 재밌어했다. 마치 물갈퀴가 없는 지느러미 발 같았다(티라노사우루스는 발톱이 달린 두 다리만으로 걷는다). 티라노사우루스의 앞발은 일반적으로 흔적 기관으로 간주되지만 이 티라노사우루스는 분명히 다른 큰 도마뱀의 시체를 들어올리는 데 앞발을 사용하고 있었다. 먹이는 몰골이 흉하고 앙상했다. 도마뱀의 내장이 티라노사우루스의 큰 입 밖으로 삐져나와 있었다. 나는 그 공룡의 주둥이로부터 1미터밖에 떨어지지 않은 곳에 웅크리고 앉아 그 광경을 보았다. 그 공룡은 나에게 아무런 관심도 갖지 않았다. 내가 먹이의 울퉁불퉁하고 비틀린 발(닭발처럼 보였지만 훨씬 컸다)을 손으로 잡아 옆으로 버릴 때조차도. 티라노사우루스는 여전히 나를 무시한 채 고개를 들고 맛있는 먹이에만 대들었다. 티라노사우루스는 움직이는 데에 많은 힘이 필요해 보였고 허리의 모든 근육은 힘을 주면 그저 몸통을 앞으로 밀어나갔다. 이 짐승이 믿을 수 없을 만큼 강하다는 것을 알 수 있었다.

주변을 찬찬히 살피면서 먹이를 향해 다가간 공룡은 다시 몸을 돌려 먹이에 달려들기 시작했다. 나는 이미 내 손으로 공룡에게 먹이를 주려고 마음먹고 있었지만 이내 경보 소리가 울렸다. 물리적 현실 세계의 창문 밖에서 울리는 소리임을 재빨리 깨달은 나는 즉시 머리를 물속에 빠뜨렸다. 주변 공간의 질을 프로그래밍해서 그 소리를 없애기 위해서였다. 물속은 실로 조용했다. 그러나 경보 소리는 여전히 들려왔다. 맑은 물 바닥에 있는 조약돌들을 관찰하면서 나는 손가락으로 귀를 막았다. 소리는 더 조용해졌다. 뇌 긴장시키기 기법을 행한 덕분에 진동은 여전히 강력하여 모종의 소리를 만들어내고 있었다. 나는 그 소리를 듣기 시작했다. 경보 소리는 사라졌다. 나는 물 위로 떠올라 귀에서 손가락을 뗐다. 곧이어 그 경보가 자동차의 도난경보 장치였을 수도 있겠다는 생각이 들었다. 나는 '그게 내 차에서 나는 소리라면 어쩌지?'라고 생각했다. 나는 속세의 일들을 저주하면서 몸으로 돌아가기 위해 몸을 생각했다. 그리고 물리적 신체를 느끼기 시작하면서야 나는 내 차가 며칠째 정비소에 있다는 사실을 기억해냈다… 다시 경보 소리가 들렸다. 그러나 그것은 내 차에서 나는 소리는 아니었다. 그러니 페이즈 체험을 단축시킬 필요가 없었던 것이다. 나는 다시금 페이즈로 돌아가려고 애썼다. 그러나 경보 소리가 멈추지 않아서 페이즈로 돌아가려는 내 모든 노력을 수포로 돌아가게 했다.

2008년 8월 – 실험과 러브스토리

나는 오전 8시쯤 일어나서 찬물로 샤워를 했다. 그러나 여전히 작업 모드로 들어갈 수 없었다. 나는 다시 잠을 자기로 했다. 페이즈 진입 시도를 하기에 좋은 시간이 될 수 있다는 생각에 나는 페이즈에 들어가기로 했다. 그러나 유체 움직이기 외에는 아무것도 시도할 기분이 아니었다. 나는 별 기대 없이 건성으로 단조롭게 한 손으로 '흔들기'를 했다. 결국 손이 이내 항복하여 움직이기 시작했다. 그러나 처음에는 흔들림이 작았다. 사실상 이미 잠에 빠진 상태에서, 나는 흔들림이 극적으로 증가하고 내 손이 말 그대로 몸에서 미끄러져 나가는 것을 알아차렸다. 나는 그 상황을 좀더 면밀히 관찰하기로 했다. 그리고 팔뚝을 양쪽으로 점점 더 멀리 움직일 수 있게 됐다. 어떤 시점에서,

나는 팔로 원을 한 바퀴 그릴 수 있었다. 그때 나의 신체 지각에 두드러진 변화가 생겼음을 깨달았다. 분명히 뭔가가 일어나기 시작했다. 나는 구르기를 시도했지만 효과가 없었다. 그러나 그것을 시도하자마자 곧 진동이 생겨났다. 이것은 좀더 적극적으로 구르라는 신호가 되었다. 나는 그것을 다시 시도했고 성공할 수 있었다. 약간 지지부진하고 어렵긴 했지만 성공해낸 것이다.

침대 밖으로 굴러 나왔지만 페이즈는 불안정했다. 뚜렷한 감각이 없었고 나는 다시 몸속으로 끌어당겨지고 있었다. 나는 불안하게 닥치는 대로 만져보기 시작했다. 몸속으로 끌어당기는 힘이 점차 사라지고 5~10초 후에는 시력이 돌아왔다. 나는 그것을 이용해 응시 기법으로 페이즈를 심화시켰다. 이것이 결정적이었다. 페이즈가 극도로 생생해진 것이다.

바로 그때 이 페이즈에서 무엇을 해볼 것인지가 기억났다. 그리고 가장 중요한 것 — 공간이동 실험 — 부터 시작했다. 나는 문 기법으로 공간이동을 하는 것이 얼마나 어려운 일인지를 다시 한 번 시험해보고 싶었다. 우선 나는 문을 닫았다. 그리고 그 문 뒤에 내가 강의를 하기로 되어 있는 강당이 있다는 생각에 주의를 집중했다. 나는 문을 열고 강당으로 걸어 들어간 다음 내 뒤에 있는 문을 다시 닫았다. 그러고 나서 나는 그 문의 반대편에 내가 다니는 체육관의 연습실이 있다는 생각에 주의를 집중했다. 문을 열자 연습실이 보였다. 나는 그 문을 닫았다가 다시 열었다. 연습실은 여전히 그곳에 있었다. 나는 그곳으로 들어갔고 등 뒤로 문을 닫았다. 곧이어 나는 문 뒤의 깊은 우주공간에 초점을 맞췄다. 문을 열자 그것은 복도로 이어져 있었다. 내가 실제로 연습실에 있었다면 복도가 그곳에 있었을 것이다. 나는 다시 문을 닫고 문 뒤에 우주 공간이 있다는 생각에 좀더 열심히 집중했다. 그리고 나서 문을 열려고 했지만 다른 쪽에서 뭔가가 문이 열리는 것을 막고 있는 것 같았다. 문을 열기 위해 힘을 써야 했다. 그런 다음에는 문이 너무나 쉽게 열렸다. 그때 나는 페이즈 공간이 흐려지기 시작하는 것을 알아차렸다. 그러나 나는 집중할 수 있었고 뇌 긴장시키기로 현실감을 복구할 수 있었다. 문 뒤에는 깊은 우주 공간이 있었다.

나는 연습실 입구에 서 있었고 내 앞에는 말 그대로 시작과 끝이 없는 무한한 공간이 펼쳐져 있었다. 나는 자유롭게 숨을 쉴 수 있었다. 문을 통해 얼음같이 차가운 외풍이 들어왔다. 단순히 이쪽 방에서 저쪽 방으로 가는 것이 아니라면 문을 이용한 공간이동은 어려운 방법 중 하나라는 것이 실험을 통해 나타났다. 이러한 어려움은 아마도 사람들이 마음속에 가지고 있는 심리적 장애물 때문일 것이다. 그 자리에 서서 일어난 일을 분석하던 중에 나는 몸속으로 빨려 들어갔다. 그 순간 내가 할 수 있는 일이라곤 문 손잡이를 잡는 것뿐이었다. 나는 거의 자동으로 문 손잡이를 잡았다.

곧이어 나는 내 몸속에 누워 있는 자신을 느꼈다. 그러나 손은 분명히 아직도 문 손잡이를 잡고 있었다. 나는 유체 손을 모든 차원에서 움직이기 시작했고 곧 분리해 나갈 수 있다는 느낌이 들었다. 나는 쉽게 굴러 나왔고 방 안에 있는 자신을 발견했다.

나는 만지기와 응시하기를 통해 신속히 페이즈 상태를 극도로 사실적인 수준으로 심화시켰다. 최우선 목표를 이룬 것을 깨달은 나는 한동안 보지 못했지만 여전히 감정이 남아 있는 한 여자를 만나고자 하는 욕구에 항복했다. 나는 화장실 문으로 가서 그녀가 반대편에 있을 것임을 한 치도 의심하지 않고 문을 열었다. 그리고 바로 그대로 되었다. 나는 문을 열었고 그녀 뒤로는 그녀가 찾아오곤 했던 내 예전 아파트의 내부가 보였다. 나는 물론 그녀가 욕조에서 벗고 있기를 바랐지만 이 시나리오도 그리 나쁘지는 않았다.

그녀는 소파에 앉아 창밖을 보고 있었다. 나는 그녀가 내가 가까이에 있는 것을 안다고 느꼈다. 나는 그곳으로 가서 그녀 옆의 방바닥에 앉았다. 나는 그녀를 꼭 껴안고 애정행각을 하기 시작했다. 극도의 현실감 덕분에 감각은 매우 강렬하고 훌륭했다. 단순히 그녀의 치마와 재킷을 어루만지는 것조차 현실에서 언젠가 그랬던 것처럼 놀랄 만큼 멋진 경험이었다. 그녀의 옷, 팬티스타킹, 무릎 높이의 스타킹 아래에 있는 그녀의 부드럽고 따듯한 살갗을 느끼는 것은 매우 즐거웠다.

손을 그녀의 머리로 가져가 그녀의 얼굴에서 머리카락을 떼어내기 시작하자 그녀는 내게로 몸을 돌리며 미소를 지었다. 예전의 바로 그 눈빛으로 나를 바라보는 미소 띤 얼굴을 보자 나는 웃는 것 외에는 아무것도 할 수 없었다. 나는 페이즈를 유지하기 위해 계속 그녀의 얼굴, 머리, 몸 위로 손을 움직였다. 그녀의 눈은 슬펐고 그녀의 미소는 눈물 속에 들어 있는 것처럼 보였다. 그러나 그러는 동안에도 그녀의 표정은 내내 현실에서 보았던 모습보다 훨씬 더 열려 있고 진실했다.

그녀 또한 내 얼굴과 손을 매만지기 시작했다. 그런 다음 그녀는 나에게 어떻게 지냈는지, 지금은 어떻게 지내고 있는지 물어보았다. 페이즈 속에서는 이런 대화가 별로 중요하지 않은 형식적인 일일 뿐임을 알았기 때문에 나는 그녀 옆에서 그녀의 손길을 느끼고, 그녀의 눈을 보고, 고통스러울 만치 익숙한 목소리를 듣고 있다는 사실만을 내내 음미하면서 한 음절로만 그녀의 질문에 대답했다. 놀랍게도, 페이즈 속에서 이성과 접촉할 때 일반적으로 나타나는 억제되지 않는

성적 본능은 나를 압도하지 않았다.

그녀와 좀더 시간을 보낸 후 나는 이제 그 만남을 마무리해야겠다고 마음먹었다. 다음에 그녀를 또 볼 수 있기 때문이다. 여러 번에 걸쳐 몸을 들락거리는 연습과제가 아직 남아 있었다. 이 기법을 연습하는 것이 내 주요 행동계획의 일부였다.

나는 의도적으로 내 몸으로 돌아가 즉시 몸을 나가기를 시도했다. 나는 쉽게 굴러 나올 수 있었다. 나는 몸으로 다시 돌아간 다음 또다시 굴러 나왔다. 그러나 마지막으로 몸속에 돌아갔을 때는 현실과의 연결감이 크게 높아져버려서 말 그대로 몸으로부터 날아서 나오는 데에는 상당한 노력이 필요했다. 강제수면 기법도 동원해야 했다.

다시 방 가운데를 떠다니고 있는 자신을 발견하자 다시 몸으로 돌아가는 것은 의미가 없다는 것을 분명히 알 수 있었다. 그럼에도 불구하고 나는 심화기법으로 페이즈를 강화하려고 하지도 않고 의도적으로 몸으로 서둘러 돌아갔다. 내 능력의 한계를 발견하고 몸을 떠나는 기법을 더 다듬기 위해서였다. 형틀(몸)에 사로잡혀서 처음에는 거의 움직일 수가 없었다. 그러나 곧이어 깨어남의 물결이 나를 사로잡았다. 나는 강제수면으로 기법을 전환했고 이 기법이 효과가 없자 이미지 관찰 기법으로 넘어갔다. 아무런 이미지도 나타나지 않았다. 다시 분리를 시도하기 시작했지만 곧이어 완전히 깨어난 느낌이 일어났다.

나는 양손을 몸과 등을 따라 아래로 움직이려고 애쓰기 시작했다. 몇 초 후 환상 속의 움직임이 일어났고 나의 의식은 즉시 깊이 빠져들며 외부세계로부터 멀어졌다. 움직임에 더 집중하자 움직임이 더욱 더 강해졌다. 나는 일어나려고 노력하기 시작했다. 일어날 수는 있었지만 움직임은 매우 느렸다. 몸이 실제보다 몇 배나 더 무거운 것 같았다. 조금이라도 이완하려고 하면 즉시 형틀 속으로 돌아가 못박혀버렸다. 어느 순간 나는 완전히 분리하는 데 성공하고 침대 옆에 있는 자신을 발견할 수 있었다. 사용할 수 있는 모든 심화기법을 닥치는 대로 시도해봤다. 그러나 아무것도 도움이 되지 않았고 나는 몸으로 돌아와 있었다. 이번의 경험은 이것으로 끝냈다.

2009년 1월 – 정보 얻기

침대에 눕자 직접기법을 사용해서 페이즈에 들어가보고 싶은 마음이 들었다. 잠시 누워 하루 일을 돌이켜본 후(이것은 나를 어느 정도 진정시켜 편안하게 해준다), 나는 상상 속에서 머리부터 발끝까지 이어지는 축을 따라 회전하는 데에 주의를 집중하기 시작했다. 처음에는 절반 이상 돌 수가 없었다. 그러나 곧이어 한 바퀴를 완전히 돌 수 있었고 매번 더 쉬워졌다. 나는 한 방향으로 돌았다가 곧이어 다른 방향으로 돌았다. 나는 주기적으로 잠과 얕은 꿈속에 빠져들고 있었다. 잠에서 빠져나오고 있을 때는 분리를 시도하지도 않았었다. 페이즈 증상이 느끼지 않았기 때문이다. 어느 순간 의식이 전보다 오랫동안 무의식 속에 빠져 있었다(나는 거의 완전히 잠에 빠졌다). 깨어났을 때는 회전이 다소 둔해져 있었다. 나는 회전을 강화했다. 그러자 그것은 나를 모터처럼 회전시켰다. 평소처럼 실제적으로 지각된 것이 아니라 여전히 상상 속의 회전이었음에도 불구하고 몸 전체가 진동으로 윙윙거렸다. 소음도 들렸다. 이미 페이즈 속에 있는 것이 아니라면 페이즈에 가까워졌음이 분명해졌다. 그래서 처음으로 구르기를 시도했다. 그것은 기적처럼 성공했다. 그러나 나는 바닥으로 떨어진 것이 아니라 바닥에서 약 5센티 위에 떠 있었다.

나는 지체없이 곧장 방 가운데에 섰다. 방을 둘러볼 수 없었지만 내가 페이즈 속에 있다는 것은 분명히 알 수 있었다. 재빨리 바닥, 옷장, 침대 시트, 내 몸통 등을 만져보기 시작했다. 눈은 보이지 않았지만 전체적으로 보아 페이즈가 깊은 상태라는 것을 즉시 알 수 있었다. 나는 습관적으로, 그리고 확실한 페이즈를 오랫동안 유지하기 위해서 할 수 있는 모든 일을 더 했다. 게다가 조금 전에 의식이 이탈했기 때문에 행동에 착수하기 전에 의식을 온전히 되찾는 것이 필수적이었다. 그러지 않으면 페이즈에서 쉽게 빠져나와버릴 수 있기 때문이다. 5~10초 정도 만지기 기법을 행한 후 시력이 돌아왔다. 시력이 돌아오자 나는 손바닥과 손금을 살피며 양손을 응시했다. 지각의 측면에서 페이즈는 현실을 넘어 초현실이 되었다.

그때 나는 재빨리 목표를 뚜렷이 세웠다. 나의 목표는 페이즈 훈련에 관련된 정보를 얻고 페이즈에서 지각되는 몸과 침대 위에 남겨진 물리적 신체 사이의 관계에 대한 실험을 하는 것이었다. 처음에는 이 두 가지 과제 외에 또 무엇을 하고 싶어했는지가 기억나지 않았지만 두 과제를 완료하는 동안에 기억이 나리라고 생각했다.

내 행동계획에 대한 모든 생각은 2초 이상 걸리지 않았다. 그런 다음 나는 눈을 감고 현명한 노인을 찾는 데 집중했다. 나는 갑자기 날아올라 벽을 통과하여 날아가서 비틀거리듯이 한 오두막에 들어선 후 오두막 안에 있는 자신을 발견했다. 현명한 노인은 나를 등지고 앉아 있었다. 그래서 나는 그를 마주 보기 위해 재빨리 빙 돌아 걸어가서 어떻게 하면 세미나에서 나의 교육방법을 개선할 수 있을지를 물어보았다. 나는 그가 다시금 특정한 비법이나 특별한 기법을 제시해주리라고 예상했다. 하지만 그 대신 그는 뜻밖에도, 많은 사람들이 단지 해야 할 노력을 하지 않고 있으므로 정서적인 요소, 특히 동기에 좀더 적극적으로 공을 들일 필요가 있다고 말했다. 대부분의 사람들이 그들 앞에 기다리고 있는 것이 무엇인지, 그것이 얼마나 재미있는지를 알지 못하고 있기 때문이라는 것이다. 동기가 늘 부여되지 않으면, 그리고 기법을 철저하게 행하지 않는다면 잘못을 교정해주는 것만으로는 아무런 소용이 없다는 것이었다.

필요한 것을 얻은 데다 그에 대한 분석은 나중으로 미뤄뒀으므로 나는 그 기회를 이용해 내 인생에서 소중한 사람들과의 개인적인 관계에 대해 질문했다. 그러나 그의 대답은 의식을 흐리게 만들어서 마음이 잠시 산만해졌다. 그것은 모든 것을 희미해지게 만드는 데 충분했다. 곧바로 유지기법을 사용하는 것은 이 시점에서 쓸모가 없다는 것을 깨달은 나는 그냥 그 현자의 수염을 잡음으로써 페이즈를 유지하려고 했다. 하지만 결국 나는 몸으로 돌아와버렸다. 손에는 여전히 그의 수염을 쥔 채로. 나는 가급적 최대한 감각의 흐름을 증폭시키기 위해 그의 수염을 꽉 움켜잡았었다. 수염을 쥔 손을 문지르자 나는 거의 어려움 없이 침대에서 빠져나올 수 있었다. 수염을 쥐지 않은 손으로 가까이에 있는 공간을 만지고 그 상태가 충분히 안정적인 것을 깨달은 후 나는 수염을 쥔 손에 눈을 가까이 가져가 자세히 살펴보기 시작했다. 시력이 돌아오기 시작하여 몇 초 만에 벌써 공간과 손을 상당히 선명하게 볼 수 있게 되었다. 손안에는 숱이 많은 회색 털 덩어리가 쥐어져 있었다. 이것은 나를 웃게 만들었다. 나는 주의가 흐트러지지 않게 애썼고 나 자신을 자제할 수 있었다.

그런 다음 나는 페이즈 속에서 볼 수 있는 침대 위의 몸과 실제 물리적인 몸 사이의 관계를 살펴보기 시작했다. 페이즈 공간 자체가 도움이 되었을 수도 있다. 정확하게 그 순간 내 몸이 실제로 침대에 누워 있는 것을 보았기 때문이다. 이제 나는 이 광경을 자주 즐기지 않고 있었다. 연습 초창기에는 몸에서 빠져나올 때마다 몸을 바라봤었지만 말이다.

몸 밖에서 자신을 바라보는 것은 역시 그다지 유쾌하지 않은 기분을 자아냈다. 뭔가가 마음을 뒤흔들고 복합적인 감정을 불러일으켰다. 아마도 내가 보고 있는 그 사람이 내가 경험하고 싶은 자신과 정확하게 부합하지 않기 때문일 것이다. 나는 그의 발, 배, 머리를 만지기 시작했다. 미신과는 반대로 이것은 전혀 나를 형틀(몸) 속으로 끌려 들어가게 하지 않았다. 이것은 오히려 페이즈를 심화시키고 유지시켜줬다. 일종의 감각증폭 작업이었기 때문이다. 얼굴을 만지며 면밀히 살펴보던 중 어느 순간, 나는 그것이 나임을 너무나 확연하게 깨달았다. 잠시 동안 모든 것이 흐려졌고 심지어 내 얼굴에 다른 사람의 손이 닿는 것을 느끼기까지 했다. 그러나 이내 내가 하고 있던 일로 돌아갈 수 있었고, 동일한 목적을 명확하게 가진 채 일을 계속했다. 나는 실험을 마무리지었다.

거기서 내가 하고 싶어했던 다른 일들이 기억나지 않고 막혀버렸다. 실의에 빠진 나는 이제부터 머릿속에 먼저 떠오른 일부터 해나갈 수밖에 없었다. 나쁜 기억력 때문에 남은 페이즈를 허비하지 않도록…

2009년 3월 – 뜻밖의 긴 페이즈

사흘 동안의 세션을 마무리하면서 어제는 책을 쓰기 위해 많은 일을 했었다. 나의 뇌는 여전히 매우 피곤했고, 회복을 위해서는 전날 밤의 수면보다 더 많은 잠이 필요했다. 오전 8시부터 9시까지 한 시간을 더 작업한 후 나는 잠에 들었다. 그리고 저녁식사 시간쯤에 일어나 밥을 먹고 다시 잠에 빠져들었다. 한두 시간을 더 자다가, 생생한 꿈을 꾼 후에 부분적인 자각의식을 지닌 채 움직이지 않고 잠에서 깼다. 나는 의식이 명료하고 페이즈에 들어가는 시도를 해보기에 충분히 편안한 상태임을 알아차렸다. 게다가 페이즈에 들어가고 싶은 강렬한 욕구가 일었다. 나는 분리를 시도했으나 아무 일도 일어나지 않았다. 그래서 이번엔 이미지를 관찰하기 시작했다. 처음에는 이미지들이 너무 흐릿했다. 어딘가 먼 곳에 있는 숲의 형체를 알아볼 수 있었다. 그것은 곧 점점 더 생생해졌고 나를 빨아들이고 있는 것 같았다. 하지만 나는 그것이 나를 끌어당길 때까지 기다리고 싶지 않았다. 그래서 다시 구르기를 시도했다. 약간만 움직일 수 있었는데 그러고 나서는 다시 움직일 수 없게 되었다. 나는 몸으로 돌아왔고 다시금 자신을 재촉하여 굴러 나가기를 서둘렀다. 훨씬 더 많이 움직일 수 있었지만 여전히 나갈 수는 없었다. 다시 돌아와서는 더욱 강력하게 구르기를 시도했다. 이번에는 어떤 저항도 없었다.

나는 페이즈가 너무 약하다고 느꼈다. 심화기법도 거의 도움이 되지 않았다. 시력도 없었고 감각의 안정성은 현실에 비해 50퍼센트 이하였다. 그래서 하마터면 몸속으로 끌려갈 뻔했다. 나는 더 많은 감각을 얻기 위해 두 배의 노력으로 방 안의 물건들을 만져보려고 애쓰면서 주위를 뛰어다녔다. 노력이 필요하긴 했지만 상황이 안정되기 시작했다. 페이즈 속에 안착했음을 느낄 수 있게 된 후 나는 손가락을 두 눈에 대고 어둠을 뚫고 뭔가를 보려고 적극적으로 애썼다. 그러자 곧 시력이 돌아와서 실제에 못지않을 만큼 선명하게 방 전체를 볼 수 있게 됐다.

페이즈가 여전히 불안정하고 오래 지속되지 않을 것처럼 느껴졌기 때문에 행동계획은 제쳐두고 대신 한동안 사용하지 않았던 기법을 연습해보기로 했다. 우선 나는 벽에 올라가서 벽을 주먹으로 힘껏 치기 시작했다. 즉시 격렬하고 불쾌한 고통이 느껴졌다. 주의를 집중하자 고통은 금방 가라앉았다. 나는 더 세게 두드렸다. 고통은 없었다. 온 힘을 다해 여러 번 벽을 때리자 석고판의 표면이 깨지며 움푹 들어갔다. 통증은 전혀 느껴지지 않았다.

그러고 나서 나는 침대 옆에 놓여 있는 내 슬리퍼를 보고, 그것을 그냥 바라보는 것만으로써 염력으로 움직여보려고 했다. 슬리퍼는 약간 주춤거리더니 마지못한 듯 약간 움직이기 시작했다. 나는 주변 공간의 현실성이 다소 약화된 것을 알아차렸다. 모든 것이 조금 바랜 듯했다. 그 후 슬리퍼는 내 의지에 따라 구부러졌다. 나는 슬리퍼가 바닥을 가로질러 움직이게 하기도 하고 공중을 움직이게 만들기도 했다. 그리고 마침내는 슬리퍼를 창문에 내던져 유리를 산산이 부숴버렸다. 차가운 외풍이 들어왔다. 곧이어 나는 염력으로 침대를 확 뒤집어 천장에 놓이게 했다. 모든 것이 그저 바라만 보았는데도 이루어진 것이다. 그런 다음 나는 주의를 램프의 백열전구로 보내어 의지력으로써 불이 들어오게 하려고 했다. 전구는 깜박거리며 켜지다가 꺼졌다. 나는 응시와 만지기를 통해 페이즈의 깊이를 극도로 사실적인 수준으로 끌어올렸다. 그런 다음 다시 전구 켜기를 시도했다. 이것은 더 어려운 일인 것임이 드러났다. 전구는 딱히 내 의지에 복종하고 싶어하지 않았다. 그러나 몇 초가 지나자 그것은 서서히 붉어지더니 곧이어 불이 켜졌다.

페이즈 기법 훈련의 피날레로서, 이번엔 침대에 주의를 집중했다. 침대에 불을 붙여볼 작정이었다. 침대에서 즉시 연기가 났다. 곧이어 작은 불길이 여기저기서 솟았다. 몇 초 내에 침대 전체에 불이 붙었고 그것은 방을 유황 같은 냄새와 연기로 가득 채웠다.

나는 페이즈 상태를 심화하기 위해 양손을 비비면서 깨진 창문으로 다가갔고 페이즈가 매우 오래 지속되는 것에 놀랐다. 처음에는 상태가 매우 불안정했었기 때문이다. 나는 스타워즈에 나오는 초고속 기계 같은 것을 타고 우주공간을 향해 이륙하는 데에 남은 시간을 써먹기로 했다. 나는 기대감을 품은 채 눈을 감고 이 생각에 주의를 집중했다. 즉시 움직임이 느껴졌다. 내가 서 있는 것이 아니라 방금 나타난 안락한 의자에 앉아서 그 속으로 푹 가라앉고 있는 느낌이 느껴지기 시작했다. 이제는 내가 일종의 우주복을 입고 있는 것이 느껴졌다. 장갑을 낀 양손에는 조종간이 쥐어져 있었다. 그 촉감에 주의를 집중하자(그리고 나는 시력을 돌려놓기로 했다) 무시무시하게 큰 소리가 울려 퍼지기 시작했다. 거대한 힘이 내가 있던 조종석으로부터 나를 잡아당겼다. 하마터면 조종석의 안전 구속장치가 나를 낱낱이 찢어버릴 뻔했다. 그 충격에 눈이 떠졌다.

다행히도, 물리적 현실에서는 눈이 떠지지 않았다. 그러나 불행하게도, 나는 내가 거대한 우주선을 향해 빠른 속도로 접근하고 있는 것을 보았다. 내 주위로 온통 불꽃이 흩날리고 있었다. 이미 내가 할 수 있는 일은 없었다. 1초 후, 있는 것은 어둠뿐이었고 나는 무게가 없었다. 그토록 재미있는 모험이 방해받은 것에 짜증이 난 바람에 나는 기법을 추가로 행해야 한다는 것을 완전히 잊어버렸고, 곧 침대에 누워 있는 자신을 의식했다. 눈꺼풀을 뚫고 들어오는 햇빛이 느껴졌다. 나는 일어나서 집필을 계속해야 할 시간임을 깨달았다. 페이즈로 돌아가려고 애쓰지 않고, 일어난 일들을 곰곰이 생각하면서 씻기 위해 화장실로 갔다. 거울을 보았는데 처음에는 무슨 일이 일어나고 있는지를 알아차리지 못했다. 똥배가 거대하게 불룩 나와 있었던 것이다. 처음에는 충격을 받았다. 이 '연륜의 트로피'를 없애기 위해 '벌크 업'과 근력 운동에 매우 많은 에너지를 써왔기 때문이었다. 나는 손으로 배를 잡고 지방층을 쥐어흔들었다. 그러다가 문득, 내가 이렇게 배가 나왔던 적이 없었다는 사실을 깨달았다. 뒤이어 통찰이 찾아왔다. 나는 여전히 페이즈 속에 있었던 것이다! 나의 안도감을 상상할 수 있을 것이다…

2010년 1월 – 짧은 페이즈를 위한 먼 길

나는 오전 9시쯤에 잠에서 깼다. 처음 든 생각은 페이즈를 시도하기에는 너무 정신이 초롱초롱한 상태에서 깨어났다는 것이었다. 그래도 나는 평소와 같이 뭐든지 시도해보기를 스스로에게 강요했다. 나는 정신이 너무 말똥말똥했기 때문에 자신을 설득하는 것은 좀 어려웠다. 물리적으로 움직인 탓에 상황은 더욱 악화됐다. – 나는 불편하게 배를 대고 엎드려 있었다.

나는 즉시 몇 초간 강제수면 기법을 행했고 그러자 나의 마음상태가 급격히 가라앉는 것이 느껴졌다. 마치 자신 속의 깊은 곳으로 숨어들어가는 듯한 느낌이었다. 그 즉시 분리를 시도했지만 아무 일도 일어나지 않았다. 위로 떠오르기도, 구르기도, 일어나기도 효과가 없었다. 나는 가장 좋아하는 기법인 유체 움직이기를 행하기 시작했다. 어떠한 움직임도 일어나지 않았다. 몇 초 후, 나는 내 손을 심상화하기 시작했다. 그러고 나서 이미지들을 관찰했다. 아무런 결과도 얻을 수 없었지만 청각이 희미해지고 있는 것이 느껴졌다. 이미 창밖이나 방에서 들려오는 소리를 명확하게 들을 수 없었다. 이것은 분명히 어떤 의미가 있는 것이었다. 다시 유체 움직이기를 몇 초간 시도했지만 아무 일도 일어나지 않았다.

나는 강제수면 기법과 함께 양손을 심상화하기로 했다. 나는 눈앞에서 손을 흔들기 시작했고, 그런 다음 이 모든 것을 시각적으로 인식하려고 애쓰면서 양 손바닥을 비볐다. 그러는 동안에 자각의식을 허공 속으로 데려가는 더 깊은 상태로 떨어져 들어갔다. 내 손이 베개 밑이라기보다는 눈앞에 있다는 것을 알아챈 것은 바로 그때였다. 이 때문에 자각의식이 산만해지자 모든 것이 바로 그 순간 그곳에서 멈춰버렸다. 의식이 다시 흐려지기 시작해서 나는 내 앞에 있는 양손을 느끼고 보려고 애썼다. 나는 남아 있는 의식을 통해 내 눈앞에 있는 손의 존재가 점점 더 뚜렷해지는 것을 알아차렸고, 드디어는 양손을 시각적으로 인식할 수 있게 되었다. 손이 보인다는 것을 깨닫자마자 나는 자각의식을 재가동하여 최대한 또렷하게 보려고 노력했다. 그러자 몇 초 후 양손이 현실과 같이 또렷하게 보이기 시작했다. 이제는 양손을 100퍼센트 느낄 수 있었고, 심지어 현실에서는 양손이 어디에 놓여 있는지도 잊어버렸다. 처음 깨어났을 때로부터 30초 이상이 지나지 않은 때였다.

그다음 나는 그냥 침대에서 일어나 마음속으로 재빨리 행동계획을 훑어보았다. 그러나 그때 침대 옆 바닥에 놓여 있던 전화기가 돌연 울리기 시작했다. 수화기를 들자 그것의 물리적 특징뿐만 아니라 전화기가 어떻게 진동하여 벨소리를 내는지까지도 느낄 수 있었다. 화면에 뜬 발신자의 이름은 내 직장 동료의 것이었다. 나는 그가 페이즈 속에서 나에게 무슨 말을 할지 궁금해하면서 버튼을 눌러 전화를 받았다. 놀랍게도, 수화기를 들었는데도 전화기는 계속 울렸다. 나는 혼란스러워지기 시작했다. 전화를 받기 위해 다시 버튼을 눌렀지만 아무 소용이 없었다. 그 순간, 현실에서도 전화벨이 울리고 있을 것이라는 사실을 알아챘다.

그 깨달음이 나의 머리를 때리자 나는 즉각 몸으로 돌아갔다. 실제로 전화벨이 울리고 있었다. 그리고 과연, 전화를 걸고 있는 사람은 직장 동료였다. 왜 그 소리가 즉시 나를 페이즈로부터 떨어져 나오게 하지 않았는지에 대한 의문이 남는다. 아마도 페이즈 공간이 실제 세계와 논리적으로도 완전히 겹쳐져 있었기 때문이리라.

2010년 12월 – 레닌의 미라로 변하다

그날은 피곤한 날이었다. LA에서 시애틀로 날아간 다음 세미나의 첫날 프로그램을 위해 옐름까지 운전해간 것이다. 이 때문에 나의 계획은 페이즈로 들어가는 것이 아니라 최소한 부족한 잠을 보충하는 것이었다.

다음날 나는 상당히 일찍 일어나서 여주인이 만든 맛있는 음식을 맛보기 위해 바로 부엌으로 갔다. 이미 날이 꽤 밝아 있어서 창밖으로 개천과 소나무 숲의 아름다운 풍경을 즐길 수 있었다. 이런 풍경이 있는 곳에서 살면 얼마나 좋을까 하고 생각했다. 우유 한 컵과 맛있는 음식을 먹은 후 나는 침대로 돌아갔다. 누우면서 거의 즉시 어떤 소리를 들었다. 당황스러웠다. 그렇게 빨리, 그리고 의식이 빠져 들어가는 과정도 없이 페이즈가 일어나는 일은 드물었기 때문이다. 하지만 이런 소리는 페이즈가 이미 진행되고 있음을 알려주는 명확한 신호였다. 뭔가가 잘못됐다…

그때, 북쪽 지방에서는 이 시간이 내가 이 집의 객실 층을 다닐 때 본 것처럼 날이 밝을 수가 없다는 생각이 드디어 떠올랐다. 그 모든 일이 페이즈 속에서 일어났던 것이다! 음식, 우유, 풍경을 눈여겨본 것 등. 그리고 내가 몸으로 돌아왔을 때 그것이 페이즈 속이라는 사실을 드러내준 그 소리가 아니었다면 나조차도, 내 모든 경력에도 불구하고 결코 알아차릴 수 없었을 것이다. 놀라웠다…

나는 즉시 몸 밖으로 굴러 나와 일련의 실험을 해나갔다…

해야 할 행동계획이 끝나자마자 나는 몸으로 돌아와 있었다. 나는 쉽사리 다시 굴러 나와서 의지의 힘으로 이야기 속의 작은 마을인 블루베리 힐로 가서 그 아름다운 근교를 돌아보기로 했다. 그곳은 상당히 인상적이었다. 나는 창문을 통과해서 집으로부터 100미터 정도 떨어진 채 집 주위를 전력질주하면서 마주치는 모든 것을 세심히 살피기 시작했다.

두 번째 행동계획이 끝나고 몸으로 돌아오자 해볼 만한 중요한 일거리가 아무것도 기억나지 않았다. 하지만 나는 이 페이즈를 최대한 활용하여 그로부터 모든 것을 짜내야 했다. 어떤 이유에서인지, 갑자기 모스크바 붉은 광장에 있는 레닌의 무덤에서 블라디미르 레닌의 미라를 발굴해낸다는 기발한 발상이 떠올랐다. 나는 먼저 분리하지도 않고 레닌이 된 나 자신을 느끼려고 애쓰기 시작했다. 즉시 키가 줄어들었다. 나는 레닌의 옷차림뿐만 아니라 레닌의 미라가 누워 있는 바로 그 자세가 되어 있는 나 자신을 느끼기 시작했다. 주변 환경이 느껴지기 시작하자 페이즈 속에 있는 것이 — 오래간만에 처음으로 — 너무나 무서워졌다. 느낌이 믿기지 않을 정도로 생생한 것이 이상한 공포를 야기해서 내가 학생들에게 권고해온 것과는 반대로 페이즈를 도중에 끝내버리게끔 만들었다. 나는 별 어려움 없이 몸으로 돌아올 수 있었다. 눈을 뜨니 주변은 온통 칠흑 같았다. 오전 2시였다.

나는 다시 레닌의 몸으로 돌아갔다. 그러나 공포심은 다시 일어나지 않았다. 그것은 유감스러운 일이었다. 그토록 흔치 않은 감정을 다시 한 번 경험해보고 싶었는데 말이다. 말문이 막힐 정도로 놀라운 이 모험 이야기가 교과과정의 많은 항목들에 실제 본보기를 제공해주기 때문에 나는 이 이야기를 공유하기로 했고, 그 다음 날 세미나에 참석한 사람들은 이 이야기에 실컷 웃을 수 있었다.

2011년 5월 – 전형적인 탐사 페이즈

나는 늘 하듯이 오전 6시에 일어나 CNN을 켜고 가볍게 식사를 했다. 최신 뉴스를 들은 후 나는 텔레비전을 껐다. 그런 다음 조심스럽게 그날 있을 페이즈의 행동계획을 살피면서 새로운 세부사항을 추가했다. 그날 아침의 첫 페이즈는 유체로서 매우 불편한, 심지어는 고통스러운 자세를 취함으로써 페이즈 상태를 유지하는 방법을 실험하는데 전념할 참이었다. 두 번째 페이즈에서는 몸의 감각의 일관성에 관한 실험을 해볼 참이었다. 즉 어떻게든 한 팔을 분리, 또는 잘라낼 때 감각에 어떤 일이 일어나는지를 살펴보는 것이다. 이번과 그다음의 페이즈들에서 할 행동계획 항목들은 좀더 현실적이고 일상적인 목표로 이뤄져 있었다.

오전 6시 20분, 나는 발코니 문을 닫고 귀마개를 낀 다음 햇빛의 방해를 막기 위해 수면 마스크를 했다. 배를 대고 편안한 자세로 누운 후 나는 다시 한 번 행동계획을 떠올렸다. 나는 직접기법을 사용해 페이즈로 들어가기로 했다. 하지만 곧바로 직접기법을 사용해 시작하지는 않고 우선 수면의 경계에 이르기로 했다. 그런데 어느 순간 생각 속에 빠져드는 바람에 나의 상상은 나를 둘러싼 에피소드들로 변했다. 그러자 내 마음은 급작스럽게 몸으로 돌아와버렸고, 분리를 시도했지만 성공하지 못했다. 그래서 나서 나는 사뭇 느리고 수동적인 태도로 회전 기법을 시작했다. 의식이 또다시 흐려지기 시작하면서 다시 의식이 살짝 이탈했다 돌아왔다. 다시 페이즈로 돌아가는 과정에 일어나기도, 떠오르기도, 구르기도 분리를 성공시키지 못했다. 하지만 나는 페이즈가 오고 있음을 분명히 느낄 수 있었다. 나는 내가 이미 분리되어서 페이즈를 심화하며 방 안을 걸어다니는 것을 상상하면서 감각-동작 심상화를 시작했다. 3분쯤 후 자각의식이 또 한 번 살짝 이탈했다 돌아오고 나서는 상상 속의 감각들이 생생해지기 시작했다.

감각이 돌아오자마자 나는 만지기, 응시하기, 의도 집중 기법 등을 구사하여 재빨리 감각이 극도로 생생해지게 만들었다. 그런 다음 나는 양다리가 접힌 상태로 바닥에 떨어져 누운 채 예전에 페이즈에 오랫동안 머무르게 도와줬던 엉덩이에서 잡아당기는 느낌을 다시 만들어내려고 애썼다. 그러나 이번에는 다리가 아주 유연하게 잘 접혔기 때문에 통증이나 긴장은 일어나지 않았다. 아무튼 페이즈가 곧 끝나버릴 것 같은 느낌이 들어서 나는 다리를 더 세게 꼬았다. 마침내 가벼운 통증이 느껴졌다. 그 시점에서 더 많은 것을 바랄 수는 없음을 깨달은 나는 그렇게 미약한 감각으로도 충분히 페이즈를 유지할 수 있을지 두고 보기로 했다. 이제 의식이 희미해져 가는 가운데 나는 가능한 한 다리를 고통스러운 자세로 유지했다. 나는 평소답지 않은 평온

한 페이즈를 즐기는 내내 흘러가는 시간의 초읽기를 시작했다. 아무튼 가능한 한 오래 페이즈에 머무르려면 모든 감각을 자극해줄 행동을 닥치는 대로 해야 한다. 26초 후에 감각이 갑자기 사라지기 시작하면서 통증 또한 사라지기 시작했다. 몇 초 후, 나는 다시 몸으로 돌아와 있었다. 페이즈 상태로 다시 들어갈 수 없었다. 이것은 페이즈 상태가 다 지나갔음을 의미했다.

나는 다음 페이즈 체험 동안에 테스트를 되풀이하고, 테스트를 마친 후에만 행동계획상의 다른 활동들로 넘어가겠다는 의도를 가지고 다시 잠을 자기 시작했다. 그날 아침은 간접기법이 두 배나 더 많이 페이즈로 데려다주어 실험을 계속할 수 있게 해줬다. 꿈을 자각한 덕분에 또 한 번의 페이즈가 더 찾아왔다. 이 모든 일이 오전 9시 30분까지의 사이에 일어났다.

3부

실전 가이드

〈페이즈 진입하기〉

제1장

전체 개요

페이즈 현상의 본질

페이즈 상태(또는 그냥 페이즈)는 잘 알려진 서로 다른 현상들을 포괄한다. 이들 현상 중 많은 것이 다양한 용어들로 불리고 있다. 아스트랄 여행, 유체이탈체험 등이 그것이다. 이 개념에는 그보다 더 실질적인 용어인 자각몽도 포함되어 있다. 그러나 이 개념은 그 표현이 함축하고 있는 감각과 형태에만 국한되지 않는다. 그러니 페이즈라는 용어는 습관적인 — 그리고 종종 부정확한 — 연상과 고정관념 너머에 존재하는 현상의 연구를 용이하게 해주기 위해 도입한 것이다. 유체이탈체험이라는 용어는 페이즈 현상을 체험하는 사람이 경험하는 느낌을 묘사한다는 면에서는 정확한 말이다.

페이즈는 두 가지의 주된 특성을 가지고 있다. 1) 실습자는 이 경험을 하는 동안 온전한 자각의식을 지니고 있다. 2) 실습자는 자신이 정말 육체로부터 분리되었음을 인식한다.

동시에, 실습자들이 페이즈 환경을 지각하는 정도가 페이즈 속에서의 감각적 경험의 수준을 좌우한다. 그 경험은 종종 깨어 있을 때의 감각경험보다 더 생생하게 일어난다. 이것은 페이즈를 직접 체험해보지 않고는 상상하기가 어렵다. 그러므로 이 훈련이 자기최면이나 명상의 높은 단계로 여겨지고, 다양한 종교나 신비주의 전통(요가, 불교 등)에서 다양한 이름을 통해 인간의 가장 높은 성취로 일컬어지고 있는 것도 무리가 아니다.

깨어 있는 상태와 페이즈와 꿈의 차이점

	깬 상태	페이즈 상태	꿈
자각의식	✓	✓	—
지각의 현실감	✓	✓	—
주변공간의 안정도	✓	—	—
진입에 요구되는 노력	—	✓	—

본질적으로, 페이즈란 육신을 제어하거나 느낄 수 없는 대신 생생한 환영의 경험으로 가득한, 탐사되지 않은 의식상태이다.

홍미로운 사실!

페이즈 속에서 느껴지는 감각은 현실과 흡사하기 때문에 자기도 모르게 페이즈 상태에 들게 된 실습자들은 종종 자신이 여전히 물리적인 몸속에 있고 깨어 있는 상태에서 그 경험을 하고 있다고 믿는다. 이런 종류의 뜻밖의 여행은 밤 또는 이른 아침에 가장 잘 일어난다.

이 행성에 살고 있는 사람들 가운데 둘 중 한 명은 인생에서 적어도 한 번 이런 현상을 체험하는 것으로 보인다. 그러나 이 상태의 다양한 깊이와 단계를 고려한다면 사실상 모든 사람이 어떤 식으로든 이런 현상을 경험한 적이 있다. 페이즈는 흔치 않은 연구대상이기 때문에, 뜻하지 않게 페이즈 상태에 들게 된 많은 사람들이 깨어 있는 상태로 돌아온 후에도 무슨 일이 일어났는지를 깨닫지 못한다. 제대로 형성되지 못한 페이즈 환경을 경험하고 나면 많은 사람들이 거기에 별다른 의미를 두지 않는다. 얕은 페이즈는 깊은 페이즈 상태만큼 충격적인 인상을 남기지 않기 때문이다. 페이즈는 이해하기 어려운 현상처럼 보일 수도 있지만, 페이즈 상태를 만들어내고 유지하는 올바른 방법을 배우고 적용해보고자 하는 뜻을 가진 사람이라면 누구나 경험할 수 있는 지극히 흔한 현상이다.

흥미로운 사실!

9세부터 75세에 이르는 사람들이 모두 페이즈 학교에서 공부했다. 한편, 많은 사람들이 나이가 연습에 방해가 되는지 도움이 되는지를 놓고 걱정하는 가운데서도 이들은 각자 자신의 그룹에서 최고의 결과를 보여주었다.

페이즈에 대한 과학연구 결과도 심각한 뇌병변이 없다면 누구나 페이즈를 접할 수 있다고 분명히 말하고 있다. 이는 실험에 의해 명백하게 확인되었다. 따라서 페이즈가 일부 사람들에게만 가능하거나 누구도 가능하지 않은 어려운 것이라고 생각하는 것은 터무니없다. 페이즈를 숙달하기가 어렵다는 것은 페이즈 현상 자체가 접하기 어려움을 증언하는 것이 아니라 기법에 관련된 실수만을 증언해줄 뿐이다.

과학과 페이즈

키스 히언Keith Hearne이 1975년 영국 헐 대학교(Hull University)에서 행한 실험을 통해 과학계는 처음으로 꿈속의 자각의식 상태에서 페이즈가 일어날 수 있음을 인정했다. 실험하는 동안 페이즈 수행자인 앨런 워슬리Alan Worsely는 EKG 모니터가 그의 뇌가 수면상태에 있음을 보여주고 있는 동안에 사전에 계획한 안구운동을 의도적으로 만들어낼 수 있었다. 몇 년 후, 스탠퍼드 대학교의 스티븐 라버지Stephen LaBerge도 유사한 실험을 행했다. 이 실험은 이 분야의 발전에 활발히 공헌한 그의 연구 덕분에 잘 알려지게 되었다.

이 현상의 존재를 증명하고 그 특성을 조사하기 위해 전 세계적으로 상당히 많은 과학적 연구가 진행되었다. 예를 들어, 프랑크푸르트에 있는 막스 플랑크 연구소(Max Plank Institute)에서 행해진 세 명의 페이저들에 대한 연구(2008)는 다음을 입증했다. 깨어 있는 상태와 페이즈, 렘(REM) 수면 사이의 가장 큰 차이는 40헤르츠 주파수에서 관찰되었고, 뇌의 앞부분(전두엽)에 집중되었다. 기본적으로, 페이즈는 깨어 있는 상태와 REM 수면 사이의 어떤 것임이 입증되었다. 특히, 의식을 많은 부분 담당하고 있고 인간을 영장류와 구분되게 하는 바로 그 뇌 부위가 페이즈 상태에서 가장 활성화된 것으로 나타났다. 이 연구는 J. 알란, 알란 홉슨, 우르술라 보스, 로만 홀츠만, 잉카 타윈이 행했다. 이들은 40헤르츠에서 각 의식상태들 사이의 차이점을 입증한 공로를 인정받고 있다.

페이즈 현상의 본질을 좀더 깊이 있게 설명할 수 있는 메커니즘이 밝혀져야 한다. 해가 갈수록 과학계는 이 현상에 대한 연구가 얼마나 중요한지를 깨달아가고 있다. 페이즈 현상이 의식 현상의 메커니즘, 그리고 다양한 각성상태와 수면상태가 어떻게 일어나는지를 더 잘 이해할 수 있게 해준다는 사실을 발견했기 때문이다.

페이즈가 인간의식 진화의 산물이라고 말하는 이론도 있다. 의식이 최초로 생겨나 깨어 있는 각성상태를 획득했다. 그런 다음 서서히 REM 상태 — 그다음으로 자각의식에 가까워진 상태 — 로 스며들기 시작했다. 어쩌면 미래의 인류에게는 두 세계 — 깨어 있는 상태와 페이즈 상태 — 에 의식적으로 존재하는 것이 오늘날의 인류가 깨어 있는 상태에서(만) 자각의식을 갖고 있는 것처럼 일상적인 일이 될지 모른다. 하지만 페이즈 능력은 타고나는 것이며 점차 사라진다고 주장하는 완전히 반대되는 이론도 있다. 이 이론은 어린아이들이 흔히 더 쉽게 페이즈 상태로 들어가지만 그 능력을 소홀히 하면 나이가 듦에 따라 점차 상실된다는 점을 지적한다.

비전秘傳적, 신비주의적인 설명

지금까지 이 책은 전반적으로 이론적인 기조를 유지해왔지만, 사람들을 일치시키는 것은 페이즈에 관한 이론이 아니라 페이즈의 실천이다. 이론은 언제나 논쟁으로 이어지는 반면 실천에는 논쟁의 여지가 없다. 그런 이유에서, 실습자가 이 현상의 본질을 어떻게 보는지는

— 거기서 비전적인, 또는 신비주의적인 동기를 얻는 경우를 포함하여 — 전혀 상관이 없다. 모든 사람이 자신의 고유한 견해를 가질 권리가 있으니, 인생철학에 영향을 미치거나 그것을 이론에 치우치게 하는 것은 결코 이 책의 목적이 아니다. 가장 중요한 것은 독자들이 연습을 통해 페이즈 현상을 실제로 경험할 수 있게 되는 것이다.

유감스럽게도 비전秘傳문화 속에도 이 현상에 대한 명확한 정의나 용어가 아직 없다. 페이즈 상태는 비전 수행법에 따라 아스트랄 투사나 유체이탈여행, 그리고 때로는 자각몽과 함께 묶일 수 있다. 여기에 전제되는 가정은 어떤 실체(영혼 또는 아스트랄체)가 물질계를 떠나 a) 물리적 세계나 b) 꿈의 세계, 또는 c) 아스트랄계 등의 어딘가에 있는 자신을 깨닫게 된다는 것이다. 한편, 방문할 수 있는 세계의 수는 비전 전통에 따라 다양하다. 예를 들어, 아스트랄계는 높은 차원의 아스트랄계일 수도 있고, 낮은 차원의 아스트랄계일 수도 있고, 그 밖에 멘탈 차원, 에테르 차원 등등이 있다. 일부 신비 전통에서는 이것을 개인적 수행이나 존재상태의 관점에서 높은 경지의 체험으로 보는 반면, 어떤 전통에서는 이것을 물리적 세계와 동일시하거나 천상의 영역들 사이에 있는 하나의 층에 불과한 것으로 여긴다. 마찬가지로, 페이즈 현상의 본질과 의미에 대한 설명 역시 매우 다양하다.

또한 페이즈는 흔히 사람들이 죽을 때 경험하는 것과 동일한 상태로 여겨지기도 한다. 예컨대 사망의 순간에 의식이 깨어 있게 함으로써 윤회의 쳇바퀴를 멈추는 것이 주요 목표인 불교 등 동양의 여러 종교와 수행법에서는 그러한 의식적인 죽음이 페이즈에 들 수 있는 능력을 통해서만 달성될 수 있는 것으로 여겨진다. 그러므로 페이즈는 죽음의 순간에 깨어 있기 위한 하나의 수행법이 된다.

자각몽이 소위 '유체이탈여행'과 실제로 어떻게 다른지, 그리고 자각몽을 페이즈의 일부로 분류하는 것이 정당한지에 대해서는 많은 이견이 있다. 또 다른 비전적 용어인 아스트랄 투사에 대해서도 똑같은 논쟁이 벌어진다. 그러나 이러한 의구심은 초보자들과 페이즈를 피상적으로만 알고 있는 사람들에게는 방해만 된다. 이에 대한 설명은 다양하지만, 경험 많은 수행자들조차 이런 현상들을 명확하게 구분할 수 없다. 예를 들어 이 모든 현상들을 분류할 때, 어떤 실천가는 이것이야말로 평행우주라고 결론지을 수도 있는 반면, 다른 실천가는 그 모두가 마음이 지어낸 것이라고 주장할 수도 있다.

자각몽을 유체이탈여행과 한데 분류하는 데에는 많은 이유가 있다. 그것은 기존의 연구와 많은 사람들의 체험이 이를 쉽게 증명할 수 있어서만은 아니다. 페이즈 현상을 다양한 의식상태로 분류하는 일에 집착하는 사람들이 대답할 수 없는 의문들이 많이 있다. 첫째, 자각몽을 꾸는 사람들과 유체이탈여행자들은 그 상태에 도달하기 위해 완전히 똑같은 기법을 쓰면서도 왜 그 결과만은 다른 이름으로 부르는가? 둘째, 유체이탈의 세계와 자각몽 세계의 기본적인 속성이 왜 정확히 같은가? 셋째, 꿈의 세계가 그 어떤 속성과 외형적 형태도 띨 수 있다면, 영혼이 정말로 몸으로부터 빠져나와 물리적 세계 — 혹은 평행한 아스트랄계 — 로 들어간 것을 꿈속의 모의 환경과 어떻게 구분할 수 있는가? 이론적인 설명은 얼마든지 할 수 있겠지만, 실제로 적용하거나 증명할 수 있는 것은 하나도 없다.

대부분의 사람들은 자신들이 빠져들 수 있는 무수한 세계가 존재한다는 생각을 잊는 데 극도의 생리적 어려움을 느낀다. 이것은 보통 이런 의문에 딸려 나오는 그들의 인생관이나 세계관과 단단히 얽혀 있다. 그러나 페이즈 체험들을 뭉뚱그려 한데 분류하는 것에 반대하는 사람들조차도 이 기법들을 자신의 세계관에 부합하는 방식으로 쉽사리 적용하여 그것을 체험할 수 있다. 이것은 이론은 부차적인 것이고 실천이 무엇보다 중요함을 다시금 보여준다.

왜 페이즈에 들어가는가?

이런 의문은 페이즈 현상의 속성과 본질을 제대로 이해하지 못할 때만 일어날 수 있다. 어떤 사람이 어느 순간 갑자기 자신이 동일한 손과 몸을 가지고 물리적 세계가 아닌 어딘가에 서 있으면서도 평소의 자신과 다름없는 실체로서 존재하고 있음을 알게 된다면, 그리고 주변의 모든 것을 만져보고 그 세세한 내용까지 식별할 수 있음을 알게 된다면, 그의 마음은 온갖 감정으로 동요되어 그 어떤 의문도 떠오르지 않는다. 이것은 인간이 겪을 수 있는 가장 놀라운 경험이다!

페이즈와의 첫 만남은 언제나 충격적이고 때로는 무섭기까지 하다. 모든 경우의 약 3분의 1 정도는 첫 페이즈에서 두려운 경험을 한다. 베테랑 페이저조차도 두려움을 경험하는데, 이는 페이즈 상태의 심오한 본질을 말해준다.

시간이 지나면서 황홀감이 지나가고 감정이 가라앉으면 생각은 그 현상 자체가 실제인지 아닌지에 대한 것으로부터 어떻게 그것을 활용할 것인지에 대한 것으로 옮겨간다. 그러면 거기서부터 환상적일 정도로 다양한 실질적 응용의 장이 실습자 앞에 펼쳐진다. 이러한 응용법들 — 이 책이 전하고 있는 — 은 잡다한 비전서들이 흔히 묘사하는 증명되지 않은 불확실한 방법들과는 무관한 것이다. 여기에 제시된 정보는 검증할 수 있는, 실질적이고 실현할 수 있는 정보다.

페이즈의 본질 — 마음의 어떤 상태, 혹은 어쩌면 어떤 외부적 경험 — 이야 어떻든 간에 이것은 이 세계나 우주의 구석구석을 다니면서 친척, 죽은 사람, 유명인, 온갖 생명체를 위시하여 실생활에서는 만날 수 없는 사람들을 만나고, 잠재의식의 엄청난 자원과 연결되어 거기서 정보를 얻고, 실제 삶에서는 이룰 수 없는 소망을 실현하고, 예술작품의 영감을 얻고, 생리기능을 변화시키는 등등의 일을 할 수 있는 유일한 기회이다. 이것은 따분한 경험이 아니다. 이것은 너무나 개인적이고도 실제적인 경험이다.

실습자의 생활방식

다양한 식이법, 운동, 의식 등이 페이즈의 적절한 실습에 눈에 띄는 도움을 주는 부가적 효과를 발휘하지 않는다는 점을 밝혀둬야겠다. 평소의 심리적, 생리적 평안이 가장 중요하다. 따라서 과식이나 소식이나 온갖 식이법과 이상한 운동법으로 자신을 고문하는 것은 불필요하고도 실습자의 건강과 균형에 궁극적으로 해로운 일이어서, 이 가이드북이 가르치는 기법의 효과에 부정적인 영향만 미친다. 또한, 페이즈 연습과 '나쁜 습관'으로 해석할 수 있는 것들 사이에는 그 어떤 의미 있는 연관성도 발견되지 않았다. 생활방식이 페이즈 달성에 아무런 영향을 미치지는 않지만, 양질의 삶을 즐기기 위해서라면 건강하고 적극적인 생활방식은 언제나 권장할 만한 일이다.

흥미로운 사실!

만약 유체이탈을 체험하기 위해서는 침대의 머리 쪽이 북쪽이나 기타 특정한 방향을 향하게 해야만 한다고 믿는다면 그렇게 하는 것이 틀림없이 긍정적인 결과를 가져올 것이다. 그러나 당면한 문제는 몸의 위치가 아니라 의도에 가까운 믿음이다. 의도야말로 대단히 중요하다.

규칙적이고 질서 있는 생활방식이 지속적인 진짜 페이즈 체험의 빈도를 높여주는 것으로 관찰되었다. 정상적으로 충분한 수면을 취하는 것은 결과에 직접적이고 긍정적인 영향을 미치는 생활방식의 가장 기본적인 예이다. 일주일에 여러 번씩 하룻밤 꼬박 충분한 휴식을 취한다면 더욱 그렇다.

연습에 좋은 접근법을 더 잘 이해하기 위해서는, 가장 빠르고 좋은 결과를 얻어내는 네 가지 유형의 사람들에 대해 설명할 필요가 있다. 첫째 유형은 수학을 잘하는 사람들이다. 이 책에 나와 있는 지침들을 정확하게 따를수록 더 효과가 있다. 수학적인 사고를 하는 사람들은 즉시 전체 과정을 전체적으로 알아듣고 분명히 이해한다. 이것이 수학적인 사람들이 실천에 더 잘 성공하는 이유이다. 둘째 유형은 운동선수들이다. 자신을 밀고 나아가는 능력과 더불어 명확한 목적의식이 운동선수들의 연습을 수월해지게 한다. 세 번째 유형은 잠자기를 좋아하는 사람들이다. 쉽게 잠들고 종종 잠에서 깨고 다시 잠들면서 열 시간에서 열두 시간 정도 잠잘 수 있는 사람들의 경우 실습의 성공을 확실히 예견할 수 있다. 마지막으로는 아이들이다. 아이들은 생리적인 요인뿐만 아니라 아직 쓸데없는 지식과 과도한 분식의 훼방을 받지 않고 있는 명료한 마음이 많은 부분 성공을 보장해준다. 아이들의 마음에는 실천 지침이 훼방 없이 가닿아서, 착오 없이 쉽게 행해진다.

페이즈 연습을 따라가기 위해 위의 범주에 들어야만 하는 것은 결코 아니다. 당신은 그저 이런 유형의 사람들을 유리하게 만드는 기질이 정확히 무엇인지를 이해하여 당신의 내면에서 그와 유사한 기질을 찾아내도록 애쓰고, 자신의 실습에서 그런 기질이 부각되도록 하면 된다.

마찬가지로, 페이즈 연습을 처음 시작할 때 흔히 어려움을 겪는 특정 유형도 지목할 수 있다. 첫 번째 유형은 체질이나 생활방식, 또는 일 때문에 오래 지속되지 않고 자주 깨는 얕은 수면을 취하는 사람들이다. 두 번째 유형은 비전 기법을 다년간 열심히 수행한 경험 많은 실습자들이다. 이런 사람들의 마음은 온갖 이론과 수련법들로 꽉 차 있기 때문에 이들에게는 기법에 관련된 기본적인 사항조차 전달하기가 불가능할 수 있다. 이들은 즉시 모든 것을 자기만의 방식으로 해석하고 누적된 다른 지식들과 합쳐놓기 때문이다. 다음에는 단순히 부주의한 사람들도 있다. 이들의 문제는, 정작 중요한 것은 대놓고 무시해버리고는 부차적인 문제만 사사건건 붙들고 늘어지는 데에 있다.

위의 범주 중 하나에 속한다고 하더라도 그것이 곧 어떤 방법도 효과가 없을 것이라거나 이 훈련에는 덤벼들지 않는 편이 낫다는 뜻은 아니다. 사실 이 훈련은 모든 사람에게 효과가 있다. 단지 위 그룹의 습관 중 일부가 자신의 발전과정을 방해할 수 있다는 말이다. 자신에게 그런 성향이 있다는 것을 인정한다면 해야 할 일은 그런 성향을 극복하거나 완화시킬 수 있도록 노력하는 것이다.

유체이탈 훈련을 성공적으로 시작하기 위한 주요 기준 중의 하나는 거기에 백지상태로 접근하는 것이다. 실습자가 이 현상에 관한 뭔가를 읽어본 적이 있거나 들어본 적이 있거나 시도해본 적이 있다면 그것을 잊어버리거나 당분간 제쳐두는 것이 낫다. 그리고 그 백지 위에다 여기에 제시된 지침들을 주의 깊고 정확하게 아로새겨야 한다. 이 지침들은 전 세계 수천 명의 사람들에 의해 효과가 입증되었다.

여러 가지 습관이나 취미들이 유체이탈여행 훈련에 긍정적인 효과가 있는 것으로 알려졌다. 스포츠는 목적에 초점을 맞추어 자신을 밀고 나가고, 약점을 극복하는 법을 배우는 데 도움이 된다. 내면의 지껄임을 멈추는 연습도 불필요한 분석을 멈추게 하여 필요할 때에 강력히 집중할 수 있게 해준다. 자기최면과 명상 또한 몸과 마음을 제어하는 것은 물론 집중하는 법을 익히게 한다. 그러나 한 번에 지나치게 연습에 매달려서 자신의 에너지와 열정을 고갈시켜서는 안 된다. 이것은 대개 전반적인 성과를 떨어뜨려 놓는다.

신경증적 성향이나 집착심으로 페이즈에 접근해서는 안 된다. 그것은 성공의 확률을 제로로 떨어뜨리기 때문이다. 최종목표에 대한 집착으로 열광에 빠지지 말고 모든 행동을 침착하고 자신 있게 해야 한다.

충분한 수면은 지침을 잘 따르면서 올바로 접근해가고 있음을 보여주는 하나의 지표다. 모든 방법을 올바르게 행한다면 실습자는 언제나 충분한 수면을 즐길 수 있을 것이다. 반대로, 불면증은 물론, 만성적으로 얕아서 자주 깨는 수면은 훈련에 잘못 임하고 있음을 보여주는 증상이 된다. 총체적으로 건강한 느낌 또한 좋은 지표다. 올바른 페이즈 훈련은 피로를 야기하거나 감정적, 혹은 신체적 고갈을 불러오지 않는다. 반대로, 페이즈는 정서적으로 생기가 나게 하는 것이어야 한다. 간단히 말해서, 이 훈련은 시도가 실패했을 때에도 아무런 불편이 야기되지 않아야 한다.

실습 횟수: 일주일에 2~3일

페이즈를 일주일에 2~3일 이상 연습하는 것은 절대 권장하지 않는다! 이것은 초보자들에게는 절대적인 금기사항인데, 여러가지 이유가 있지만 주로 심리적인 외부요인으로 인해 더 강조된다. 이상적으로는 첫 달, 아니 처음 몇 년 동안은 다음 날 빨리 일어날 필요가 없거나 오후에 낮잠을 잘 수 있는 휴일 전날에 집중적으로 시도하는 것이 가장 좋다. 다른 날에는 몸을 떠나는 어떤 시도도 하지 말라. 그런 날에는 페이즈로부터 주의를 돌려 페이즈와는 전혀 상관없는 문제와 다른 연습들로 자기 자신을 바쁘게 하라.

물론, 페이즈가 저절로 일어나기 시작한다면 페이즈로부터 도망갈 필요는 없다. 그 기회를 이용하여 당신이 보유한 기법과 실전기술들을 모두 활용해보라.

시간이 지남에 따라 숙련된 실습자들만이 시도의 질에 악영향을 끼치지 않는 이상적인 일정을 정할 수 있게 될 것이다. 심지어 일부 실습자들은 매일같이 페이즈를 연습할 수도 있게 될 것이다. 그러나 자신이 그런 수준에 이르도록 억지로 밀어붙이는 것은 의미가 없다. 훈련의 가장 중요한 부분들을 얼마나 잘 터득했는가와는 상관없이, 평균적인 초보자들에게는 그것이 그저 불가능하다.

흥미로운 사실!

페이즈 학교의 초급 세미나조차 이틀 밤을 내리 실습하는 3일간의 수업 형태를 취한다. 이것은 여러 가지 이유로, 예컨대 세미나가 꼬박 5일간 이어지는 것만큼이나 효과적이다.

만일 매일, 또는 거의 매일같이 페이즈 진입 기법을 연습해왔다면 올바른 일정 — 일주일에 2~3회 — 으로 연습을 시작하기 위해 1~2주간 휴식을 취해야 한다.

시도의 성공 여부와는 관계없이 일주일에 2~3회만 페이즈 진입을 시도해야 한다. 이것은 그야말로 의무적인 규칙이 되어야 한다. 감정적인 고갈로 고통받거나 연습의 장벽에 부딪히지 않기 위해서이다. 올바로 따르기만 하면 단 하루 동안에도 여러 번의 페이즈를 경험할 수 있기 때문에 지속적인 발전을 위해서는 일주일에 2~3일만의 연습으로도 충분하다.

이 규칙을 무시하면 연습에 상당히 심각한 결과를 초래할 수 있다. 단순히 페이즈 진입이 전혀 되지 않거나, 성공률이 떨어져서 연습의 장애가 생길 수 있다. 이 장애는 자신의 능력에 대한 믿음을 완전히 상실하거나, 심지어는 이 현상 자체가 존재한다는 믿음을 잃어버리는 지경까지 악화될 것이다. 유일한 치유법은 그 주 동안 더 긴 휴식을 취하는 것이다. 훈련이 성공했을 때조차도 어쨌든 정기적으로 휴식을 취하는 것은 도움이 된다. 직설적으로 말하자면, 세상이 그런 것처럼 페이저는 좋을 때나 나쁠 때나 일정한 리듬과 사이클을 유지해야 한다.

페이즈 숙달 과정

초보 실습자는 페이즈 진입을 배우고 숙달해가는 절차를 잘 이해해야 한다. 이 절차는 몇 가지 주요 단계로 구성되어 있다. 각 단계는 그 자체가 하나의 고유한 과학이다.

1. 첫 번째이자 가장 중요한 이 단계에서는 페이즈 상태로 들어가는 데 사용되는 기법들을 다룬다. 모든 종류의 진입기법(직접기법, 간접기법, 꿈의 자각)을 숙달할 필요는 없다. 가장 쉬운 기법을 배우고 적용하는 것이 고급 기법으로 나아가기 위한 필요조건을 갖춰준다.

2. 일반적인 생각과는 반대로, 페이즈로 진입함과 동시에 의식적인 기법의 필요가 없어지는 것이 아니다. 지극히 생생한 환경이 지속되게 하기 위해서는 페이즈를 심화하는 기법을 배우고 적용하는 것이 절대적으로 필요하다. 심화기법 적용에 실패하면 십중팔구 체험이 단조롭고 재미없어지고 다음번 연습도 오래 지속되지 않는다. 실습자는 한 가지라도 진입기법을 숙달하면 즉시 심화기법을 배우고 적용해야 한다.

3. 세 번째 단계는 페이즈를 유지하기 위한 기법을 숙달하는 것이다. 유지기법 없이 평범한 사람이 경험하는 페이즈는 가능치보다 훨씬 짧아질 것이다. 페이즈 속에 있을 때는 그 상태를 떠나는 법에 대한 의문은 거의 떠오르는 법이 없다. 반대로, 그저 아무것도 안 하고 있으면 대개 몇 초 내에 페이즈로부터 밀려나오게 된다.

4. 페이즈 상태를 숙달하기 위한 모든 필수 기법을 배웠다면 이제는 제어기법을 배우고 적용할 차례다. 여기에는 공간이동을 하고, 대상을 찾아내고 그것과 상호작용을 하고, 환경에 영향력을 미치는 등의 능력이 포함된다.

5. 위의 단계들을 마치고 나면 페이즈 체험을 일상의 삶을 향상시키는 데에 응용하는 단계로 나아갈 수 있다. 우리는 이 가이드북의 과정 속에서 여러 가지 값진 응용법을 아주 세밀하게 살펴볼 것이다.

페이즈 숙달 과정

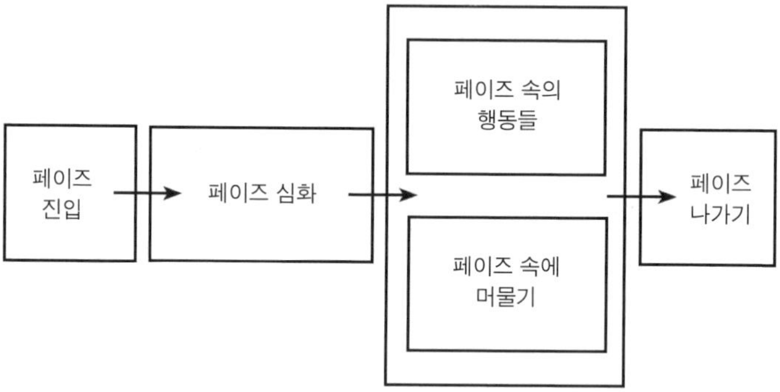

페이즈 진입 → 페이즈 심화 → [페이즈 속의 행동들 / 페이즈 속에 머물기] → 페이즈 나가기

기본적인 기법들을 터득했다면, 일관된 결과를 얻게 될 때에만 페이즈 연습이 가치 있고 효과 있는 것이 된다는 사실을 명심하라. 실습자가 한 달에 한 번밖에 페이즈에 들어가지 않는다면 그 체험은 중요한 원리와 방법론에 대한 고찰을 허용하기에는 너무 감정적인 것이 될 것이다. 적어도 일주일에 한 번은 페이즈에 들어갈 수 있어야 한

다. 일주일에 한 번 페이즈에 진입하는 것보다 한 단계 높은 수준을 향해 노력하는 것은 야심 차고 심지어는 이로운 일이다. 실질적으로, 주당 2~4회는 페이즈를 체험해야 숙달의 수준이라 할 수 있다. 하지만 이것도 높은 경지(하루에 2~6회의 페이즈!)에 비하면 한참 뒤떨어진다.

초보 실습자들은 십중팔구 자신이 바라는 만큼 자주 페이즈에 도달하지 못한다. 그러나 규칙적으로 시도하면 더 자주 성공할 수 있게 된다. 이것은 실패한 시도에서 야기되는 좌절감을 완화시켜줄 것이다.

모든 초보 페이저들은 이 책에 제시된 지침들이 평범한 사람이 페이즈에 도달하게 하는 가장 좋은 도구임을 깨달아야 한다. 하지만 많은 사람들이 자기만의 생리적 기질과 생활방식을 가지고 있다. 그래서 어떤 것이 자신에게는 맞지 않거나 성미에 반反할 수 있다. 지침을 사소하게 조정하는 것은 처음부터 허용된다. 사소한 것인 한에서 말이다. 현저한 변경은 현저한 경험을 쌓은 사람들만을 위한 것이다. 또한 입증된 진짜 방법을 통해서만 변경해야 한다. 기법들은 모든 경우, 모든 사람에게 효과가 있다. 그러나 숙련된 실습자들에게는 기법이란 결과를 더욱 향상시키기 위해 미세조정할 수 있는 하나의 견본일 뿐이다. 만일 어떤 것도 전혀 효과가 없다면, 그것은 기법의 문제가 아니라 기법을 얼마나 잘 적용했느냐의 문제다. 초기 단계에서 기법을 현저하게 변경하는 것을 절대적으로 금하는 이유가 바로 이것이다.

이 책의 목적은 각자의 연습을 위해 모호한 구석이 없는 강력한 훈련기반을 구축하는 것이다. 어떤 것은 기대만큼 화려하거나 환상적이지 않을 수 있다. 그러나 여기에 설명된 모든 것은 사실에 의해 뒷받침된다. 모든 사람이 자신의 초기 훈련기반을 구축해가는 과정에서 자신만의 길, 개인적 성장철학, 일어나고 있는 일에 대한 해석을 선택할 권리가 있다.

기법의 유형

페이즈로 들어갈 수 있게 해주는 기법에는 세 가지의 주요 유형이 있다. 즉, 직접기법, 간접기법, 그리고 꿈의 자각이 그것이다. 이 세 가지 기법은 눕거나 기대서, 눈을 감고, 몸이 완전히 이완된 상태에서 행해진다.

흥미로운 사실!

사람들은 페이즈 현상에 대한 사전지식이나 믿음 없이도 종종 유체이탈을 체험한다. 페이즈 현상이 저절로 일어나는 것이다. 이 사실을 뒷받침하는 많은 증거가 수집되어 있다. 더욱 흥미로운 사실은, 자발적인 유체이탈체험은 대개 이 책과 같은 유체이탈 관련 자료를 잠시 접한 후에 흔히 일어난다는 것이다.

직접기법은 눈에 띄는 의식이탈• 단계를 거치지 않고 바로 수행된다. 직접기법을 행하는 동안에 5분 미만으로 잠에 빠지는 것은 기법을 위반한 것으로 간주하지 않는다.

정의상, 직접기법은 사전에 정해놓은 시간 동안 특정 행위를 수행

• 깨어 있는 의식상태를 잠시 잃었다가 다시 돌아오는 것. 역자 주.

하는 것을 포함한다. 성공적으로 적용했을 때, 직접기법은 과도적인 상태를 거치지 않고 곧장 페이즈로 진입하게 한다. 90퍼센트의 사람들에게는 이 기법이 가장 어렵다. 왜냐하면 마음의 본성 자체가 지나치게 활동적이기 때문이다. 직접기법을 가지고 훈련을 시작하는 것은 초보 실습자들에게 도움이 되지 않는다는 것이 페이즈 학교의 학생들 사이에서 명백히 입증됐다. 직접기법이 효과를 발휘하려면 먼저 간접기법을 철저히 이해하고 능수능란하게 활용할 수 있어야 한다. 페이즈 상태로 들어가기가 매우 어렵다는 잘못된 생각은 사람들의 관심이 어려운 기술인 직접기법에 먼저 끌리는 현실로 인해서 생겨났다. 간접기법 활용에 능통해진 이후에만 직접기법에 접근하는 편이 언제나 낫다.

간접기법은 잠에서 깨자마자 행하는 기법이다.

간접기법의 효과는 사전 수면시간의 길이에 달려 있지 않다. 간접기법은 하룻밤을 푹 자고 난 후, 낮에 토막잠을 잔 후, 몇 시간 동안 깊은 수면을 취한 후 깨어났을 때 사용할 수 있다. 가장 중요한 점은, 이 기법은 그것을 행하기 전에 의식이 잠에 빠져들었다 나오는 단계를 거친다는 것이다.

간접기법은 연습하기 가장 쉬운 방법이다. 많은 실습자들이 페이즈로 들어갈 때 간접기법을 사용하는 것도 이 때문이다. 수면은 자연스러운 방식으로 마음에 깊은 휴식을 제공해준다. 이것은 다른 방법으로는 이루기가 어렵다. 간접기법을 행하려면 수면이 필요한 까닭에 간접기법은 페이즈를 가지고 실험을 행하기에 편리하고 자주 쓰이는 수단이다. 초보 실습자들은 간접기법을 사용하여 큰 도움을 얻고, 페이즈 진입의 가능성을 직접 터득하게 된다.

꿈속의 자각의식은 소위 '자각몽'을 통해서, 페이즈에 진입하게 해 주는 기법들을 사용하여 얻을 수 있다.

이 경우, 페이즈는 꿈속에서 꿈을 꾸고 있다는 자각이 일어날 때부터 시작된다. 꿈을 꾸다가 꿈을 자각하게 되면 몇 가지 행동을 행할 수 있다. 여기에는 심화나 몸으로 돌아가기, 굴러 나오기 등이 포함되는데, 이에 대해서는 나중에 설명할 것이다. 자각몽 상태에서 심화기법을 사용하면 페이즈에서 지각되는 느낌은 깨어 있는 상태의 느낌을 능가하는 현실성을 띤다.

꿈속에서 자각의식을 일깨우는 기법들은 대개 유체이탈여행을 위해 사용되는 방법들과는 별도로 분류된다. 하지만 실제로는 꿈속의 자각의식과 유체이탈여행의 성질이 동일해서, 두 현상이 모두 정확히 페이즈 상태에 속한다. 이런 훈련에는 다른 기법들과는 달리 즉각적인 결과를 얻어내는 특별한 행동이 포함되지 않기 때문에 터득이 어렵다. 결과의 보장도 없이 시간과 노력을 기울여야 하는 여러 예비단계를 거쳐야만 한다. 하지만 꿈을 자각하는 기법은 직접기법만큼 어렵지는 않다. 또한 대부분의 실습자들은 ― 간접기법을 사용하든 직접기법을 사용하든 ― 꿈을 자각하게 하는 기법을 행하지 않고도 꿈을 꾸는 도중에 자연스럽게 자각의식을 경험하게 된다.

모든 페이저들은 페이즈 진입기법에 대한 이해도와 그것을 구사하는 능력, 개인적 성향 등을 바탕으로 모든 기법들 사이에서 자신의 자리를 찾아 균형을 잡는다. 어떤 사람들은 단 한 가지 유형의 기법만을 사용한다. 가장 흔한 것은 간접기법이나 꿈을 자각하는 방법이다. 그러나 가능하다면 균형을 유지하도록 노력하여 페이즈 진입방법을 최대한 다양화하는 것이 가장 좋다. 게다가 연습만 열심히 하면 사실상 모든 것을 해낼 수 있다. 이 분야에서는 불가능한 것이 없다. 균형 잡힌 접근법에다 모든 조건이 동일하다면, 모든 경험의 약 15퍼센트는 직접기법이 가져다주고, 50퍼센트(이중 절반은 깨어나자마자 즉시 분리해 나오는 것이고 나머지 반은 기법을 이용하는 것이다)는 간접기법이, 그 나머지는 꿈의 자각이 가져다줄 것이다. 그러나 때로는 기법들 간의 경계선을 명확히 긋기가 매우 어렵기 때문에 페이즈 진입을 특정한 한 가지 방법의 덕분으로 치부하기가 불가능해 보일 때도 있다.

위에 설명된 기법들 외에, 비자발적인 수단과 도구들도 있다. 페이즈 진입에 활용할 수 있는 다양한 장치와 프로그램들, 외부의 영향 등이 그것이다. 하지만 이런 것들은 다른 도움 없이 스스로 페이즈에 진입할 수 있는 실습자들에게만 유용하다는 것을 말해둘 필요가 있다.

다양한 화학물질과 약초로 만든 보충제가 페이즈 진입에 도움을 주는 것으로 권장되고 있지만 이런 것이 이로운 결과를 가져올 가능성은 희박하고, 순수한 연습을 통해 이룰 수 있는 결과만큼은 결코 내지 못한다. 그렇기 때문에, 이런 화학적 보충제의 사용은 이 책에서는 절대 허용하지 않는다.

금기

페이즈 상태에 들어가는 것이 위험하다거나 또는 안전하다고 말하는 정확한 과학적 증거는 존재하지 않는다. 어느 쪽이든 이 두 가정을 증명할 수 있는 포괄적이고 통제된 연구가 행해진 적은 전혀 없다. 하지만 페이즈는 자연발생적으로 일어나는 의식상태들 중의 하나로서 존재하므로 페이즈를 위험하다고 생각하기는 어렵다. 특히, 페이즈는 급속안구운동(REM)을 동반한다. 급속안구운동은 모든 사람이 매일 밤마다 최대 두 시간까지 경험하는 것으로, 이 사실은 페이즈 체험이 전적으로 자연스럽고 안전함을 뒷받침해준다.

육체와 마음에 대한 페이즈의 심리적 영향 — 즉, 페이즈 상태가 시작되는 동안 발생할 수 있는 정서적 영향 — 은 이미 확인되었다.

페이즈에 진입한다는 것은 두려움을 유발할 수 있는, 매우 심오하고도 믿기 어려운 체험이다. 두려움은 자기보존이라는 본연의 본능에 의해 일어난다. 페이즈는 스트레스를 일으킬 수 있다. 초보자나, 페이즈 현상의 본질이나 페이즈를 제어하는 데 사용할 수 있는 기법에 대한 지식이 부족한 사람들의 경우에는 특히 그렇다. 적절한 훈련과 지식이 없으면 두려움으로 인한 반응은 압도적인 공포로 확대될 수 있다. 페이즈 상태에 있는 동안에는 환상이 이내 현실이 되므로 억압되어온 공포는 극도로 현실적인 경험으로 변할 수 있다. 이런 일이 일어날 때, 위험한 것은 페이즈 환경이 아니라 공포 자체다. 공포가 나쁜 영향력을 지니고 있다는 것은 두말할 필요가 없다. 특히 감수성이 예민한 영혼들, 노인, 심혈관질환과 같은 신체적 질병이 있는 사람들에게는 더욱 그렇다. 하지만 이것이 곧 이런 그룹에 속하는 사람들은 페이즈 진입 훈련을 삼가야 한다는 뜻은 아니다. 해결책은 훈련과정에서 흔히 마주치는 스트레스 요인에 대해 배우고 그것을 피하고, 대상을 제어하는 메커니즘을 알고, 비상탈출하는 원리를 이해하는 것이다.

부정적인 페이즈 체험의 가능성을 고려한다면 실습자들이 페이즈 속에 머무는 시간을 15분으로 제한하는 것이 권장할 만하다. 15분 동안이나 페이즈를 유지하는 것 자체가 매우 드문 일이지만 말이다. 15분의 시간제한은 자연스러운 REM이 일반적으로 15분 이상 지속되지 않는다는 사실에 착안한, 순전히 이론적인 것이다. 또한 자연의 흐름을 바꾸는 데서 오는 부작용의 위험을 무릅쓰고 억지로 REM 시간을 연장시키려는 목적의 실험은 하지 않는 것이 좋다.

이 책의 활용에 대한 권고

페이즈 학교에서 수업을 받을 때, 몇 가지의 주요인이 개별적으로 연습하는 동안의 성공 가능성에 긍정적, 부정적 영향을 미치는 것으로 알려졌다.

연습에 긍정적인 영향을 미치는 것	연습에 부정적인 영향을 미치는 것
교재를 세심하게 철저히 공부하는 것	교재를 성급하게 대충 공부하는 것
실습이 필요한 것들을 지속적으로 해보는 것	일관성 없는 기법 실습
기술적인 요소들을 성실히 완수하는 것	권장지침을 벗어나 적당히 기법을 행하는 것
주제에 대한 편안한 접근	문제에 대한 신경증적 접근, '고정관념'
모든 최초의 시도와 성공적인 페이즈 진입을 모두 기록하기	문제나 실패에 부딪혔을 때 개인적인 분석이 부족한 것
진입 시도의 권장 횟수를 지키기	하루에 너무 여러 번 시도하는 것
정기적인 시도와 연습	산발적인 훈련 프로그램
저자가 자신의 분야를 잘 알고 있음을 이해하는 것	"내게 필요한 것은 나도 다 알고 있으니 내 마음대로 하겠다." 이런 태도는 실전 경험이 많은 사람들에게만 좋은 것이다. 이 주제에 관한 책을 많이 읽었다거나 단순히 지식을 가지고 있다는 것이 곧 경험이 많다는 뜻은 아니다.

연습문제

질문

- 의식의 어떤 변성 상태가 '페이즈'라는 말에 포함되는가?
- 페이즈는 유체이탈여행과 어떻게 다른가?
- 깨어 있는 상태의 현실 지각과 페이즈 세계의 현실 지각은 다른가?
- 페이즈를 일상생활 속에서 활용할 수 있는가?
- 페이즈를 실제로 활용하기 위해서는 어떤 기법을 배워야 하는가?
- 독자적인 페이즈 진입기법은 어떤 것이 있는가?
- 직접기법과 간접기법의 차이점은 무엇인가?
- 대다수의 실습자에게 가장 쉬운 기법은 무엇인가?
- 페이즈 진입을 도와줄 수 있다고 약속하는 다양한 장치와 프로그램들은 믿을 만한가? 그렇다면 왜 그런가, 혹은 왜 그렇지 않은가?
- 페이즈를 연습할 때 육식을 해야 하는가?

과제

1. 과거에 페이즈를 경험한 적이 있는지 기억을 더듬어보라.
2. 페이즈를 접한 적이 있다면 직접기법, 간접기법, 꿈의 자각 중 어떤 방법이 페이즈로 진입하게 해주었는가?
3. 가능하다면 친구나 지인에게 유체이탈여행이나 자각몽에 대해 물어보라. 유사한 경험을 기억하는 사람이 있는가? 그 경험은 어땠는가?

제2장

간접기법

간접기법의 개념

페이즈 진입 연습은 가장 쉽고 접근하기 쉬운 방법, 즉 간접기법부터 시작하는 것이 가장 좋다. 간접기법은 잠에서 깨자마자 행하는 의식적인 행위이다. 일부 비판자들은 간접기법을 이상적이지 못한 것으로 오해하여 직접기법부터 시작하기를 선호한다. 그러나 그것은 성공을 보장해주지 않고, 오히려 많은 시간과 노력을 허비하게 만들 수 있다. 하지만 간접기법으로 연습을 시작하면 페이즈 진입이 보장된다.

모든 실습자에게 맞는 보편적인 어떤 기법이 존재한다는 믿음은 근거가 없다. 사람은 성격과 심리와 학습속도가 저마다 크게 다르기 때문이다. 그러나 상대적으로 쉽고 보편적인 절차는 존재한다. 이것은 각자의 개성에 맞추어서 가장 합리적이고 효과적인 방법으로 페이즈의 첫 진입을 달성할 수 있게 해준다. 이 절차에는 이 장에서 설명할 간접기법을 순환적용하는 연습도 포함된다. 예외 없이, 이 기법들은 그 다양한 난이도에도 불구하고 페이즈를 체험해보고자 하는 모든 이들에게 적합하다.

처음에 몇 번 시도해보면 즉시 결과가 나온다. 그러나 눈에 띄는 결과를 내기 위해서는 평균 다섯 번은 의식적으로 시도해봐야 한다. 단 하루의 과정 동안에 다섯 번 이상 시도해도 괜찮다. 기법들은 명확하게 제시되어 있고 마음속에서 행해지는 실제 과정을 기반으로 하기 때문에 기법을 행하는 방법을 이해하는 데에 어려운 것은 없다. 놀랍게도, 간접기법을 제대로 연습하면 학생의 절반 이상이 단 2일 만에 페이즈 진입에 성공한다.

흥미로운 사실!

경험이 많은 실습자들은 직접기법 공부는 건너뛰고 간접기법만을 사용해서 기술을 연마하기를 선호한다.

우리의 노력이 가장 효과적이고 생산적인 것이 되게 하기 위해서, 이제부터 행위들 배후의 원리와 각 단계들을 하나씩 하나씩 자세히 살펴볼 것이다. 우선, 기법 자체에 대한 설명부터 시작하도록 하자. 이 설명들은 사실상 간접기법만큼이나 직접기법에도 그대로 적용된다. 간접기법과 직접기법은 그 특징과 적용하는 시간의 길이에만 차이가 있을 뿐이기 때문이다.

기법은 충분할 만큼 많이 있다. 그러니 실습자는 이 장에 나온 모든 간접기법들을 연습해본 후, 개인적으로 가장 수월하고 효과가 있는 방법 서너 개를 선택할 수 있어야 한다.

분리기법은 나중에 살펴볼 것이다. 분리기법은 일반적인 기법들과는 완전히 다르다. 일반적인 기법들은 실습자를 페이즈 속으로 데려갈 뿐, 기법 자체가 꼭 몸으로부터의 분리를 가져오는 것은 아니다. 또한 이 기법들을 행한 후에 물리적인 몸을 지각하기를 그만두는 방법을 아는 것이 필요할 때도 많다.

이 기법들을 언제 사용하는지, 눈을 뜨거나 몸을 움직이지 않고 잠에서 깨는 것이 얼마나 중요한지를 이해하는 것도 꼭 필요하다. 숙달이 될 때까지 잠에서 깨자마자 즉시 페이즈 진입을 시도하기를 배우고 연습해야 한다. 이것은 연습이 성공에 이르기까지 넘어야 할 주된 장벽이기 때문이다.

간접기법의 주변 정보를 살펴본 다음에는 간접기법의 순환적용에 대해 살펴볼 것이다. 여기에는 간접기법을 순환적으로 적용해나간다는 것이 무엇인지, 그것이 어떻게 작용하는지, 그것을 어떻게 가장 잘 활용할 수 있는지 등이 포함된다. 성공적인 페이즈 진입은 이 기법들을 순환적으로 적용해나갈 때 얻어지는 직접적인 성과다. 그러나 예외도 있어서, 실습자의 마음이 정확히 무슨 기법을 사용해서 시작해야 할지를 알려주고 있는 경우라면 꼭 이 기법들을 차례대로 적용해야만 하는 것은 아니다. 이 경우에 대해서는 따로 살펴볼 것이다.

간접기법의 숙달

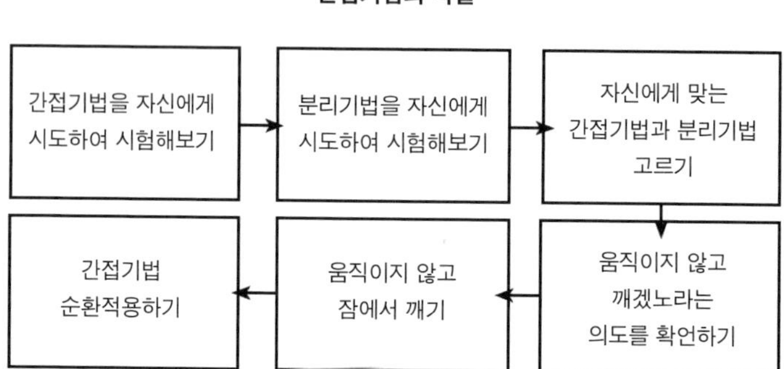

기본적인 간접기법

명심하라! 아래에 설명된 기법들은 간접기법 순환적용에 들어갈 요소들일 뿐이다. 각각의 기법을 그저 설명대로 해보는 것만으로는 효과를 거두기가 어렵다. 각 실습자는 아래의 목록 중에서 가장 이해가 쉽고 흥미가 가는 기법을 선택한 다음, 그 적용방법을 열심히 공부하고 실천해봐야 한다.

이미지 관찰하기

효과 시험 잠에서 깨어난 직후, 눈을 감은 채 움직이지 말고 그대로 있으라. 3~5초 동안 눈앞의 허공을 살피면서 인식 가능한 그림, 이미지, 기호 등을 찾아내보라. 이 연습을 하는 동안 아무것도 나타나지 않는다면 기법을 바꿔야 한다. 뭔가가 나타난다면 수동적으로 그 이미지를 계속 관찰한다. 그러는 동안에 이미지는 점점 더 현실성을 띠게 되어 말 그대로 실습자를 에워쌀 것이다. 그 자세한 이미지에 대들듯이 달려들어서 살펴보지는 말라. 그러면 이미지는 사라져버리거나 변할 것이다. 이미지는 모든 것을 포함한 파노라마의 하나로서 경험되어야 한다. 이미지의 질과 현실감이 증가하고 있는 한 그 이미지를 관찰하라. 그러면 두 가지 결과가 나타날 수 있다. — 실습자가 환경의 일부가 되어 페이즈에 도달하거나, 이미지가 거의, 혹은 완전히 현실이 되고, 육체로부터 분리해 나올 수 있게 된다.

훈련 이 기법을 연습하려면 어둠 속에 누워서 눈을 감고 어둠 속을 몇 분 동안 살피면서 단순한 점이나 떠다니는 것들로부터 생겨나오는 구체적인 이미지를 찾아보라. 그런 다음 그것이 점차 전체적인 그림이나 장면이나 시나리오로 바뀌어가는 것을 지켜보라. 연습을 해보면 이 기법은 매우 단순하고 쉽다는 것을 알 수 있을 것이다. 이 기법을 연습하는 동안 발생하는 일반적인 실수는, 자연스럽게 나타나는 이미지를 수동적으로 관찰하는 것이 아니라 실습자가 나서서 이미지를 불러내려고 하는 것이다.

유체 움직이기

효과 시험 잠에서 깨어난 직후, 눈을 감은 채 움직이지 말고 있으라. 3~5초 동안 신체의 한 부위를 꼼지락거려 움직이기를 시도하라. 그러나 근육은 사용하지 않아야 한다. 시도해봐도 아무것도 움직이지 않는다면 다른 기법을 시도해보라. 움직이는 느낌이 아주 조금이라도 일어난다면 움직임의 폭을 가능한 한 최대로 넓히도록 노력하면서 이 기법을 계속 행하라. 이 기법은 수동적으로 하지 말고 매우 적극적으로 행해야 한다. 움직임의 폭이 10센티에 가깝거나 넘어간다면(단 몇 초 만에 될 수 있다) 다음과 같은 상황이 발생할 수 있다. — 실습자는 잠깐 동안 자기도 모르게 페이즈에 들어 있는 자신을 발견하거나, 아니면 몸의 꼼지락거리던 부분이 자유롭게 움직이기 시작한다. 이 기법을 연습하다가 움직임이 일어나면 실습자는 분리기법으로 넘어가서 몸 떠나기를 시도해볼 수 있다.

유체 움직이기 기법을 연습하는 중에 강한 진동이 발생할 수 있는데, 그러면 그동안에 분리를 시도해볼 수 있다. 소리도 종종 발생해서 내부의 소리 듣기를 연습할 기회가 생기고, 그것이 페이즈 진입으로 이어질 수도 있다.

유체 움직이기 기법은 상상 속에서 유체의 움직임을 만들어내기 위한 것이 아니다. 이 기법의 요점은 근육의 움직임을 이용하지 않고 육체의 한 부분을 움직이기를 시도하는 것이다. 즉, 육체적인 움직임 없이, 움직이고자 하는 내적 의도에 초점이 맞춰져야 한다. 움직이는 느낌이 발생하면 그 느낌은 육체의 그 부분이 움직이는 느낌과 거의 차이가 없으며 종종 무거움과 저항의 느낌을 수반한다. 처음에는 대개 움직임의 폭이 매우 작다. 그러나 집중해서 노력하면 그 폭이 현저하게 증가한다.

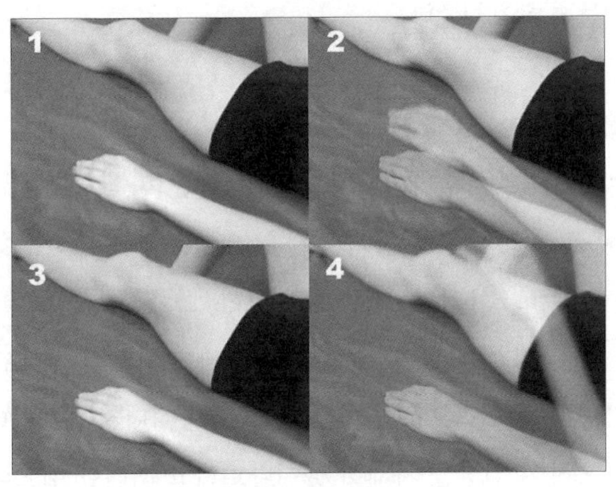

유체의 움직임을 연습하는 데에 몸의 어떤 부분을 사용하는가는 중요하지 않다. 몸 전체가 될 수도 있고 손가락 한 개가 될 수도 있다. 움직임의 속도 또한 중요하지 않다. 지각되는 움직임의 폭을 증가시키는 것이 이 기법의 목적이다.

훈련 유체 움직이기 기법을 훈련하기 위해서는 눈을 감은 채 누워서 몇 분 동안 한 손의 긴장을 풀라. 그런 다음, 근육을 움직이지 않고 다음의 손동작을 적극적으로 마음속에 그리라(각 2~3분 동안): 회전시키기, 위-아래, 오른쪽-왼쪽으로 움직이기, 손가락을 늘이고 잡아당기기, 주먹을 쥐고 펴기 등.

처음에는 어떤 감각도 발생하지 않을 것이다. 시간이 지나면 점차 근육이 움직이는 느낌이 매우 뚜렷해져서, 지각되는 움직임을 실제 움직임과 구별할 수 없게 될 것이다. 처음으로 훈련을 시도하는 동안에 흔히 실습자는 실제로 움직임이 일어났는지를 보기 위해 눈을 뜨고 싶은 유혹을 느낀다. 이것은 그 느낌이 얼마나 사실적으로 생생하게 느껴지는지를 보여준다.

심상화

효과 시험 몸을 움직이지도 눈을 뜨지도 않은 채 깨어나자마자 3~5초 동안 미리 정해둔 대상의 심상을 응시하고 그것을 눈앞에 가까이(눈에서 10~15센티) 가져오기를 시도해보라. 그것은 예컨대 비비고 있는 두 손, 혹은 사과가 될 수도 있다. 5초 내에 아무런 심상도 나타나지 않는다면 다른 기법으로 넘어가라. 흐릿한 이미지라도 나타난다면 기법을 계속하여 심상을 자세히 들여다보려고 최대한 애쓰라. 곧 심상의 윤곽과 색이 더욱 선명해질 것이다. 심상이 생생하게 인식되면 즉시 몸에서 분리해 나올 수 있다.

이 기법을 행할 때 저지르게 되는 가장 일반적인 실수를 경계하라. 즉, 실제로 대상을 보려고 하지 말고 보고 있는 것을 상상하기만 하라. 심상화가 이미지 관찰하기와 다른 점은 저절로 나타나는 이미지를 찾아 수동적으로 허공을 응시하는 것이 아니라 미리 정해둔 심상을 보려고 애쓰는 능동적인 욕구에 있다.

훈련 이 기법을 연습하기 위해서는 어두운 방에서 눈을 감은 채 누워 눈앞의 허공 속에서 미리 정해놓은 다양한 심상들을 찾아내기를 시도해보라. 간단한 것(사과, 촛불, X자 등)으로부터 시작해서 복잡한 것(풍경, 실내 인테리어, 액션 장면 등)으로 넘어가라. 심상화한 대상의 세밀한 요모조모를 최대한 명확하게 볼 수 있도록 노력하라. 대상이 더욱 선명하고 세밀할수록 효과가 더 좋다. 이마 맞은편의 눈높이 바로 위에 있는 대상을 보려고 노력하는 것도 바람직하다.

상상으로 움직이기

효과 시험 깨어나자마자, 몸을 움직이거나 눈을 뜨지 말고 3~5초 동안 상상 속의 어떤 움직임을 느끼려고 애써보라. 그것은 예컨대 달리기, 줄 당기기 등이 될 수도 있다. 몇 초 후까지 아무런 결과도 없다면 다른 기법으로 넘어가라. 움직이는 느낌이 미약하거나, 동시에 두 개의 몸에 있는 듯한 느낌이 느껴진다면 기법을 계속 행하여 느낌의 사실감을 실제 느낌의 수준까지 높이라. 그러면 그 순간 상상 속의 느낌이 더 생생해져서 당신은 몸으로부터 분리를 시도할 수 있다. 이 기법을 행할 때 종종, 저절로 이런저런 곳으로 공간이 이동되는 일이 일어나기도 한다. 이렇게 되면 이미 분리를 할 필요가 없게 된다.

훈련 이 기법을 연습하기 위해서는 어두운 방에서 눈을 감은 채 누워 상상 속에서 최대한 진짜처럼 다양한 종류의 동작의 느낌을 느끼려고 해보라. — 수영, 달리기, 파워 워킹, 손과 발로 페달을 밟기, 밧줄 당기기, 눈앞에서 양손 비비기 등. 이 훈련은 특정 감각을 느끼고자 하는 의도를 재빨리 만들어내는 법을 터득하도록 도와줄 것이고, 그것은 중요한 순간에 핵심적인 역할을 해줄 것이다.

내부의 소리 듣기

효과 시험 잠에서 깨어난 직후 눈을 감은 채 움직이지 말고 있으라. 머릿속에서 소리를 들으려고 노력해보라. 움직이거나 눈을 뜨지 말고 3~5초 동안 이 작업을 행한다. 이 시간 동안 아무 일도 일어나지 않는다면 다른 기법으로 전환한다. 윙윙거리는 소리, 붕붕거리는 소리, 쉭쉭 하는 소리, 휘파람 소리, 딸랑딸랑 소리, 멜로디 등 어떤 소리라도 들린다면 주의 깊게 귀 기울이라. 그러면 그 소리의 음량이 커질 것이다. 음량에 변화가 일어나고 있는 한 거기에 귀를 기울이라. 소리가 멈추거나 충분히 커지면 분리기법을 시도할 수 있다. 때로는 소리 자체가, 듣고 있는 사이에 실습자를 페이즈 속으로 던져 넣기도 한다. 어떤 단계에서는 심지어 제트 엔진 소리에 비할 수 있을 만큼 소리가 극도로 커질 수도 있다.

내부의 소리 듣기는 어떤 소리든지 그 음색과 음폭, 그것이 듣는 사람에게 어떻게 반응하는지 등을 주의 깊게 능동적으로 살피는 것을 포함한다.

여기서 내부의 소리 듣기 강제기법을 선택할 수도 있다. 이 기법을 위해서는 단지 소리가 들리기를 강렬히 원하기만 하면 된다. 그러면서 직관적인 내면의 노력을 기울이라. 그러면 그 노력은 올바른 것이 되게끔 되어 있다. 올바로 행한다면 강제기법으로 얻어진 소리는 일반적인 내부의 소리 듣기 기법을 통해 들리는 소리와 마찬가지로 커질 것이다.

훈련 내부의 소리 듣기를 연습하기 위해서는, 조용한 장소에 누워 눈을 감고 머릿속에서 들리는 소리에 귀 기울이라. 이것은 보통 시도한 지 몇 분 내로 성공한다. 그러면 실습자는 모든 사람이 내부에 반드시 지니고 있는 그 소리를 듣기 시작한다. 그 소리에 귀를 기울이는 방법만 깨우치면 되는 것이다.

회전하기

효과 시험 잠에서 깨어난 직후 눈을 감은 채 움직이지 말고 있으라. 5~10초 동안 육체가 축을 중심으로 회전하고 있다고 상상하라. 특별한 느낌이 일어나지 않으면 다른 기법을 시도하라. 회전 중에 진동이 발생하거나 움직임이 갑자기 생생하게 느껴진다면 그 느낌의 변화에 진척이 있는 한 회전 기법을 계속하라. 회전 기법을 연습할 때 몇 가지 예상 가능한 결과가 있다. 상상 속의 회전이 상상 속의 축을 중심으로 몸이 회전하는 매우 실감 나는 느낌으로 대체되는 것이다. 이런 일이 일어날 때 실습자는 쉽게 몸을 떠날 수 있다. 다른 가능한 결과는, 갑작스런 강한 진동이나 큰 소리가 일어나는 것이다. 그러는 중에 몸으로부터 분리가 일어날 수 있다. 회전하다 보면 분리가 저절로 일어나서 실습자가 페이즈에 진입하게 되는 것으로 알려져 있다.

훈련 회전을 연습하기 위해서는 눈을 감은 채 누워서 몇 분 동안 머리에서 발끝에 이르는 축을 중심으로 몸이 회전하는 것을 상상하라. 회전하는 심상이나 몸의 미세한 감각에 집중할 필요는 없다. 핵심 요소는 마음속의 회전으로부터 일어나는 전정신경(속귀신경)의 감각이다. 실습자들은 십중팔구 완전히 한 바퀴 회전하는 것이 어렵다는 것을 깨닫는다. 어떤 사람은 90도의 움직임으로 제한되기도 하고 또 어떤 사람은 180도 회전을 경험할 수도 있다. 올바르게 꾸준히 연습하면 완전한 360도 회전이 일어날 것이다.

이 책의 뒤에 있는 별도의 장(12장)에는 수십 개의 부차적인 혼합

기법들이 소개되어 있다.

알맞은 기법 선택하기

간접기법을 숙달한 다음의 단계는 각자의 성향에 맞는 적절한 기법을 고르는 것이다. 어떤 기법이 재미있어 보이거나 사람들이 그 기법에 대해 많이 얘기하거나 글을 썼다는 이유만으로 이런저런 기법에 열을 올리는 것은 의미가 없다. 선택은 반드시 각각의 실습자에게 무엇이 맞는지에 바탕을 두어야 한다.

이 책에 열거된 모든 기본적인 간접기법 중 뇌 긴장시키기 기법(12장에서 소개됨, 518쪽 참고)만이 실제로 95퍼센트의 실습자들에게 쉽고 빠르게 효과를 발휘한다. 다른 모든 기법들은 첫 훈련 동안 단지 25~50퍼센트 가량의 실습자들에게만 즉시 효과를 발휘한다. 그러나 몇 번 연습하고 나면 모든 기법이 열심히 하는 실습자들의 75퍼센트에게서 결과를 맺는다.

어떻게든 간에 모든 실습자는 자신에게 가장 잘 먹히는 일련의 기법들을 찾아내야 한다. 한 벌의 기법은 세 개 이상의 기법으로 이뤄져야 한다. 선택폭이 넓은 실용적인 조합을 만들기 위해서는 너덧 개를 고르는 것이 더 낫다. 먹히지 않는 기법이라고 해서 도매금으로 전부 버려버리면 안 된다. 그런 기법들도 이전에 없었던 새로운 경험을 통해 성공의 기회를 가져다줄 수 있기 때문이다.

기법을 제대로 고르기 위해서는 적어도 3일 동안 각 기법을 하나씩 연습해봐야 한다. 이를 위해, 실습자는 낮 동안 각각의 기본 기법들을 2~10분간 실험해봐야 한다. 이 방식은 실습자에게 가장 좋은 결과를 가져다줄 기법을 정확히 고를 수 있게 해준다. 각자의 맞춤 기법을 고르는 이 과정에서 실습자들은 개인적이고 밀접한 방식으로 기법을 배우고 기억하게 된다. 이것은 중요한 순간에 기법을 적절히 잘 활용할 수 있게끔 해준다. 훈련기간 동안에 페이즈에 진입하는 시도를 미루지 말고 두 가지를 병행하여 연습하라.

그러나 다음 날 아침에 사용할 기법이라면 절대로 전날 잠자리에 들기 전에 연습해서는 안 된다. 이 경우엔 낮이나 아침 시간에 연습하는 것이 훨씬 낫다. 이것은 초보자가 저지르는 가장 결정적인 오류 중의 하나다. 시도하기 전날 밤에 연습하는 것은 깨어 있는 동안 내적 에너지가 고갈되게 하고 의도를 흩뜨린다. 그 결과, 실습자는 밤이나 아침에 기법을 시도하는 횟수가 훨씬 줄어들 것이고, 집중력이 떨어져서 질도 낮아질 것이다.

최종적으로 선택된 기법들은 다양해야 한다는 점을 언급할 필요가 있다. 예를 들어, 뇌를 긴장시키는 기법과 근육을 사용하지 않고 몸을 긴장시키는 기법을 선택하는 것은 무의미하다. 두 기법은 사실상 하나이고 동일한 기법이기 때문이다. 아마 두 기법이 다 효과를 내거나, 아니면 둘 다 효과가 없을 것이다. 다양한 유형의 감각적 지각 — 시각, 청각, 운동감각, 전정前庭신경감각, 상상 속의 지각, 내적 긴장 — 을 동원하는 기법들을 골라야 하는 것은 이 때문이다. 우선순위와 목표는 시간과 함께 변하며, 첫 시도 때 실패로 끝난 어떤 기법이 훗날 예상 밖에도 가치 있는 것으로 밝혀질 수도 있다는 사실을 기억하라. 융통성을 가지라. 어떤 기법들의 조합도 변경불가능한 것이 되어서는 안 된다. 실제로, 실습자가 무엇이 자신에게 가장 좋은 결과를 내는지를 발견해가는 처음의 몇 주 동안에 그것은 몇 번이고 변경될 수 있다.

이 장의 마무리로서, 가장 효과적인 간접기법이 무엇인지를 보여주는 목록을 제시한다. 이 목록은 페이즈 학교의 수업에서 나온 데이터를 취합한 것으로, 효과적인 간접기법 조합을 정하는 데에 도움이 될 것이다.

페이즈 학교 세미나에서 가장 효과가 좋았던 간접기법들(2010-2011)

헤엄치기(상상 속의 움직임)	25%
유체 움직이기	20%
이미지 관찰	20%
회전	20%
기타 기법들	15%

분리기법

정말 충격적인 사실로부터 시작해보자. 간접기법을 사용하여 페이즈로 들어가는 데 성공한 경우의 50퍼센트(!)에서는 그 어떤 페이즈 진입기법도 행할 필요가 없다. 분리기법이 바로 성공하기 때문이다. 이는 페이즈 학교 세미나 및 다른 자료들의 분석에서 통계적으로 입증되었다. 반대로, 분리기법에 대한 그릇된 이해는 바람직하지 않은 결과를 초래할 수 있다. 실습자가 페이즈 상태로 들어갔는데도 몸에서 분리해 나올 수 없게 되는 수도 있는 것이다. 따라서 분리기법이 어떻게 작동하는지를 이해하는 것은 매우 중요하다. 분리기법이야말로 종종 성공의 열쇠가 되기 때문이다.

흥미로운 사실!

꽤 자주, 실습자가 분리기법을 행해도 아무런 효과가 나타나지 않는 경우가 있다. 그러나 그는 나중에야 뜻밖에도 자신이 처음 있었던 자세와는 다른 자세로 누워 있었고, 실제로 해야 할 일은 '일어나는 것' 밖에 없었다는 사실을 깨닫게 될 것이다. 이런 일은 대부분 초보자들에게 일어나며, 그들이 분리기법을 잘못 이해하고 있었다는 것을 보여준다.

때로는 실습자가 해야 할 일이라곤 분리에 대해 생각하는 것뿐이어서, 그러면 바로 분리가 일어난다. 이것은 희귀한 일이어서, 이 때문에 온갖 보조기법이 존재하는 것이다. 가장 중요한 분리기법은 굴러 나오기, 일어서기, 기어 나오기, 위로 떠오르기이다.

굴러 나오기

잠에서 깨는 동안, 근육을 전혀 사용하지 않고 침대 가장자리나 벽 쪽으로 구르기를 시도하라. 침대에서 떨어지거나 벽에 부딪칠까봐 걱정하거나 이 기법은 느낌이 어때야 한다는 등의 시시콜콜한 사항에는 관심을 두지 말고 그저 구르라.

일어서기

잠에서 깨자마자 육체적인 힘을 쓰지 않고 침대에서 나오기를 시도하라. 이것은 실습자에게 가장 편안한 방식으로 행해야 한다.

기어 나오기

잠에서 깨는 동안 어떤 근육도 사용하지 않고 몸 밖으로 기어 나오기를 시도하라. 이 기법은 대개 다른 기법을 사용해서 부분적으로 몸을 분리했거나, 몸의 한 부분이 완전히 분리되었을 때 사용해볼 생각이 난다.

위로 떠오르기

잠에서 깨자마자 침대와 평행하게 위로 떠오르기를 시도하라. 떠오르기를 시도하는 동안 그것을 어떻게 해야 하는지에 대해서는 궁금해하지 말라. 모든 사람이 꿈속의 경험을 통해 어떻게 공중으로 뜨는지를 직관적으로 알고 있다.

아래로 가라앉기

실질적으로는 위로 떠오르기와 같다. 잠에서 깨자마자 침대를 통과하여 아래로 가라앉기를 시도하라.

빠져나가기

잠에서 깨자마자 마치 뚜껑이 달린 누에고치에서 탈출하는 것처럼 머리를 통과해 몸을 빠져나가기를 시도하라.

뒤로 구르기

잠에서 깬 후, 신체 근육을 전혀 사용하지 않고 머리를 넘어 뒤로 공중제비를 시도하라.

눈 돌출시키기

잠에서 깨자마자 눈을 뜨지 말고 눈을 돌출시키거나 넓히라. 분리를 향해 이마 부분의 움직임이 일어날 수 있다.

이미 분리되었다고 상상하기

자신이 이미 분리되었고 방 안에 있다고 상상하면서 가능한 한 강하게 분리된 몸을 느끼려고 노력해보라. 당신의 감각은 육체로부터 유체로 점차 흘러들어가서 꼭 현실과 같아질 것이다.

공간이동

분리를 먼저 하지 않고도 공간이동 기법을 사용하는 것을 시도해볼 수 있다. 이는 공간이동과 분리의 동시발생으로 이어질 것이다. 이때는 눈을 감고 공간이동하는 것이 가장 효과가 있다.

날기

고속으로 날아가는 자신을 느끼기를 시도해볼 수 있다.

분리기법은 이 하나의 아이디어로 통합된다. — 아무것도 상상하지 않고, 신체 근육을 사용하지 않고 움직임을 시도해야 한다는 것. 이 기법들은 현실에서 느끼는 것과 똑같은 움직임의 감각을 만들어낸다. 시도 직후에 아무 일도 일어나지 않는다면 그 기법은 먹히지 않는 것이다. 나중에는 그 기법이 효과를 낼 수도 있지만 말이다. 실습자는 기법이 먹히는지를 즉각 알아차릴 수 있게 될 것이다. 그러나 보통 사람들은 느낌이 그토록 생생할 줄은 예상하지 못해서, 몸의 일부분 또는 몸 전체가 분리되었음을 깨닫지 못하고 자신의 육신이 움직이고 있다고 생각한다. 실패 후에 주의 깊게 분석을 해보면 무슨 일이 일어났는지를 이해하게 되고, 다음에는 시도에 성공할 수 있도록 계획을 세우는 데 도움이 된다.

분리가 불완전하거나 좀 어렵게 일어나는 경우, 그것은 해당 기법이 정확하게 실행되었지만 완전한 분리를 위해서 지금부터는 힘과 적극적인 노력이 필요하다는 것을 말해주는 신호이다. 예를 들어, 어떤 움직임이 시작되었다가 약간의 진전을 보인 후 멈췄다면, 실습자는 돌아가서 같은 방향으로 다시 한 번 더 세게 움직여야 한다.

분리기법을 연습하기 위해서는 눈을 감고 누워 몇 분에 걸쳐 분리기법을 전부 시도해보라. 근육이 실룩거리거나 긴장하지 않는 가운데 움직이는 느낌이 느껴지면 분리 시도가 성공했을 가능성이 있다. 움직임을 일으키려면 강력하고 거의 물리적으로 느껴지는 마음의 노력이 필요할 것이다. 당연히, 물리적 움직임은 전혀 일어나지 않고 실습자는 엎드린 채 움직이지 않고 있다. 하지만 적당한 순간이 오면 이런 행위들은 페이즈로의 쉬운 진입으로 이어질 것이다.

홍미로운 사실!

페이즈 진입 연습의 1~3퍼센트 정도는 실습자가 잠에서 깰 때 자신이 이미 몸에서 분리된 것을 깨닫는다. 이것은 실습자가 이미 어딘가로 가서 서거나 눕거나 앉아 있을 수 있게 되었음을 뜻한다. 그러나 이것은 꿈속에서 꿈을 자각하게 된 것이 아니라, 잠에서 깨어난 것이다.

페이즈 기법 중 하나가 먹히기 시작하면 몸에서 분리해 나오기 위해서는 어떻게 행동해야 할지에 대해 논할 필요가 있다. 이런 상황에서는 기법을 행하여 얻은 그 몸과 그 감각을 써서 분리를 시도해야 한다는 것을 아는 것이 중요하다. 예를 들어, 회전 기법을 했을 때는 회전하는 느낌과 동일한 감각을 사용하여 일어서야 하고, 이미지 관찰을 했을 때는 이미지를 볼 때와 동일한 몸을 사용하여 분리해야 한다.

그 외에도 페이즈 생성 기법이 몸으로부터 부분적으로 분리된 느낌을 수반할 경우, 몸으로 완전히 돌아가지 않는 것이 중요하다. 예를 들어, 회전 기법이 효과가 있었다면 분리를 시도하기 전에 완전히 몸으로 돌아가서 합체할 필요가 없다. 그러면 즉시 분리가 훨씬 더 어려워질 것이다. 육체와 수직을 이룬 자세에서 회전을 멈추는 즉시 분리하는 것이 낫다. 유체 움직이기를 하는 중에도 같은 유혹이 일어날 수 있다. 이때도 움직이기 시작한 팔에서부터 분리를 시작해야 한다. 즉, 팔을 다시 몸속으로 집어넣지 말라. 이것은 다른 부분적인 분리기법들에도 다 똑같이 적용된다.

초보자가 연습을 통해 유체 움직이기가 무엇이고 어떻게 느껴지는지를 터득했다면 유체 움직이기와 마찬가지 방법으로 분리 단계로 나아가도 된다. — 하지만 이번에는 몸 전체를 움직여서. 즉, 이것은 지각된 몸(유체)을 사용해서 움직이려는 시도이니 육체에서는 단 하나의 근육도 움직이지 않아야 한다.

가장 중요한 점은, 간접기법이 효과를 발휘했거나 막 잠에서 깨어났다면 논리적으로 말해 실습자는 이미 페이즈 속에 있다는 사실을 즉시 깨닫는 것이다. 모든 감각이 육체로부터 나오는 것처럼 느껴질지 모르지만 그 감각들은 더 이상 육체로부터 나오는 것이 아니다. 남은 일이라곤 마치 육체로써 하는 것처럼 일어서거나 굴러 나오거나 공중으로 떠오르는 것이다.

초보자와 경험이 없는 사람들은 흔히 연습하는 동안 분리의 분명한 징후를 발견하기를 기대하면서 그것을 찾아내려고 애쓴다. 사실, 이 과정에서 일어나는 감각은 아주 다양하다. 이를 모르는 사람은 예기치 못한 상황이 발생할 때 많은 체험을 헛되이 지나쳐버린다. 모든 뜻밖의 사태에 항상 대비하고, 99퍼센트의 경우에 관찰되는 기본적인 분리 시나리오를 알아둬야 하는 이유가 여기에 있다.

감각별 페이즈 진입(분리)의 종류는 다음과 같다.

— 일상적인 움직임

여기서 분리는 대개 완전히 일상적인 움직임처럼 보인다. 마치 육신을 움직이는 것처럼 말이다. 실습자는 마치 현실 속에서 움직이듯이 그저 일어서거나 굴러서 침대를 빠져나오거나 위로 떠오르기를 한다.

— 분리

마치 실제로 뭔가로부터 빠져나오는 것같이 육신으로부터 유체를 실제로 직접 분리시키는 것. 페이즈 진입('분리')이라는 전 과정에 붙여진 이름이 가리키는 것이 바로 이 느낌임에도 불구하고, 직접적인 분리가 일어나는 경우는 매우 드물어서 분리라는 말은 감각의 측면에서 보자면 부정확한 표현이다.

— 당김

유체의 모든 부분이 진득진득한 실리콘 덩어리처럼 늘어지면서 육신 속으로 도로 당겨지는 느낌. 끌어 당겨지는 그 느낌을 완강히 극복해내면 느낌이 사라질 것이다.

— 둔함

유체가 마치 몇 배나 더 무거워진 것처럼 묵직해진다. 거기에 반하여 가하는 힘의 크기에 비례해서 둔한 느낌이 사라질 것이다.

— 분리된 상태로 깨어남

실습자가 이미 분리된 상태로 깨어나거나 의식이 돌아와서, 페이즈 생성 기법을 사용하거나 분리할 필요가 없다. 그저 일어나서 여행을 떠난다.

— 신체 부위의 끼임

유체의 일부가 분리 과정에서 육신이라는 형틀에 끼일 수 있다. 이런 일은 예컨대 다리나, 몸통, 머리, 골반 등에서 흔히 일어난다. 이럴 때는 힘의 방향을 바꿔가면서 전력을 다하여 완전히 빠져나와야 한다.

— 두 개의 몸에 동시에 존재함

페이즈 속에 있는 것 같지도 않고, 침대에 누워 있는 것 같지도 않은 느낌이 아니라, 정말로 페이즈 속에 존재하는 동시에 침대에도 정말로 누워 있는 것 같은 느낌. 모든 감각을 페이즈 속의 몸으로 옮기면서 상황을 밀고 나가야 한다. 그러면 페이즈 속의 몸이 지각되는 유일한 몸이 될 것이다.

— 자연발생적인 완전 분리(기법을 행할 때)

어떤 기법을 행하려고 하다가, 자신이 이미 완전히 분리되어 방안에 있거나 페이즈 속의 다른 공간에 있는 것을 발견하게 될 수도 있다. 이때는 '정식으로' 분리하기 위해 육신으로 돌아갈 필요가 없다.

— 누군가 또는 무언가에 의해 끌려 나옴

이 경우, 분리는 자신의 의지에 의해서가 아니라 페이즈 속의 어떤 대상의 도움에 의해 일어난다. 예컨대 누군가가 발을 잡아당기거나 몸 전체를 들어올리기 시작하는 것이다. 이 상황에서 중요한 것은 긴장을 푸는 것이 아니라, 가능한 한 빨리 스스로 움직이기 시작하는 것이다. 이런 상황은 종종 소위 '외계 피랍'이라 불리는 것과 함께 일어난다. 사실 이것은 대부분 자연발생적인, 자각되지 않은 페이즈 체험이다.

— 빨려듦

이미지 관찰이나 심상화 같은 기법들을 행할 때 실습자들은 종종 수반하는 모든 감각들과 함께, 관찰되는 이미지 속으로 완전히 빨려 들어간다. 이 이미지는 곧이어 그 자체가 하나의 완전한 페이즈 공간이 된다. '정식으로' 분리하기 위해서 육신으로 돌아갈 필요는 없다.

— 한 기법으로 끝내기

감각-동작 심상화나 몇몇 다른 기법들을 행할 때는 분리와 기법 자체 사이의 통합이 일어난다. 이것은 통상적인 의미의 분리가 필요 없는 상태로 이어진다. 예를 들어, 감각-동작 심상화를 할 때 실습자는 자신이 방 안을 걷고 있는 것을 적극적으로 상상하는 것으로부터 시작하지만, 그 상상된 지각은 점차 실제로 방 안에 있는 것과 같은 실질적인 감각으로 변해간다. 한편 유체 움직이기를 할 때는 움직이는 느낌이 느껴지는 신체부위로부터 유체를 일으키기만 하면 된다. '정식으로' 분리하기 위해 육신으로 돌아갈 필요가 없다.

— 꿈의 자각

꿈을 꾸는 동안 일어나는 일에 대한 온전한 지각을 가지고 꿈을 완전히 자각하게 되는 것 또한 하나의 페이즈 진입방법이지만, 이 방법은 직접기법이나 간접기법을 필요로 하지 않는다. 많은 사람들이 더욱 선명한 감각을 얻기 위해 육신으로 돌아가기는 하지만, '정식으로' 분리하기 위해 육신으로 돌아갈 필요는 없다.

연습에 가장 좋은 시간

연습의 핵심은 실습자가 기술을 연마하기 위해 들인 시도의 양과 질이다. 간접기법을 사용하기에 가장 좋은 몇 개의 시간대가 있다.

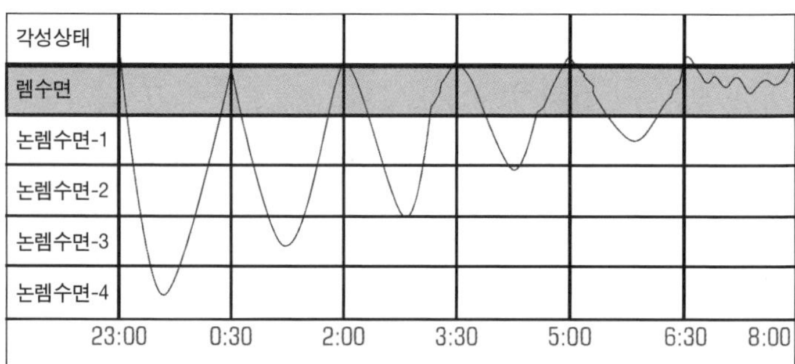

먼저, 수면은 순환적인 패턴을 따른다는 점을 언급해야겠다. 우리는 한 시간 30분마다 잠에서 깨었다가 이내 다시 잠으로 빠져든다. 이것이 수면 사이클을 만들어낸다. 또한 우리는 두 가지의 주요 수면단계를 경험한다. 렘수면(급속안구운동: REM)과 논렘수면(NREM)이 그것이다. 논렘수면에는 여러 단계가 있다. 잠을 오래 잘수록 몸은 깊은 논렘수면을 덜 요구하고, 그래서 렘수면에서 더 많은 시간을 보내게 된다. 페이즈 진입은 렘수면 중에 발생할 가능성이 가장 높다.

간접기법을 행하는 가장 좋은 방법은 연장술이다. 연장술의 목적은 수면 사이클의 마지막 단계를 방해했다가 다시 잠에 빠져든 후 수면 사이클을 다시 방해하는 것이다. 이렇게 하면 남은 수면 사이클 동안은 얕은 잠을 자게 된다. 자주 방해받는 수면 시간은 생산적으로 이용될 수 있다.

흥미로운 사실!

2008년 6월 페이즈 학교에서 있었던 3일간의 세미나에서 처음으로 연장술을 의무화하자 그 즉시 전체 성공률이 두 배로 뛰었다.

예를 들어, 어떤 실습자가(그를 잭이라고 부르도록 하자) 자정에 잠자리에 든다면 잭은 아침 6시로 알람시계를 맞춰야 한다. 일어나자마자 잭은 화장실에 가거나 물을 마시거나 이 책을 몇 페이지 읽는 등의 신체활동을 해야 한다. 그다음, 잭은 이후 두 시간에서 네 시간 동안 여러 번 깨어서 그때마다 페이즈 진입을 시도할 방법을 생각하면서 잠자리에 들어야 한다.

자정 전에 잠자리에 들더라도 여섯 시간을 잘 수 있도록 알람시계를 맞춰놓아야 한다. 여섯 시간의 초기수면이 최적의 길이이기 때문이다. 여섯 시간보다 적게 자면 잭은 수면의 후반부에 너무 깊은 잠에 빠져들 것이다. 여섯 시간보다 많이 잔다면 페이즈 연습을 할 시간이 별로 남지 않거나 다시 잠들지 못하게 될 수도 있다.

실습자가 저절로 잠에서 깼는데 의식이 말갛게 깨어 있다면 침대에서 일어나 신체활동을 할 필요가 없다. 이때 실습자는 곧바로 다시 잠들기를 시도해야 한다.

실습자가 45분 정도 깨어 있다가 다시 잠들 수 있다면 바로 이 간격을 유지하는 것이 좋다. 이 간격이 다음번 일어나는 동안 가장 높은 성공률을 얻을 수 있게 해주기 때문이다.

당연히, 연장술은 실습자가 빨리 일어날 필요 없이 원하는 만큼 잘 수 있는 경우에 가장 적합하다. 모든 사람이 날마다 그 같은 호사를 즐길 수 있는 것은 아니지만, 거의 모든 사람이 연장술 연습을 위해 비워둘 수 있는 휴일을 갖는다. 페이즈 학교의 수업 코스가 한 번의 주말 과정 동안 참가자의 3분의 2를 페이즈 진입에 성공시킬 수 있는 것은 연장술의 덕택이 크다!

페이즈 진입에 두 번째로 가장 효과적인 시간대는 아침에 일상적으로 잠에서 깨는 때이다. 이것은 대개 한밤을 푹 잔 후에 이어지는 얕은 선잠 시간에 일어난다.

간접기법을 연습하는 또 다른 효과적인 시간은 낮잠에서 깨어난 후이다. 이런 종류의 수면은 얕고 짧아서, 몸이 요구하는 휴식을 제공하는 한편 잠에서 깨는 순간에도 기억과 의도가 고스란히 남아 있게 해준다. 모든 사람이 낮잠을 즐기는 호사를 누릴 수 있는 것은 아니지만 그럴 기회가 생긴다면 그 기회를 놓치지 않고 활용하면 매우 유익할 것이다.

밤중에 깨었을 때는 페이즈 실험에는 가장 효과적이지 않은 시간이다. 이 시간에는 뇌가 아직도 깊은 잠을 필요로 하기 때문이다. 밤중에 깨어나면 마음의 힘이 매우 약해서 어떤 종류의 노력도 하기가 힘들다. 모종의 징후가 발견되더라도 이내 다시 잠에 빠져들어 버리고 만다. 밤중에는 페이즈 연습을 할 수 없다는 것은 아니지만, 다른 시간대만큼 효과적이지는 않을 것이다. 밤 시간은 페이즈 연습에 도저히 별도의 시간을 낼 수 없는 사람들에게는 최선의 시간이다.

우리는 밤중에 90분마다 잠에서 깨게 된다는 사실을 이해하라. 우리가 단지 여섯 시간을 자더라도 최소한 네 번은 깨어나게끔 보장되어 있는 것은 이 때문이다. 실습자가 이것을 알고 그런 순간들을 포착하려고 노력한다면 머지않아 실제로 그런 순간들을 포착하여 활용할 수 있게 될 것이다.

의식적으로 깨어나기

의식적으로 깨어난다는 것은 어떤 특정한 생각 — 이상적으로는 간접기법에 대한 생각 — 을 품은 채 깨어나는 것이다. 깨어나자마자 간접기법 사용을 개시하기 위해서는, 깨었을 때 사용할 기법에 대한 피상적인 지식만 가지고 있는 것으로는 충분하지 않다. 인간의 마음과 마음의 습관의 특수성 때문에, 깨어난 순간 특정한 의도나 생각을 기억해낸다는 것이 항상 쉬운 것만은 아니다. 의식적으로 깨어나는 목적은 깨어난 후의 순간들을 헛되이 보내지 않고 즉각 행동을 실천하는 데 있다.

흥미로운 사실!

유체이탈여행 현상은 일반인이 경험할 수 없고 선택된 소수만이 비장의 지식이 요구되는 훈련을 통해서만 접근할 수 있다는 믿음이 널리 퍼져 있다. 그러나 짧은 시간 내에 유체이탈여행을 경험하고자 할 때의 가장 큰 어려움은, 잠에서 깨는 순간 몸을 움직이지 않고 즉시 기법을 떠올리는 데에 있다. 방법은 너무나 단순하고 명백하다. 이처럼 사소한 것이 바로 이 비범한 현상을 경험하려고 할 때의 가장 큰 걸림돌이 된다.

약 75퍼센트의 사람들에게는 페이즈가 전혀 어려운 것이 아니다. 그러나 인구의 나머지 4분의 1에게는 난공불락의 장벽처럼 보일 수도 있다. 이런 생각이 일어난다면 실습자는 그저 그것이 사실이 아니며, 꾸준한 훈련과 시도가 그 해결책임을 이해하기만 하면 된다.

사람들이 잠에서 깨자마자 페이즈 연습에 대한 생각을 떠올리지 못하는 데에는 다음과 같은 이유들이 있다. 일어나자마자 즉시 무엇을 하는 습관이 없는 것, 더 자고 싶은 욕구, 화장실에 가고 싶은 욕구, 갈증, 생활 문제를 해결하기 위한 고민에 빠져들려는 욕구 등.

간접기법을 시도하고자 하는 의도를 가지고 의식적으로 깨어나는 것이 실습자의 기본목표가 되어야 한다. 이 기본목표는 어떤 대가를 무릅쓰더라도 추구해야 한다. 페이즈를 터득하고 체험하게 되는 속도는 여기에 달려 있다.

의식적으로 깨어나기를 쉽게 터득하는 요령이 몇 가지 있다.

잠에 빠져들기 전에 의도를 품기

이것은 의식적으로 깨어나기를 성공시키는 데에 매우 중요한 일이다. 수면을 연구하는 과학자들은 한 가지 매우 분명한 사실을 입증했다. 잠에서 깨어날 때, 사람들은 대개 잠들기 전에 했던 생각을 떠올린다는 것이다. 잠자는 사람이 심각한 삶의 문제를 겪고 있는 경우에 특히 이런 현상을 관찰하기가 쉽다. 그는 그 문제를 품은 채 잠들고, 그 문제와 함께 잠을 깬다. 따라서 이 같은 경우, 마음의 전면을 차지하고 있는 문제를 페이즈를 연습하고자 하는 욕구로 대체한다면 그것이 원하는 효과를 이끌어낼 것이다. 잠에 드는 동안 전적으로 의식적인 깨어남만을 생각해야 하는 것은 아니다. 그저 명확하고 분명히 의도를 확언하는 것만으로 충분하다. 의도를 말로 선언하는 것도 좋다. 잠에 드는 동안 이렇게 의식적인 행위를 하는 것이 깨어났을 때 간접기법이 성공하도록 크게 촉진해줄 것이다.

전반적인 의도

실습자가 깨어났을 때 기법 연습을 떠올리는 것의 중요성과 필요성에 의식을 더 또렷이 집중할수록 의도는 더욱 확고해질 것이며, 이 과정이 제 기능을 발휘하여 실질적인 결과를 가져다줄 가능성도 높아진다.

확언하기

때로 어떤 사람들은 단순히 내적 의도가 모자란다. 혹은 개인적 성향 때문에 의도를 제대로 확언하지 못한다. 이런 경우, 욕망의 확언은 물리적 차원에서부터 출발해야 한다. 목표를 적은 메모를 침대 옆이나 베개 밑, 혹은 벽에 붙여놓는 식으로 말이다. 혹은 친구나 가족과 특정한 욕구에 대해 이야기를 나누거나, 깨어났을 때 해야 할 행위를 반복적으로 소리 내어 말하는 것이 될 수도 있다. 심지어는 일기나 블로그나 핸드폰의 문자 메시지로 적는 것이 될 수도 있다.

흥미로운 사실!

페이즈 진입을 유도하기 위해 음식과 물을 '프로그래밍'하는 사례도 있다. 이들은 음식이 포만감을 줄 뿐만 아니라 페이즈 진입의 가능성을 높여주는 것으로 인지하도록 잠재의식을 프로그래밍하는 방법으로서 자기암시와 플라시보 효과를 동원한다.

깨어나기에 실패한 사례 분석하기

의식적으로 깨어나기에 실패한 시도를 분석해보는 것은 매우 중요하다. 몇 분이나 몇 시간 후, 심지어는 그날 느지막이라도 시도에 실패한 것이 기억날 때, 거기에 마음을 집중하여 다음번 시도에는 꼭 성공하겠노라고 마음을 다지라. 실패에 대한 깊이 있는 탐구는 매우 실용적인 효과를 발휘한다. 실습자로 하여금 무엇이 효과가 있고 효과가 없는지를 깨달아 성공을 향한 다부진 각오를 품게 해주기 때문이다.

동기 창출하기

페이즈 상태에서 이루고자 하는 목표를 달성하기 위해 페이즈에 진입하고자 하는 욕구가 클수록, 의식적으로 깨어나기를 더 빨리 성공시킬 수 있다. 페이즈 상태를 체험하거나 거기서 뭔가를 해보고자 하는 깊은 욕구가 동기를 만들어낸다. 대개 이전의 페이즈 체험이 큰 동기가 되어준다. 그러나 초심자에게는 그런 것이 없기 때문에 자신이 연관시킬 수 있는 무언가가 필요할 것이다. 어떤 사람에게는 그 동기가 어린 시절 화성으로 날아가보고 싶어했던 꿈일 수도 있고, 또 어떤 사람에게는 죽은 연인을 만날 수 있다는 희망이 될 수도 있다. 또 다른 이들에게는 그것이 특정한 정보를 얻거나 질병의 치유에 도움을 얻는 기회가 될 수도 있다.

의식적으로 깨어나는 자연스러운 방법 외에도 어느 정도 성공을 돕는 다양한 장치와 도구들이 있다. 이런 것들은 비자발적인 페이즈 진입 방법을 설명하는 5장에서 다룰 것이다.

의식적으로 깨어나기에 가장 좋은 순간은 꿈에서 빠져나오는 순간이다. 이때가 분리를 시도하거나 기법을 수행하기에 가장 효과적이고 생산적인 시간이다. 이 순간에 육신에 대한 지각이 가장 미약하다. 꿈의 맨 끝자락에서의 자각은 종종 악몽, 꿈속의 고통스러운 경험, 떨어지는 꿈 — 갑작스러운 깨어남을 유발하는 모든 꿈 — 을 꾼 후에 일어난다.

시간을 두고 실습자는 깨어나는, 그러나 의식 자체는 아직 돌아오지 못하고 있는 순간에 계획해둔 행동을 개시할 수 있게 해주는 반사적 습관을 길러가야 한다. 이런 식의 반사적 습관은 페이즈 진입에 가장 이로운 기회를 포착하는 데에 매우 유용하다.

다양한 심리적, 생리적 요인들로 인해서, 모든 사람이 수면 주기마다 매번 의식적으로 깨어나기에 성공하는 것은 불가능하다. 따라서 매번 의식적으로 깨어나지 못한다고 해서 속상해할 필요는 없다. 하루에 2~3회밖에 의식적인 깨어남을 경험하지 못하는 것은 정상이다. 이것은 매일 연습할 경우 일주일에 2~5회 페이즈 진입을 시도하기에 충분한 횟수이다.

지나치게 잦은 시도로 자제력을 잃는 것은 무모한 일이다. 페이즈 학교의 교육과정에서, 하룻밤과 다음 날 아침 동안에 10회, 혹은 그 이상(어떤 학생들은 20회, 또는 심지어 30회를 시도한다.) 의식적으로 깨어나기를 시도하는 것은 거의 결실을 얻어내지 못한다는 것이 알려져 있다. 이것은 실습자가 몸의 리듬을 깰 정도로 과대한 목표에 집착하면 페이즈를 제대로 체험하는 데 요구되는 과도기 상태가 훼방받기 때문이다. 또한 지나친 시도는 실습자를 감정적으로 빨리 지치게 만들어서 올바른 방향으로 한계를 밀고 나가지 못하게 한다. 좋은 점이 있다면, 실습자가 그야말로 완전히 나가떨어지게 된다는 점이다. 이런 일이 일어난다면 마음을 진정시키고 좀더 편안한 태도로 천천히 차분하게 이 문제에 접근하도록 해보라.

움직이지 않고 깨기

깨어나는 즉시 페이즈를 떠올리는 것 못지않게 중요한 또 한 가지 요소는, 움직이지 않고 깨어나는 것이다. 많은 사람들이 잠에서 깨면서 몸을 움직이기 때문에 이것은 쉬운 일이 아니다. 잠에서 깨어날 때 몸을 긁거나 기지개를 켜거나 눈을 뜨거나 현장의 소리에 귀를 기울이는 등의 일을 피해야 한다. 이 모든 동작과 지각은 과도적 상태를 급속히 와해시켜서 마음을 깨우고 감각기관에 연결시켜 현실을 되살려 놓을 것이다.

처음에는 움직이지 않고 깨어나는 것이 어렵거나 불가능하게까지 보일 것이다. 그러나 이것은 적극적인 시도와 정한 목표를 달성하고자 하는 욕구를 통해 바꿀 수 있음이 입증되었다. 사람들은 종종 움직이지 않고 깨어날 수는 없다고, 그것은 불가능한 경험이라고 주장한다. 그러나 몇 번만 시도해보면 그 일은 일어날 것이다. 그리고 그것은 연습하면 할수록 점점 더 자주 일어나게 될 것이다.

그러니 움직이지 않고 깨어나는 것이 어렵더라도 절망하지 말고 그저 계속 노력하라. 조만간에 몸은 연습에 굴복할 것이고, 모든 일이 수월하게 일어나게 될 것이다.

움직이지 않고 깨는 것은 매우 중요하다. 대부분의 사람들에게는 처음 깨어나는 순간 외에는 페이즈 실험을 행하는 것이 불가능하기 때문이다. 움직이지 않고 깨어나는 순간이야말로 간접기법들을 성공적으로 순환적용할 수 있는 무대가 된다. 한 사람의 실습자는 대략 열 번쯤, 깨어나는 동안에 몸을 움직여 시도에 실패하게 될 것이다. 차분하게 깨어나는 법을 제대로 터득하기만 하면 성공은 곧 그 뒤를 따라

온다.

하지만 의식적으로 깨어났지만 몸을 움직였을 경우라도 그것이 곧 페이즈 진입을 시도할 수 없게 되었음을 의미하지는 않는다. 이런 경우의 시도는 일반적인 시도보다 효과가 반쯤 떨어지기는 하지만 그래도 시도해봐야 한다. 깨어나면서 연습할 수 있는 어떤 기회도 허비하지는 말아야 한다. 과도기적 상태로 다시 들어가기 위해서는 먼저 움직임의 영향력을 무마해야 한다는 점을 명심하기만 하면 말이다. 몸을 움직였을 경우, 강제수면 기법(297쪽 참고)으로 연습을 시작하는 것이 매우 유용하다. 내부의 소리에 귀 기울이기도 상당히 효과가 있고, 이미지 관찰하기도 효과가 있다. 이런 기법들을 행해본 후에는 다른 기법들의 순환적용을 시작할 수 있다.

경고! 몸을 움직인 후에, 또는 움직이면서 잠에서 깼다고 해서 시도를 포기하는 것은 중대한 실수가 될 것이다! 그럼에도 불구하고 시도해봐야 한다! 초보자가 이런 실수를 저지르지 않는다면 실수했을 때보다 2~3회 빨리 첫 경험을 할 수 있다.

몸을 움직인 후에는 대개 실습자들이 자신에 대해서나 현재의 시도의 성공에 대해서나 모두 자신감을 잃어버린다는 사실 때문에 간접기법 시도의 성공률이 상당히 낮아진다. 그 결과로 시도 자체의 질도 빈약해지고 효과도 신통치 않아진다. 그러나 그럼에도 불구하고 자신감을 가지고 마치 몸을 움직이지 않았던 것처럼 시도에 임할 경우, 성공률은 사실상 이전과 다름없이 유지될 것이다.

움직이지 않고 깨어나는 것이 이토록 중요하다고 해도 그것 자체가 목표는 아니니 그 때문에 고통받을 필요는 없다. 깨어날 때, 몸에 큰 불편이나 가려운 곳이 있거나, 침을 삼키고 싶은 욕구가 일어나거나, 자연적인 어떤 반사운동이 있을 경우에는 그것을 일단 처리하는 편이 낫다. 그런 다음에 움직임이 발생했을 때 권장되는 연습방법을 따라 행하라.

깨어날 때 일어나는 모든 움직임이 물리적 차원에서 실제로 일어난 것만은 아니다. 그러니 이 때문에라도, 몸을 움직였을 때도 이어서 간접기법을 행해봐야만 한다.

흥미로운 사실!

깨어나는 순간 일어나는 지각과 움직임의 최대 20퍼센트는 느껴지는 것처럼 진짜가 아니라 환상이다.

가짜 감각은 다양한 식으로 일어난다. 페이즈를 체험해보지 않은 사람들은 종종 자신에게 무슨 일이 일어나고 있는지를 깨닫지 못한다. 예를 들어, 실제로는 환상 속의 손을 사용해서 귀를 긁고 있는 것을 물리적인 손으로 귀를 긁고 있는 것으로 착각할 수 있다. 이상한 점을 알아차리지 못한 채 방 안이나 거리, 이웃집에서 들려오는 가짜 소리를 듣게 될 수도 있다. 또는 실제로는 눈을 감고 있다는 사실을 알아차리지 못한 채 방 안을 둘러볼 수도 있다. 그런 순간에 실상을 알아차리면 실습자는 즉시 분리를 시도할 수 있게 된다.

간접기법의 순환적용

지금까지 페이즈 진입을 위한 간접기법들과 페이즈 상태에서 행하는 분리기법들을 다뤘다. 의식적으로 깨어나기와 이를 연습할 최적의 시간도 살펴보았다. 이제부터는 간접기법을 행하는 절차를 제시할 것이다. 이 절차를 따르면 빠르고 실질적인 결과를 보장받을 수 있다.

잠을 자연스럽게 푹 잘수록 잠에서 깨어난 후 연습의 효과가 더 낫고 성공률도 더 높아진다는 사실을 분명히 알아야 한다. 필요한 것은 깊이 잠들어서 충분히 자는 것이다. 그런 후에야 안정된 깨어남을 잘 활용할 수 있다. 불안정한 수면상태에서도 이따금 간접기법을 성공적으로 순환적용할 수 있지만, 대부분의 경우 이것은 순전히 시간과 에너지의 낭비가 된다. 잠이 잘 오지 않을 때는, 지겹고 거의 구제불가능한 상황에서 페이즈를 낚아채보려고 시간을 온통 허비하기보다는 기법을 행하지 않고 잠이 제대로 오기를 기다리는 편이 낫다.

깨어나서 할 행동절차는 다음과 같다.

1. 5초 안에 분리기법 시도하기

앞서 말한 바와 같이, 간접기법을 사용하여 성공한 예의 50퍼센트는 즉각적이다. 이것은 깨어난 직후의 몇 초가 페이즈 진입에 가장 효과적이기 때문이다. 깨고 나서 시간이 덜 지날수록 더 낫다. 반대로, 뭔가가 일어나기를 기대하며 누워 있으면 기회는 이내 사라져버린다.

그러니 깨어나자마자 실습자는 가급적 우선 몸을 움직이지 말고 즉시 굴러 나오기, 일어서기, 위로 떠오르기와 같은 다양한 분리기법을 시도해봐야 한다. 어떤 기법이 갑자기 약 3~5초 동안 결과를 내기 시작하면 곧이어 완전히 분리될 때까지 몸으로부터 분리를 시도해야 한다. 때로는 분리를 시도하는 동안에 타성이나 어려움, 장벽 등이 발생할 것이다. 이런 문제들에 절대 주의를 주어서는 안 된다. 대신, 분리해 나가기를 결심하라. 단호하게, 적극적으로 몸 밖으로 나오라.

깨어나자마자 즉시 분리를 시도하는 것이 가장 중요한 기술임을 명심하라. 이것은 맨 처음부터 절대로 잊지 않고 연마해갈 가치가 있는 기술이다.

흥미로운 사실!

페이즈 상태에 도달하는 데 어려움을 겪는 일부 실습자들에게는, 기법이 안 먹혀서 더 이상은 좌절하고 싶지 않은 마음이 기법을 사용하지 않고 바로 분리하기를 원하게 만드는 동기가 되기도 한다. 이런 마음이 실습자로 하여금 깨어나는 바로 그 순간을 훨씬 더 빨리 포착하고 그 순간에 더욱 열심히 밀어붙이게끔 만든다. 그 결과로 그는 바로 그 첫 단계에서 항상 페이즈 진입에 성공할 수 있게 된다.

2. 분리해 나오지 못한 경우에 순환적용할 수 있는 간접기법들

몇 초 내에 분리되지 않는다면 그것은 십중팔구 아무리 더 오래 붙들고 애써도 분리가 일어나지 않을 것임을 의미한다. 이때가 다른 기법들에 의지해야 할 시점이다.

실습자는 이미 자신에게 맞는 최소 세 개의 주요 기법, 또는 보조 기법을 골라놓았어야 한다. 그 기법들을 실행에 옮길 곳은 바로 여기다.

명심하라! 구체적인 예를 들기 위해, 우리는 세 가지 특정한 기법의 활용 예를 살펴볼 것이다. 이 기법들은 실습자가 시험해보고 선택한 기법들로 대체되어야 한다. 여기서는 A) 이미지 관찰과 B) 유체 움직이기, 그리고 C) 내부의 소리 듣기를 본보기로 사용할 것이다.

분리 시도가 실패한 후, 실습자는 즉시 눈앞의 허공을 살펴보기 시작한다. 3~5초 내에 이미지가 나타나기 시작하면 이미지를 자세히 들여다보지는 말고 관찰을 계속한다. 이미지를 자세히 살피면 이미지는 사라져버릴 것이다. 이미지를 관찰하다 보면 이미지는 이내 점점 더 생생해지고 색채가 풍부해지면서 실습자를 완전히 에워쌀 것이다. 모든 것이 잘 되면 문득 그 이미지 속으로 공간이동이 일어날 것이다. 아니면 이미지가 매우 생생해졌을 때 몸에서 분리를 시도하라. 3~5초 후에도 아무 일이 일어나지 않는다면 실습자는 유체 움직이기 기법으로 전환해야 한다.

3~5초 동안 실습자는 움직일 수 있는 부위를 찾아 몸 전체를 빠르게 탐색한다. 또는 모든 시간을 특정 신체부위 — 손가락, 손, 발 — 를 움직이는 데에 쓴다. 원하는 효과가 일어난다면 그 기법을 계속하여 최대한 움직임의 폭을 넓혀야 한다. 이 과정에서 자연적인 분리, 성공적인 분리 시도, 움직이는 부위의 자유로운 움직임, 소리나 진동의 발생 등을 포함해 많은 일이 일어날 수 있다. 이 모든 사건이 모두 큰 이점이 있다. 3~5초가 지나도 아무것도 움직이지 않는다면 내부의 소리 듣기로 넘어가야 한다.

실습자는 내부의 소리를 찾아내려고 애써야 한다. 소리가 있으면 그 소리에 귀를 기울이고, 소리를 증폭시키도록 노력하라. 그러면 그 소리가 굉음처럼 커지면서 저절로 분리가 일어날 수도 있고, 한 가지 기법을 사용해서 분리해 나올 수도 있고, 아니면 진동이 발생할 것이다. 3~5초 동안 소리가 나지 않으면 전체 순환적용 기법을 반복해서 행해야 한다.

세 가지의 간접기법을 조합하여 사용하는 이유를 알아보는 것도 도움이 된다. 그것은 우리의 몸이 종종 기법들에 대해 매우 독특한 방식으로 반응한다는 사실로부터 비롯되었다. 같은 사람에게도 특정 기법이 어떤 날에는 효과를 냈다가 다른 날에는 효과를 내지 않을 수 있다. 때문에 오직 한 가지의 기법만 사용한다면 그것이 종종 효과를 발휘하는 좋은 기법이라고 하더라도 실습자는 다양성의 부족으로 인해 다른 많은 경험들을 놓칠 수 있다. 그러니 실용적인 레퍼토리는 몇 가지의 기법으로 이뤄져 있어야 한다.

흥미로운 사실!

때로, 실습자에게 첫 결실을 가져다주었던 기법이 다시는 페이즈 진입으로 이어지지 않을 수도 있다. 반면에 초보 연습 단계에서는 즉각적인 효과를 보이지 않던 다른 기법이 시간이 지나면서 어김없이 성공적인 효과를 발휘하기 시작하기도 한다.

또한 그저 '건성으로' 행하면 기법 자체의 효과가 형편없거나 거의 먹히지 않는다는 점을 알아야 한다. 당신의 모든 감각과 온 존재로써 기법에 응하여 그 기법에다 자신을 온통 쏟아 부어야 한다. 당신의 모든 감각이 기법과 하나가 되도록 모든 노력을 다하라. 페이저는 각 기법의 모든 측면들에 오롯이 마음을 집중해야 한다. 이렇게 할 때만 간접기법의 순환적용이 몸을 빠져나가는 수월한 방법이 된다. 이것을 명심하고 있지 않으면 실습자는 쓸네없이 자신의 시간과 에너지만 허비하게 될 것이다.

3. 간접기법을 반복적으로 순환적용하기

세 가지 기법을 처음으로 순환적용했는데 이렇다 할 결과가 없더라도 그것이 곧 모든 것이 실패했음을 의미하지는 않는다. 기법이 작용하지 않더라도 그것은 보이지 않는 가운데 실습자를 페이즈 상태로 점점 더 가까이 데려다주고 있으므로, 다시금 이미지를 관찰하고 유체를 움직이고 내부의 소리에 귀를 기울이는 등으로 기법을 계속 행하면서 이 과정을 적어도 세 번 이상 반복해야 한다.

기법을 한 번 순환적용하고 나면 실습자는 쉽게 두 번째 순환, 세 번째 순환, 네 번째 순환 등으로 넘어갈 수 있다. 이렇게 순환해가다 보면 아마 그중의 한 군데서, 바로 몇 초 전까지만 해도 전혀 먹혀들지 않던 어떤 기법이 갑자기 제 기능을 발휘하게 될 것이다.

진지한 실습자라면 기법을 최소한 네 번은 순환적용하도록 다짐해야 한다. 다만 먹히는 모습을 보여주지 않는 기법을 자꾸만 행한다는 것이 심리적으로 어렵다는 점이 문제여서, 페이즈의 문턱에 다 와 있을지도 모르는데도 포기하고 중단해버리게 될 수도 있다. 계속 노력하라. 그런 다음 다시금, 또 다시금 시도하라! 결과를 얻기까지 열 번이 걸린 사례들도 있었다. 기념비적인 노력도 좋다. 그만한 대가를 얻을 것이다. 그러나 1분 이상은 하지 말라.

잠 깬 후의 행동절차

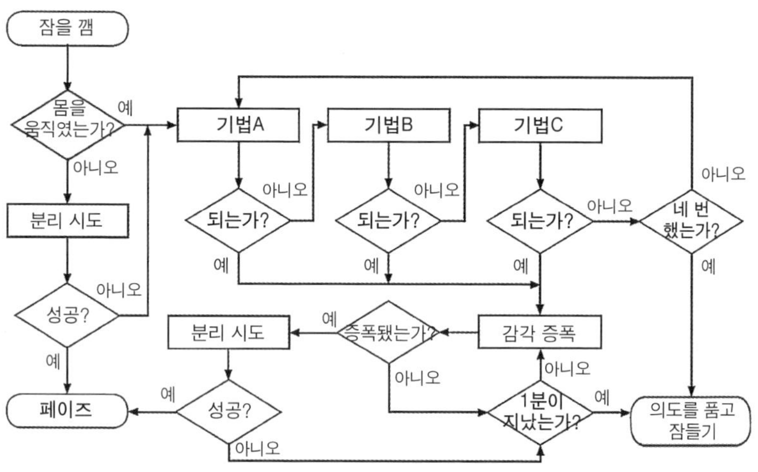

4. 재시도를 기대하며 잠들기

실습자가 기법을 순환적용하고 분리를 시도했는데도 페이즈에 진입하지 못했거나, 심지어는 모든 일이 잘 되었더라도, 또 한 번의 시도를 재촉하기 위해 다시 잠자리에 드는 것이 언제나 낫다. 다시 말하지만, 잠에서 깨었을 때 기법을 순환적용하려는 분명한 의도를 품고 잠드는 것이 매우 중요하다. 그러한 의도는 재시도가 곧 일어날 가능성을 크게 높여준다. 아무 생각 없이 그저 잠을 푹 자려는 마음으로 잠들어서는 안 된다는 말이다. 연장술을 행할 때, 명확한 의도는 필수적이다. 한 번의 수면주기 동안에도 여러 번을 시도하는 것이 가능하기 때문이다.

확고하고 집중된 노력을 들이기만 한다면 몇 번만 시도해도 행동

절차에 설명된 네 단계가 틀림없이 페이즈 진입을 이끌어내줄 것이다.

페이즈에 들어서도 그저 침대에 누워 있는 것이 초보자들이 저지르는 가장 흔한 실수 중 하나라는 점을 늘 명심해야 한다. 대체로, 초보자들이 시도에 한 번 성공할 때마다 두세 번은, 페이즈가 일어났지만 그 순간을 활용하지 못하여 간발의 차이로 분리를 놓쳐버린다. 예를 들어, 잠에서 깬 직후에 매우 잘 먹히는 기법이 있다면 그것은 페이즈에 진입했다는 확실한 징표다. 페이즈 상태에서도 계속 누운 채로 헛되이 기법 놀음을 하고 있지 말고 몸에서 빠져나오도록 최대한의 노력을 쏟아 부으라. 어떤 기법이 먹힌다는 증거가 있다면 어떤 것이든 동일한 방식으로 시험해봐야 한다.

먹히는 기법은 그 즉시 활용하는 것이 또한 중요하다. 어떤 것이 먹혀들기 시작할 때 초보자들은 종종 어떤 이유에서든 그 순간을 즉각적으로 활용하는 데 실패한다. 그러고 나면 페이즈는 몇 초 안 가서 벌써 끝나버리고, 그 기법은 더 이상 먹히지 않는다. 깨자마자 페이즈로 들어갈 수 있는 기회를 활용하지 못하면 몸을 떠날 수 있는 시간대는 몇 초 내로 닫혀버린다. 어떤 기법이 충분히 잘 먹히는 즉시 몸을 빠져나오도록 애쓰는 것이 필수인 것은 이 때문이다. 그러지 않으면 그 순간을 놓쳐버릴 것이다.

간접기법 순환적용 체계를 좀더 효과적으로 활용하기 위해서는, 어떤 기법이 먹히기 시작했지만 기법을 순환적용하는 동안에 곧 진척이 멈춰버리고 페이즈 진입이 일어나지 않는 경우에는 무엇을 해야 하는지를 논할 필요가 있다.

첫째, 기법이 먹히기 시작했다면 오로지 경험과 기술의 부족만이 페이즈를 가로막는다는 것을 이해하라.

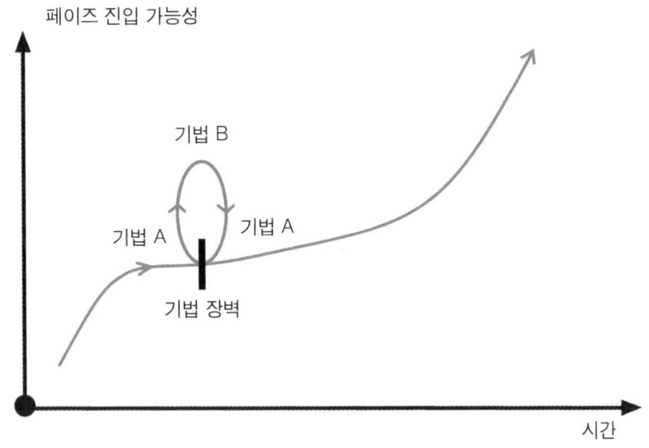

둘째, 일시적으로 다른 기법으로 전환함으로써 그 장벽을 극복할 수 있다. 내부의 소리에 귀를 기울였을 때 소리가 점점 커져서 최대치에 달했다고 가정해보자. 이때 몇 초 동안 강제수면을 하거나 이미지 관찰하기로 전환했다가 내부의 소리 듣기로 돌아오면 분명히 도움이 될 것이다. 그러면 소리가 훨씬 더 커져서 기법을 계속 행할 수 있는 기회를 만들어줄 것이다. 때로는 다양한 기법을 몇 차례 끼워 넣은 다음 약간의 효과가 있었던 원래의 기법으로 돌아오는 것도 도움이 된다.

가장 중요한 것은 아무리 미약하더라도 작동하기 시작한 기법을 절대 포기하지 않는 것이다. 본질적으로 이것은 페이즈로 가는 지름길을 가리키는 표지판이니, 항상 따라가야 한다.

동시에 두 가지, 심지어는 세 가지 기법을 행하고도 결과에 부정적인 영향을 겪지 않는 것도 종종 가능하다. 특정 행동계획을 벗어나서 이 기법에서 저 기법으로 이리저리 건너뛰며 바꾸는 것 또한 일반적이고 자연스럽다. 예를 들어, 유체 움직이기를 하는 동안에도 흔히 소리가 들리기 시작한다. 이럴 때는 내부의 소리 듣기로 그냥 넘어가도 된다. 이런 일을 자주 일으키는 짝을 이루는 기법들로는 다음과 같은 것들이 있다. 소리에서 이미지로, 회전에서 소리로, 뇌 긴장에서 소리로, 내부의 소리 듣기에서 뇌 긴장으로, 회전에서 진동으로, 유체 움직이기에서 진동으로 등이다.

간접기법들을 차례로 적용하기 시작하는 도중의 중요한 순간에 혼란이 일어날 수 있다. 즉 초보 실습자가 갑자기 정확히 무엇을 해야 하고 어떻게 해야 하는지를 잊어버리는 것이다. 이것은 정상이고, 그 해결책은 뭐든지 마음에 떠오르는 것을 당장 하는 것이다. 이런 식으로도 결과를 얻어낼 수 있다. 실습자가 연습에 익숙해지면 이런 문제는 더 이상 발생하지 않는다.

마음의 힌트

간접기법을 다양하게 순환적용하는 것은 최상의 결과를 얻기 위해 거의 필수적인 예비조건이다. 몇 가지 예외가 있다. 때때로 실습자는 간접적인 어떤 암시에 의해, 계획과는 상관없이 어떤 특정한 기법을 사용하여 연습을 시작해보고 싶어질 수도 있다. 이것은 몸으로부터 오는 일종의 힌트이며, 이러한 신호를 활용하는 능력은 간접기법 활용에 매우 중요한 역할을 한다. 이것이 연습의 효과를 상당히 높일 수 있게 해주기 때문이다.

힌트 1: 이미지

실습자가 잠에서 깨면서 어떤 이미지, 그림, 또는 꿈의 흔적들이 눈앞에 보이는 것을 알아차리게 된다면 즉시 그 이미지로부터 발생하는 모든 결과와 함께 이미지 관찰 기법을 행해야 한다. 이것이 아무것으로도 이어지지 않는다면 간접기법 순환적용을 시작해야 한다.

힌트 2: 소리

실습자가 잠에서 깨면서 내부에서 으르렁거림, 울리는 소리, 휘파람 부는 소리 등이 들리는 것을 인식하게 된다면 즉시 내부의 소리 듣기 기법을 시작해야 한다. 이것이 아무런 효과가 없다면 간접기법 순환적용을 시작해야 한다.

힌트 3: 진동

실습자가 잠에서 깰 때 몸 전체에서 진동을 느낀다면 근육을 움직이지 않고 뇌를 긴장시키거나 몸을 긴장시키는 방식을 써서 이를 증폭시켜야 한다. 진동이 정점에 도달하면 분리를 시도할 수 있다. 몇 번의 시도 후에도 아무런 일도 발생하지 않는다면 간접기법 순환적용을 시작해야 한다.

힌트 4: 저림

실습자가 신체 일부가 저리는 것을 느끼면서 깬다면 그 부분의 유체 움직이기를 시도해야 한다. 몇 번의 시도 후에도 아무 결과가 없다면 간접기법 순환적용을 시도해야 한다. 물론, 저리는 느낌이 너무 강렬해서 상당한 불편을 일으킨다면 기법 적용을 자제하는 것이 좋다.

힌트 5: 마비

실습자가 깨어날 때 몸이 움직이지 않고 근육 하나도 움직일 수 없는 것을 느낀다면 수면마비를 맞은 것이다. 이 현상은 실습자가 이미 페이즈 상태에 있음을 알려주는 징후여서, 실습자는 수면마비 때 종종 일어나는 야경증夜驚症을 극복하는 한편 어떻게든 몸으로부터 분리해 나오기만 하면 된다.

이런 힌트들은 깨어나는 순간뿐만 아니라 간접기법을 순환적용하는 중에도 발생할 수 있다. 힌트가 기법 자체의 결과보다 더 뚜렷이 부각된다면 주의를 힌트로 돌리거나, 기법을 행하면서 힌트를 활용해도 좋다.

힌트가 당신에게 무엇을 말해주려고 하는지를 단순히 이해하는 것 또한 중요하다. 예를 들어, 깨어날 때 어떤 비현실적인 감각이 갑자기 일어난다면 그저 그 느낌을 강화시키고 바로 몸을 떠나야 한다. 이런 일반적 원칙을 따르기만 하면 힌트가 정확히 무엇인지, 또는 힌트가 생길 때 정확히 무엇을 해야 하는지는 알 필요가 없다. 모든 것은 직관적으로, 쉽게 일어나야 한다. 요는, 실습자가 항상 대비해야 할 위의 다섯 가지 힌트 외에도 무수히 다양한 페이즈 현상이 있다는 것이다. 하지만 그것들을 다 기억하는 것은 불가능하거니와 그것을 모두 설명하는 것도 불가능하다.

적극성과 수동성

순환적용을 위시한 간접기법 연습을 하는 동안, 실패한 시도는 잠에 빠지거나 잠에서 완전히 깨는 것으로 이어질 수 있다. 이런 결과는 뭔가가 결핍되었거나 적극성이 지나쳤음을 알려준다.

실습자가 페이즈 진입을 시도하다가 늘 잠이 들어버린다면, 간접기법을 행할 때 좀더 적극적으로 행동할 필요가 있다. 반면에 기법을 시도하다가 대부분 정신이 초롱초롱하게 완전히 깨어나버리게 된다면 적극성을 누그러뜨려 좀더 느리고 편안한 태도로 기법을 행해야 한다. 수동성과 적극성 사이의 균형이 필수적이다. 수동성과 적극성 사이의 안정적인 중심을 찾은 실습자들은 쉽게 페이즈 상태에 도달한다.

적극성의 문제는 좀더 자세히 살펴볼 필요가 있다. 간접기법의 시도는 대개 '행동목록을 살피려는' 욕구나 진지한 노력 같은 것이 없이 느긋하게 행해진다. 실습자가 페이즈에 진입하고자 하는 적극적인 욕구를 가지고 있으면 결과가 더 쉽게 실현된다. 대체로 실습자들은 적극성이 지나치기보다는 적극적인 욕구가 부족한 경우가 더 많다. 그러므로 각각의 노력에는 그것을 성공시키고자 하는 뚜렷한 욕구가 필요하다.

시도의 버뮤다 삼각지

페이즈 진입의 성공은 두 가지 요인에 달려 있다. 즉, 시도의 양과 질이 그것이다. 그러므로 질 높은 시도의 양이 많을수록 페이즈 진입의 확률도 높아진다. 그러나 사실상 모든 실습자들이 모든 시도의 30~75퍼센트를 앗아가는 심리적 문제에 부딪힌다. 즉, 페이저들은 특정한 생각의 패턴 때문에 흔히 자신들이 할 수 있는 것의 단 절반밖에 경험하지 못한다.

이것은 주로 실습자들이 시도의 욕구조차 완전히 잃어버리게 만드는 두 가지 흔한 상황에서 발생한다. 곧, a) 의식이 너무 말짱한 채로 깨어나거나, b) 움직이면서 깨는 경우다. 그럼에도 불구하고 갑자기 시도해볼 마음이 일어나더라도, 시도는 당연히 갈팡질팡 엉성하게 행해진다. 이것은 아예 시도하지 않는 것이나 다름없다. 하지만 절대 다수는 아무런 시도도 하지 않는다.

흥미로운 것은, 너무 말짱한 상태로 깬 느낌과 움직이면서 깬 듯한 느낌이 모두 착각일 가능성이 있다는 것이다. 예를 들어, '너무 말짱하게 깨버렸네. 이젠 아무런 일도 일어나지 않겠지'라는 생각은 대체로 즉시 다시 잠에 빠져드는 것으로 이어진다. 그러나 깨어날 때 일어나는 움직임은 육신을 움직인 것처럼 느껴질지라도 사실이 아닌 경우가 많다. 실제로 의식이 너무 말짱하게 깨어나거나 실제로 몸의 움직임이 있었다고 하더라도, 정말 생각처럼 페이즈 진입의 가능성이 확 떨어져버리는 것은 아니다. 이런 상황에서도 페이즈 진입을 위해 노력하는 것이 가능할 뿐만 아니라 반드시 해야만 하는 이유는 바로 이 때문이다. 이 단순한 원리만 따라도 다른 사람들보다 페이즈 체험을 두 배나 더 자주 즐길 수 있다.

그러나 이 원칙을 염두에 두는 것만으로는 어떤 기법을 시도하는 동안에는 아무런 일도 일어나지 않을 것으로 여기는 심리적 확신을 상쇄시키기에 충분치 않은 경우가 많다. 이 문제를 해결하기 위해서는 자기기만을 이용하는 가장 효과적인 심리적 트릭 중의 한 가지를 이용할 수 있다. 어찌하든 간에 아무 일도 일어나지 않을 것이기 때문에 시도하는 것이 소용없어 보이는 경우라면, 정확히 다음과 같이 생각해야 한다. '좋아. 페이즈 진입은 거의 실패할 것 같지만 그래도 미래를 위해서 그냥 연습해보지 뭐. 지금이 아주 이상적인 조건인 것처럼 모든 걸 해보자구.' 그러면 이후로는 쉽게 페이즈를 체험하게 되는 양질의 '연습시간'이 만들어질 것이다. 그러니 깨어난 순간 아무런 일도 일어나지 않을 것처럼 느껴진다면 결과에는 연연하지 말고 그저 간접기법 순환적용을 연습해보라.

반쯤 깬 상태의 제대로 된 순간을 포착해야만 한다는 믿음이 페이저로 하여금 종종 시도에 실패하게 만든다는 사실에 주목할 필요가 있다. 많은 사람들이 그런 순간을 포착하는 것이 간접기법 시도를 위한 필수 전제조건이라고 생각한다. 일반적으로는 그렇다. 그러나 그런 전환의 순간은 실습자가 깨어나는 순간에 시작되는 것이 아니라 바로 기법을 순환적용하고 있을 때 시작된다! 즉, 반쯤 깨어 있는 순간은 깨어나는 순간에 낚아채야 하는 무엇이 아니라, 기법 자체를 사용해서 유도해내야 하는 무엇이라는 말이다. 실제로 이것이 바로 기법들이 존재하는 목적이다. 시도의 기회를 포기한다는 것이 말이 되지 않는 정확한 이유가 바로 이것이다.

모든 실습자는 어떤 식으로 깨어나든지 — 그것이 어떻게 느껴지든지, 어떤 생각이 지나가든지 — 상관없이 언제라도 페이즈 상태로 떨어질 수 있다는 점을 잘 알아둬야 한다. 지나치게 분석하거나 지나치게 생각하지 말고 단순히 기계적으로 시도하고, 시도하고, 또다시 시도해야만 하는 이유가 바로 이 때문이다.

강제수면 — 최대효과

대부분의 페이즈 진입을 성공시켜주는 비법이 있는데, 강제수면이 그것이다. 이 기법은 다음 상황이나 유사한 상황에 사용할 수 있다. 즉, 독립적인 하나의 기법으로서, 혹은 다른 어떤 기법도 먹히지 않을 때, 혹은 너무 말짱한 상태로 깨어났을 때, 혹은 몸을 움직이면서 깨어났을 때, 혹은 실습자의 물리적 환경에서 강한 물리적 자극이 있었을 경우, 혹은 결과를 내기에는 잘 먹히지 않는 기법을 행할 차례에 등등. 본질적으로, 이 기법은 뭔가가 원하는 만큼, 또는 계획한 대로 먹히지 않는 모든 상황에 의지할 수 있는 구원자와도 같은 기법이다.

흥미로운 사실!

간접기법과 함께 강제수면 기법을 제대로 사용하면 실제로 거의 100퍼센트에 가까운 성공률을 거둘 수 있다. 즉, 잠에서 깨어났을 때 몸을 빠져나려는 거의 모든 시도를 성공시킬 수 있다.

깨어나서 간접기법을 순환적용하는 동안 페이즈 진입의 가능성은 초 단위로 감소해간다. 간단히 말해서 강제수면은 멀어져가고 있는 페이즈의 구명 튜브를 다시 당신 쪽으로 당겨오는 방법이다. 이 기법은 뇌를 속여서 당신의 모든 행동에 자동반응하게 하여 페이즈 진입에 이용하기 쉬운 과도적 상태로 당신을 재빨리 밀어넣을 것이다.

실습자가 할 일은 가능한 한 빨리 잠들도록 단호하게 노력하는 것이다. 단, 의식을 잃지 않겠다는 의도는 놓치지 않고 말이다. 가장 중요한 것은, 그것을 어떻게 하는지에 정신을 팔지 않는 것이다. 어떻게 하는지는 모든 사람이 직관적으로 알고 있다. 모든 사람이 언젠가는 강제적인 잠들기를 시도해본 적이 있기 때문이다. 당신이 해야 할 일이라곤 졸음의 물결에 휩쓸려가는 것이고 마지막 순간에 그 물결을 잡는 것뿐이다. 이것은 잠잘 시간이 거의 없지만 그럼에도 불구하고 휴식을 취해야만 하는 실제 삶 속의 상황과 매우 유사하다. 이 기법은 얼른 잠을 자야겠다는 바로 그 결심으로써 행해야 한다. 그러나 물론 여기서는 완전히 잠들어버리지는 않는다.

강제수면은 하나의 독립 기법이 될 수 있다

이 기법은 깨어나서 기법을 순환적용할 때 하나의 대안으로서 사용되는 기법이다. 3~5초 동안 실습자는 갑자기, 단호하게, 강제수면을 시도하면서 실제로는 잠에 빠지지 않겠다는 의도나, 의식을 잃기 전 마지막 순간에 자신으로 돌아오리라는 의도를 품는다. 이렇게 한 후에는 종종 쉽게 분리를 성공시킬 수 있다. 또한 진동, 이미지, 소리 등의 감각들이 일어날 수 있는데, 페이즈로 확실히 들어가기 위해서는 이런 감각들을 강화시키기만 하면 된다. 의식이 말짱하게 깨어났거나 움직이면서 깨어난 경우, 강제수면을 하고 나서 간접기법 순환적용을 시작하기를 권장한다.

흥미로운 사실!

일부 실습자들은 강제수면을 너무 잘 해서 깨어날 때 이 기법과 분리기법을 번갈아 하는 것 외에는 다른 어떤 기법도 사용하지 않는다.

의식상태를 주기적으로 조율해준다

강제수면은 기법들의 사이나 간접기법을 한 차례씩 하고 난 사이에 사용한다. 이 기법은 드네프로페트로프스크Dnepropetrovsk 기법이라고도 불린다. 이것은 3~5초 동안 잠들기를 확실히 모방하면 그만으로도 페이즈를 불러낼 수 있을 뿐 아니라, 과도적인 상태로 일종의 역행을 야기함으로써 뒤이어지는 모든 기법의 효율을 높여준다는 생각에 착안한다. 어떤 기법이나 한 차례의 간접기법 순환적용을 행하기 전에, 실습자는 간단히 강제수면 기법을 통해 자신을 더 졸리는 상태로 밀어넣음으로써 기법의 효율성을 높이는 것이다. 따라서 강제수면을 제대로 하면 모든 기법을 성공률이 가장 높은 때인 잠 깬 직후에 행하는 것과 같아진다.

흥미로운 사실!

2009년 8월 21일부터 23일까지 드네프로페트로프스크(우크라이나)에서 열린 실험적인 세미나에서 40명의 참가자들은 강제수면 기법과 함께 모든 간접기법들을 돌아가면서 여러 차례씩 필수적으로 행했다. 그러자 단 이틀 후에 그룹 전체의 성공률은 75퍼센트에 달했다. 이는 아무런 시도도 하지 않은 참가자들은 포함하지 않은 수치다. 이것은 2011년까지 가장 성공적인 세미나였고, 이곳에서 처음으로 시험한 이 시스템은 '드네프로페트로프스크 기법'으로 불리게 되었다.

강제수면을 모든 기법들을 위한 배경으로 사용하라

강제수면 기법은 모든 간접기법들의 배경으로서 동시에 사용해야 한다. 기법을 행하는 동안 페이저는 마치 시도 중인 기법(유체 움직이기,

회전 등)이 페이즈 진입이 아니라 잠들기를 가속화하는 데 필요한 것인양, 그와 동시에 잠들기를 시도해야 한다. 페이저는 실제로 잠에 빠져들지 않고 단지 기법이 먹히는 지점까지만 잠에 들도록 노력해야 한다. 바로 그 순간에 모든 기법이 실제로 먹히기 시작하여 쉽게 페이즈로 이어질 수 있다. 이 시점에서는 더 이상 강제수면 기법을 사용하거나 계속할 필요가 없다. 예를 들어, 실습자가 몇 초 동안 적극적으로 유체 움직이기를 했는데도 손이 움직이지 않는다면, 잠들기와 유체 움직이기를 동시에 시도하기 시작한다. 그러면 대개 몇 초 내로 기법이 먹혀들어 움직임의 폭이 커지기 시작할 것이다. 배경으로서의 강제수면 기법은 기법 연습을 시작할 때부터 함께 해도 되고 어떤 기법이 효과가 없을 때에만 함께 해도 된다. 이렇게 하면 흔히 간접기법의 성공률이 가장 높게 보장된다.

흥미로운 사실!

제대로만 된다면 강제수면 기법을 배경으로 사용하면 깨어났을 때 어떤 기법을 사용할지를 선택하는 것은 중요하지 않아진다. 어떤 기법이든 즉시 효과를 발휘하기 시작할 것이기 때문이다.

기법 완성시키기

강제수면 기법은 간접기법이 아주 미약하거나 불충분하게라도 작동하기 시작할 때 사용해야 한다. 여기서 실습자는 작동 중인 기법의 효과를 적절한 수준까지 끌어올리기 위해 기법과 병행하여 강제수면 기법을 행하기 시작해야 한다. 즉, 페이저는 수행 중인 기법이 먹히는 지점까지 외견상 잠이 들도록 노력해야 한다. 그러면 그 순간에 조금

밖에 먹히지 않던 기법이 훨씬 더 잘 작동하기 시작하여 훨씬 더 빨리 페이즈에 도달할 수 있게 해줄 것이다.

강제수면의 모든 장점과 그것이 제공하는 기회에도 불구하고, 페이즈 학교 세미나의 초보자들에게는 이 기법이 좀처럼 잘 먹히지 않는다. 이 기법은 대개 세련된 단계에 도달한 고급 실습자들을 위한 기법으로 남겨진다. 문제는, 거의 모든 초보자들이 강제수면이라는 개념을 이해하기 어려워한다는 사실에 있다. 게다가 초보자들에게 너무 많은 정보를 한꺼번에 안겨주면 그것을 다 소화해내지 못해서 다른 기초 과제들을 해내기조차 어렵게 만들 위험이 있다.

이것이 강제수면 기법에는 조심스럽게 접근해야 하는 주된 이유이다. 이상적으로는, 강제수면 현상이 스스로 찾아오는 것을 페이저가 느끼기 시작하게끔 되어야 한다. 이런 일은 흔히 실습자가 첫 경험을 한 이후에 일어난다. 처음 배워야 할 것들에 강제수면 기법을 포함시키는 것은 아무런 의미가 없다. 강제수면 기법은 간접기법 사용을 시도해본 후 그 효과를 미세조정하는 데에만 사용되어야 한다. 강제수면이 깨어나서 시도해보지 않은 마지막 도구여서 달리는 할 것이 없는 상황이라면 예외가 될 수 있다.

가장 중요한 것은, 이 기법을 이해하지 못했다면 시도하지 말아야 한다는 것이다. 특효약을 찾느라고 실제 경험을 놓쳐버릴 수 있기 때문이다. 실습자는 이해하지도 못한 기법, 그래서 효과도 없을 기법에 시간과 에너지만 낭비할 것이다. 반대로, 실습자가 강제수면 기법을 즉시 이해하고 거기에 친숙해진다면 곧장 자신의 연습에 이 기법을 활용할 수 있다.

다음은 이 기법이 그릇 이해되는 매우 전형적인 예이다. 페이저가 어떻게든 강제수면 기법을 행해봤지만 먹히지 않는다고 가정해보자. 시도 끝에 실망한 실습자는 다음 깨어나는 순간을 포착하기 위해 빨리 잠들기로 마음먹는다. 그런데 바로 그 순간에 그는 페이즈에 당면한 듯한 기분을 느낀다(진동, 이미지, 소리). 이 두 번째 시도에서 그는 모든 것을 올바른 방식으로 ― 자연스럽고 꾸밈없이 해냈다. 반면 전에는 기법을 시도할 때 지나치게 생각하고 지나치게 복잡하게 행동했다. 이제야 그는 모든 것을 올바로 하고 있다. 강제수면 기법에 마땅한 방식으로 그저 잠에 빠져들기 시작한 것이다.

초보자들은 종종 간접기법을 순환적용해가는 동안이 아니라, 시도에 실패한 후 깨어나는 순간을 한 번 더 포착하기 위해 얼른 잠에 빠져들고 싶어할 때만 결과를 얻는다는 사실에 주목할 필요가 있다.

강제수면을 행할 때의 주된 문제는, 그 전에 의식이 얼마나 깨어있었는지와는 상관없이 쉽게 진짜로 잠에 빠져버릴 수 있는 위험성이다. 이것을 늘 명심하여 이 기법을 행하는 시간의 길이를 신중하게 조절해야 한다. 대부분의 경우, 결과를 얻기 위해서는 단 몇 초 만이 필요할 뿐이다. 때로는 더 오랫동안 행해야 하고, 때로는 이 기법을 행한 지 2초 만에 잠에 빠져들기도 한다. 의식이 너무 말짱한 상태로 깨어나서 아무 일도 일어나지 않을 것처럼 보일지라도 말이다.

행동전략

어떤 사람들은 간접기법이 마치 약처럼 빠르고 손쉽게 효과를 가져올 것이라고 잘못 생각하기도 한다. 이 책에 설명된 기법들이 페이즈에 진입하는 최선의 방법임에도 불구하고, 강력한 노력은 여전히 필요하다. 어떤 사람에게는 노력이 중요하지 않을 수 있다. 이들에게는 모든 것이 상당히 쉽게 오기 때문이다. 그러나 다른 사람들에게는 노력이 매우 중요하다.

간접기법을 설명된 대로 지속적으로 행한다면 그것은 틀림없이 작동할 것이다. 대부분의 경우, 깨어나자마자 움직이지 않고 집중된 시도를 몇 번 하는 것으로 충분히 결과를 얻을 수 있다는 것이 이미 알려져 있다. 페이즈 진입을 달성하는 데에는 많은 시간과 노력이 들 수 있다. 그러니 목표를 세워 열심히 훈련하는 실습자라면 성공의 상을 받게 될 것이다.

시도는 최종결과뿐만 아니라 과정 자체를 이해하는 데에도 상당히 중요하다. 연습하는 과정에서 실습자는 이 책에서는 이해하지 못한 문제들을 독자적으로 배우고 터득하게 된다. 어떤 때는 책에서 전혀 본 적이 없는 상황에도 마주치게 될 것이다. 학생을 모든 가능한 시나리오에 대비시키는 것은 불가능하다. 그러므로 실습자가 연습의 깊이를 더해감에 따라 개인적이고 고유한 관점과 경험이 구축된다. 그리고 그것은 장차 틀림없이 쓸모를 발휘할 것이다. 그때까지는 이 책에 나와 있는 정보를 가지고 부지런히 연습하는 것이 장차의 개인적 탐험에 대비하는 방법이다.

연습 중의 행동은 엄격한 주의를 필요로 한다. 기법을 잘 공부하여 가장 잘 작동하는 기법들을 선택하라. 항상 움직이지 않고 의식적으로 깨어나는 것을 목표로 세우라. 밤이든 낮이든 잠에서 깨어날 때 간접기법을 순환적용하는 것을 목표로 세우라. 이처럼 분명한 행동방침이 있다면 실습자는 초점이 흐려지거나 다른 관련 행동, 예컨대 페이즈에 진입하기 위한 직접기법에 에너지를 분산시키지 않을 것이다. 간접기법이 며칠 동안 작동하지 않더라도 계속 시도하라. 늦어도 몇 주 — 다른 자료들이 주장하는 것처럼 몇 달이나 몇 년이 아니라 — 내로 결과가 나타날 것이다. 목표를 단계적으로 차근차근, 확고하게, 열심히 추구해가라.

10~20회의 시도 후에도 아무런 결과가 나타나지 않는다면, 한 주 동안 연습을 쉬고 휴식을 취한 다음 연습을 숙달해내겠다는 새로운 결의를 가지고 돌아오는 편이 낫다. 흥미롭게도, 바로 이렇게 쉬는 동안에 온갖 다양한 경로를 통해 페이즈 진입이 자동으로 일어난다.

시도한 지 2주가 지나도 여전히 성공이 손에 잡히지 않는다면 프로그램을 철저히 분석해서 명백한 실수나 결함을 뿌리 뽑아야 한다. 그것을 극복하는 것이 어렵거나 불가능한 것으로 나타난다고 해도 직접기법으로는 넘어가지 않는 것이 좋다. 직접기법은 간접기법보다 훨씬 더 어렵기 때문이다. 대신, 자각몽을 통해 페이즈로 들어가는 방법을 연습해야 한다.

문제가 있는 부분을 건너뛰고 더 많은 노력을 쏟는 방식으로 실수를 만회하려고 하는 것 또한 가치가 없다. 예를 들어, 움직이지 않고 깨어나야 한다는 전제조건을 무시하는 것은 무익할 것이다. 이 필요조건을 무시하고도 성공하는 사람은 극소수다. 모든 문제를 정면으로 마주하여 그것을 깨기 위해 열심히 노력하면 잊을 수 없는 소중한 체험으로 충분히 보상받을 것이다. 계속 시도하라!

간접기법을 행할 때의 전형적인 실수

- 긍정적인 결과를 믿지 않고 아무 일도 일어나지 않으리라고 속으로 믿는 것.
- 최소한 네 차례를 돌아야 하는데도 한 차례 실패 후 기법 수행을 그만두는 것.
- 깨어날 때 움직이지 말아야 하는데 계속 움직이며 깨는 것.
- 저녁에 직접기법을 행하는 것. 간접기법을 아침에 깨어날 때 하지 않고 저녁에 행하는 것.
- 간접기법을 매우 오랫동안(2분 이상) 행하는 것. 이것은 대부분의 경우 완전히 시간 낭비다.
- 먹히기 시작한 기법을 끝까지 해보지 않고 다른 기법으로 넘어가는 것.
- 기법을 확고하게 적극적으로 행하지 않고 소극적으로 행하는 것.
- 몇 초 내로 다른 기법으로 전환해가지 않고 작동하지 않는 기법들을 하나하나 너무 오랫동안 행하는 것.
- 마음의 평온과 내면의 고요가 요구되는 간접기법을 행하는 동안 지나치게 생각하고 분석하는 것.
- 색다른 느낌을 일으킨 기법을 계속 행하지 않고 기법을 멈춘 채 그 감각에만 집중하는 것.
- 깨어나자마자 바로 기법을 행하지 않고 너무 오랫동안 기다리고

만 있는 것.

- 페이즈 생성 기법을 끝까지 행하지 않고 너무 빨리 분리를 시도하는 것.
- 특이한 감각이 나타날 때 숨을 참는 것. 대신 침착히 평온을 유지하라.
- 숨쉬기와 눈꺼풀 뒤에서 안구를 움직이는 것만이 권고된 유일한 움직임인데 눈을 뜨는 것.
- 이완하지 않고 흥분하여 동요하는 것.
- 부분적으로 성공했는데도 분리해 나오는 시도를 중지하는 것.
- 몸을 움직이지 말아야 하는데 기법을 행하면서 근육을 긴장시키는 것.
- 움직이지 않고 깨어난 경우에는 특히 기법이 가장 잘 먹히는데도 불구하고 의식이 너무 말짱하다고 기법을 행하지 않는 것.
- 기법들을 정말로 이해하고 행하는 대신 그저 상상으로만 하는 것. (물론 실습자가 회전 기법이나 상상력을 동원한 기타 기법들을 행하고 있는 경우는 제외)
- 움직임의 폭을 증가시키려는 확고한 결의를 실천하지 않고 그저 유체를 꼼지락거리기만 하고 있는 것.
- 5~10초 안에 노력을 재개하겠다는 확고한 의지 없이 강제수면 중에 잠에 빠져버리는 것.
- 이미지 관찰 기법을 행할 때 이미지를 세밀히 살피는 것. 이미지가 사라지지 않도록 전체 이미지를 하나의 파노라마로서 관찰해야 한다.
- 이미지 관찰 기법을 하는 동안 자연스럽게 나타나는 이미지를 보

는 대신 의도적으로 이미지를 만들어내려고 하는 것.

- 내부의 소리 듣기 기법을 행하는 동안 가만히 주의를 집중하여 소리를 포착하기 위해 귀를 기울이는 대신 그저 소극적으로 듣기만 하는 것.

연습문제

질문

1. 간접기법이 왜 가장 쉬운가?
2. 왜 어떤 사람에게는 기법이 작동하고 어떤 사람에게는 작동하지 않는가?
3. 페이즈에 진입하려면 몇 번의 시도가 필요한가?
4. 이미지 관찰 기법을 할 때, 이미지를 만들어내야 하는가?
5. 유체 움직이기는 상상 속의 움직임과 어떻게 다른가?
6. 내부의 소리 듣기를 할 때 그 소리는 어디서 나오는가?
7. 강제적인 내부의 소리 듣기는 보통의 내부의 소리 듣기와 어떻게 다른가?
8. 회전 기법을 행할 때 실습자는 회전하려고 노력해야 하는가, 아니면 그저 회전을 상상하기만 하는가?
9. 뇌 긴장시키기 기법을 행할 때 어느 곳이 물리적으로 긴장되는가?
10. 뇌 긴장시키기는 근육을 사용하지 않고 몸을 긴장시키기와 어떻게 다른가?

11. 강제수면 기법을 사용할 때 실습자는 잠에 빠져야 하는가?
12. 페이즈 학교의 수업에서 나온 통계에 따르면 어떤 간접기법이 가장 효과가 있는가?
13. 실습자는 왜 모든 기본 기법들을 편안한 상태에서 연습해야 하는가?
14. 무엇이 간접기법을 사용한 시도의 3분의 1을 페이즈 진입에 성공하도록 도와주는가?
15. 위로 떠오르기는 가장 인기 있는 분리기법인가?
16. 간접기법과 분리기법 간의 본질적인 차이는 무엇인가?
17. 분리기법인 굴러 나오기 기법은 간접기법인 회전 기법과 어떻게 다른가?
18. 분리를 시도하는 동안 뭔가를 상상할 필요가 있는가?
19. 간접기법을 사용하기에 가장 좋은 시간은 언제인가?
20. 잠에서 깨어나서 사용하는 전형적 기법들을 낮에도 시도할 수 있는가? 낮 시간 동안에는 이런 기법들이 얼마나 효과가 있는가?
21. 꿈을 자각하는 것은 의식적인 깨어남과 같은가?
22. 간접기법을 행할 때, 움직이지 않고 일어나지 못한 것이 연습에 영향을 미치는가?
23. 간접기법 순환적용 절차를 구성하는 요소들은 무엇인가?
24. 간접기법을 순환적용할 때 맨 첫 단계로 해야 할 일은 무엇인가?
25. 순환적용하는 간접기법 조합은 몇 가지의 기법으로 이뤄져야 하는가?
26. 최소한 몇 차례를 순환적용해야 하는가?
27. 깨어난 후 많은 시간이 지났다면 간접기법을 순환적용하기에

좋은가 나쁜가?

28. 어떤 기법이 만족스럽지 못한 수준에 계속 머물러 있다면 무엇을 해야 하나?
29. 순환적용 연습이 먹히지 않는다면 무엇을 해야 하나?
30. 마음의 힌트란 무엇인가?
31. 어떤 경우에 간접기법 수행에 적극적인 노력을 기울일 필요가 있는가?

과제

잠에서 깨어나자마자 간접기법을 한 차례 순환적용하고, 페이즈 진입이 일어날 때까지 이 연습을 되풀이하라.

제3장

직접기법

직접기법의 개념

유체이탈체험으로 들어가기 위한 직접기법은 사전에 잠을 자지 않고 눈을 감고 누운 채 특정한 작업을 행하는 식으로 사용된다. 이론상, 직접기법의 장점은 언제든지 할 수 있다는 데 있다. 그러나 큰 단점은 이 기법을 숙달하는 데 걸리는 시간이다. 단 50퍼센트의 실습자들만이 2~3주 동안의 시도 후에 성공을 거둔다. 어떤 사람에게는 결과가 실현되기까지 한 해가 꼬박 걸릴 수도 있다. 직접기법을 사용해서 결과를 얻는 것이 어려운 까닭은 접근성의 문제 때문이 아니라 개개인의 자연스러운 심리적 성향 때문이다. 모든 사람이 여기에 제시된 특정한 함의를 정확히 이해할 수 있는 것은 아니다. 일부 사람들이 지속적으로 실수를 저지르는 이유도 이 때문이다.

많은 실습자들이 곧장 직접기법을 숙달하려고 달려든다. 직접기법이야말로 가장 편하고 간단하고 확실한 기법처럼 보이기 때문이다. 그러나 이 수준에서부터 페이즈 진입을 시도하고 숙달하려 드는 것은 중대한 실수다. 초보자가 직접기법을 사용하여 연습을 시작하는 경우 90퍼센트는 실패한다. 또한, 엄청난 시간과 노력과 감정이 허비될 것이다. 그 결과 페이즈 체험 자체에 대해 완전히 환멸을 느끼게 될 수도 있다.

직접기법은 오로지 가장 쉬운 기법인 간접기법이나 꿈속에서 꿈을 자각하는 방법을 숙달한 이후에 연습해야만 한다. 어떤 경우든, 실습자는 자신의 경험으로부터 페이즈가 상상의 산물이 아님을 정말로 깨닫게 되므로, 이후로는 어려움이 실습자를 꺾지 못하게 될 것이다. 또한, 간접기법에 대한 높은 단계의 지식은 직접적인 방법으로 페이즈에 진입하는 것을 훨씬 더 수월하게 만들어줄 것이다.

실습자들이 직접기법과 간접기법으로 결과를 얻기 위해 평균적으로 얼마나 많은 시간을 쓰는지를 항상 염두에 두는 것도 가치가 있다. 예를 들어, 초보자는 각 페이즈 체험을 위해 평균 5분(5회의 시도)을 간접기법에 쓰지만(성공한 시도와 실패한 시도 모두를 평균했을 때), 직접기법에는 300분(20회의 시도)을 쓴다. 고급 과정의 실습자는 각 페이즈 체험을 위해 간접기법을 행하는 데 평균적으로 1분 미만(1~2회의 시도)을 쓰지만 직접기법에는 30분(2~3회의 시도)을 쓴다.

페이즈 체험의 질은 선택한 진입기법에 달려 있지 않다. 간접기법에 비해 직접기법이 반드시 더 깊고 오래 지속되는 페이즈를 제공하는 것은 아니다.

직접기법이 어떤 실습자들에게는 더 적합할 수 있지만, 오직 소수의 사람들에게만 그렇다. 반면에 간접기법은 그야말로 모든 사람이 언제나 쉽게 이용할 수 있다.

흥미로운 사실!

3일간의 페이즈 학교 세미나에서 강사들은 최상의 결과를 얻기 위해 직접기법을 완전히 생략하거나, 마지막 날에야 직접기법을 가르쳐준다. 이는 초보자들에게 직접기법 사용을 부추김으로써 그룹의 성공률을 떨어뜨리지 않기 위해서이다.

실습자가 직접기법을 사용하여 연습을 시작하기로 결정했거나, 간접기법을 사용하여 필요한 경험을 한 경우라도 여전히 직접기법의 배후 원칙을 배워야 한다. 배후 원칙 없이는 우연한 경우나 매우 드문 경우를 제외하고는 아무런 일도 일어나지 않을 것이다. 직접기법을 성공적으로 사용하는 열쇠는 '부유하는 의식 상태'를 달성하는 데 있다. 하지만 우선 페이즈로의 직접적 진입을 수월하게 해주는 다양한 종류의 매우 유용한 측면들과 요소들을 살펴보기로 하자.

먼저, 이 기법을 행하기에 가장 좋은 시간은 언제이며 얼마나 집중적으로 연습을 해야 하는지를 살펴보겠다. 그다음, 우리는 매우 중요한 요소인 몸의 자세에 대해 살펴보고, 이에 못지않게 중요한, 얼마나 오랫동안 기법을 행해야 하는지에 대해서도 살펴볼 것이다. 그 후, 이완의 문제를 잠시 들여다본 다음, 즉시 실질적인 직접기법들로 넘어갈 것이다. 위의 모든 것들을 다룬 다음에라야 부유하는 의식 상태가 무엇인지, 그리고 어떻게 그것을 달성할 수 있는지에 관한 문제를 탐구할 것이다.

연습에 가장 좋은 시간

시간은 간접기법에서는 중요하지 않은 문제였다. 주요 전제조건이 깨어나자마자 간접기법을 행하는 것이었기 때문이다. 직접기법의 경우, 타이밍 문제가 훨씬 더 중요하다.

물론, 직접기법을 수행하기에 적절한 시간을 찾아내는 가장 좋은 방법은 간접기법과 동일하다. 즉, 연장술을 통해서이다. 그러나 여기에는 몇 가지 중대한 차이가 있다. 첫째, 사실상 밤중이나 이른 아침 중 언제라도 깨어서 연습할 수 있다. 둘째, 깨어난 후(5~15분 후), 다시 잠들지 않고 즉시 기법 연습에 들어가야 한다.

직접기법은 연장술을 사용하면 다른 때보다 효과가 몇 배나 더 좋아진다. 이것은 연장술을 사용하면 마음이 100퍼센트 깨어날 짬이 없고, 그래서 결과를 가져다줄 변성의식상태로 들어가기가 쉽기 때문이다.

구체적 단계들을 살펴보자면, 실습자는 스스로, 또는 알람시계의 도움을 받아 한밤중에 깨어나야 한다. 그리고 일어나 3~10분 동안 무언가를 한 다음, 다시 침대에 누워 기법을 행한다. 실습자가 너무 말똥말똥한 상태로 깨어나서 전혀 졸리지 않은 상태라면 깨어난 시간과 직접기법을 행하는 시간 사이의 간격을 줄여야 하고, 이 시간 동안에는 평소보다 적은 일을 해야 한다. 이런 조건에서는 '부유하는 의식 상태'가 다른 절차를 이용한 경우보다 훨씬 적은 역할을 한다는 것을 유념해야 한다.

두 번째로 가장 효과적인 시간은 밤에 잠들기 전, 즉 실습자가 침대에 누웠을 때이다. 이때 뇌는 힘을 회복하기 위해 하루 동안 사용한 몸과 마음을 정지시킨다. 이 자연스러운 과정에 특수한 조정을 가하는 방법으로 이 과정을 활용할 수 있다.

낮 동안에 직접기법을 행하는 시도는 효과가 덜하다. 하지만 그 시간에 이미 피로가 쌓여있다면 이를 활용할 수 있다. 몸이 잠을 자려고 할 것이기 때문이다. 이것은 낮잠에 익숙한 사람들에게 특히 적합하다.

다른 시간대는 대체로 이보다는 많이 나쁜 결과를 만들어낸다. 한밤중 또는 잠들기 전에 직접기법을 시작해야 하는 것은 이 때문이다. 이 방법을 숙달한 다음에라야 낮에 하는 시도를 시험해볼 수 있을 것이다.

시도의 강도

일에 몰두하는 열정의 강도는 목표의 성공적인 달성에 직결된다. 그러나 속도를 줄여야 할 때를 아는 것도 매우 중요하다. 특히 페이즈 진입과 같은 미묘한 문제와 관련해서는 더욱 그렇다. 직접기법은 하루에 한 번 시도하는 것으로 충분하다. 이보다 자주 하면 각 시도의 질은 현저히 떨어질 것이다.

흥미로운 사실!

많은 사람들이 마치 도랑을 파는 것처럼 직접기법에 접근한다. 즉, 더 많이, 더 빨리 할수록 더 낫다고 생각하는 것이다. 그래 봤자 아무런 성과도 맺지 못하고 무수한 노력만 허비될 뿐이다.

많은 실습자들이 하루에 여러 번 시도할수록 페이즈 진입 가능성도 높아지리라고 믿는다. 이것은 성공을 위한 길이 아니라 오히려 이내 연습에 환멸을 느끼게 만들어버릴 것이다. 한주, 또는 한 달 후에도 아무런 결과를 얻지 못하더라도, 직접기법은 하루에 한 번(일주일에 2~3일)만 시도해야 한다. 연습을 올바로 하고자 하는 끈기 있고 분석적이고 현명하고 확고한 결의가 원하는 결과를 낳을 것이다.

시도의 지속시간

침대에 누워 페이즈가 일어날 때까지 자지도, 일어나지도 않겠노라며 직접기법을 사용해 페이즈로 들어가려고 하는 것은 쓸모없는 짓이다. 마음의 섬세한 본질을 이런 식으로 난폭하게 다루는 것은 급격한 정서적 고갈 외에는 아무것도 가져다주지 못한다.

잠자기 전이나 한밤중 직접기법을 수행하는 동안에는 엄격한 시간 틀이 적용된다. 직접기법을 이용한 시도는 10~20분 동안만 지속할 수 있다. 더 길게 하면 졸음을 억제하게 될 것이다. 마음이 기법에 너무 오랫동안 집중하면 수면욕구가 사라져버리기 때문이다. 이는 종종 수 시간 동안 계속되는 불면증으로 이어진다. 과도한 시도는 수면부족과 다음 날의 피곤 때문에 자연스러운 열정에 부정적인 영향을 미친다. 그리고 그것은 시도의 실패가 점점 더 늘어나게 만드는 악순환을 가져온다.

잠자기 전이나 한밤중의 10~20분 동안 직접기법이 아무런 효과도 발휘하지 못한다면, 다음에는 모든 일이 잘 풀리리라는 희망을 품고 잠을 청하는 편이 낫다. 이것이 실습자가 항상 유지해야 할 긍정적 태도이다.

자세

간접기법의 경우 몸의 자세는 중요하지 않다. 자세와는 상관없는 의식적인 깨어남이 목표이기 때문이다. 그러나 직접기법을 연습하는 동안에는 자세가 매우 중요하다.

각 실습자들이 취해야 할 정확한 자세가 있는 것은 아니다. 다시 말하지만, 개인별 성향과 본성이 크게 다르기 때문이다. 간접 지표에 따라 실습자가 올바른 자세를 택할 수 있게 해주는 구체적인 룰이 있다.

많은 사람들이 올바른 자세는 '송장 자세'라는 믿음을 가지고 있다. 즉 베개 없이 등을 대고 누워 팔과 다리는 펴는 것이다. 이런 생각은 아마도 변성의식상태 도달에 도움이 된다고 주장하는 다른 기법들로부터 비롯된 것일 것이다. 그러나 이 자세는 대부분의 실습자들의 노력을 심각하게 방해한다. 송장자세는 실습자가 이 자세로 기법을 행하는 동안 빠르게 잠에 빠져들 가능성이 있을 때에만 사용되어야 한다. 일반적으로는 이 자세가 수면을 방해하지만 말이다.

실습자가 잠드는 데에 어려움이 있고 직접기법을 행하는 동안 계속 깬다면, 각자에게 가장 편안한 자세를 사용해야 한다.

실습자가 아주 쉽게 잠든다면 이보다 더 부자연스러운 자세를 취해야 한다. 기법을 행할 때 의식의 틈을 덜 경험하고 잠드는 데 어려움을 겪는다면 더 편안한 자세를 취해야 한다. 상황에 따라 많은 자세가 가능하다. 등을 대고 눕기, 엎드려 눕기, 옆으로 눕기, 심지어는 반쯤 누운 자세도 가능하다. 실습자가 한 시도에서 다음 시도로 넘어갈 때 자세를 바꿔야 하는 경우도 있을 수 있다. 부유하는 마음 상태와 관련된 조정을 시작하는 것이다. 또한, 일주일에 3일 이상 직접기법을 사용해서는 안 된다. 페이즈 자체를 연습하는 것도 마찬가지이다. 실습자의 거의 모든 시도가 성공하여 높은 수준의 체험을 얻을 수 있게 되었을 때만 이 한도를 높일 수 있다.

이완하기

본질적으로, 직접기법은 그 자체가 하나의 이완법이라는 점을 분명히 이해해야 한다. 긴장이 이완되지 않고는 페이즈가 일어날 수 없기 때문이다. 따라서 실습자는 사전에 휴식을 취하지 않고도 즉시 페이즈로 들어갈 수 있다.

직접기법을 사용하기에 가장 효과적인 시간은 잠들기 전과 밤중이고, 어떤 경우든 그것은 10~20분밖에 지속되지 않으므로 긴장을 이완하느라고 시간을 더 낭비하거나 필수적인 10~20분에서 이완을 위한 시간을 빼어가서는 안 된다.

양질의 이완을 올바로 하기란 어려운 일이어서, 많은 사람들이 저마다의 방법으로 이완을 하지만 자연스러운 이완과는 반대효과를 얻을 뿐이다. 예컨대, 많은 사람들이 이완하려고 애쓰다가 결국에는 어려운 수학 방정식을 풀려고 애쓸 때만큼이나 마음이 바짝 각성되어버린다. 이런 상황에서는 페이즈 진입이 불가능하다.

마음이 이완할 때 몸은 저절로 이완된다. 반대로 마음이 각성되어 있다면 몸은 절대 이완되지 않을 것이다. 따라서 초보자들은 이완의 의미의 미묘한 차이에서 비롯되는 혼란을 피하여 좀더 기초적인 연습을 위한 에너지를 아껴두어야 한다.

실습자는 이완법에 골몰하지 말고 그저 몇 분 동안 누워 있어야 한다. 그러면 그것이 최고의 휴식을 가져다줄 것이다. 누워 있으면 가장 강력한 자연적 이완작용이 활성화된다.

전문적이고 깊은 경험을 가진 사람들만이 완전하고 평화로운 이완을 이끌어낼 수 있다. 이들은 대개 최면과 명상상태를 터득하는 데 많은 시간과 노력을 기울인 사람들이다. 이런 경우 이완은 1~3분 이상 걸리지 않는다. 실습자가 이완의 전문가라면 그저 이완을 생각하는 것만으로도 충분하기 때문이다. 그러면 저절로 이완이 일어난다.

이완하는 동안 부유하는 마음 상태가 되기만 하면 모든 양질의 이완법이 하나의 직접기법으로 쓰일 수 있다. 최면이나 명상 등의 정신수행을 하는 사람들은 그로부터 필요한 경험을 얻은 후 한 걸음 더 나아가서 페이즈도 배우고 숙달할 수 있다.

직접기법의 변형

페이즈로 곧장 들어가는 데 사용되는 기법들은 간접기법을 시도할 때 사용되는 기법들과 정확히 같다. 유일한 차이는 행하는 방법에 있다. 그러나 직접기법은 주로 수동성을 요구하기 때문에 모든 기법이 직접적인 페이즈 진입과 간접적인 페이즈 진입에 똑같이 잘 먹혀드는 것은 아니다. 예를 들어, 두뇌 긴장시키기와 같은 적극적인 기법들은 페이즈로 부드럽게 진입하는 데에는 사용할 수 없다.

직접기법은 행하는 방법이 간접기법과 다르다. 직접 시도의 시작부터 끝까지 나타나는 느리고 자꾸 끊기는 효과 때문이다. 깨어났을 때 마침 뭔가가 일어난다면 그것은 사실상 늘 페이즈 진입으로 이어진다. 예컨대, 잠들기 전에 유체 움직이기와 동일한 현상이 충분히 빠르게 시작될 수 있다. 그러나 움직임의 폭은 증가시키기 쉽지 않을 것이며 이 기법의 실행은 오로지 지속적인 리드미컬한 움직임에만 의지하게 될 것이다. 결과는 훨씬 더 늦게 나타난다. 즉, 10초 대신 10분이 걸린다. 이러한 차이는 이 책에 설명된 다른 모든 기법에도 적용된다.

간접기법 연습과 마찬가지로, 직접기법 연습을 시작하기 위해서는 각자에게 가장 효과 있는 기법들 중에서 가장 적당한 기법을 두 개에서 네 개 정도 선택해야 한다.

직접기법을 행하는 방법의 큰 차이점은 각 기법을 연습하는 데 걸리는 시간이다. 어떤 간접기법을 시험하는 데에 3~5초밖에 걸리지 않는다면, 이 경우에는 몇 분이 걸릴 것이다. 특정한 요인에 따라 시간이 달라진다.

이 기법을 행하는 세 가지 주요한 방법이 있다. 통상적인 방법, 차례로 시도하기, 그리고 순환적용이 그것이다. 순환적용법은 간접기법을 할 때 사용하는 순환적용 방법과 유사하다. 어떤 변형법을 사용해야 할지를 이해하기 위해 아래의 도표를 참고하라.

기법 사용의 변형	사용 적기適期
일반적(수동적) 변형: 한 가지 기법을 한 번 시도. 각각의 시도 후 기법을 바꿀 수 있다.	- 직접기법을 배울 때 - 실습자가 잠을 잘 못 잘 때 - 시도가 의식을 깨울 때 - 다른 변형의 시도가 의식의 이탈 없이 일어날 때 - 심신이 이완된 상태일 때
차례로(중립): 1-5분 동안 두세 가지 기법을 한 번 시도. 기법을 행하는 시간 길이에 따라 적극성이 변동함.	- 일반적 변형을 사용하는 동안 잠에 빠져들거나 순환적용법이 의식을 바짝 깨워버릴 때 - 실습자가 대체로 빨리 잠에 빠져버릴 때
순환적용(적극적): 간접기법으로 페이즈에 진입할 때와 같이 세 가지 기법을 순환적용하는 절차. 단, 각 기법을 3~5초 대신 10초~1분 동안 행한다.	- 일반적 방식이나 차례대로 하는 방식이 잠에 빠지게 만들 때 - 빨리 잠에 빠지는 편일 때 - 기운이 소진되었거나 잠이 모자랄 때

실습자는 항상 일반적인 변형법부터 시작해야 한다. 즉, 한 차례의 시도에 하나의 기법을 사용하는 것이다. 기울여야 하는 노력 때문에 열정에 찬 초보자는 의식이 완전히 깨어 있게 될 수도 있다. 그러나 그 후에는 잠 속으로 빠져 들어가는 강하고 지속적인 의식이탈이 일어날 수 있다. 그래서 기법을 차례대로 시도하는 변형법으로 넘어감으로써 활동수준을 높여야 하게 될 수도 있다.

차례로 시도하는 방법은 그 응용의 유연성 때문에 직접기법에서 활용하는 주요 변형법이다. 실습자가 15분에 걸쳐 두 개의 기법을 각 5분 동안 번갈아 사용한다면 차례로 시도하기는 수동적인 방법이 될 수 있다. 세 가지의 기법을 각 1분 동안 차례로 사용한다면 이 방법은 적극적인 방법이 될 수도 있다. 이 두 극단 사이의 모든 방법은 기법들을 적절하게 연습할 수 있게 해주고 부유하는 마음 상태를 달성하는 최선의 변형법을 선택할 수 있게 해준다.

적극적인 방법인 차례로 시도하기를 해도 계속 잠에 빠져들 경우, 실습자는 간접기법 순환적용을 시작해야 한다. 그러나 각 기법은 10초~1분 동안 행해야 한다.

이 기법은 여러 달에 걸쳐서 작업해야 하므로 하고 싶지 않은 날에는 억지로 자신을 괴롭히지 말아야 한다. 그러지 않으면 이내 지쳐버릴 수 있다. 모든 것이 즐거워야 하고 지나친 정서적 긴장을 일으키지 않아야 한다.

부유하는 마음 상태

직접적인 진입기법에 대해서는 책과 이야기와 인터넷 정보 세미나 등을 통해 엄청나게 많은 설명들이 난무한다. 때로는 이 설명과 저 설명이 완전히 다른 경우도 있다. 그러나 대부분의 경우 한 기법에 대한 거의 모든 설명이 공통점을 지니고 있다. 즉, 짧은 의식이탈, 기억의 공백, 잠 안팎을 들락날락하는 것 등이 그것이다. 이 모든 것은 부유하는 마음 상태의 특징들이다. 이중의 어떤 현상이 일어나면 온갖 종류의 독특한 전前-페이즈 감각 또는 페이즈 감각이 일어난다.

의식이탈은 수 초, 수 분, 혹은 한 시간 이상 지속될 수도 있다. 이것은 단순히 의식을 잃는 것으로부터 완전히 꿈속으로 빠지는 것에 이르기까지 다양할 수 있다. 의식이탈은 한 번 일어날 수도 있고, 드물게 일어날 수도 있고, 1분 동안에 여러 번 일어날 수도 있다. 의식이탈이 무엇을 수반하든 간에, 실습자가 잠에 깊이 빠져들기를 억제하여 깨어 있는 상태로 얼른 돌아올 수만 있으면 페이즈 실험에 이상적인 마음 상태를 확보할 수 있다.

모든 의식이탈이 페이즈로 이어지는 것은 아니다. 효과가 있으려면 충분히 깊이 이탈해야 한다. 따라서 이탈에 실패할 때마다 더 깊은 이탈을 다시 만들어내야 한다.

직접기법과 부유하는 마음 상태

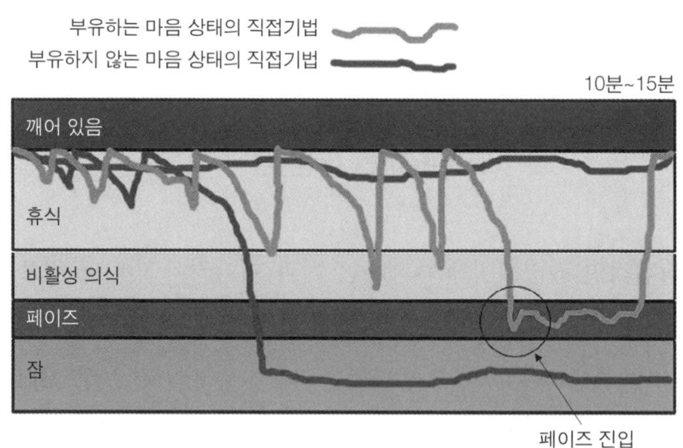

부유하는 마음 상태의 큰 단점은 의식이 이탈한 동안에 잠깐 잠에 빠지는 것이 아니라 완전히 잠에 빠져버릴 위험성이 있다는 점이다. 바라는 결과를 보장하기 위해서는 기법이 꼭 필요하다. 그런 기법들은 보조적인 역할을 하므로 이 기법들에 대해서는 너무 엄격할 필요가 없다.

흥미로운 사실!

어떤 직접기법을 사용하는가는 문제가 되지 않는다. 그것이 의식이탈을 유도해내는 한 성공을 거둘 수 있다.

변형법을 행할 때, 실습자는 완전히 깨어 있는 상태와 완전한 잠 사이를 왔다 갔다 하면서 깨었다가 다시 깜빡 졸곤 하기 시작할 수 있다.

잠에 빠져드는 것을 피하려면 각성상태로 돌아오고자 하는 강한 욕구가 필요하다. 직접기법을 수행하는 동안 잠속을 들락날락하는 일이 생기더라도 실습자의 강력한 결심만 있으면 잠에 빠지지 않을 수 있다. 실습자는 의식이 점점 혼미해지는 순간 즉시 깨어나리라고 굳게 다짐해야 한다.

반면에, 의식이탈이 일어나지 않고 완전히 깨어 있게 된다면 다음 요령이 도움이 될 수 있다. 즉, 정신적인 활동에 오롯이 집중하거나, 반대로 행하고 있는 기법과 병행해서 사색이나 공상에 잠기는 것이다. 이것은 직접기법을 사용하는 작업의 초기단계에만 효과가 있다는 점을 주의할 필요가 있다. 이 방법은 수면을 유도하는 강한 효과가 있기 때문이다.

오랜 기간 동안 규칙적으로 연습했는데도 직접기법이 얕은 잠이나 의식이탈을 한 번도 이끌어내지 못한다면, 기법이나 기법을 행하는 시간의 길이에 어떤 착오가 있을 가능성을 생각해봐야 한다.

의식이탈이 일어나는 빈도는 연습하는 동안의 자세나 변형법을 바꿈으로써 조절할 수 있다.

부유하는 마음 상태로 페이즈에 진입하는 일은 흔히 세 가지 핵심 요인에 의해 일어난다. 첫째, 의식이 이탈한 동안에 어떤 기법이 잘 먹혀들기 시작할 수 있다. 둘째, 의식이탈이 일어난 후에 문득 소리나 진동을 통해 페이즈에 가까운 상태가 스스로 드러날 수 있다. 이런 일이 일어나는 동안, 위의 증상들에 대응하는 기법들(내부의 소리 듣기, 두뇌 긴장시키기)로 기법을 전환해도 좋다. 셋째, 의식이탈에서 빠져나올 때, 어떤 때는 쉽게 분리해 나올 수 있게 되거나, 처음의 징표에 주목함으로써 잘 먹힐 기법을 재빨리 찾아낼 수 있다.

흥미로운 사실!

직접적인 페이즈 진입방법 같은 것은 없으며, 모든 직접기법은 사실 간접기법의 하위범주에 속한다고 주장하는 이론이 있다. 유일한 차이점은, 직접기법은 아주 짧은 수면을 유도한다는 점일 것이다. 이것은 잠에 빠지는 것을 감쪽같이 흉내 내어 일상적인 잠 깨기 — 페이즈 진입이 용이한 시점인 — 와 비슷한 생리적 상태를 만들어낸다.

의식이탈은 모든 경우에 반드시 일어나지는 않는다. 하지만 의식이탈을 만들어내려고 노력하는 것은 매우 중요한 역할을 한다. 의식이탈은 항상 지각되는 것이 아니어서 그것이 일어난 것을 늘 분명히 알아차릴 수 있는 것은 아니기 때문이다. 의식이탈은 시간이 매우 짧거나 얕을 수 있고, 또는 전혀 일어나지 않을 수도 있다. 그럼에도 불구하고 의식이탈을 유도하기 위해 적절히 행해진 기법들이 페이즈 진입을 선사할 수도 있다. 이는 직접적인 페이즈 진입을 위해 연장술을 사용한 경우에 특히 그렇다. 의식이탈이 매우 얕고 짧아서 실습자가 감지하지 못할 수도 있다는 점을 유념하는 것이 좋다.

주변 요인

실습자가 직접기법에서 계속 문제에 부딪히거나 전혀 성공시키지 못하게 만드는 한 가지 상황이 있음을 분명히 말할 수 있다. 지금 당장 결과를 얻어내려고 하는 과도한 욕망이 그것이다. 실습자가 직접기법을 사용하여 무슨 일이 있어도 페이즈로 들어가고 말겠다는 생각을 가지고 침대에 누워 있다면, 아무런 시도도 하지 않는 편이 낫다. 이 같은 과도한 욕망은 필연적으로 의식이탈이 안 되거나 너무 얕게 이탈하는 식의 생리적 반응을 야기한다. 문제는 사실상 모든 초보 실습자들이 이런 실수를 범한다는 것이다. 직접기법이 어렵게 여겨지는 것은 바로 이 대수롭지 않아 보이고 거의 감지되지 않는 실수 때문이다.

흥미로운 사실!

대부분의 실습자에게 핵심적인 한 가지 조언은, 직접기법을 사용할 때는 무슨 일이 있어도 페이즈로 들어가고야 말겠다는 불타는 욕망을 놓아버려야 한다는 것이다.

직접기법을 시도하는 동안은 물론, 시도를 개시하기 전부터 결과에 대한 내적 초연함과 평정심이라는 요소가 요구되는 이유는 바로 이것이다. 결과를 제어하려고 애쓰는 마음을 놓아버리고 그저 페이즈 진입에 자신을 바치라. 실습자의 마음은 완전히 고요해야 하며 시도가 얼마나 성공적일지에 대해서는 거의 완전히 무관심해야 한다. 시도가 먹힌다면, 좋다. 먹히지 않는다고 해도, 그게 무슨 상관인가? 페이즈에 진입하고자 하는 의도는 있어야 하지만 그 의도는 마음속에

갈무리되어야지, 지나친 욕망이나 상황에 대한 통제로 불거져 나와서는 안 된다.

직접적인 페이즈 진입기법을 앞에 둔 실습자는 마음의 평정을 터득할 때까지는 그 어떤 실질적 체험도 얻어내려고 애써서는 안 된다. 최선의 경우, 대부분의 시도가 성공을 거둘 수도 있었더라도 50번 중 단 한 번만이 페이즈로 이어질 것이다. 직접기법의 고수들은 모두가 의도적이든 않든 간에 결과에 대한 평정심의 도움을 받았다는 사실을 유념할 필요가 있다. 반면에 초보자들이 하는 모든 시도는 얻어야만 할 결과를 얻겠다는 과도한 욕구를 수반하며, 이것이 성공을 거두지 못하는 주요인이다.

직접기법이 어떻게 작동하는지를 보여주는 전형적인 사례의 분석이 상황을 더 명확하게 보여줄 것이다. 누군가가 다른 사람에게 페이즈에 관해 이야기해주다가 곧바로 직접기법부터 설명하게 됐다고 해보자. 상대방은 호기심에 가득 차고, 새로운 정보를 접한 그는 집에 가서 과도한 욕망 없이 단지 재미삼아 그것을 시도해보기 시작한다. 그리고 그것이 첫 번째 시도에서 먹혀든다. 그는 극도로 생생한 격랑의 페이즈를 체험한다. 이제 그는 사람들이 왜 그토록 야단법석인지를 깨달았기에 다시 그곳으로 가고 싶은 마음이 간절해진다. 다음 날, 그는 그 짜릿한 체험의 또렷한 기억을 품은 채 침대에 누워 그것을 다시 경험하기를 간절히 열망한다. 그러나 지금은 그의 마음이 결과를 너무나 갈망하고 있기 때문에 그의 몸은 첫 번째의 성공적인 시도 — 과도한 노력 없이 했던 시도 — 전의 그 상태로 들어가는 것이 생리학적으로 불가능해졌다. 그 결과, 그 동일한 직접기법이 이제는 더 이상 페이즈를 가져다주지 않는다. 기법이 결과를 가져다준다고 믿는 사람이라면(그리고 결과가 과정에 대한 태도의 문제라는 것을 깨닫지 못하는 사람이라면) 어안이 벙벙할 것이다.

저녁이나 밤중에 직접기법을 행하면 몸의 자연스러운 피로상태를 활용할 수 있고, 그것을 증폭시킬 수도 있다. 예를 들어, 직접기법은 실습자가 잠이 아주 모자라는 상태일 때 더 쉽게 성공으로 이어진다. 게다가 이런 상태에서는 부유하는 마음 상태를 유도하는 단계는 건너뛰어도 된다. 가장 중요한 것은 적절한 변형법을 활용하는 것과 더불어, 이내 잠들어버리지 말아야 한다는 것뿐이다. 경험 많고 정통한 실습자가 심한 피로상태에서 좋은 결과를 낼 수 있다고 하더라도, 일부러 수면을 박탈하는 것은 자신을 고문하는 무모한 짓이다. 초보자들은 모름지기 자연스럽고 균형 잡힌 방식으로 연습에 임하는 것이 더 낫다.

잠에 대한 강렬한 갈망은 장기간의 수면부족으로 인한 것으로만 한정되지 않는다. 육체적, 정신적 피로 또한 중요한 역할을 한다. 이 경우에 가장 중요한 것은, 기법을 행할 때 잠에 빠져들지 않는 것이다. 따라서 실습자는 평상시보다 더 적극적인 변형법을 선택해야 한다.

그럼에도 불구하고 피로나 수면부족과 같은 요인은 외부적 상황에 의해 발생하는 드문 경우에만 이용되어야 한다. 피로나 장시간의 수면박탈을 강요하는 식으로 일부러 몸을 괴롭히는 것은 의미가 없다. 이런 일은 사실 초보자들만이 겪는다. 경험 많은 실습자는 피곤할 때면 항상 잠자리에 들 것이기 때문이다. 이미 정기적으로 쉽게 페이즈에 진입하고 있는데 이런 식으로 건강을 해치는 것은 무의미하다.

결국, 직접기법은 정상적인 생리상태에 있을 때만 즐겁게 행해져야 한다. 실습자는 기법을 적용하는 절차 자체에서 즐거움을 느껴야지, 그것을 페이즈 진입을 위해 치러야 할 피곤한 허드렛일로 여기지 말아야 한다. 가장 기분이 내킬 때 가장 좋아하는 기법을 행해야 하는 주된 이유가 바로 이것이다. 실습자의 의지나 몸을 괴롭히는 방식으로 페이즈를 추구해서는 결코 안 된다. 직접기법을 사용하면 즐거움과 효과 사이에 직접적인 함수관계가 생긴다. 즉, 과정이 당신을 짜증나게 할수록, 부유하는 마음 상태는 더욱 악화되고, 성공률도 낮아진다. 반대의 경우도 마찬가지이다.

실습자가 직접기법을 숙달한다는 목표를 향해 잘 나아가고 있는지 어떤지를 명확하게 보여주는 몇 가지 단서가 있다. 첫째, 실패한 시도에 짜증이 나거나, 시간 낭비를 하고 있다고 느껴서는 안 된다. 이것은 과정에 대한 전략상의 실수를 알려주는 첫 번째 신호다. 이런 일이 일어나는 한 확실한 페이즈 체험으로의 직접적 진입에 대해 얘기하는 것은 의미가 없다. 다음은 기법을 행하는 과정 자체의 즐거움이다. 실습자가 자신의 기법을 가지고 작업하는 것이 즐겁다고 느낀다면 기법도 훨씬 더 잘 먹힐 것이고 페이즈로 이어질 가능성도 훨씬 높아질 것이다. 그리고 그런 태도를 가진다면 시도가 성공하지 못하더라도 실망하지 않을 것이다. 실습자는 언제나 기법을 존중하여, 그것을 페이즈 진입을 위해 해내야 할 지루한 허드렛일로 취급하지 말아야 한다. 이런 문제가 생길 때, 실습자는 기법에 대한 자신의 태도를 재점검하여, 그저 기법을 행하는 일 자체에 흥미를 갖도록 애써야 한다. 직접적인 페이즈 진입에 기법은 그다지 중요한 것이 아니라고 할지라도, 기법은 시도의 질을 가늠하는 신뢰성 있는 척도가 된다.

행동전략

초보자가 처음부터 직접기법을 가지고 연습을 한다면 그는 수천 명의 작업을 근거로 한 권고를 무시한 것이기 때문에 자신의 책임하에 위험을 각오하고 연습에 임해야 한다. 성공하지 못할 경우 낭비된 시간과 노력에 대한 책임은 전적으로 실습자 자신에게 있다. 많은 실습자들이 — 상당히 숙달된 실습자들조차도 — 페이즈 진입에 직접기법 사용은 피하려고 한다는 사실을 늘 명심해야 한다.

꿈속에서 꿈을 자각하게 되거나 간접기법을 사용해 페이즈로 들어가는 것과는 달리, 직접기법은 좀처럼 빠르고 명확한 결과를 만들어내는 법이 없다. 우선, 직접기법은 결과를 산발적으로 만들어낸다. 빠른 보상을 바란다면 직접기법으로 연습을 시작하지 말아야 하는 이유가 이 때문이다. 숙달을 향해 꾸준히 노력하면서 기법을 체계적으로 연습하는 것이 더 좋다.

시도한 지 한 달 후에도 결과를 얻지 못했다고 해서 걱정할 이유는 없다. 지속적으로 연습을 분석하고 향상시키려는 노력에 기본적으로 초점이 맞춰져야 한다. 실패는 언제나 분간되는 실수에 의해 발생하기 때문이다.

직접기법 사용에 어려움이 생길 수 있지만, 절대로 그때까지 먹히던 것(즉, 간접기법)을 그만두어서는 안 된다. 그것은 여태까지 즐겨온 경험을 일시적으로 앗아갈 수 있기 때문이다.

절대로 같은 날에 직접기법과 간접기법을 섞어서 사용해서는 안 된다. 집중과 열정을 해치기 때문이다. 다른 유형의 기법들은 각기 다른 날에 따로 행하는 것이 더 낫다.

직접기법을 행할 때의 전형적인 실수

- 필수조건임에도 불구하고 부유하는 마음 상태가 미흡한 것. 그릇된 자세로 누워 있는 것.
- 경험 없는 실습자가 저녁이나 밤이 아닌 낮 시간에 직접기법을 행하는 것.
- 하루에 한 번 이상 시도하는 것.
- 부정적인 영향을 줄 수 있음에도 기법을 수행하기 전에 오랫동안 휴식을 취하는 것.
- 20분 이상 연습하지 말아야 함에도 기법을 너무 오랫동안 행하는 것.
- 의식이 이탈한 동안 다시 깨어나겠다는 강력한 의도를 확언하기를 잊어버리는 것.
- 깨어 있는 동안 여러 번 의식이탈이 되도록 노력하는 대신 부유하는 마음 상태로 이탈된 동안 잠에 빠져버리는 것.
- 의식이탈에서 빠져나오는 순간을 활용하는 대신 분리기법을 잊어버리고 어떤 미지의 사건이 일어나기를 그저 기다리고만 있는 것.
- 기법들을 계획적이고 체계적인 방식으로 시험해보지 않고 기본 레퍼토리에서 지나치게 자주 바꿔버리는 것.
- 특이한 감각을 마주칠 때 숨을 참는 것. 언제나 침착할 것.
- 특이한 감각이 발생할 때 이 감각을 불러온 것을 계속하지 않고 연습을 중단하는 것.
- 직접기법을 수행하는 동안 지나치게 흥분하는 것.
- 피로와 수면부족으로 인해 시도하는 동안 적극성이 부족한 것.

- 명확한 행동계획의 부족. 사전에 각 변형법의 사용법을 이해하고 계획하는 것은 연습에서 발생하는 오류들을 분석하는 데 매우 중요하다.

연습문제

질문

1. 직접기법으로 넘어가기 전에 어떤 기법을 숙달해야 하는가?
2. 직접기법을 사용한 결과는 며칠 후, 또는 몇 주 후에 기대해야 하는가?
3. 직접기법을 연습하기에는 낮이 나은가, 저녁이 나은가?
4. 하루에 직접기법을 세 번 행하는 것은 옳은 일인가?
5. 불면증이 있는 경우 어떤 자세를 취해야 하는가?
6. 빨리 잠드는 사람은 어떤 자세를 사용해야 하는가?
7. 직접기법을 한 번 시도하는 데에 얼마나 많은 시간을 써야 하는가?
8. 평소보다 길게 직접기법을 시도할 수 있는 것은 언제인가?
9. 경험 없는 실습자가 이완하는 가장 좋은 방법은 무엇인가?
10. 직접기법은 이완기법을 대체할 수 있는가?
11. 이완기법은 직접기법을 대체할 수 있는가?
12. 직접기법을 행하는 변형 방법은 몇 가지가 있는가?
13. 직접기법을 차례로 시도하는 변형 방법은 어떤 경우에 사용해야 하는가?

14. 부유하는 마음 상태를 만들고자 하는 목표를 가지고 페이즈로 바로 진입하는 데에 사용해서는 안 되는 기법은 무엇인가?
15. 직접기법을 하는 동안 부유하는 상태의 의식에는 무슨 일이 일어나는가?
16. 직접기법을 행하는 중에 잠에 빠져든다면 깨어나기를 시도해야 하는가?
17. 부유하는 마음 상태 없이 페이즈에 진입할 확률은 얼마인가?
18. 직접기법을 행하다가 실패했을 때 가장 흔한 결말은 무엇인가?
19. 저녁에 직접기법으로 페이즈 진입을 시도하기 전에 성행위를 하는 것이 도움이 되는가?

과제

직접기법 수행 시 20분이 지나기 전에, 또는 잠들기 전에 세 번 이상 의식을 이탈시키도록 노력하라. 페이즈 진입에 성공할 때까지 이 과제를 반복하라.

제4장

꿈 자각하기

자각몽 관련기법의 개념

꿈의 자각을 통해 페이즈로 들어가는 기법은 꿈을 꾸는 동안 의식이 깨어나 꿈을 꾸고 있는 자신을 자각하는 것을 목표로 한다. 꿈을 자각하면 꿈의 질과는 관계없이 그것은 온전한 페이즈 체험으로 전환될 수 있다. 일반적인 생각과는 반대로, 꿈을 통해 유체이탈체험을 하는 것은 다른 기법들과 거의 다르지 않다. 그 결과 역시 해리성(dissociative) 체험으로 분류된다. 즉 육신에 대한 지각이 없는 상태에서 의식이 완전히 깨어 있는 것이다.

꿈의 자각을 통해 유도된 페이즈의 현실감은 다른 기법들을 통해 진입한 페이즈의 느낌과 다르지 않다. 그리고 그 상태를 심화시키면 페이즈는 일상생활 속의 경험보다도 더 생생하고 명료한 경험을 제공한다.

실습자가 꿈속에서 꿈을 자각하게 되면(일반적으로 '이건 단지 꿈일 뿐'이라는 분명한 자각을 동반한다) 그 순간부터 페이즈를 체험할 수 있다.

초보자들은 종종 꿈속에서 꿈을 자각한다는 개념을 유도된 꿈과 혼동한다. 유도된 꿈이란 요구에 의해 유발된 특정한 주제의 꿈이다. 이것은 자각을 전제로 하지 않는다. 또한 모든 실습자들이 꿈속에서 꿈을 자각한다는 것이 무슨 뜻인지를 확실히 이해하는 것도 아니다. 꿈에 대한 자각의식은 어느 정도는 늘 존재하지만, 깨어 있는 상태와 같은 수준의 자각의식을 갖는 것이 필수적이다. 꿈의 줄거리가 계속 이어지는 한 자각(awareness)은 가능하지 않다. 나를 둘러싼 모든 것이 그저 꿈일 뿐이라는 완전한 깨달음이 일어날 때, 실습자는 꿈꾸기를 멈추고 그 순간 자신이 하고 싶은 일만을 하기 시작한다. 그리고 깨어난 후에는 일어났던 일이 터무니없다거나 설명할 수 없는 일이라고 생각하지 않아야 한다.

꿈속에서 꿈을 자각하는 과정에서 실습자의 행동은 양질의 페이즈를 체험하고자 하는 욕구에 완전히 복종해야 한다. 꿈을 자각하자마자 심화와 유지를 위한 기법으로 넘어가는 것이 중요한 이유도 이 때문이다.

자각몽 기법은 본질적으로 다른 기법들과는 매우 다르며, 이 기법이 소위 아스트랄 투사나 유체이탈체험(Out of Body Experience: OBE)과 같은 다른 연습법들과 구별되는 데는 타당한 이유가 있다. 그러나 결과의 측면에서 보면 거의 차이가 없다.

기법상의 특이한 점은, 즉각적이고 구체적인 결과를 만들어내기 위해 특정한 행동을 요구하지 않는다는 사실에 있다. 기법과 관련된 모든 요소들은 자각몽의 외부에서 행해진다. 이것은 의식이 깨어나서 꿈을 자각하지 못하면 아무런 행동도 취할 수가 없기 때문이다. 모든 노력은 바로 이 자각이 어떻게든 일어나게 만드는 쪽으로 기울여진다.

흥미로운 사실!

실습자가 꿈을 자각하기 위한 기법에는 관심 없이 단지 직접기법이나 간접기법만 적용하더라도, 평균 세 번 중 한 번의 페이즈는 꿈의 자각을 통해서 일어난다. 이것은 페이즈 학교의 세미나에서 통계적으로 입증되었다.

많은 사람들이 하룻밤을 꼬박 새우면서 꿈을 꿀 때마다 꿈을 자각하려고 애쓴다. 그러나 이것은 생리적 장벽 때문에 거의 가능하지 않다. 수면과 꿈이 인간 삶의 중요한 부분인 데에는 그만한 이유가 있다. 나날의 생활에서 얻어진 방대한 양의 정보를 무의식적으로 가려내고 처리할 수 있도록 몸뿐만 아니라 의식의 스위치를 끄려고 하는 중요한 요구가 있는 것이다.

자각몽을 달성하는 데 걸리는 시간은 요구되는 행동의 특성상 예측하기가 매우 어렵다. 강도와 의도는 확실히 큰 영향을 미친다. 실습자는 처음에 의식이 꿈속으로 빠져들 때 — 그게 언제 일어나든 상관없이 — 그것이 꿈임을 자각하게 될 수도 있다. 또는 규칙적으로 시도한다면 2주에서 한 달 안에 일어날 수도 있다. 그럼에도 불구하고, 이 기법은 직접기법에 비해 훨씬 높은 성공 가능성이 보장되므로 간접기법에 비견된다. 이 기법은 결과를 얻는 속도와 필요한 노력의 양이라는 측면에서만 간접기법보다 떨어진다.

꿈의 자각을 얻는 데 사용되는 기법들은 다른 종류의 기법들과 섞어서 사용해서는 안 된다. 한 번에 한 가지에 집중하는 것이 좋다. 흥미롭게도, 한 가지 기법을 규칙적으로 연습하면 꿈의 자각이 저절로 일어나는 것은 거의 100퍼센트 보장된다. 실습자는 이런 일이 일어날 때 대응하는 법을 알고 있어야 한다.

꿈을 자각하기에 가장 좋은 시간

다른 페이즈 진입 방법들과 마찬가지로, 꿈을 자각하기에 가장 좋은 시간은 연장술을 사용할 때 발생한다. 즉, 다섯 시간에서 일곱 시간 동안 잠을 잔 다음 일어나서 깨어난 상태를 굳히기 위해 3~50분 동안 육체적인 활동을 하고, 뒤이어질 꿈속에서 그것이 꿈임을 자각하겠다는 의도를 가지고 다시 잠드는 것이다. 다시 잠들기 전의 막간이 길수록 성공 확률은 높아진다. 오랫동안 깨어 있다가도 다시 잠들 수 있는 실습자들이 있다. 반면, 단 몇 분만 깨어 있어도 다시 잠을 잘 수 없는 사람도 있다. 이들은 깨어 있는 시간을 최대한 짧게 해야 한다.

꿈의 자각은 낮잠을 자는 중에도 쉽게 일어난다. 한밤중에도 일어날 수는 있지만 생리적인 이유 때문에 이런 경험은 대개 짧고 대체로 명료도가 낮다.

자각몽 기법

꿈을 자각하기 위한 기법은 몇 가지를 동시에 연습할 수도 있다. 모든 기법이 다른 기법들과 바로 호환되고 상호보완적이기 때문이다.

꿈 기억하기

꿈을 꾸지 않는 사람이 있다는 널리 퍼진 오해가 있다. 모든 사람이 꿈을 꾼다. 모든 사람이 꿈을 기억하진 못하는 것일 뿐이다. 꿈을 많이 꾸는 사람들조차도 이 야간여행의 한 귀퉁이밖에 기억하지 못한다. 따라서 꿈을 기억하지 못하는 사람들은 꿈을 자각하는 것이 불가능하다고 생각하면 안 된다. 이런 사람들은 그저 이 기법들을 사용하는 노력을 기울여야 할 뿐이다.

동시에, 기억하는 꿈의 개수와 꿈을 자각하게 될 확률 사이에는 직접적인 상관관계가 있다. 이것이 꿈을 기억하는 능력을 계발하는 것이 중요한 이유다. 본질적으로, 꿈을 자각하는 능력은 마음의 깨어 있는 정도에 달려 있고 그것은 기억에 관련된 작용과 밀접히 서로 연결되어 있다.

꿈속에는 당연히 의식이 내재하지만 거기에는 신속히 작동하는 기억력이 결핍되어 있다. 꿈을 꾸는 사람들은 자신이 누구인지, 이름이 무엇인지, 걷고 말하는 법 등은 알지만 주변의 사건들이 어떻게 서로 연관되는지, 또는 그 상황의 의미와 본질은 모를 수 있다.

꿈을 기억해내는 빈도를 높임으로써 꿈의 단기적인 기억력을 더 발달시킬 수 있다. 이것은 더욱 생생한 꿈을 경험하게 하고, 뒤이어서 꿈을 자각하게 될 가능성을 높여준다.

꿈을 기억하는 빈도를 늘려주는 세 가지 방법이 있다.

첫째는 깨어나자마자 그저 꿈의 세부적인 내용을 기억해내는 것이다. 깨어난 후 처음 몇 분 안에 가능한 한 많은 꿈을 기억해내도록 애쓰라. 이것은 깊은 관심과 부단한 노력으로써 수행해야 한다. 이 연습은 기억력을 강화해주기 때문이다. 가능하다면, 낮 시간 동안이나 밤에 잠자리에 들기 전에(이쪽이 더 좋다) 전날 밤의 꿈을 다시 한 번 상기하라. 이것은 매우 이로운 훈련이다.

따로 마련한 꿈 일기장에 꿈의 내용을 적어놓으면 단순히 기억하기만 하는 것보다 훨씬 더 효과가 있다. 아직 기억이 맑은 아침 시간 동안 꿈을 기록하라. 꿈을 기록할 때 더 많은 세부사항을 기억해낼수록 최종결과는 더 나아진다. 이것은 단순한 기억보다 더 높은 수준의 자각의식을 요구하는 매우 용의주도한 접근법이다. 일기장에 꿈을 적는 것은 자신의 행동과 열망을 훨씬 더 잘 자각할 수 있게 해준다.

꿈을 기억하는 또 다른 방법은 꿈 세계의 지도를 만드는 것이다. 이것은 꿈 지도 제작법이라고 불리는 것으로, 일기를 쓰는 것과 유사하지만 지도에서 꿈속의 에피소드들이 서로 연결되게 함으로써 자각의식의 수준을 높여준다.

첫째, 장소와 사건을 묘사하면서 하나의 꿈을 기록하라. 장소와 사건은 지도에 표시된다. 지도를 그리는 이 과정을 이어지는 꿈마다 매번 반복하면 꿈을 몇 번 더 꾸고 나면 어떻게든 앞서 기록한 꿈의 장소와 연관되는 에피소드가 발생할 것이다. 서로 가까이서 일어난 두 개의 꿈은 지도상에서 나란히 그려진다. 시간이 지남에 따라 서로 연결된 꿈들이 점점 더 많이 생길 것이고 지도상의 꿈들은 서로 떨어져 있기보다는 점점 더 한데로 모여들 것이다. 그리하여 결국 기억하는 꿈의 빈도와 현실감의 강도는 올라가고, 꿈꾸는 사람은 꿈을 자각하는 능력이 커질 것이다.

아침까지 기다리는 것보다는 잠시 깨어났을 때 꿈의 내용을 상기하는 것이 가장 좋다. 이를 위해서는 실습자가 다시 잠에 빠져들기 전에 재빨리 페이즈나 꿈의 줄거리를 상기시켜줄 몇 가지 키워드를 적어놓을 수 있도록 가까이에 종이와 펜을 두는 것이 도움이 된다. 이 정보를 이용하면, 꿈의 대부분을 빠르고 완전하게 상기할 수 있다.

이 기법을 연습한 초기의 결과는 기억해내는 꿈의 수가 급격히 증가하는 것이다. 이 숫자가 일정 수준에 이르면(하룻밤에 5~10개) 꿈의 자각이 규칙적으로 일어난다.

의도

의도는 모든 기법의 성공에 매우 중요하지만 꿈의 자각에는 의도가 더욱 중요해진다. 의도의 생성은 내적 열망과 밀접하게 연결되어 있다. 내적 열망은 의식과 무의식 상태 모두에 반향을 일으킨다. 실제로, 고양된 의도는 정신프로그래밍의 강력한 수단으로 작용한다.

이 기법은 꿈을 자각하겠다는 강력한 욕구를 확언하는 방법으로 잠에 들기 전에 행한다. 최상의 결과를 위해서는 강력히 명시된 의도와 함께 꿈을 자각하게 될 때 어떤 행동을 취할 것인지에 대해 충분히 생각해둬야 한다.

닻 만들기

꿈속의 의식이 꿈속에서 일어나는 특정한 행동과 연결되어 있지 않고, 감각의 인식은 꿈속에서도 계속 작동하므로 자각의식을 얻기 위해 인위적으로 조건화한 반사적 행위를 개발하여 이용하는 것이 가능하다. 이 기법의 핵심은 깨어 있는 동안 일어나는 특정한 자극에 대해 일률적으로 반응하도록 의식을 훈련시킴으로써 꿈속에서도 특정한 상황이 발생할 때마다 일정한 반응을 하도록 습관을 형성시키는데 있다.

예를 들어, 깨어 있는 동안 실습자는 '닻'을 볼 때마다 '내가 꿈을 꾸고 있나?'라고 자문한다. 깨어 있거나 꿈을 꾸는 동안 종종 마주치게 되는 물건이면 무엇이든 '닻'으로 이용할 수 있다. 닻의 예로는 실습자 자신의 손, 빨간색의 물건, 흐르는 물 등이 될 수 있다. 이 기법을 처음 행할 때는 미리 정해둔 닻을 마주칠 때마다 매번 그것이 꿈인지 아닌지를 자문하기가 어려울 것이다. 그러나 강한 욕구를 품고 훈련하면 이 기법은 이내 결실을 가져다준다. 시간이 지남에 따라, 실습자의 의식상태를 점검하는 잠재의식의 이 물음은 깨어 있을 때든 꿈을 꾸고 있을 때든 습관적으로 던져질 수 있게 된다. 그 결과는 꿈의 자각이다.

단순히 이 질문을 던지는 것뿐만 아니라, 최대한 객관적이고 미리 결과를 예단하지 않은 상태에서 질문에 대답할 수 있도록 자신을 주변의 사건들로부터 분리시키도록 애쓰면서 이 질문에 주의 깊게 대답하는 것 또한 중요하다는 사실을 유념해야 한다. 질문에 객관적으로

답하지 못하면 언제나 부정적인 응답('아니')으로 이어지고, 그러면 꿈을 자각할 수 없게 될 것이다.

자연적인 닻

자각몽을 유도하는 의도적인 닻을 만들어내는 것뿐만 아니라, 자연적인 닻에도 주의를 기울여야 한다. 그것은 자각을 의식적으로 원하지 않을 때조차도 주기적으로 꿈의 자각을 유발하는 물건이나 행동들이다. 자연적인 닻의 존재를 의식하고 있으면 실제로 그런 것이 등장할 가능성이 두 배로 높아진다.

다음의 경험들은 꿈속에서 흔히 나타나는 자연적인 닻이다. — 죽음, 날카로운 통증, 강렬한 공포, 스트레스, 비행, 전기충격, 성적인 감각, 페이즈 환경이나 페이즈 진입에 관한 꿈 등. 꿈의 자각을 시도할 때 자연적인 닻들을 알아차리면 거의 100퍼센트의 효과를 거둘 수 있다.

실습자는 질문에 응답할 때마다 비행을 시도해볼 수 있다. 물론 깨어 있는 현실에서라면 이것은 무의미하다. 그러나 꿈을 꾸고 있을 때는 이런 시도가 거의 비행으로 이어져서 주위의 모든 것이 단지 꿈일 뿐이라는 사실을 다시금 보여줄 것이다.

자가 분석

꿈의 꾸준히 분석해가면 자각의식이 부재하는 이유를 밝혀내는 데 도움이 된다. 분석은 꿈의 자각을 달성하는 데 중요하다. 마음은 평생 동안 꿈의 모순적인 성질에 익숙해져 있어서 그런 것에 더 이상 괘념하지 않게 된다. 이 사실은 빨간색 악어가 우리에게 말을 걸 수 없을 뿐 아니라, 빨간색일 리도 없고 아파트에 전세로 입주할 수도 없다는 사실을 이해하려고 애쓰다 보면 분명해진다. 꿈을 꾸는 동안에는 이런 불가능한 일도 절대 의문시되지 않는다. 자가 분석의 본질은 꿈을 기억해내고 자신이 꿈속에서 왜 꿈의 모순적인 성질들을 충분히 알아차릴 수 없었는지를 열심히 생각해보는 것이다.

꿈이 현실과 일치하는지를 날마다 분석하다 보면 경험의 누적과 함께 꿈속에서의 실습자의 추리력도 향상되기 시작한다. 예를 들어, 전세 아파트에 사는 빨간색 악어의 존재가 의심을 불러일으켜서 멈춰서 생각해보게 하고, 그것은 결국 그 모든 것이 한갓 꿈일 뿐이라는 깨달음으로 이어지게 하는 것이다.

자각몽 속에서 할 일

꿈의 자각이 반드시 온전한 페이즈 체험으로 이어지게끔 하기 위해서는 세 가지 특별한 행동 중의 하나를 행해야 한다.

가장 좋은 것은 심화를 위한 기법이다. 이 기법은 꿈의 자각이 일어나면 그 즉시 적용해야 한다. 심화기법은 다른 어떤 기법보다 먼저, 꿈의 에피소드 속에서 행해야 한다. 이것은 페이즈 진입을 거의 보장해준다. 심화 다음에 어떤 행동을 선택할 것인지는 실습자가 미리 짜둔 페이즈 내 행동계획에 따라 달라진다.

꿈을 자각하게 될 때, 지각을 먼저 심화하지 않고 바로 몸에서 굴러 나오기 위해 몸으로 돌아가기를 시도하는 것은 매우 위험하다. 몸으로 돌아가기는 쉽지만 분리해 나올 수가 없는 상황에 빠져버릴 수 있기 때문이다. 그것은 물리적 감각이 육신의 자세와 일치하면 페이즈가 매우 약해지기 때문이다. 실습자가 그러기로 선택했다면, 몸으로 돌아가기 위해서는 단순히 몸에 대해 생각하기만 하면 된다. 그것만으로도 거의 즉시 전환이 일어나게 하기에 충분하다.

또 다른 가능성은, 페이즈의 세계에서 원하는 곳에 도달하기 위해 공간이동 기법을 사용하는 것이다. 이 역시 심화를 먼저 하지 않고 이 변형법을 행하면 위험하다. 얕은 페이즈 속에서 공간이동을 하는 것은 깨어 있는 상태로 돌아가게 만들 공산이 매우 크기 때문이다. 공간이동은 종종 페이즈 상태의 깊이를 크게 감소시킨다.

행동전략

꿈을 자각하기 위해서는 지속적인 연습이 필수적이다. 산발적인 연습으로는 필요한 배후 사고과정을 형성시킬 수 없기 때문이다.

대체로, 꿈의 자각을 위해 페이즈 진입기법을 사용하면 몇 주일 후에 결과가 나오기 시작하고, 기법의 효과는 시간이 지날수록 점점 더 뚜렷해진다. 한두 달 내에 아무런 결과를 얻지 못한다면 한동안 이 기법의 연습을 자제하고 1~2주 휴식을 취한 다음에 새로운 시작을 하기로 마음먹으라.

실습자들은 종종 첫 결과를 얻은 후에 이 기법의 연습을 그만둬버린다. 그 이후에는 효과가 잘 안 나타나고, 꿈을 자각하는 빈도도 급격히 떨어지기 때문이다. 첫 결과를 얻은 후에 이 기법들을 버려서는 안 된다. 점차적으로 연습을 줄여나가는 것은 대체로 허용되지만 말이다.

자각몽 연습 시의 전형적인 실수

- 꿈을 자각하는 상태가 페이즈와 동일함에도 불구하고 이 상태를 페이즈 상태가 아니라고 여기는 것.
- 꿈의 자각에만 초점을 맞추는 것이 더 나은데 다른 페이즈 진입기법들을 행하면서 꿈의 자각을 시도하는 것.
- 잠들 때 자각몽을 경험하겠다는 욕구를 품는 것이 매우 중요함에도 불구하고 욕구가 충분하지 않은 것.
- 꿈을 자각한 후에는 자유의지로 독자적인 행동을 해야 함에도 계속해서 꿈의 줄거리를 따라가는 것.
- 꿈을 꾸는 동안 '내가 지금 꿈을 꾸고 있나?'라는 질문에 틀리게 대답하는 것.
- 꿈을 자각하면 즉시 심화기법을 시작해야 한다는 사실을 잊어버리는 것.
- 기억력 계발 연습을 할 때 모든 꿈을 기억해내지 않고 가장 생생한 꿈만 기억해내는 것.
- 자각몽 기법 연습에 '꾸준히' 집중하지 않는 것.

연습문제

질문

1. 유체이탈체험과 자각몽 사이의 차이점은 무엇인가?
2. 꿈을 자각한 후, 주변의 현실감은 깨어 있을 때의 현실감과 다른가?
3. 꿈을 자각하기 위해 사용할 수 있는 기법은 무엇인가?
4. 최초의 시도로도 꿈을 자각할 수 있는가?
5. 모든 사람이 꿈을 꾸는 것은 아니라는 말은 사실인가?
6. 최대한 많은 꿈을 기억하는 것이 꿈을 자각하는 데 중요한 이유는 무엇인가?
7. 꿈 지도란 무엇인가?
8. 자각몽을 경험하기 위해서는 잠에 빠져드는 동안에 무엇을 해야 하는가?
9. 줄자를 꿈을 자각하기 위한 닻으로 사용할 수 있는가?
10. 꿈속의 어떤 경험이 종종 자각의식상태가 저절로 일어나게 하는가?
11. 꿈을 자각한 후에 바로 해야 할 일은 무엇인가?

과제

최소한 한 가지의 자각몽 사례를 얻도록 애쓰라.

제5장

비자발적인 방법

비자발적인 페이즈 진입 방법의 핵심

페이즈로 들어가는 비자발적인 방법이란 실습자의 페이즈 진입을 도울 수 있는 다양한 종류의 외부적 영향력이다. 컴퓨터 프로그램, 장치, 다양한 신체 동작, 도우미의 도움, 심지어는 화학물질 등도 비자발적인 방법의 예다. 드문 경우 이러한 방법들이 실제로 도움이 되는 반면, 어떤 것은 순수한 페이즈 체험의 가능성을 훼방한다.

페이즈 진입에 관련된 난관을 제거하기 위해 마법의 물질이나 기계에 의존해서는 안 된다. 만일 그런 물질이 존재한다면 페이즈 실험이라는 주제 전체가 높은 발전단계를 구가하여 널리 유행했을 것이다.

현실적으로, 페이즈 상태의 접근을 일관적으로 도와줄 수 있는 장치나 방법은 없다. 그런 것들은 기껏해야 주로 보조적 수단으로 존재하며, 실습자가 혼자의 힘으로 할 수 있게 될수록 이런 보조수단들이 더 효용을 발휘한다. 독자적으로 페이즈 진입을 터득하지 못한다면 보조수단을 이용해서 얻는 결과는 전적으로 우연에 좌우될 것이다.

비자발적인 페이즈 진입 방법의 효과가 약한 이유는, 페이즈 체험을 가져다주는 생리적 기제가 정확히 파악되지 않는다는 사실에 있다. 보편적인 것들만이 알려져 있을 뿐, 그 외에는 알려진 것이 없다. 이 상태에 대해 명확하게 이해하기 위해서는 이 상태를 가져오는 과정이 파악되고 분석되어야 한다. 기존의 모든 기법은 분명히 두뇌 좌우반구의 동조라는 잘못된 길을 걸어왔거나, 간접 지표를 탐지하고 이용하는(신호술) 쪽으로 움직여왔다.

신호술

모든 비자발적인 보조기법들 중에서 신호술이 최상의 결과를 얻어낸다. 신호술의 배후원리는 매우 단순하다. 어떤 장치로 급속안구운동(REM)을 감지해서 잠자고 있는 실습자에게 신호를 보냄으로써 꿈을 자각하거나, 깨어서 간접기법을 행할 수 있도록 도와주는 것이다. 장치나 신호 프로그램은 특정한 시간 간격으로 신호를 보내줄 수도 있다. 실습자가 REM 수면 동안에 이 신호를 받고 깨어나서 간접기법을 시도하게끔 하기 위한 것이다.

전문 매장이나 온라인 업체를 통해 정교한 REM 감지기구를 구입할 수 있다. REM 감지 기술은 REM 수면 동안에 발생하는 특정한 안구운동의 빈도를 감지하는 동작 센서를 갖춘 특수한 수면 마스크에 의해 구동된다. 이 장치는 안구운동이 REM에 도달할 때 빛, 소리, 진동, 또는 이들의 조합을 통해 실습자에게 조심스레 신호를 보낸다. 그러면 실습자는 신호를 식별하여 반응해야 한다.

REM 감지장치의 효과는 실제보다는 이론상으로 더 그럴듯하다. 마음은 이내 이런 종류의 외부자극에 대한 내성을 키워 반응을 멈춰버린다. 그 결과 이런 기법들은 일주일에 한두 번 이상은 사용되기 어렵다. 게다가 실습자는 신호들 중의 작은 일부만을 감지하고, 그에 대해 의식적 반응이 일어나는 경우는 그보다 더 적다.

신호술은 실습자가 REM 수면 동안 움직이지 않고 깨어나게 하는 신호를 보내는 데에 가장 잘 활용된다. 이것은 간접기법을 통해 페이즈로 들어갈 확률을 높여준다.

이런 '마인드 머신'(변성의식상태를 만들어낸다고 주장하는 모든 장치의 통칭)의 가격은 매우 다양해서 REM 감지도 및 신호의 질에 따라 좌우된다. 구입 가능한 모델로는 다른 많은 것들 중에서도 드림스토커DreamStalker, 드림메이커DreamMaker(노바 드리머NovaDreamer), 렘 드리머REM-Dreamer, 아스트랄 캐터펄트Astral Catapult 등이 포함된다. 이런 장치들의 사용이 연습의 성공률을 보장해주지는 못하기 때문에 이런 기법에 돈을 투자하는 것은 권하지 않는다. 신호술에 호기심이 생긴다면 특수한 컴퓨터 프로그램과 평범한 광 마우스를 사용해서 집에서도 유사한 장치를 만들 수 있다.

신호술을 스스로 실험해볼 수 있는 또 다른 방법으로는 컴퓨터, 뮤직 플레이어, 심지어는 휴대폰의 알람시계 기능을 이용하는 방법이 있다. 실습자는 잠을 자는 동안 짧은 소리나 문구가 15~ 30분마다 나오도록 설정한다. 그 소리는 실습자가 깨어나서 간접기법을 시도하도록 신호를 보내줄 것이다.

실습자가 신호술을 사용해보기로 했다면 몇 가지 기본적인 원칙을 유념해야 한다. 이 원칙을 무시하면 결과를 낼 가능성이 적이지기 때문이다. 첫째, 마인드 머신은 일주일에 두 번 이상 사용하지 말아야 한다. 둘째, 신호술을 연장술과 함께 사용하라. 연장술에 대해서는 간접기법을 설명하는 장에 나와 있다. 방해받지 않고 여섯 시간 동안 잠을 잔 다음 깨어서 수면 마스크를 쓰거나 귀마개를 끼고 다시 잠을 청하라. 이후 두 시간에서 네 시간 동안은 수면의 깊이가 얕을 것이다. 그러면 더 자주 REM 수면이 일어나서 쉽게 신호를 감지할 수 있게 된다. 마지막으로, 꿈의 자각과 뒤이어 페이즈 진입을 달성하기 위해 신호술을 사용하기 전에 간접기법을 숙달하라.

둘이 짝지어 작업하기

둘씩 짝을 지어 작업하는 것은 페이즈 진입에 두 번째로 효과적인 비자발적인 방법이다. 한 실습자는 연습자가 되고 다른 한 명은 도우미 역할을 한다. 도우미가 다양한 종류의 도움을 제공해주는 동안 실습자는 페이즈 진입을 시도한다.

예를 들어, 연습자는 도우미를 대기시키고 침대에 눕는다. 잠이 들면 도우미는 연습자의 눈을 관찰하면서 REM 수면의 신호를 기다린다. REM 수면은 주로 빠른 안구 운동이 특징이다. REM이 명백한 경우, 도우미는 연습자에게 그가 경험하는 모든 것은 꿈이라고 속삭여준다. 도우미는 속삭임 소리를 다양하게 바꾸거나 신호를 강화하기 위해 피부접촉을 할 수도 있고, 또는 잠자는 사람의 눈꺼풀에 손전등을 비춰줄 — 이것은 매우 효과적이다 — 수도 있다.

연습자는 눈을 뜨지 않고 신호를 감지해야 하며 눈알을 빠르게 돌리는 안구운동을 함으로써 의식이 깨어났음을 신호해야 한다. 연습자가 신호를 주지 않으면 도우미는 계속 연습자를 자극하여 깨어나게 해야 한다.

연습자가 꿈속에 머무를 수 없게 된다면 간접기법을 행해야 한다. 연습자는 어떤 경우에도 깨어날 때 움직이거나 간접기법 시도로 전환하기 전의 귀중한 순간을 허비하지 말아야 한다. 간접기법을 행했는데도 페이즈 진입이 일어나지 않는다면 연습자는 또다시 시도하겠다는 의도를 품고 다시 잠들어야 한다.

대개 이렇게 몇 번 시도하면 얼마든지 결과를 얻을 수 있다. 둘이 짝을 지어서 작업하는 방법은 낮잠 직전이나, 간접기법에 동원되는 것과 같은 연장술을 사용할 때 가장 효용성이 좋다.

페이즈 유도기술

빠르고 쉬운 페이즈 진입을 촉진하는 기구를 만들고자 하는 야망은 그런 역할을 한다고 주장되는 온갖 기술의 출현으로 이어졌다. 이미 언급한 바와 같이, 이런 장치들 중 어느 것도 효과가 입증되지는 않았다.

이런 것들 중 가장 유명한 것은 헤미싱크 시스템Hemi-Sync system이다. 헤미싱크 시스템은 두뇌의 좌우반구를 동조시킨다고 주장한다. 헤미싱크는 미국의 비의秘儀전승 전문가이자 연구자인 로버트 먼로가 개발한 것이다. 헤미싱크의 배후개념은, 두뇌의 양 반구를 동조시킴으로써 유체이탈의 느낌을 유도할 수 있다는 것이다. 그러나 이런 종류의 접근법은 뇌의 양 반구를 동조시키는 것이 감각의 지각에 영향을 미침을 보여주는 과학적(또는 유사과학적) 증거 부족 때문에 모순을 낳는다. 사실, 감각 지각의 주요 원인이 되는 부분은 대뇌피질과 그 구성요소이다. 20세기 초, 다양한 수준의 대뇌피질의 억제 및 활동이 감각과정에 주요 역할을 한다는 것이 분명해졌다. 동기화 장치는 대뇌피질의 활동에 아무런 영향도 미치지 않는다.

뇌에 특정 수준의 전기적 활동을 유도하기 위해 다양한 주파수의 소리를 사용한다는 발상은 현재까지 불가능한 것으로 여겨지고 있다. 따라서 몸으로부터의 분리를 돕는 데 사용되는 소리나 잡음은 과정 자체에 직접적으로 영향을 미칠 수 없고 단순히 하나의 신호로서 작용한다. 이런 시스템은 오랜 시간 동안 사용된 이후에만 작동한다. 작동한다면 말이다. 게다가 단지 한두 번 정도만 작동할 수 있다. 일반적으로, 이것은 전혀 작동하지 않는다. 그럼에도 불구하고 동기화 시스템이 실습자가 부유하는 의식 상태에 도달하도록 도와줄 수는 있다. 시스템이 잠을 방지하거나 각성을 유도해 직접적인 페이즈 진입을 위한 좋은 조건을 제공해주기 때문이다.

소리를 통해 다양한 페이즈 상태를 유도한다는 생각은 폭넓은 관심을 얻고 있다. 그 결과 다른 온갖 프로그램과 기법들이 나타났다. 예를 들면, 뇌파발생기(Brain Wave Generator, BWG)는 실습자가 독립적으로 다수의 소리와 주파수 및 다양한 전송 방법을 실험할 수 있게 한다. 효과는 동일하다. 즉, 잠을 자는 동안에 신호를 주거나 과도기적 상태가 유지되게 하는 것이 그것이다. 따라서 기계를 사용하는 것과 그와 유사한 소리나 음악을 듣는 것 사이에는 뚜렷한 차이가 없다.

위에 설명한 장치들이 주목할 만한 결과를 만들어내지 못한 것에 비해 새로운 기법을 위한 탐색은 방해받지 않고 계속되고 있는 편이다. 두뇌나 그 구성부분에 침해를 끼치지 않는 자극을 가하기 위한 아이디어는 늘어나고 있다. 예를 들어, 신피질에 있는 좌측 각회角回를 전자기적으로 자극해 페이즈 경험을 유도할 수 있다는 이론이 있다. 그러나 이것은 모든 다른 비자발적인 방법들처럼 순전히 이론에 근거한 것이다. 현재로서는 일관되고 집중적인, 다른 무엇의 도움도 받지 않는 연습이 가장 쉬운 방법이자 유일하게 보장된 페이즈 진입 방법이다.

최면 및 암시

최면은 페이즈 진입과 관련해서는 많이 연구되지 않았다. 최면의 개념은 최면술사가 암시나 확언을 통해 피험자가 페이즈로 들어가게 할 수 있다는 것이다. 최면이 흥미로운 개념이라는 데에는 의심의 여지가 없다. 쉽게 암시에 빠지는 사람에게는 더욱 그렇다. 그러나 이런 사람들은 인구의 단 1퍼센트밖에 없다.

인간의 지각의 특이한 특성 때문에 최면이 페이즈 진입의 통로가 되는 것은 가능성이 희박하다. 따라서 최면기법이 널리 알려진 기법이 되거나 최고 수준의 최면술사가 암시를 통해 쉽게 피험자를 곧바로 페이즈에 진입하도록 유도하는 일은 있을 법하지 않다.

그러나 최면 암시가 꿈의 자각 빈도를 높인다거나 움직이지 않고 깨어나도록(그리고 간접기법 행하는 것을 기억하도록) 돕는 것은 실제로 가능한 일이다. 다시 말하지만, 이 방법은 보조적인 것일 뿐, 실제 페이즈 진입은 실습자의 노력에 달려 있다.

생리적 신호

연습을 돕는 가장 간단한 방법은, 의식적으로 깨어나서 간접기법을 행하도록 재촉해줄 신호를 정하는 것이다. 이것은 눈을 가리거나 팔이나 다리에 팽팽하게 끈을 묶는 방법도 될 수 있다. 이것의 목적은 실습자가 깨어날 때 즉시 신호가 느껴지게 해서 간접기법 시도를 재촉해준다는 것이다. 실제로, 마인드 머신들도 이와 동일한 원리로 작동한다. 이런 것들이 특정 행동을 행하려는 의도를 불러일으키는 신호로서 가장 효과적이기 때문이다.

좀더 정교한 신호의 예는 실습자가 몸의 특정 부위에 마비를 일으키는 자세로 잠이 드는 방법이다. 깨어날 때 실습자는 이 신체 마비를 간접기법 연습의 신호로 받아들인다. 이런 생리적 신호 방법의 부차적인 이점은, 마비된 신체 부위를 유체 움직이기에 쉽게 이용할 수 있다는 것이다. 한 팔을 머리 뒤로 한 채 등을 대고 누워 잠들거나 팔을 베고 눕는 것은 효과가 있다. 이러한 자세는 혈액순환을 방해해서 마비를 유발하고 깨어나는 것을 도와줄 것이다. 물론 마비가 과도해서는 안 된다.

생리적 욕구를 이용한 다양한 실험은 의식적인 깨어남이나 꿈의 자각을 유도하는 데 특히 인기가 있다. 예를 들어, 실습자는 페이즈 진입을 시도하기 전날 하루 동안 물 없이 지낼 수도 있다. 이것은 꿈속에서 심한 갈증을 느끼게 하는데, 이것을 꿈꾸는 상태에 들어갔음을 알려주는 신호로 사용할 수 있다. 또는 갈증은 실습자를 반복적으로 깨어나게 만들므로 그 안에 간접기법을 행할 수 있다. 몸에서 수분을 박탈하는 대체수단은 잠자기 전에 먹는 음식에다 소금을 더 넣는 것이다.

다른 방법은 잠자기 전에 물을 많이 마셔서 실습자가 깨어나도록 유도해 자연스럽게 간접기법을 행할 기회를 만드는 것이다. 이 방법은 꿈을 자각하게 해주는 것으로도 알려져 있다.

또 하나의 인기 있는 방법은 직접기법에 도움이 된다. 이것은 팔을 구부려 하박을 세워 올린 채로 잠드는 방법이다. 실습자가 잠에 빠지면 팔에서 힘이 빠져서 팔뚝이 침대로 떨어진다. 팔이 떨어지는 감각은 의식의 이탈을 알려주고, 그때 직접기법을 시도할 수 있다. 이 방법이 첫 번째 시도에서 결과를 이끌어내지 못하면 다시 팔뚝을 세운 채로 잠드는 방법으로 시도를 반복할 수 있다. 이 방법은 첫 번째 시도에서 일부 사람들에게는 도움이 되지만 처음부터 먹히는 경우는 거의 없으니 만병통치약으로 간주해서는 안 된다.

다른 모든 비자발적인 방법들과 마찬가지로 생리적 신호를 이용해서 페이즈로 들어가는 것을 정기적으로 연습해서는 안 된다. 자연스러운 의지력과 건전한 욕구만을 요구하는 편하고 자율적인 방법이 더 있다.

커피

페이즈 연습에 이용되는 모든 물질 중에서 쉽게 얻을 수 있는 것은 커피뿐이다. 그러나 너무 잠을 많이 자는 초보자들만이 커피를 이용할 수 있다. 다른 사람들의 경우 커피를 사용하는 것은 의미가 없다. 연습은 자연스러워야 하기 때문이다.

이 비결의 핵심은 커피와 함께 연장술을 사용하는 데 있다. 예를 들면 실습자는 여섯 시간 동안 잠을 자고 일어나서 커피를 마시고 다음번 깨어날 때 간접기법을 연습할 기회를 잡겠다는 의도나, 꿈을 자각하겠다는 기대를 품고 다시 잠자리에 든다. 기분을 돋우는 커피의 특성 때문에 실습자는 다음에 깨어나 있을 동안 더 높은 자각상태에 있게 될 것이고, 깨어나는 일 자체도 더 빈번해질 것이다. 그리고 꿈을 자각하게 될 가능성도 높아진다.

어떤 사람들은 커피를 평소보다 두 배로 마시는 것이 가장 좋다고 하지만, 이런 것은 전적으로 개인적인 일이어서 각자가 자신에게는 무엇이 효과가 있는지를 찾아내야만 한다. 어떤 사람들은 커피 대신 홍차를 마시면 같은 수준의 성공을 누릴 수 있다.

화학물질

페이즈 진입 방법론의 발전 역사는 고대의 식물이나 버섯을 비롯한 보조물질의 사용과 직결된다. 고립된 문화권에서는 아직도 특별한 약초, 버섯, 선인장류를 사용하고 있다. 예컨대 시베리아의 샤먼들과 북미 인디언들이 그렇다. 변성의식상태에 대한 갈망 속에서 이런 화학물질들은 선진국에도 구석구석 퍼져갔다. 그러나 이 같은 물질들의 확산은 현대의 페이즈 진입방법 발전에 현저한 저하를 가져왔다.

이런 다양한 화학적 혼합물이나 약초, 식물 등의 이름과 그에 대한 설명은 이 책에 포함시킬 만큼 가치가 없다. 이것들은 일부 국가에서는 공식적으로 불법으로 간주되는 반면 일부 국가에서는 아직도 약국에서 구입할 수 있다. 그럼에도 불구하고 이런 것들은 모두 위험하다.

이런 보조제를 사용하는 데에는 두 가지 주요 문제점이 있다. 첫째, 화학물질이나 다양한 약초 보조제를 통해 페이즈를 연습하는 것은 발전을 위한 길이 아니라 파멸을 위한 길이다. 약물 남용과 개인의 발전은 어떤 식으로도 양립될 수 없으며, 정반대편에 서 있다. 싸구려 스릴의 뒤에는 항상 약물에 대한 의존성과 건강 문제가 뒤따른다.

둘째, 사용자가 이런 물질의 영향하에서 페이즈 체험을 할 수 있다고 하더라도 그 경험의 질은 완전히 다르다. 이러한 보조제는 페이즈의 안정성이나 깊이뿐만 아니라 사용자의 의식과 지각에도 영향을 끼친다. 이런 물질들의 사용에 따른 정신작용의 변질은 자아의식에 부정적인 영향을 미친다. 페이즈는 반드시 두 가지를 동반해야 한다. 유체이탈 감각과 온전히 깨어 있는 자각의식이다. 이들 중 하나만 빠져도 그 체험의 상태는 정의상 페이즈로 간주될 수 없다. 이처럼 화학적으로 '강화된' 경험 속에서 모든 사람이 공통적으로 겪는 것은 통제력의 완전한 상실이다.

페이즈 진입에는 모든 화학물질과 약용식물의 사용을 반드시 배제해야 한다. 간단히 말해서, 이런 것들은 페이즈 체험을 불가능하게 만들고 궁극적으로는 신체적, 정신적 건강을 파괴한다.

비자발적인 페이즈 진입 방법의 전망

현재로서는 효과적인 비자발적 진입 방법이 존재하지 않지만, 미래는 활짝 열려 있다.

효과적인 기법의 발달과 함께 페이즈 훈련법은 더 이상 초심자들을 좌절시키지 않고 널리 보급될 것이다. 그런 다음에야 이 현상의 신비로운 특징에 관한 합리화된 고정관념과 편견이 없어질 것이고, 연구자들이 페이즈 훈련에 관한 지식을 훌륭히 발전시킬 수 있도록 충분한 주의를 기울이게 될 것이다.

페이즈 진입을 일으키는 외부적 기술이 발견된다면 인간의 경험은 뿌리 깊이 변화할 것이다. 페이즈 체험을 유도하고 감독하는 이런 기법들은 놀라운 가능성의 문을 열어줄 것이다. 예를 들어, 단순히 영화를 보는 대신 영화 속에 참여하는 것도 가능해질 것이다. 사람들은 집을 떠나지 않고도 물건들을 시험해보고 평가할 수 있게 될 것이며, 계획적으로 세계 도처를 여행 다니는 일이 일어날 것이다. 컴퓨터 게임은 실제 물리적 감각을 포함하는 가상현실 체험으로 대체될 것이다.

그 마지막 단계는 기존 디지털 네트워크 속의 집단적 평행 세계에 페이즈 체험을 통합시킨 매트릭스(마인드넷Mindnet) 같은 것이 될 것이다. 이 매트릭스를 이용하면 우주의 반대편에 있는 존재와 광대역 동영상 통신을 통해서만이 아니라 말 그대로 얼굴을 맞대고 대화하는 것도 가능해질 것이다.

미래에 대한 이 같은 전망은 페이즈 진입기법을 통해 열릴 가능성의 대양에 비한다면 물방울 하나에 지나지 않는다. 미래를 향한 그 첫 단계는 지금 사용가능한 기법들을 철저히 실질적으로, 올바르게 적용하는 것이다.

비자발적인 방법을 사용할 때의 전형적인 실수

- 철저한 개인적 노력을 통해 페이즈로 들어가는 것이 훨씬 쉬움에도 불구하고 자율적인 기법이 실패할 경우 인공장치들이 페이즈로 들어가게 해줄 수 있다고 믿는 것.
- 페이즈 상태를 일으키기 위해 온갖 다른 기술들에 많은 시간과 노력을 낭비하는 것.
- 일주일에 두 번 이상 사용하면 안 되는데도 신호술을 매일 사용하는 것.
- 연장술과 함께 신호술을 사용하는 것이 훨씬 나은데도 밤새 신호술만 사용하는 것.
- 신호에 적절히 반응하겠다는 개인적인 의도를 확언하지 않고 신호술을 사용하는 것. 의도는 신호의 효과를 크게 좌우한다.
- 밤 시간의 수면에서는 REM 수면이 자주 일어나지 않고 짧은 시간 동안만 발생함에도 불구하고 밤 시간 수면의 첫 몇 시간을 둘이 짝을 지어 작업하는 것.
- 둘이 짝을 지어 작업하는 동안 도우미가 실습자에게 너무 강한 신호를 보내는 것. 자는 사람을 깨우지 않기 위해 신호는 조심스럽게 약한 강도로 유지해야 한다.
- 꿈 자각의 빈도를 늘리기 위해 아마추어 최면술사를 고용하는 것.
- 최면에 민감하지 않은 실습자에게 최면 암시를 사용하는 것.

- 연습을 즐기지 못하고 매일같이 생리적 신호를 남용하여 신체적 불편을 자초하는 것.
  화학물질이 해리 체험의 정상적인 경로라는 믿음. 이 믿음에 따라 행동하는 것은 약물 남용과 같다.

연습문제

질문

1. 호흡을 통한 기법은 비자발적인 페이즈 진입 방법으로 간주되는가?
2. 어떤 비자발적 방법과 비화학적인 수단이 첫 시도 후 페이즈 진입을 가능케 하는가?
3. 페이즈로 들어가게 하는 장치를 만드는 것은 왜 아직도 불가능한가?
4. 신호술은 의식적으로 깨어날 때의 어려움을 극복하는 데 도움이 되는가?
5. 실습자가 신호술을 7일 연속 사용하면 어떻게 되는가?
6. 신호술은 광신호를 이용할 수 있는가?
7. 잠자기 전에 땅콩을 마음껏 먹는 것은 페이즈 진입에 도움이 되는가?
8. 발목에 꼭 끼는 고무줄을 묶는 것은 페이즈 진입에 도움이 되는가?

9. 둘이 짝을 지어 작업할 때, 두 실습자 모두 페이즈에 들어가야 하는가?
10. 둘이 짝을 지어 작업하는 동안 도우미는 신호장치와 비교될 수 있는가?
11. 도우미는 언제 실습자가 꿈을 꾸고 있음을 알리는 신호를 주어야 하는가?
12. 페이즈 진입을 암시하는 최면술이 모든 실습자에게 도움이 되는가?
13. 페이즈를 유도하는 기법이 결함이 있는 이론을 바탕으로 하고 있음에도 불구하고 때때로 효과를 발휘하는 이유는?
14. 화학물질에 의해 유도된 페이즈에는 없는 것은?

제6장

심화

심화의 개념

심화는 페이즈 상태에서 생생한 지각(perception)과 자각의식(awareness)을 유도하는 기법을 가리킨다.

페이즈는 실습자가 거기에 있건 없건 간에 고정된 어떤 정확한 상태가 아니다. 페이즈란 비록 다른 프레임의 공간에서이기는 해도, 지각의 현실감과 의식을 그대로 유지한 채로 신체에 대한 일상적 지각으로부터 완전히 떨어져 나오는 전환을 특징으로 하는, 의식상태의 한 영역이다. 이 전환은 자연스러운 물리적 신체의 지각으로부터 시작하여 몸의 명확한 느낌 속으로 유체의 느낌이 섞여드는 애매모호한 순간으로 이어진다. 그 후 물리적인 신체는 기억 속으로 사라져가는 동안, 유체가 페이즈 상태에 들어간다. 이 시점에서 지각되는 감각은 매우 둔할 수 있다. 예를 들어, 시력이 흐리거나 완전히 없을 수도 있다. 심화기법은 페이즈 상태에서 감각의 지각이 희미해지거나 없어지는 문제를 해결해준다.

온전히 실현된 페이즈 속에서 경험하는 감각은 일상의 현실에서 느끼는 감각만큼이나 생생하다. 거의 반수의 경우, 실습자들은 페이즈 공간의 생생한 세부와 색깔에 비해 현실 환경은 희미해져가는 것을 알아차린다. 이 때문에 페이즈에 들어가고 나면 실습자는 페이즈 현실의 강도와 질을 높여서 공고히 다지기 위해 심화기법을 반드시 행해야 한다.

페이즈의 깊이에 따른 지각의 선명도와 페이즈 공간

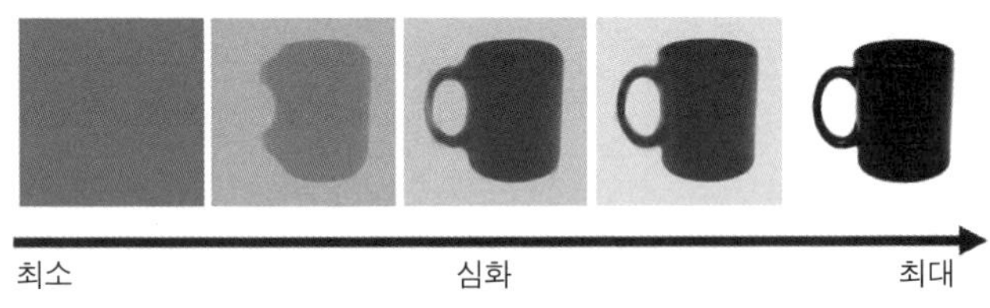

심화기법을 적용한 후에만 페이즈 속에서 공간을 온전히 지각할 수 있다. 심화 없이 페이즈 속에 남아 있는 것은 아무런 의미가 없다. 예를 들어, 페이즈 속에서 어떤 사람을 찾을 경우, 그곳에 있는 그 사람의 눈을 식별조차 할 수 없다면 그 사람을 찾는 것이 무슨 의미가 있겠는가?

상당수의 경우 심화는 필요하지 않다. 페이즈 경험은 극도로 현실적인 정도까지는 아니라 하더라도 완전히 현실적이기 때문이다. 이런 경우 심화는 건너뛰어도 된다.

심화는 또한 실습자가 페이즈 속에 남아 있을 수 있는 시간의 길이와도 관련이 있다. 깊고 사실적인 페이즈에 도달하지 않고 어떤 행동을 취한다면 그 체험은 심화기법을 적용한 페이즈에서보다 지속되는 시간이 늘 몇 배 짧아질 것이다. 페이즈 공간의 특성은 그 깊이에 따라 매우 달라진다. 주변이 흐릿하고 불분명하다면 대상들의 안정성이 매우 약한 것이다.

페이즈의 현실감과 실습자의 자각 수준 사이에는 직접적인 상관관계가 있다. 따라서 자각의식을 최대로 일깨우기 위해서는 깊은 페이즈 상태를 확보하는 것이 매우 중요하다.

흥미로운 사실!

페이즈 공간의 현실감은 종종 너무나 강렬해서 통제할 수 없는 두려움이나 충격을 불러일으킨다.

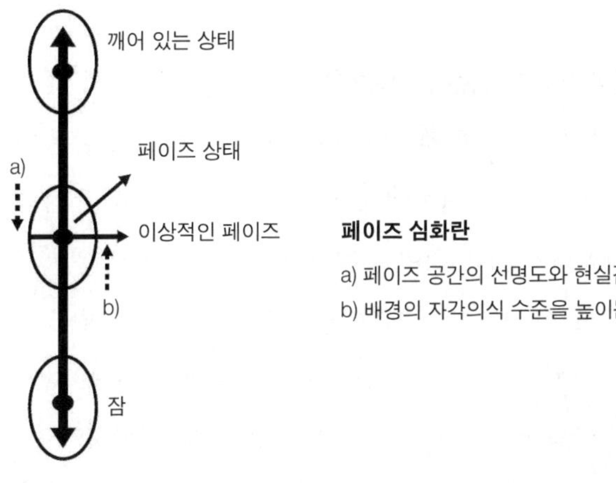

심화는 몸에서 완전히 분리해 나온 다음에 행해야만 한다. 분리하기 전에 심화를 시작하면 페이즈가 너무 빨리 끝나버릴 수 있다. 완전한 분리가 일어나지 않았다면 기본 심화기법을 사용해야 한다. 심화기법 자체에 관해 말하자면, 심화기법에는 한 가지 주요 기법이 있고 여러 가지 보조적인 기법들이 있다. 주요 기법은 어떤 어려움도 생기게 하지 않아서 성공적인 연습을 하는 데 충분하다.

흥미로운 사실!

심화기법에 대한 무지는 근거 없는 수많은 이론과 미신으로 이어졌다. 어떤 방법론들은 페이즈의 다양한 깊이를 다양한 상태, 심지어는 다양한 세계로 대한다. 실제로는 하나의 유일한 페이즈 체험을 가져다주는 단순한 행위들이 있을 뿐이다.

기본 심화기법

기본 심화기법의 목표는 몸으로부터 완전히 분리해 나와서 페이즈 속에서 활동할 수 있게 하는 것이다. 기본 심화기법은 두 가지 주요 목표를 달성하게 한다. 육체로부터의 완전한 분리와 유체가 페이즈 공간 속에 안착하게 하는 것이 그것이다.

분리기법을 사용해서 몸에서 분리해 나올 때에는 반드시 육체가 취하고 있는 자세와는 완전히 다른 자세를 취해야 한다. 육체와 유체의 자세가 비슷할수록 페이즈는 그만큼 얕고 짧아질 것이다. 예를 들어, 수평으로 떠오르는 경우, 반드시 즉각 90도 회전을 해서 손과 발을 펴고 곧게 선 자세를 취해야 한다. 페이즈에 진입한 실습자는 어떤 경우에도 육체의 자세와 동일한 자세로 있어서는 안 된다.

분리한 후에 실습자가 육체 쪽으로 끌어당겨지고 있다면 닻 내리기(anchoring)를 시작해서 페이즈 속에서 서거나 앉는 것이 수월해지게 해줘야 한다. 육체의 중력에 저항하는 것이 페이즈 속에 남아 있는 데에 가장 중요하다. 의도적인 저항의 효과는 기울이는 노력의 정도에 정비례한다. 주변의 물건들을 잡고 놓지 않는 것이 도움이 될 것이다. 유체가 페이즈 속에 닻을 내려 안착하게 하는 것이라면 어떤 수단이라도 좋다. 축을 따라 회전을 시작할 수도 있다. 단순히 회전을 상상만 하는 것이 아니라 유체도 동원해서 회전하는 것이다.

감각 증폭을 통한 심화

감각기능을 통해 페이즈를 많이 경험할수록 페이즈는 더 깊고 더 오래 지속될 것이다. 페이즈 속에서 감각을 증폭시키는 것은 가장 효과적인 심화기법이다. 그것은 현실로부터 페이즈로 전환되는 동안 주요 내부감각을 활성화해주기 때문이다. 감각을 증폭시키는 방법에는 여러 가지가 있다.

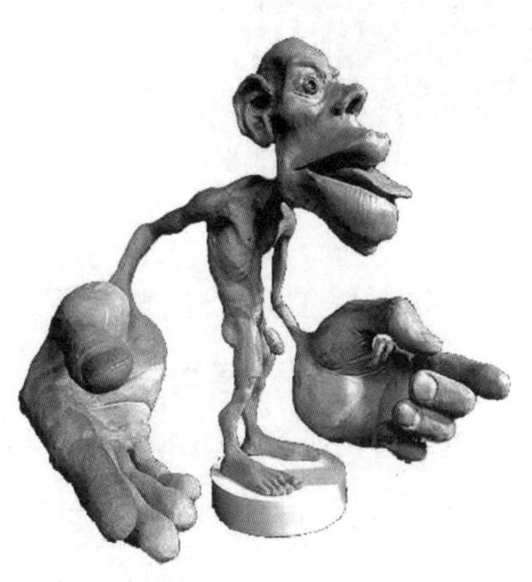
펜필드의 대뇌피질 난쟁이

'만지기'는 페이즈로 진입할 때 기억해야 할 첫 번째 심화기법이다.

페이즈 체험의 초반에는 시각이 존재하지 않을 수 있다. 그러나 어떤 한정된 공간을 차지하고 있는 느낌은 거의 항상 존재한다. 시력이 완전히 없는 경우, 촉각과 운동감각의 지각만이 가능하다. 즉, 시력이 없을 때의 유일한 선택지는 공간 속을 돌아다니며 그곳에 있는 물체들을 만져보는 것이다. 촉각은 일상의 현실을 지각하는 데 중요한 역할을 한다. 각 신체부위의 작용을 담당하는 대뇌피질의 크기에 비례하는 크기의 상응 신체부위 모습으로 대뇌를 그려놓은 펜필드의 '대뇌피질 난쟁이'가 그 사실을 잘 보여주고 있다. 이는 우리의 실제 자기인식이 신체부위의 크기와는 얼마나 철저하게 불균형을 이루는지를 보여준다. 그러니 페이즈 공간에서 적극적으로 촉각을 사용하면 페이즈가 심화되고 최대의 가능성에 도달하게 되는 것은 당연한 일이다.

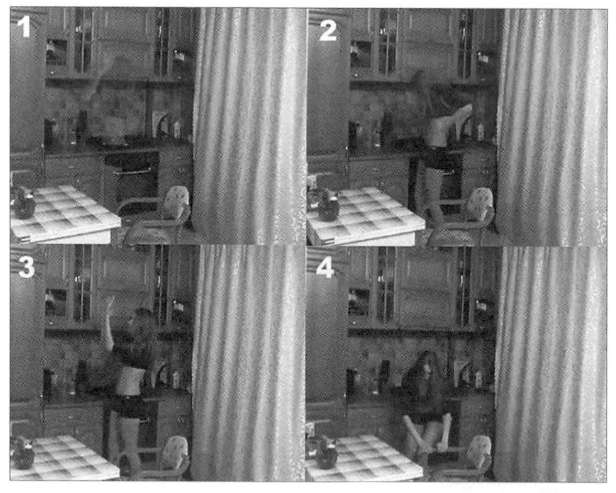

만지기 기법이란 바로 근처에서 찾을 수 있는 모든 것을 빠르게 만져보는 것이다. 이 작업은 신중하고도 재빠르게 물체들의 표면과 형상을 인식하는 식으로 행해야 한다. 손은 한 곳에서 1분 이상 머물지 말고 새로운 물체들을 찾아 계속 움직여야 한다. 만지기 기법의 목적은 마주친 물건이나 형상을 만져보고, 또 그에 대해 뭔가를 알아내는 데 있다. 예를 들어 머그컵을 만져보는 경우, 실습자는 그것을 겉면만이 아니라 속면도 만져볼 수 있다. 실습자가 몸 밖으로 굴러 나오고 나면 침대뿐만 아니라 바닥, 카펫, 근처의 벽, 침대 옆 테이블 등을 만져볼 수 있다.

또 다른 만지기 기법은 마치 추운 날 손바닥을 따듯하게 하려는 듯이 양 손바닥을 비비는 방법이다. 손바닥에 입김을 부는 것 또한 페이즈가 깊어지게 하는 데 도움이 되는 감각을 만들어낸다. 촉각은 손바닥에만 한정되어 있지 않기 때문에 페이즈 속에 있는 동안 촉각을 자극하여 완전히 활성화하기 위해서는 몸 전체가 손이 되어야 한다.

만지기를 시작하면 곧 페이즈가 깊어지고 고정되는 느낌이 뒤따른다. 페이즈가 최대로 심화되기까지 만지기 연습은 대개 5~10초 정도가 걸린다. 이 기법을 연습하면 일상의 현실에서 느끼는 감각과 이 사이비 신체감각을 구분할 수 없게 될 것이다. 페이즈에 들어설 때 시력이 없었다면 만지기 기법을 행하는 동안 빠르게 시력이 돌아올 것이다.

'응시하기'는 감각을 증폭시키는 주요 기법이다. 그러나 처음부터 언제나 응시 기법을 행할 수 있는 것은 아니다. 응시 기법에는 시각이 필요하기 때문이다. 처음에는 시각이 없는 채로 페이즈를 시작할 수 있다. 일단 시각이 회복되거나 특별한 기법(8장 참조)을 사용해 시각을 만들어내면 응시법을 시작할 수 있다. 이 기법의 유효성은 시각이 인간의 주요한 지각 도구라는 사실에서 비롯된다. 따라서 페이즈 속에서 시력을 최대치까지 끌어올림으로써 일상적 현실과는 완전히 동떨어진, 온전히 몰입된 페이즈 상태를 달성할 수 있다.

응시하기는 페이즈 속의 대상들로부터 10~15센티 떨어진 거리에서 해야 한다. 실습자는 시력의 질을 높여가면서 페이즈 공간이 선명해지게 하기 위해 대상의 표면과 세밀한 세부사항들을 들여다보아야 한다. 손을 볼 때에는 손바닥의 손금을 보거나 손톱, 표피 등을 살펴보아야 한다. 벽을 관찰하는 경우, 벽지의 질감을 잘 살펴보라. 머그컵을 바라본다면 손잡이, 가장자리의 곡선, 적혀 있는 글씨 등을 세심히 살펴보아야 한다. 대상의 한 부분에 0.5초 이상 주의가 머물러 있어서는 안 된다. 대상에 다가가거나 가까이 가져오면서 능동적인 주의를 새로운 대상들과 그 세밀한 세부사항들로 계속 옮겨가야 한다. 서로 가까이에 있는 대상들이 가장 좋다. 그렇지 않으면 돌아다니는 데 너무 많은 시간을 소요하게 된다.

응시하기는 신속하고 확실한 결과를 제공한다. 시각이 흐릿하거나 육체로 돌아가고 싶은 생각이 간절한 경우, 대개 응시한 지 단 3~10초 내에 이 모든 것이 흔적도 없이 사라질 것이다. 응시 후에는 마치 눈앞에 카메라 렌즈가 정확하게 설치되어 가장 뚜렷한 초점으로

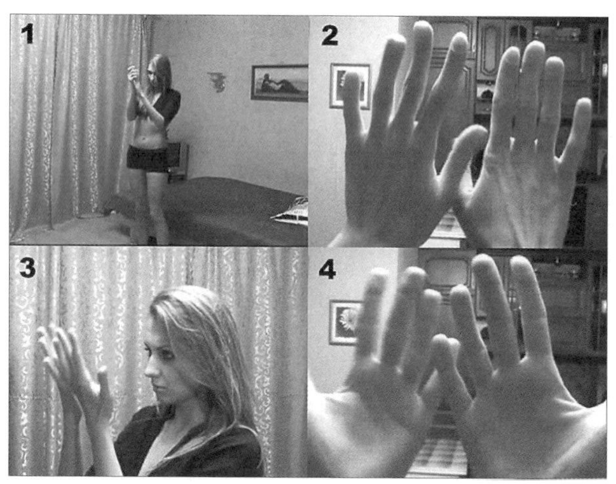

이미지를 포착해주는 것처럼 시력이 재빨리 선명하게 맞춰진다.

응시하기와 만지기를 동시에 하면 페이즈 속에서 가능한 최대의 심화 효과를 거둘 수 있다. 이 감각증폭 방법은 가장 중요한 지각 두 가지를 한꺼번에 동원한다. 따라서 두 가지 행동을 따로 행할 때에 비해 효과는 두 배가 된다. 페이즈에서 시각이 보인다면 응시하기 기법과 만지기 기법을 동시에 행하는 것은 절대적으로 필요한 일이다. 가장 빠르고 간단한 방법으로 만족할 만한 깊이의 페이즈를 달성할 수 있기 때문이다.

만지기와 응시하기의 조합은 동시에 행해져야 할 뿐만 아니라 동일한 대상에 대해서도 행해야 한다. 예를 들어, 실습자는 자신의 손을 보면서 그와 동시에 양손을 비벼볼 수 있다. 또는 커피잔을 보면서 커피잔의 모든 부분을 관찰하는 동시에 만져볼 수 있다. 건성이 아니라 주의 깊게 느낌을 경험해야 한다는 것과, 감각 증폭에 온전히 집중하는 것이 양질의 깊은 페이즈로 들어가는 뛰어난 방법임을 기억하면서 계속 활기차게 행동할 필요가 있다.

한 가지 단순한 규칙만 명심하고 있으면 감각 증폭은 직관적으로 일어난다. 즉, 어떤 감각이 부족하거나 오감 중 한 감각이 둔하고 희미할 때, 페이즈 공간을 이용하여 해당 감각을 최대한 강화해야 한다는 것이다. 앞서 부족했던 감각은 강렬해지고 강하게 충전될 것이다. 예를 들어 시야가 흐릿하다면, 실습자는 무엇이든 가까이 다가가서 거기에 시선을 점점 더 고정시키면서 유심히 들여다봐야 한다. 신체 감각이 희미하다면 자신의 몸을 만져보고 최대한 다양한 방법으로 몸을 움직여보라.

부차적인 심화기법

머리부터 다이빙하기

감각증폭 기법이 먹히지 않거나 실습자가 페이즈 속에서 만지거나 볼 수 있는 것이 아무것도 없는 미지의 공간에 처하게 된 경우에는 거꾸로 다이빙하기를 이용할 수 있다. 이 기법은 그것이 유발하는 독특한 전정감각으로 인해 작동한다. 이 감각은 지각이 강화되도록 도와준다. 시력이 있는 경우에는 눈을 감고 이 기법을 행하며, 실습자는 바닥이나 발밑의 공간 속으로 말 그대로 머리부터 다이빙한다. 떨어지는 동안 육체를 벗어난 움직임의 느낌이 즉시 느껴질 것이다. 그리고 다이빙 자체는 마치 실제로 일어나는 것처럼 경험될 것이다. 동시에, 주변 공간이 어두워지고 추워질 수 있다. 불안이나 공포 또한 나타날 수 있다. 떨어진 지 5~15초 후 실습자는 페이즈 속의 미지의 공간이나 벽과 같은 막다른 곳에 충돌한다. 막다른 곳에 도달하는 경우, 공간이동 기법을 사용해야 한다. 공간이동은 또한 비행 중에 심화가 일어나지 않거나 감각의 지각이 더 이상 나아지지 않는 경우, 또는 이미 상당한 수준의 현실감을 얻은 경우에 시도할 수 있다. 공간이동 기법을 대신할 수 있는 것이 있다. 얼굴 앞 약 10~15센티 거리에 양손을 올리고 그것을 눈을 감은 채 관찰하려고 노력하는 것이다. 이것은 실습자를 또 다른 임의의 장소로 이동시켜줄 것이다.

거꾸로 떨어질 때 바닥에 대해서는 생각하지 말라. 바닥을 뚫고 나갈 것이라고 생각하라. 페이즈가 완전한 깊이에 이르지 않은 경우 거꾸로 다이빙하기는 매우 효과적이다.

지각되는 느낌을 살피면서 그저 단순히 떨어지는 것이 아니라 몸에서 멀어지려고 애쓰면서 빠르게 아래로 돌진해 나가기를 소망하는 것이 매우 중요하다. 이렇게 하지 못하면 다이빙은 심화는커녕 오히려 깨어 있는 상태로 돌아가버리게 될 수 있다.

진동

거꾸로 다이빙하기와 마찬가지로, 감각증폭 기법이 먹혀들지 않거나 페이즈 속의 실습자가 만지거나 볼 수 있는 것이 아무것도 없는 미지의 공간에 처한 경우에 진동 기법을 사용할 수 있다. 진동 기법은 이 기법이 유발하는 독특한 전정감각으로 인해 작동한다. 이 감각은 지각이 강화되게 도와준다.

몸에서 분리해 나온 다음에는 대개 진동에 대해 생각하거나, 뇌를 긴장시키거나, 근육을 사용하지 않고 몸을 긴장시키는 방법으로 진동을 만들어내는 것이 매우 쉽다. 진동의 발생은 페이즈를 심화시킬 수 있는 중요한 기회를 제공한다. 이 기법의 장점은 어떠한 사전조치도 필요하지 않으며 언제든지 행할 수 있다는 데 있다.

뇌를 최대한 긴장시키면, 경련성의 긴장이나 지속적인 긴장을 통해 강화하고 유지할 수 있는 그런 진동이 유발된다.

이 기법이 5~10초 후에도 페이즈를 심화시키지 못한다면 기법을 바꾸거나 페이즈 내 현재의 깊이에서 조치가 취해져야 한다.

적극적인 행동

이 기법은 언제든지 사용할 수 있기 때문에 모든 다른 심화기법 대신으로 이용할 수 있다. 이 기법을 연습하는 데 필요한 것은 유체의 적극적인 행동뿐이다. 실습자는 뛰거나, 바닥을 구르거나, 체조를 하거나 팔과 다리를 움직일 수 있다. 이 기법을 성공적으로 사용하는 데에는 최대치의 활동과 적극성이 가장 중요하다.

실습자가 어두운 공간에서 꼼짝 못하고 있는 경우라면 좌우로 팔과 다리를 흔드는 것이 좋다. 실습자가 물속에 있는 경우라면, 단호하고 강력하게 팔을 휘젓는 것이 좋은 방법이 될 것이다. 행동의 유형은 주어진 상황이나 실습자 측의 적극적인 욕구에 따라 크게 달라진다.

일반적으로, 이러한 움직임과 이동의 효과는 매우 빠르게 찾아온다. 특히 모든 수반하는 감각들에 주의를 집중할 경우 더욱 그렇다.

현실 상상하기

이 흥미로운 기법은 경험이 풍부한 실습자가 이용하거나, 다른 모든 심화기법이 실패했을 경우 사용되어야 한다.

실습자는 페이즈 속이 아닌 물리적 세계에 있는 자신을 적극적으로 상상하면서 물리적 세계의 고유한 지각의 현실을 경험한다. 현실 상상하기는 몸에서 분리된 동안 시각이 존재하는 상태에서 행해져야 한다. 성공한다면 주위의 페이즈 공간은 즉시 밝아질 것이고 그러면 페이즈의 감각적 지각은 일상적인 현실의 경험보다 더 생생해질 것이다.

몇 초 후에도 이 기법이 뚜렷한 결과를 만들어내지 않는다면 다른 기법을 사용해야 한다.

임하는 태도

높은 수준의 적극성을 가지고 중단 없이, 오로지 지속적이고 의도적인 행동으로 모든 심화기법을 행해야 한다. 차분하고 느긋한 태도로 심화기법을 행하면 심화를 위한 시도는 대부분 잠들기로 이어지거나 몸으로 되돌아가는 결과를 낳을 것이다.

모든 심화기법은 매우 강렬하게 행해야 한다. 전체 과정은 다소 급하고 공격적이어야 한다. 멈춤이 있어서는 안 된다. 가급적이면 실습자가 있는 곳 주변을 끊임없이 행동하고 멈춤 없이 움직이면서 활동적이고 유연하고 집중된 노력만을 기울여야 한다.

또한, 어떤 심화기법도 '허드렛일'로서 하는 것이 아니라 페이즈를 심화하고자 하는 강렬한 욕구와 의도를 가지고 행해야 한다는 것을 명심해야 한다. 이렇게 하면 기법들이 이상적으로 수행되기 시작할 것이다. 페이저는 무슨 일이 있어도 반드시 자신의 모든 감각을 동원하여 페이즈의 세계로 잠겨 들어가도록 노력해야 한다. 그러면 페이즈의 세계는 더욱더 생생한 현실감을 띠게 될 것이다.

흥미로운 사실!

페이즈를 심화하고자 하는 실습자의 의도가 실현되도록 돕는 특정한 욕설이 심화기법으로서 사용되는 경우도 알려져 있다. 페이즈 공간을 유지하고 제어하기 위해서, 페이즈에 진입하는 동안에 이런 방법을 사용할 수 있다.

심화 시의 전형적인 실수

- 필요할 때 심화기법을 행하기를 잊어버리는 것.
- 페이즈의 현실감이 극대화되기 전에 심화기법을 멈추는 것.
- 충분히 깊이 들어갔는데도 불필요하게 심화를 계속하는 것.
  몸에서 완전히 분리되기 전에는 기본 심화기법만을 사용해야 함에도 주요 심화기법을 행하는 것.
- 이미 결과를 달성했는데도 심화기법을 계속하는 것.
- 최소한 5~10초간 각 심화기법에 집중하지 않고 여러 가지 심화기법을 너무 빨리 바꾸어 행하는 것.
- 기법을 적극적으로 수행하지 않고 느리고 차분하게 수행하는 것.
- 시각을 증폭시키는 동안 눈에서 10~15센티 정도 떨어진 대상 대신 너무 멀리 떨어진 대상을 관찰하는 것.
- 응시하기를 할 때 하나의 세부사항에서 다른 세부사항으로 빠르게 넘어가야 함에도 불구하고 대상의 한 가지 세부사항을 빤히 들여다보는 것.
- 응시하기를 할 때 대상의 일부분만 관찰해야 함에도 대상 전체를 바라보는 것.
- 연속적으로 재빨리 서로 다른 대상들에 초점을 맞추는 대신, 한 대상의 세부사항에 너무 오래 집중하는 것.
- 감각을 증폭시키는 동안 하나의 대상에서 다른 대상으로 빠르게 바꾸는 대신, 한 개의 대상을 오래 촉진하는 것.
- 계속해서 움직이는 것이 중요한데도 한 곳에 서서 심화기법을 행하는 것.

- 바닥에 충돌하지 않도록 눈을 감고 거꾸로 다이빙해야 함에도 눈을 뜨고 떨어지는 것.
- 빠르게 멀리 떨어지고자 하는 의도 없이 거꾸로 떨어지는 것.
- 막다른 곳에 다다랐을 때 공간이동 기법 사용하기를 잊어버리는 것.
- 심화기법 중 일부가 작동하지 않을 때 다른 심화기법으로 바꾸기를 잊어버리는 것.
- 극도로 사실적인 경험에 대한 공포와, 심화기법을 차분하게 계속하지 않고 멈추는 것.

연습문제

질문

1. 어떤 페이즈 진입기법 후에 심화가 필요한가?
2. 페이즈 심화는 왜 필요한가?
3. 페이즈 심화가 불필요한 경우도 있는가?
4. 심화를 통해 어느 정도의 현실감에 이르러야 하는가?
5. 페이즈에 진입한 후 언제 심화를 시작해야 하는가?
6. 심화는 페이즈 경험의 길이에 영향을 끼치는가?
7. 기본 심화기법은 왜 필요한가?
8. 감각을 증폭시킬 때 자신의 머리를 만져도 되는가?
9. 응시하기를 하는 동안 실습자는 커튼을 보아야 하는가?

10. 1~1.5 미터 떨어진 거리에서 페이즈 속의 대상을 응시하는 것은 효과가 있는가?
11. 만지기 기법을 하는 동안에 응시기법을 해도 되는가?
12. 거꾸로 떨어지는 동안 눈은 언제 감아야 하는가?
12. 권투 선수처럼 펀치를 날리는 것이 페이즈 심화에 도움이 되는가?
14. 심화기법을 얼마나 차분한 태도로 해야 하는가?

과제

1. 앞으로 세 번의 성공적인 페이즈를 이 장에 나와 있는 모든 기법을 동원하여 심화기법을 완성시키는 데에 바치라.
2. 각자의 경험을 통해 어떤 기법이 자신에게 가장 잘 맞는지를 판단해보라.

제7장

유지

유지의 개념

페이즈 유지 또는 '유지하기'는 실습자가 가능한 한 오랫동안 페이즈 속에 남아 있게 해주는 기법들을 말한다. '유지하는' 기법을 모르면 페이즈의 지속 시간은 유지기법을 아는 경우보다 몇 배나 짧아질 것이다. 가장 짧은 페이즈는 단 몇 초 동안만 지속된다. 초보 실습자들은 대개 페이즈에서 빠져나갈 수 없게 될까봐 걱정한다. 이것은 절대 걱정할 필요가 없다. 진짜 문제는 페이즈 상태를 유지할 수 있는가이다. 페이즈 유지기법을 사용하지 않는 한 페이즈 상태는 쉽게 사라져 버린다.

페이즈 유지는 세 가지 기본원칙으로 이루어진다. 깨어 있는 상태로 돌아가기를 거부하기, 잠들기를 거부하기, 페이즈로부터의 헛퇴장을 거부하기가 그것이다. 몸으로 돌아가기를 거부하는 것은 따로 설명이 필요 없는 반면, 잠들기를 거부한다는 것은 많은 사람들에게 의

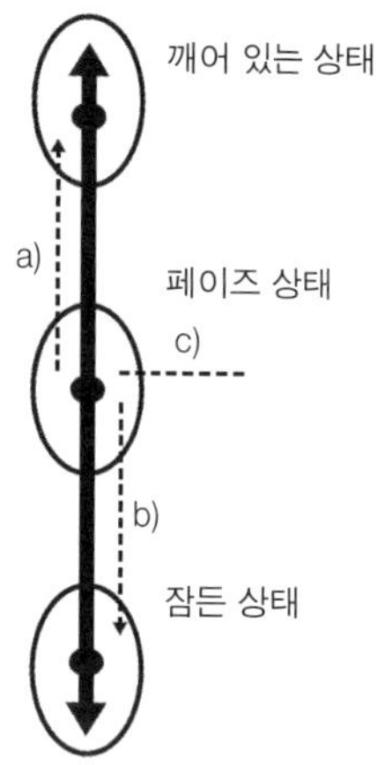

페이즈에 머문다는 것은

a) 깨어 있는 상태로 쫓겨나지 않도록 대항하는 것.
b) 잠에 빠지지 않도록 대항하는 것.
c) 인식되지 않은 페이즈에 대항하는 것이다.

미가 분명하지 않다. 페이즈 체험의 거의 절반이 아주 변변찮은 방식 — 잠들기 — 으로 끝난다는 것을 모르는 사람이 많다. 실습자는 대개 주의를 잃고 자각의식이 흐트러지며, 주변의 모든 것이 서서히 명료함을 잃고 사실상 일상적인 꿈으로 변해버린다.

페이즈로부터의 헛퇴장(헛깨기)에 대항하는 것은 훨씬 더 놀랍고 극적이다. 때때로 실습자는 페이즈 퇴장이 임박한 것을 감지하고 심화기법을 행하지만 실패한다. 이것은 몸과 물리적 현실로 돌아온 것처럼 보이는 상황을 낳는다. 페이즈가 끝났다고 확신한 실습자는 일어선 다음 몇 걸음의 느낌을 지각한 다음 잠든다. 이런 경우는 대개 아무런 움직임도 없이 여전히 침대에 누워 있는 채로 잠이 든다. 문제는, 페이즈와 현실 사이의 차이가 너무나 미묘해서 내, 외부의 지표를 가지고는 사실상 페이즈를 현실과 구별할 수 없다는 점이다. 따라서 실습자는 페이즈가 중단될 경우 취할 수 있는 조치를 반드시 알아야 한다. 페이즈의 종료가 사실은 착각이자 순전한 상상일 수 있기 때문이다.

모든 페이즈 체험에 적용되는 일반적인 규칙 외에도 설명한 세 가지 문제점에 특정한 해결책이 있다. 이 해결책을 배우는 것만큼이나 세 가지 규칙을 배우는 것을 우선시해야 한다. 개별적으로 적용하면 이것들 중의 일부만이 실습자가 평소보다 몇 배 오래 페이즈 속에 남아 있도록 도와줄 수 있기 때문이다.

유지기법을 적용할 수 없는 경우도 있다. 하지만 유지하는 방법에 대한 지식은 대부분의 경험에 유용하다. 또한, 어떤 사람은 깨어나는 것에만 저항하면 되는 반면, 어떤 사람은 잠드는 것에 저항해야 하는 상황이 있을 수 있다. 이 모든 것은 각 상황마다 매우 다르며 실제 상황 속에서만 결정될 수 있다.

페이즈 유지를 위한 기법들을 완벽하게 알고 있으면 페이즈를 2~4분 동안 유지시킬 수 있다. 2~4분은 긴 시간처럼 들리지 않겠지만 실제로는 긴 시간이다. 페이즈 공간의 특이한 점은, 뭔가를 달성하고 그 속에서 움직이는 데 최소한의 시간, 단 몇 초밖에 안 걸린다는 점이다. 따라서 페이즈 속에서는 3분 동안에도 매우 많은 것을 할 수 있기 때문에 실습자에게는 시간을 낭비하지 않기 위해 말 그대로 목록이 필요한 것이다.

페이즈 속의 시간이 현실의 시간에 비해 수축 또는 확장한다는 입증되지도, 반증되지도 않은 여러 가지 이론이 있다. 따라서 페이즈에 있는 동안은 현실의 1분이 페이즈 시간으로 환산하면 훨씬 더 길게 느껴질 수 있다.

실습자에 따라 시간 인식에는 차이가 있다. 특히 초보자들은 현실의 1분을 페이즈 속에서는 5~10분처럼 여긴다. 이는 개인적 심리의 특수성, 마음의 상태 및 페이즈 속에서 일어나는 상황의 유형에 따라 좌우된다.

페이즈가 실제로 얼마나 지속되었는지를 알기 위해 현실세계에서 스톱워치를 사용해서 재볼 필요까지는 없다. 페이즈 속에서 얼마나 많은 행동을 했는지, 그리고 각각의 행동을 하는 데 얼마나 시간이 걸렸을지를 헤아려보는 편이 낫다. 결과는 처음의 예상보다 몇 배나 길 것이다.

페이즈의 최대 지속시간은 페이즈 유지기법을 적용하는 능력에 따라 크게 달라진다. 어떤 실습자는 2분의 장벽을 깨는 데 어려움을 겪는 반면 어떤 실습자는 10분 또는 그 이상 페이즈 속에 남아 있는 것이 쉽다고 느낀다. 영원히 페이즈 속에 남아 있는 것은 물리적으로 불가능하다. 20분의 페이즈조차 전례가 없다.

몸으로 돌아가기에 대항하는 기법과 규칙

페이즈 유지기법을 행하는 동안 다음의 기법들 중에서도 지속적인 감각증폭과 필요에 따른 감각증폭이 가장 자주 적용된다. 그러나 페이즈 탐사의 다른 기술적 요소들과는 달리, 어떤 사람들에게는 흔히 부차적인 유지기법들이 가장 많이 사용되고 가장 적절한 기법이 되기도 한다. 따라서 모든 기법을 공부해야 하지만 처음 두 기법은 매우 주의 깊게 고려해봐야 한다.

지속적인 감각증폭

심화에 관해 이야기한 6장에서 설명된 감각증폭과 똑같은 감각증폭이 '유지'에도 적용된다. 본질적으로, 필요한 깊이의 페이즈에 도달하고 나서도 실습자는 지각을 부추겨 활성화하기를 멈추는 것이 아니라 심화하는 동안만큼 적극적으로는 아니더라도 줄곧 감각증폭을 계속해야 한다.

문제는 페이즈 지속시간 동안의 모든 행동은 가능한 한 최대치의 촉각-운동감각적 지각 및 시각적 지각을 경험하는 데 맞춰져야 한다는 것이다. 이것은 끊임없이 모든 것을 속속들이 세밀하게 살펴보고 만져보는 것을 뜻한다. 예를 들어 책장을 지나간다면 책장에 있는 책을 만져보고 페이지를 넘기며 살펴보라. 마주치는 모든 대상에 대해 촉각을 동원한 관찰을 행해야 한다.

만지기 기법은 하나의 배경 감각으로서 따로 행해도 된다. 이것은 시각에 지나친 부담을 주지 않기 위해 행해진다. 손은 항상 뭔가를 만지고 있어야 하는데, 그보다 더 나은 것은 양손을 비비는 것이다.

필요에 따른 감각증폭

필요에 따른 감각증폭 기법을 적용하는 방법은 지속적인 감각증폭 기법과 전혀 다르지 않다. 이 기법은 깨어 있는 상태로 돌아갈 때가 임박한 상태이거나 페이즈 속의 시야가 희미해지고 퇴색할 때 사용한다. 예를 들어, 페이즈 속을 여행하는 중에 모든 것이 흐릿해지기 시작하면서 페이즈가 약화되고 있음을 신호해줄 수 있다. 이때, 실습자는 만질 수 있는 모든 대상을 만져보고 모든 것을 속속들이 세밀히 관찰해야 한다. 모든 것이 선명하고 현실 같은 상태로 돌아오면 증폭 기법을 할 필요 없이 즉시 하던 행동을 계속할 수 있다.

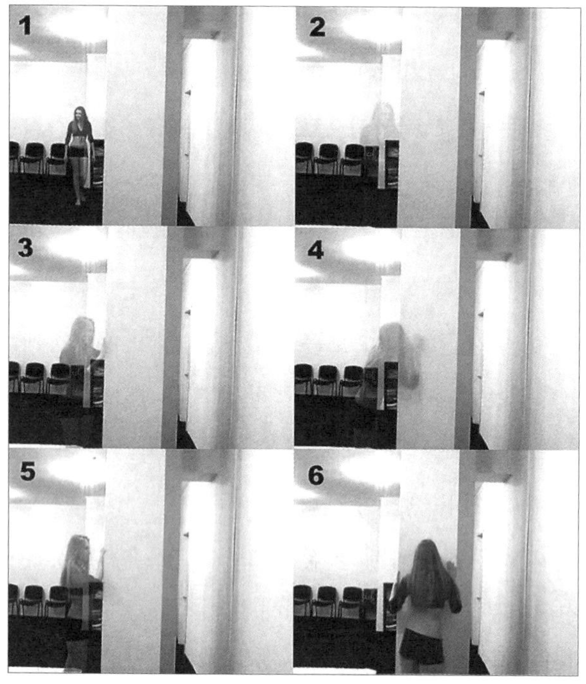

지속적 진동

이 기법은 페이즈 속에서 지속적으로 강한 진동을 유지시키는 데에 사용된다. 앞서 말했듯이 진동은 뇌를 긴장시키거나 근육을 사용하지 않고 몸을 긴장시킴으로써 만들어진다. 강력한 진동을 유지하는 것은 페이즈의 길이에 긍정적인 영향을 미칠 것이다.

필요에 따라 진동을 강화하기

이 경우, 잠 깬 상태로 당할 징후가 명백할 경우에만 진동을 만들어내고 강화한다. 퇴장•의 징후에는 예컨대 이중 지각이나 흐릿한 시각 등이 포함된다. 강화된 진동은 페이즈 상태가 깊어지도록 도와 페이즈 속에 계속 머물러 있을 수 있게 해줄 것이다.

머리부터 다이빙하기

이 기법은 같은 이름의 심화기법과 동일하다. 페이즈가 사라질락 말락 한다면 최대한 빨리, 깊이 다이빙하고자 하는 의도를 품은 채 눈을 감고 거꾸로 뛰어들어라. 페이즈의 깊이를 회복하면 즉시 막다른 골목에 부딪히지 않기 위해 공간이동 기법을 사용할 수 있다.

강제수면

퇴장의 징후가 나타나면 즉시 바닥에 누워 강제수면을 시도하라. 이것은 페이즈 진입기법과 동일하다. 성공적으로 기법을 행한 후(3~10초)에는 일어나서 계속 페이즈를 구석구석 돌아다닐 수 있다. 현실에 대한 지각과 그 지각의 깊이가 다시 복구되었을 것이기 때문이다. 다만 정말로 잠이 들어버리지 않도록 저항하라.

회전

퇴장의 징후가 나타나면 실습자는 머리부터 발끝으로 이어지는 축을 따라 회전을 시작해야 한다. 같은 이름의 페이즈 진입기법과는 달리 움직임을 상상할 필요가 없다. 이것은 페이즈 속에서의 틀림없는 실제 회전이다. 몇 번 회전하고 나면 페이즈의 깊이가 복구되어 행동을 계속할 수 있을 것이다. 퇴장의 징후가 사라지지 않는다면 적절

- 퇴장(foul): 페이즈로부터 잠이나 현실 속으로 쫓겨나는 것. 역자 주.

한 깊이에 도달할 때까지 회전을 계속해야 한다.

숫자 세기

페이즈에서 내내 숫자를 최대한 많이 세라. 숫자를 세기 위해서만이 아니라 가장 많은 수까지 세겠다는 강렬한 욕구를 가지고 수를 세어야 한다. 조용히, 또는 소리 내서 숫자를 세어도 된다.

숫자 세기는 페이즈 속에서 행동을 해야 달성할 수 있는 목표를 제공하여 실습자로 하여금 페이즈 속에 남아 있겠다는 강렬한 결심을 하게 함으로써 효과를 발휘한다.

내부의 소리 듣기

페이즈에 진입하는 동안 들었던 것과 비슷한 배경 소리 — 덜거덕거리는 소리, 휘파람 소리, 울리는 소리, 윙윙거리는 소리, 지글지글 소리 — 가 들린다면 이 내부의 소리를 들으려고 애씀으로써 페이즈의 길이를 늘일 수 있다. 강제적인 내부의 소리 듣기 기법 또한 페이즈 유지에 이용될 수 있다.

페이즈에 갈고리 걸기

또 다른 흥미로운 '유지' 기법은 페이즈에 갈고리를 거는 것 이다. 퇴장이 임박했을 때, 페이즈 속의 물체를 움켜쥐고 그것을 적극적으로 매만지거나 꽉 잡으라. 이 기법을 행하는 중에 몸으로 돌아오더라도 손은 계속 페이즈 속의 물체를 잡고 있어서 물리적인 손은 인식되지 않을 것이다. 이 환상 속 손의 느낌으로부터 출발하여 몸에서 분리해 나올 수가 있다. 근처에 있는 모든 물체에 갈고리를 걸 수 있다. 의자 다리, 유리컵, 문 손잡이, 돌, 막대기 등. 손에 잡을 만한 것이 아무것도 없다면 양손을 깍지 끼거나 입술이나 혀를 깨물라.

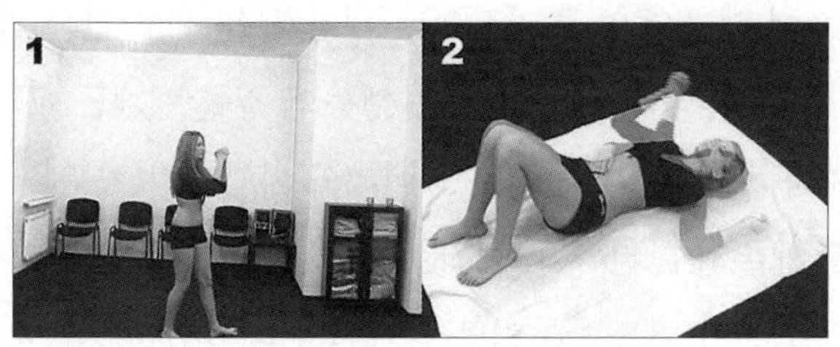

페이즈 종료에 대한 저항을 도와주는 기법을 사용할 때는 두 가지 규칙이 적용된다. 우선, 페이즈가 끝날 수 있다거나 그 결과 몸으로 돌아갈 수 있다는 생각을 떠올리지 말라. 이런 생각은 실습자를 즉각 깨어 있는 현실로 데려가는 프로그래밍 같은 것이다. 둘째, 물리적 신체에 대해 생각하지 말라. 이 또한 매번 실습자를 즉시 몸으로 되돌려 보낼 것이다.

잠들기에 대항하는 기법과 규칙

잠들 가능성에 대한 지속적 이해

대부분의 경우, 페이즈 도중에 잠들 수 있으며 그것은 페이즈에 해롭다는 사실을 늘 인지하고 있으면 페이즈 속에서 잠에 빠지는 것을 극복할 수 있다. 실습자는 잠들 가능성을 늘 고려해야만 하며, 꿈속의 모순적인 생각이 아니라 실제 의도에 근거하여 행동할 수 있도록 자신의 행동을 주의 깊게 분석해야 한다.

자각의식을 정기적으로 분석하기

페이즈에 있는 동안 주기적으로 '내가 꿈을 꾸고 있는 건가?'라고 물어보는 것은 상황과 행하고 있는 행동의 질을 언제든지 파악할 수 있게 해준다. 모든 것이 온전한 페이즈의 자각의식 기준을 충족한다면 행동을 계속해도 된다. 주기적으로 이 질문을 하면 그것이 페이즈로 전환하는 동안 자동으로 하는 습관이 된다. 이 질문을 규칙적으로 계속 물어보다 보면 조만간 이 질문은 실제로 당신이 꿈속으로 들어가는 순간에 자동으로 떠오를 것이다. 그러면 이것은 실습자가 '깨어 있도록' 도울 것이며, 그 후에는 완전한 페이즈 속에 계속 남아 있는 것이 가능해진다.

질문의 빈도는 페이즈 속에 계속 남아 있을 수 있는 실습자의 능력에 따라 달라져야 한다. 보통 페이즈가 5~10분 이상 지속된다면, 2분에 한 번 이상 질문을 던질 필요는 없다. 페이즈가 5~10분 이상 지속되지 않는다면 말 그대로 1분에 한번, 또는 그보다는 약간 덜 빈번하게 이 질문을 던져야 한다.

관찰자로 남아 있기

잠드는 데 저항하는 것과 관련된 또 다른 중요한 규칙이 있다. 실습자는 절대 페이즈 속에서 일어나는 즉흥적인 사건에 끼어들지 말아야 한다는 것이다. 계획되지 않았거나 의도적이지 않은 사건은 실습자를 삼천포로 빠지게 하고, 그것은 결국 오롯한 자각의식을 잃어버리게 만든다.

헛깨기에 대항하는 기법

페이즈가 실제로 종료되었는지를 확인하기 위한 기법들은 약간 기이해서 행동에 특별히 주의를 기울여야 하기 때문에 이 기법들은 꼭 필요할 때만 사용해야 한다. 그때까지는 이 기법을 그저 염두에만 두고 있다가 의심의 순간에만 사용해야 한다. 페이즈 진입기법을 행할 때 실습자가 페이즈 속에 있는지 여부를 안전하게 확인하기 위해서도 같은 방법을 사용할 수 있다.

극도의 집중

페이즈의 종료가 가짜일 수 있고 실제로 종료될 때와 느낌이 다르지 않기 때문에 물리적 세계와 페이즈 세계 사이의 차이를 반드시 잘 분간해야 한다. 즉, 실습자는 페이즈가 정말로 종료되었는지 확인하는 방법을 알아야만 한다.

현재로서는, 단 한 가지 실험만이 정확한 결과를 거의 보장해줄 수 있는 것으로 알려져 있다. 페이즈 공간은 대상의 세부에 대한 장시간의 면밀한 시각적 집중을 견뎌내지 못한다. 몇 초만 세밀하게 살펴보면 물체의 모양이 왜곡되기 시작하고 색깔이 변하며, 연기를 내뿜거나 녹아버리나 다른 식으로 변해버린다.

페이즈에서 나온 후 10~15센티 떨어진 거리에서 작은 물체에 초점을 맞추고 10초 동안 계속 바라보라. 물체가 변하지 않는다면 주변 세계가 현실임을 확인할 수 있다. 물체가 어떻게든 일그러진다면 실습자는 그것이 온전한 페이즈 상태임을 알 수 있다. 가장 간단한 방법은 손가락의 끝을 살펴보는 것이다. 손은 늘 가까이에 있기 때문이다.

책을 들고 내용을 살펴보는 것도 가능하다. 페이즈 속의 글은 흐릿하거나, 영문 모를 단어처럼 보이거나, 이해할 수 없는 기호들로 가득할 것이다.

보조 기법

페이즈 퇴장 여부를 확인하는 여러 가지 방법이 있다. 그러나 페이즈 속에서는 모든 상황과 질과 기능을 만들어낼 수 있기 때문에 이 방법이 항상 먹히는 것은 아니다. 예를 들어, 어떤 사람들은 현실에서는 불가능한 일을 해보는 것으로 충분하다고 말한다. 실습자가 페이즈 속에 있다면 불가능한 일을 할 수 있을 것이라는 말이다. 이 방법의 문제는, 페이즈 속에서도 물리세계의 법칙을 만들어낼 수 있다는 것이다. 따라서 가장 깊은 페이즈 속에서도 날기, 벽 통과, 염력 등이 불가능할 수 있다. 시계를 연달아 두 번 보는 것도 페이즈에 이상이 없는지를 판단하는 데 도움이 된다는 주장도 있다. 이 주장에 따르면 시계는 매번 다른 시간을 보여줄 것이다. 하지만 시계 역시 페이즈 속에서도 변하지 않을 수 있다.

가장 널리 쓰이는 현실확인법(reality check) 중의 하나는 손으로 코를 집고 숨쉬기를 해보는 것이다. 숨을 쉴 수 있다면 자신이 페이즈 속에 있는 것으로 생각하라. 그러나 당신이 있는 공간의 성질이 심히 의심스럽다면, 이 방법은 3분의 1 이상 긍정적인 거짓 결과를 가져올 수 있다. 즉, 페이즈 속에 있을 때조차 코를 집고는 숨을 쉬지 못할 수도 있다는 뜻이다.

모든 보조 기법 중에서 언급할 만한 가치가 있고 대부분의 경우에 작동하는 기법이 한 가지 있다. 바로 주변에서 현실과 일치하지 않는 것을 찾아내는 것이다. 페이즈 공간도 실습자의 일상적 환경을 100퍼센트 정확하게 모방할 수 있지만, 이런 일은 매우 드물다. 따라서 모든 일이 일어나고 있는 방 안을 꼼꼼히 살펴봄으로써 페이즈가 온전한지를 알아낼 수 있다. 페이즈 속에는 현실에 없는 뭔가가 있거나, 어떤 것이 없어져 있을 것이다. 하루 중의 시간이나 심지어는 계절이 현실과 다를 수도 있다. 예를 들어, 퇴장이 일어났는지 여부를 살피는데 TV 세트를 받치고 있던 탁자가 없어져 있거나, 다른 색깔의 탁자가 대신 놓여 있을 수도 있는 것이다.

페이즈 속인지 아닌지를 판정하기 위한 상당히 논리적인 방법도 있다. 경험 많은 실습자가 페이즈가 정말로 종료되었는지 어쩐지 의심이 든다면, 그 의심 하나만으로도 주변의 모든 것이 여전히 페이즈 세계의 것임을 확신하기에 충분하다.

유지를 위한 일반규칙

페이즈를 유지하기 위한 규칙은 페이즈가 끝나게 만들 수 있는 모든, 또는 대부분의 문제를 다루고 있다. 이 규칙 중 일부는 페이즈 속에서 머무는 시간을 몇 배로 늘려줄 수 있으므로 반드시 따라야 한다.

실습자는 먼 곳을 보아서는 안 된다.

먼 곳에 있는 물체를 오랫동안 관찰하면 퇴장이 일어나거나 그 물체를 향해 공간이동이 일어날 수 있다. 멀리 있는 물체를 문제없이 보기 위해서는 유지기법을 사용해야 한다. 예컨대 손을 바라보고 양손을 비비거나 강한 진동을 유지해야 한다.

지속적인 활동

페이즈 속의 실습자는 어떤 경우에도 침착하거나 수동적이어서는 안 된다. 행동을 많이 할수록 페이즈가 길어진다. 행동이 적을수록 페이즈는 짧아진다. 생각을 위해 잠시 멈추는 것만으로도 충분하다. 그러면 모든 상황이 종료된다.

행동계획

기회가 되는 대로 페이즈 속에서 수행할, 적어도 두세 개의 과제들로 구성된 분명한 행동계획이 있어야 한다. 이것은 몇 가지 중요한 이유 때문에 필요하다. 첫째, 실습자는 '다음에 무엇을 할지' 생각하려고 페이즈 속에서 멈춰서는 안 된다. 이것은 종종 퇴장을 초래한다. 둘째, 계획이 있으면 실습자는 계획한 모든 과제를 수행하기 위해 페이즈 속에서 머물고 유지하는 데 필요한 모든 행동들을 무의식적으로 수행하게 된다. 셋째, 주어진 순간 마음에 떠오르는 대로 아무렇게나 페이즈 체험을 낭비하지 말고 미리 지능적으로 행동계획을 짜놓으면 목적 있는 행위를 용의주도하게 해나갈 수 있다. 넷째, 행동계획은 동기를 부여해주고, 그 결과 페이즈 진입을 위해 기법을 행하겠다는 단호한 의도가 일어나게 한다. 달리 말해서, 명확하고 흥미로운 행동계획이 있으면 페이즈에 다다를 가능성이 상당히, 때로는 몇 배나 커질 수 있다. 한편, 계획 자체는 실제로 흥미롭고 호기심을 끌고 매우 중요해야 할 뿐만 아니라 — 이것은 매우 중요한데, — 구체적이어야 한다.

흥미로운 사실!

지속적으로 높은 효율성(60~70퍼센트의 성공률)을 달성한 3일간의 페이즈 학교 세미나에서 그룹의 성공률은 페이즈로 들어간 사실 뿐만이 아니라, 그룹의 공통 행동계획을 완수했는지에 의해서도 평가되기 시작했다. 대개 3분의 1까지의 참가자들이 양쪽 다 달성했다. 훈련기간 동안에 이것을 강조하면 초보자들의 첫 번째 시도의 평균 지속시간, 질, 빈도가 두 배로 높아진다.

내면의 지껄임 멈추기

페이즈 속에서 내면의 지껄임과 고민이 적게 일어날수록 페이즈가 더 오래 지속된다. 모든 생각은 무엇이 달성되고 지각되고 있는지에 집중되어야 한다. 자신과 이야기하는 것은 전적으로 금지되어 있다. 이것은 많은 생각이 페이즈 속에서 프로그래밍으로 작용할 수 있고, 마음속으로 생각을 말하는 것조차도 페이즈를 변질시킬 수 있기 때문이다. 여기에는 부정적인 변질도 포함된다. 예를 들어, 몸에 대해 생각하는 것은 몸으로 돌아가게 만든다. 실습자는 또한 생각에 빠질 수도 있다. 이것은 퇴장으로 이어질 것이다. 또한 산발적인 생각은 대체로, 그리고 매우 쉽게 실습자를 잠에 빠지게 만든다.

의도

페이즈를 유지하기 위한 모든 기법이나 방법론은 가능한 한 오랫동안 페이즈에 머물고자 하는 확고하고 명확한 의도를 동반해야만 한다. 때로는 단지 오래 지속되는 페이즈를 체험하겠노라는 의도만으로도 충분하여 어떠한 유지 방법도 필요하지 않을 때도 있다.

실습자는 퇴장을 경험한 후 다시 페이즈 진입을 시도해야 한다.

일반적인 페이즈 체험은 진입과 퇴장의 반복으로 이루어진다는 사실을 늘 기억하라. 대부분의 경우 몸으로 돌아온 즉시 분리기법이나 페이즈 생성 기법을 사용하여 페이즈로 다시 들어가는 것이 가능하다. 실습자가 방금 페이즈를 떠났다면 실습자의 뇌는 여전히 페이즈 상태에 근접해 있고 여행을 계속하려면 적절한 기법을 사용하면 된다.

유지할 때의 전형적인 실수

- 페이즈가 끝난 후 페이즈로 다시 들어가는 것이 체험의 횟수를 높이는 데 매우 도움이 되는데도 시도하기를 잊어버리는 것.
- 유지기법을 배경 작업으로서 행하는 대신에 '유지'를 위한 기법에 계속 집중한 채 머물러 있는 것.
- 페이즈 유지에 필요한 일을 계속하지 않고 사건들에 정신이 팔려서 페이즈 유지기법을 그만둬버리는 것.
- 페이즈가 매우 깊고 안정적으로 보일 때, 이것이 가짜 느낌일 수 있음에도 불구하고 유지가 필요 없다는 생각에 넘어가버리는 것.
- 필요한 기법을 너무 늦게 사용하는 것.
- 언제나 계획이 있어야만 함에도 다음에 무엇을 할지를 몰라서 멈추는 것.
- 페이즈 속에서 자기도 모르게 잠들 수 있다는 사실을 잊는 것. 잠에 빠질 위험을 인식하는 데에 중점을 둬야만 한다.
- 페이즈 속에서 일어나는 사건들을 바깥에서 관찰하고 제어하는 대신 그 사건들 속으로 휩쓸려 들어가는 것.
- 임의의 특별한 상태를 유지하기 위해서가 아니라, 최대한 깊은 페이즈 상태에 남아 있기 위해 항상 '유지'를 위한 기법을 행해야 한다는 사실을 잊는 것.
- 유지기법을 반드시 계속 사용해야 하는 데도 살아 있는 대상을 만나는 동안 '유지'를 위한 기법을 멈춰버리는 것.
- 최대한 숫자를 많이 세겠다는 욕구 없이 숫자를 세는 것.
- 실제로 회전하지 않고 상상 속에서 회전하는 것.

- 끊임없이 활동하지 않고 수동적으로 가만히 있는 것.
- 생각과 내면의 지껄임은 최소화해야 함에도 생각과 지껄임이 너무 많은 것.

연습문제

질문

1. 퇴장이란 무엇인가?
2. 페이즈의 최소 지속 시간은?
3. 페이즈 유지기법이 막아주는 것은 퇴장과 잠들기와 또 무엇이 있는가?
4. 실제로는 여전히 페이즈 속에 있음에도 불구하고 실습자가 페이즈가 끝났다고 생각하게 되는 이유는 무엇인가?
5. '유지기법'은 항상 행해야 하는가?
6. 어떤 기본 기법이 퇴장의 발생에 대항하는가?
7. 페이즈에 갈고리를 거는 방법은 무엇인가?
8. 페이즈 속에 있는 동안 몸에 대해 생각하면 어떻게 되는가?
9. 잠들 확률을 감소시키기 위해 페이즈 속에서 어떤 질문을 해야 하나?
10. 대상에 주의를 극도로 집중하면 대상에는 어떤 일이 일어나는가?
11. 헛퇴장은 과도한 집중 외에 어떤 방법으로 쉽게 알아차릴 수

있는가?

12. 페이즈 속에서 오랫동안 먼 곳을 바라봐도 괜찮은가?
13. 내면의 지껄임은 무엇이며 그 정도가 페이즈 체험의 지속시간에 어떤 영향을 미치는가?
14. 뜻하지 않게 몸으로 돌아간 다음에 항상 해야 하는 것은 무엇인가?

과제

1. 다음에 시도할 몇 번의 페이즈에서는 최대한 많은 유지기법을 동원하여 페이즈를 최대한 길게 유지한다는 단 하나의 목표에만 전념하라.
2. 다음번에 사용하기 위해 어떤 기법이 당신에게 가장 효과적이고 편안한지 알아보라.
3. 적어도 2분(객관적 시간으로)까지 페이즈 평균 지속시간을 늘리라.

제8장

기본기

기본기의 핵심

온전히 실현된 페이즈를 대할 때 필요한 지식은 진입기법, 심화, 유지, 공간이동, 대상을 찾고 상호작용하기 등에 한정되지 않는다. 페이즈에서 편안한 기분이 되기 위해서 실습자는 어떤 상황에서나 올바로 대응하기 위해 기법 전체를 숙달하거나 적어도 기법들에 자신을 적응시켜야 한다. 예를 들어, 시각이 작동하지 않을 경우 실습자는 시력을 얻는 방법을 알아야 한다. 페이즈는 물리적인 세계와는 별개로 존재하기 때문에 벽 통과하기나 깊은 페이즈 상태에서 비행하기 등은 자연스럽게 일어나는 것처럼 보일 수도 있지만, 그런 일이 쉽게 일어나지는 않는다. 페이즈의 물리적 조건이나 환경과 상호작용할 수 있게 해주는 기법들에 더하여, 두려움이 실습자를 의식적으로, 계속 페이즈를 떠나게끔 만든다면 두려움을 중화시키는 방법을 배우고 적용해야만 한다.

모든 기본기를 암기할 필요는 없다. 하지만 기본기 중 일부에는 면밀한 주의를 기울일 필요가 있다. 긴급복귀, 시력 만들어내기, 대상을 통과하여 공간이동하기, 움직이는 대상과 접촉하기 등이 그것이다. 많은 실습자들에게 두려움과 싸우는 방법 또한 매우 유용한 것으로 입증됐다.

실습자의 추가적인 주목을 요하는 기법들의 최종선택은 개인적 체험과 페이즈에 있는 동안 마주치게 되는 문제들에 비추어서 택해야 한다. 대개 실습자들은 저마다 완전히 다른 문제들을 가지고 있기 때문이다.

페이즈 알아차리기

페이즈에 진입하는 동안 페이즈 상태 식별의 어려움은 흔히 페이즈를 공부하는 초기 단계에 발생한다. 실습자는 자신이 페이즈 속에 들어와 있는지 어떤지조차 알아차리지 못한다. 이런 불확실한 느낌은 누워 있는 동안, 또는 다른 자세를 연습하는 동안에도 나타날 수 있다.

실습자가 단순히 누워서 자신의 몸을 물리적으로 지각하고 아무것도 하지 않고 있다면, 그가 페이즈 속에 있는지 여부를 판별하는 것은 실제로 어렵다. 페이즈 상태의 징후가 없을 수도 있고 또 반대로 다수의 징후와 흔치 않은 감각이 있을 수 있다. 그러나 이런 것이 반드시 페이즈의 시작을 가리키는 것은 아니다.

페이즈 상태의 불확실성 문제는 언제나 행동을 통해 해결된다. 실습자가 누워 있다면 표준적인 분리기법은 — 대부분의 경우 — 페이즈를 달성한 징표를 만들어낼 수 있다. 이 기법들은 종종 부정확하게 행해질 수 있기 때문이다.

페이즈 상태에서만 달성할 수 있는 기법을 행하는 것은 가능하다. 실습자가 일어났는데 주변이 분간되지 않는다면 페이즈 속에 서 있는 것으로 추정할 수 있다. 그러나 때로 실습자는 일어서서 모든 것이 실제로 '현실과 같음'을 알아차릴 수도 있는데, 이는 단순히 실습자가 여전히 '현실' 속에 있기 때문일 수도 있다. 이러한 딜레마에 대한 답으로서 대상에 주의를 극도로 집중할 때 일어나는 현상을 페이즈 유지와 관련하여 앞에서 언급했었다. 실습자는 극도의 집중을 이용하여 자신이 페이즈 속에 있는지 여부를 언제든지 확인할 수 있다. 그러나 대체로 극도의 집중은 거의 필요하지 않다. 대부분의 경우 다음과 같은 징후들이 페이즈 속에서 분리가 일어났음을 나타낸다. — 움직이는 동안 몸에 이상한 감각이 느껴지는 것, 움직이는 동안 극도의 긴장, 눕고 싶은 강렬한 육체적 충동, 일관성 없는 배경, 시력이 흐리거나 아예 없는 것 등.

문제는 흔히 실습자가 빠른 결과를 기대하여 직접기법을 사용하고는 페이즈 도달 여부를 확인하려고 하는 데 있다. 원칙적으로 이렇게 해서는 안 된다. 직접기법을 사용할 때 페이즈는 스스로를 분명히 드러낸다. 따라서 페이즈를 확인하려고 했다면 그것은 그 자체가 페이즈가 아직도 요원함을 보여주는 징표다.

긴급복귀와 마비

통계는 첫 페이즈 체험에서 약 3분의 1의 실습자들이 다소간의 두려움에 부딪힌다는 것을 보여준다. 이 두려움은 실습자들을 몸으로 돌아가게 만든다. 경험이 많은 실습자들도 주기적으로 잠을 깬 상태로 갑작스럽게 돌아가야 하는 상황을 맞는다. 이것은 몇 가지 문제를 제기한다.

몸으로 돌아가는 것 자체는 거의 문제가 되지 않는다. 페이즈 상태의 어디서든지 몸으로 돌아가고자 하면 당장 몸을 기억하고 몸에 대해 생각하는 것만으로도 대개는 충분하다. 확실히 이런 상황에는 눈을 감고 아무것도 만지지 않는 것이 좋다. 일반적으로 복귀를 완료하는 데는 그저 물리적 세계에서 일어서는 것만이 필요할 뿐이다. 그러나 이것이 언제나 간단하게 되지만은 않는다.

때로 실습자는 다시 몸으로 돌아온 후 갑자기 수면마비 때문에 육체적 기능이 멈춘 것을 깨닫거나 몸의 스위치가 꺼진 느낌을 느낀다. 수면마비 동안에는 소리를 지르거나 도움을 요청하는 것, 심지어는 손가락 하나를 움직이는 것도 불가능하다. 대부분의 경우, 눈을 뜨는 것조차 불가능하다. 과학적인 관점에서 이것은 갑작스럽고 부자연스럽게 수면의 REM 단계를 방해한 경우이다. 그럴 경우엔 언제나 마비가 일어나고 페이즈가 방해받은 이후 얼마 동안 지속될 수 있다.

여기서부터가 재미있는 부분이다. 물리적 세계의 사람들은 한 가지 중요한 규칙에 익숙하다. 즉, 무언가를 성취하고 싶다면 그것을 하라. 그리고 최대한 열심히 하라는 것이다. 이 규칙은 좋기는 하지만 페이즈와 관련된 특정한 조건들에 항상 적용되는 것은 아니며, 특히 페이즈에서 나가는 데에는 적용되지 않는다. 때로는 극도의 노력이 수면마비를 깨고 움직임을 재개하는 것을 가능하게 한다. 그러나 이 같은 노력의 대부분은 마비상태를 오히려 악화시키는 경향이 있다.

공포로 유발된 의도적인 복귀는 그에 뒤따라오는 비정상적이고 부정적인 상황 때문에 페이즈의 깊이를 더욱 심화시킬 수 있다. 이것은 대뇌피질에서 촉발되는 몸의 기능에 대한 방어적 억제력 때문에 일어난다. 이것은 더 큰 흥분과 공포로 이어질 수 있고, 마비는 더욱 심해진다. 이것은 불쾌한 느낌과 감정으로 이어지는 악순환이다. 이것은 페이즈를 연습하고자 하는 모든 욕구를 일거에 날려버릴 수 있다.

올바른 절차에 대한 무지는 이런 불리한 상황에서는 페이즈로부터 복귀하는 것이 불가능할 수도 있다는 소견을 낳았다. 그래서 이런 소견을 가진 사람들은 이 연습을 하는 것을 위험하다고 생각한다. 그러나 많은 부정적인 체험을 방지하는 매우 간단한 행동과 방법들이 이 문제를 해결해준다.

완전한 이완

심화 및 유지에 관한 장에서 실습자가 페이즈에 있는 동안에는 활동을 많이 할수록 더 좋다는 점을 언급했었다. 반대로, 활동이 없을수록 페이즈의 질은 떨어지면서 쉽게 페이즈에서 나갈 수 있게 한다. 따라서 페이즈를 떠나려면 실습자는 그저 완전히 이완하여 모든 느낌, 행동, 생각 등을 무시하기만 하면 된다. 또한 기도, 만트라, 라임 등을 암송할 수도 있다. 이는 의식을 상황에서 빨리 멀어지도록 도와주기 때문이다. 물론 실습자는 마음을 진정하여 두려움을 제거하려고 노력할 필요가 있다. 두려움은 그 자체로 그런 상태를 지속되게 만들 수 있다. 실습자는 이완하려는 시도가 효과가 있는지를 확인하기 위해 주기적으로 손가락 한 개를 움직여봐야 한다.

손가락에 집중하기

수면마비를 겪는 실습자는 손가락 한 개나 발가락 한 개를 움직이는 시도를 해야 한다. 처음에는 효과가 없을 것이다. 그러나 실습자는 그 행동에 정확한 생각과 노력을 집중해야 한다. 잠시 후, 육신의 손가락이 움직이기 시작할 것이다. 이 방법의 문제는 실습자가 물리적인 움직임 대신 뜻하지 않게 환영 속에서 움직이기 시작할 수 있다는 점이다. 이것이 두 가지 감각 사이의 차이점을 알아야 하는 이유이다. 종종 그 차이가 아주 명백하지는 않기 때문이다.

가능한 움직임에 집중하기

수면마비의 생리 상태나 페이즈 상태나 꿈의 상태는 육신과 긴밀히 연결되어 있어서 실습자가 이런 상태 중의 하나에 있을 때 하는 행동은 언제나 육신에 일어나는 움직임과 연관된다. 눈알이나 혀를 움직이거나 숨을 쉴 때도 그렇다. 실습자가 이런 과정에 주의를 집중하면 몸의 마비에도 대응할 수 있다. 그 결과 실습자는 수면마비를 벗어나 현실에서도 움직일 수 있게 될 것이다.

상황을 재평가하기

일반적인 상황에서 페이즈에서 의도적으로 나가는 것은 정상적인 행동이 아니다. 의도적으로 나가는 것은 대개 어떤 두려움과 편견 때문에 발생한다. 실습자가 다른 비상탈출 기법을 사용하여 몸을 가

동시킬 수 없다면, 페이즈가 제공하는 가능성을 유심히 고려해보기를 권한다. 페이즈 속에서 경험할 수 있는 재미있고 유용한 일들이 많다. 근거 없는 두려움 때문에 왜 훌륭한 기회의 가능성을 망치는가?

솔직히, 비상탈출 기법이 항상 작동하는 것은 아니라는 점을 말해둘 필요가 있다. 일반적으로, 오랜 수면박탈 후나 밤중에 잠을 자기 시작한 때나 한창 자고 있을 때라면 잠을 자고자 하는 충동이 매우 강렬해서 수면마비 현상에 저항하기가 어렵다. 이런 점에서 상황을 재평가해보기를 권하는 것이다. 실습자가 상황 때문에 고통받는 대신 상황을 활용할 수 있도록 하기 위해서이다. 수면마비는 간접기법을 통해 쉽게 페이즈 상태로 전환된다.

그런데, 마비에서 탈출하는 법을 아는 것은 페이즈 실습자들에게만 중요한 것은 아니다. 인구의 약 3분의 1은 적어도 평생에 한 번은 페이즈와 관련 없이 이러한 수면마비를 경험하기 때문이다. 수면마비는 일반적으로 수면 전후에 일어난다.

두려움과 싸우기

페이즈 속에서 두려움을 느끼는 것은 매우 흔한 일이다. 실습자는 어떤 단계에서건 공포를 경험할 수 있다. 단, 연습 초기단계에서 두려움이 훨씬 더 뚜렷이 느껴진다. 두려움의 원인은 매우 다양하다. 몸으로 돌아가는 것이 불가능하다는 느낌, 죽음에 대한 공포, 몸에 뭔가 나쁜 일이 일어날 것이라는 우려, 페이즈 속에서 무언가 무섭고 끔찍한 것을 만나는 것, 고통스러운 감각, 지나치게 선명하고 초현실적인 감각 등.

흥미로운 사실!

페이즈 상태 속의 두려움은 종종 구체적인 것이어서, 실습자의 현재 삶의 상황에 따라 달라진다. 예를 들어, 젊은 어머니들은 보통 자녀를 두고 떠나게 될지도 모른다는 두려움 때문에 페이즈에 들어가기를 두려워하기 시작한다. 그들은 흔히 위험한 상황을 겪거나, 돌아올 수 없을지 모른다는 등의 걱정을 한다.

한 가지 두려움이 다른 모든 두려움을 제압한다. 뚜렷한 이유가 없는 자기보존의 본능은 설명하거나 제어할 수 없는 절대적인 공포의 느낌을 유발할 수 있다.

마비를 유발하는 난공불락의 두려움에 시달리는 초보자가 이를 서서히 극복할 수 있는 방법은 단 한 가지다. 페이즈에 들어갈 때마다 이전보다 한 걸음 더 나아가기를 시도를 해야 하는 것이다. 예를 들어, 두려움에도 불구하고 실습자는 양손을 들었다가 다시 처음의 위치로 움직여 돌려놓기를 시도해야 한다. 두 번째는 앉으려고 시도해야 한다. 세 번째는 일어서기를 시도해야 한다. 네 번째는 페이즈 속을 걸어다니는 것이 좋다. 이렇게 페이즈 상태의 무해함을 경험하는 점진적 단계를 거치고 나면 생산적이고 차분한 행동을 할 수 있게 된다.

흥미로운 사실!

공포 자체를 페이즈에 진입하여 그곳에서 오랫동안 머무는 데 이용할 수 있다. 페이즈에 진입하고 나서는 공포심이 말썽을 불러일으키기 시작한다면 공포를 진정시켜야 한다.

주기적으로 두려움에 부딪히는 실습자의 경우, 위험이 실재하지 않는다는 사실을 깨닫는 것이 연습의 진행을 촉진한다. 그러면 얼른 몸으로 돌아가고 싶은 충동은 사라진다. 그러면 조만간에 침착한 생각이 페이즈 속의 사건들을 지배하여 두려운 마음이 잘 일어나지 않을 것이다.

페이즈 속의 사건들이 유발하는 순간적인 공포를 다루는 가장 간단한 해결책은, 공포에 지배당했던 전례를 되풀이하지 않고 정면으로 공포를 대면하여 끝까지 밀고 나가는 것이다. 실습자가 싫어하는 일로부터 늘 도망만 다닌다면 그런 사건들은 점점 더 자주 일어날 것이다. 페이즈 내에서 공포를 직면할 수 없다면 공간이동 기법을 써서 다른 곳으로 가는 것이 가장 좋다. 다만 이 해결책은 일시적인 위안밖에 주지 못한다.

페이즈에서 만나는 대상의 공격성과 공격

실습자를 향해 공격적으로 행동하는 페이즈 속 대상에 대해 자세히 설명할 필요가 있다. 많은 사람들이 이것을 걱정하기 때문이다. 그러나 이에 대해 많은 것을 말해주는 한 가지 사실을 고려해야 한다. 곧, 이런 종류의 문제는 주로 비전 지식에 흥미가 있거나, 페이즈와 관련해 다방면에 걸쳐 많은 문헌을 접한 사람들이 마주치고, 영향을 받는다는 점이다. 이런 문제는 물질주의적 견해를 가진 사람들 사이에서는 보기가 드물다.

이런 경우, 실습자의 잘못된 행동이 페이즈 속 대상을 자극하여 부정적으로 반응하게 한다. 페이즈에 관한 책의 많은 저자들이 이런 공격을 막아내는 내용의 이야기에 책의 절반 가까이를 할애해오고 있다는 점을 언급할 필요가 있다. 물론 이런 책을 탐독하면 그 결과로 자연히 부정적인 경험이 따라온다. 더구나 부정적인 경험은 그런 상황이 발생한 이유에 대한 충분한 이해가 없는 상태에서 발생할 것이다. 충분한 이해만 있다면 문제를 다룰 수 있다.

이런 점에서 맨 먼저 알아야 할 것은, 페이즈 속의 사물이나 사람은 실질적인 위협을 가하지 못한다는 것이다. 실습자 자신이 일어나는 모든 일을 제어할 수 있다. 페이즈 속의 사람이나 사물을 두려워할 필요가 없는 것은 이 때문이다. 그 모습이 아무리 위협적으로 보이더라도, 또는 그에 대해서 누가 무슨 말을 하든, 어떤 책에 뭐라고 쓰여 있든 간에 말이다.

두 번째로 알아야 할 것은, 실제로 공격을 할 수 있는, 또 공격해오는 유일한 것은 무의식적이든 의식적이든 '실습자 자신'의 두려움이라는 것이다. 페이즈 공간의 특징은, 페이즈 과정을 제어할 줄 모르는 초보자의 무능이 그의 잠재의식으로 하여금 감당할 수 없는 일들이 마구 벌어질 것을 미리 상상하게 만든다는 것이다. '아스트랄 공격'에 대한 책을 많이 읽었지만 아직 '미숙한' 페이저가 단순한 위협의 수준이 아니라 구타, 학대, 고문, 질식과 같은 실제 통증을 느끼게 하는 현실로 실현되는 극도로 사실적인 공포를 마주치게 되는 것도 이 때문이다. 이것의 이유를 이해할 때까지 문제는 해결되지 않고 남아 있을 것이다. 또한, 사악한 존재들에 대한 온갖 종류의 터무니없는 이론들도 마찬가지다. 이 현대에 이르기까지 여전히 미신이 널리 퍼져 있는 것도 이 때문이다.

경험 많은 실습자는 처음부터 끝까지 자신의 경험 전체를 제어하고, 자신의 잠재의식의 기대가 페이즈 공간에서의 행동을 훼방하도록 내버려두지 않는다. 따라서 그에게 공격은 드문 일이다. 공격이 발생하는 경우에도 그에 대응하는 단호한 태도나, 불쾌한 일도 정면으로 마주하려는 단순한 노력을 통해 쉽게 해결한다.

시력 만들기

페이즈의 바로 초입에서는 대개 시력이 살아 있다. 특히 실습자가 페이즈 진입을 위해 이미지 관찰법이나 심상화 기법을 사용하는 경우엔 더욱 그렇다. 때로는 처음 몇 초 내에 시력이 나타난다. 다른 경우는 심화기법을 행하는 동안에 나타나기도 한다. 그러나 시력을 사용할 수 없더라도 반드시 무슨 수를 써서라도 시력을 빨리 만들어내야 하는 상황들이 있다. 시력에 대해 생각하는 즉시 시력이 생겨날 수도 있다. 하지만 이런 일이 일어나지 않는다면 특별한 기법이 필요하다.

시력을 만들어내려면 양손을 눈앞 10~15센티 거리로 가져다놓고 잿빛과 어둠을 관통하여 손을 감지하려고 애써야 한다. 손바닥의 자세한 모습을 주의 깊게 들여다보고 있으면 마치 폴라로이드 필름이 현상되고 있는 것처럼 서서히 손바닥이 눈에 보이게 될 것이다. 몇 초 후에는 시력이 분명해지고 손바닥과 더불어 주변 또한 눈에 들어오게 될 것이다.

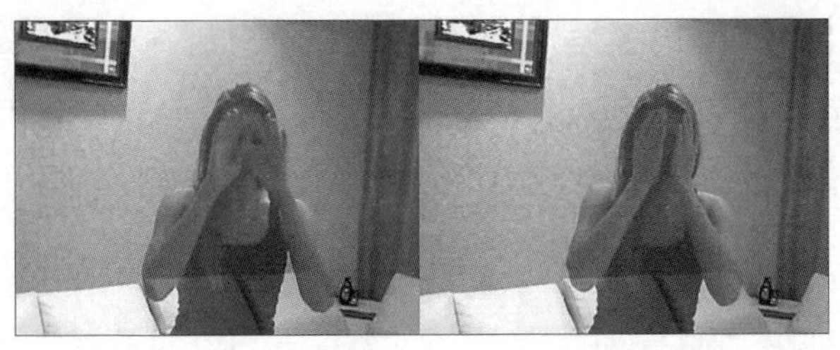

어떤 경우에도 육신의 눈꺼풀을 떠서는 안 된다. 시력은 스스로 나타나고, 현실의 시력과 차이가 없을 것이다. 하지만 육신의 눈을 뜬 것과 같은 느낌이 느껴질 것이다. 페이즈 속에서는 눈을 뜬 적도 없는데도 불구하고 몇 번이고 무한히 눈을 감을 수 있다. 무엇을 보기 위해서 눈을 뜰 필요가 없기 때문이다. 그러나 매우 깊은 페이즈를 경험하고 있는 동안에만 눈꺼풀을 뜰 수 있다. 페이즈가 얕을 경우 눈을 뜨면 잠에서 깬 상태로 돌아가버릴 것이기 때문이다.

실습자는 또한 몸에서 완전히 분리해 나오고 뒤이어 공간이동을 해낸 후에만 시력을 만들어내야 한다는 사실을 반드시 명심해야 한다. 비행 중에나 미지의 공간을 배회하고 있는 중에 손을 보려고 하면 자기도 모르는 곳으로 공간이동이 되어버린다.

살아 있는 대상들과의 접촉

페이즈 속에서 살아 있는 대상과 대화를 하는 동안 두 가지 문제가 나타날 수 있다. — 대상의 침묵이나 몸으로 돌아오게 되는 것이 그것이다. 페이즈 속에서 하는 많은 일들이 이런저런 목적으로 사람들을 만나는 것을 바탕으로 하기 때문에 살아 있는 대상들과 접촉하는 올바른 방법을 알아야 한다.

퇴장을 피하기 위해서는 '유지'의 기본규칙을 준수해야 한다. 예를 들어, 당신이 대화하고 싶은 사람의 얼굴 특징이나 옷차림을 유심히 관찰하라. 대화를 하는 동안 실습자는 끊임없이 양손을 비비거나 뇌를 긴장시킴으로써 강한 진동을 유지해야 한다. 대화에 빠져버리는 것을 막기 위해 이런 기법들을 행해야 한다는 것을 기억하라.

더 복잡한 문제는, 페이즈 속 대상들이 대화에 응답하지 않는 것을 극복하는 것이다. 많은 경우, 대상의 발언은 실습자 내면의 스트레스에 의해 차단된다. 또 때로 문제는 상대가 페이즈 속에서 의사소통을 하지 못할 것이라는 예상에서 기인한다.

대상을 차분한 태도로 대하는 것이 중요하다. 대화를 강요하기 위해 소리를 지르거나 대상을 치려고 시도하는 것은 아무 소용이 없다. 반대로, 압력을 가하지 않고 부드럽게 대상을 대하는 것이 훨씬 효과적이다. 소리가 들리기를 기대하면서 대상의 입을 응시하지 말라. 다른 곳을 보는 것이 낫다. 대화에 수동적인 관심을 갖는 것이 일반적으로 가장 좋은 결과를 가져온다.

일반적으로, 처음으로 살아 있는 대상과의 대화에 성공하면 다음번 시도는 수월해진다.

페이즈 속의 의사소통 방법은 일상생활에서 사용되는 의사소통 방법과 다르지 않아야 한다. 즉, 이야기, 얼굴 표정, 손으로 하는 제스처, 바디 랭귀지 등. 텔레파시도 사용될 수 있다.

글 읽기

페이즈 속에서 글을 읽는 것은 많은 어려움을 수반할 수 있다. 첫째, 극도의 집중이 글자를 왜곡시킬 수 있기 때문에 작은 글씨는 읽기가 어려워진다. 이 문제는 글자가 큰 자료를 읽음으로써 해결된다. 예를 들어, 보통 책의 글자는 너무 자세히 들여다보면 흐려진다. 하지만 책 표지의 큰 글씨는 쉽게 읽힌다. 세밀하게 관찰하지 않고도 빠르게 읽기에 충분한 크기이기 때문이다.

페이즈 속에서 글을 읽을 때 부딪히는 두 번째 문제는, 글은 또렷한데 내용이 완전히 횡설수설 무의미한 경우이다. 이 문제는 읽을 수 있는 메시지를 찾아 페이지를 넘기면 해결된다. 다른 책을 찾거나 대상 찾기 기법을 사용하여 새로이 책을 만들어낼 수도 있다. 글이 이해할 수 없는 기호나 표시의 집합으로 보이는 경우에도 같은 방법이 적용된다.

페이즈 속에서 글을 읽는 동안 실습자는 너무 이완한 나머지 퇴장이 일어나는 것을 방지하기 위해 '유지' 기법을 행하기를 잊지 말아야 한다.

진동

페이즈는 종종 페이즈에 성공적으로 진입하고 그것을 심화하고 유지하는 데 이용할 수 있는 잊을 수 없는 기이한 느낌을 동반한다. 강한 전류가 고통 없이 몸 전체를 관통해 흘러가는 느낌이라고밖에는 이것을 더 잘 설명하기가 어렵다. 이 느낌은 또한 몸 전체가 수축하는 느낌이나 마비와 비슷한 저릿한 느낌처럼 느껴질 수 있다. 대개 이 느낌은 몸의 고주파 진동과 유사하다. 이것은 '진동'이라는 용어의 유래를 말해준다.

자신이 진동을 느꼈는지 어쨌는지가 불확실할 때는 이 문제를 풀 수 있는 좋은 방법이 있다. 즉, 만약 실제로 진동을 느꼈다면 이에 대해 어떠한 의심도 생기지 않을 것이다. 의심과 불확실성이 있는 다른 모든 경우에는 실습자는 진동을 대하고 있는 것이 분명히 아니거나, 그것의 다른 형태를 대하고 있는 것이다.

적어도 한 번이라도 진동을 경험해본 적이 있다면 그 느낌의 기억은 간접기법들을 동시에 적용하는 동안에 매우 도움이 된다. 뇌를 긴장시키거나 근육을 쓰지 않고 몸을 긴장시킴으로써 진동이 생겨나고, 유지되고, 강화된다. 진동이 나타나게 하기 위해서는 대개 그저 진동에 대해 생각하는 것만으로 충분하다. 첫 경험 동안 실습자는 진동을 강화하거나 약화시키는 것뿐만이 아니라 진동을 몸의 여러 부위로 돌리는 방법으로 진동을 가지고 한동안 실험을 해봐야 한다.

그러나 진동이 페이즈에 머물기 위한 필요조건이라고 생각해서는 안 된다. 많은 초보자들이 페이즈가 아닌 진동을 얻으려고 애쓴다. 진동 후에 페이즈가 반드시 뒤따를 것이라고 생각하기 때문이다. 이것은 사실이 아니다. 실제로 진동을 만듦으로써 페이즈 진입이 가능해지게 하게 하는 특별한 기법이 있긴 하지만, 다른 모든 경우에서는 이 기법이 꼭 필요한 것이 아니며, 어떤 실습자들은 이 기법을 전혀 사용하지 않는다.

대상을 관통하는 공간이동 기법

깊은 페이즈에서는 주변환경의 성질이 물리적 세계와 매우 비슷해진다. 그러나 때로는 페이즈 속에서 물리적 장애물을 피하기 위해 벽을 통과하거나 공간이동을 하는 것이 필요할 수도 있다. 벽과 같은 장애물을 통과하는 데는 두 가지 기본적인 선택이 있다. 이것을 숙달하려면 대개 몇 번의 시도가 필요하다.

흥미로운 사실!

실습자가 벽을 통과하는 물리적인 느낌에 주의를 집중하면 꼼짝 못하고 갇혀버리게 될 가능성도 있다. 이런 일이 일어나면 실습자는 심지어 호흡이 막히는 느낌을 경험할 수도 있다.

집중하지 않고 신속히 통과하기

벽을 뚫겠다는 불타는 욕망을 가지고 벽에 달려들거나 점프를 하라. 벽에 의식을 집중하지 말라. 대신 주변에 집중하라. 현재 있는 곳으로부터 무엇을 가져가려고 하지 말라. 성공적으로 벽을 통과해가는 데 방해가 될 수 있기 때문이다.

눈 감기 기법

벽에 접근할 때 실습자는 벽이 존재하지 않거나 벽이 투명하고 뚫고 들어갈 수 있는 것이라고 상상하면서 눈을 감은 채 벽을 통과하겠다는 욕구에만 오롯이 초점을 맞춰야 한다. 적극적인 욕구와 집중을 계속 유지하면서 일어나는 저항을 눌러야 한다.

비행

페이즈 속에서 비행하는 방법은 이전의 꿈에서 날아다닌 기억을 떠올리기만 하면 되는 간단한 문제다. 긴장할 일도 없고 어떠한 말도 할 필요가 없다. 눈을 감고 비행을 시도하면 성공률이 높아지지만 뜻밖의 공간이동을 일으킬 가능성도 높아진다.

비행 시도가 실패하면 실습자는 높은 곳이나 창문에서 점프를 시도해볼 수 있다. 그러면 꿈속을 나는 자연스러운 본능이 힘을 얻으면서 추락은 제어 가능한 비행으로 바뀐다. 그러나 창문이나 높은 곳에서 뛰어내리는 것은 경험 있는 실습자들에게만 권할 수 있다. 초보자들은 자신이 페이즈 속에 있는지 현실 속에 있는지 여부를 늘 분명히 알 수 있는 것이 아니기 때문이다.

이륙에 어려움이 있다면 위로 뛰어올라 할 수 있는 한 오래 하늘에 떠 있기를 시도해볼 수 있다. 뛰어오르기를 점점 더 세게 하는 것이 좋다. 그것이 당신을 더 활동적인 상태로 유지시켜주기 때문이다. 이것은 페이즈를 유지한다는 측면에서도 더 안전한 방법이다.

깊은 페이즈 속에서 비행할 때 이륙 외에 또 다른 문제가 발생할 수 있다. 페이즈 상태를 유지하는 것이 그것이다. 몸이나 잠으로 돌아가는 것을 막기 위해 비행은 가능한 한 힘이 넘치고 감각으로 가득 찬 상태에서 해야 한다. 이를 위해서는 주기적으로 양손을 비비고 자세히 들여다보는 것은 물론, 진동을 유지할 수도 있다. 어떤 조건에서는 비행이 페이즈 상태를 안정적으로 만들어줄 뿐만 아니라 페이즈를 심화시켜줄 수도 있다. 이런 일은 다양한 대상을 자세히 살펴보기 위해 끊임없이 지면 가까이를 급선회하며 나는 등, 적극적으로 비행하는 동안에 일어난다.

가장 중요한 것은 편안히 기대어 앉아서 경치를 감상하는 태도로 비행하지 않도록 하는 것이다. 이것은 곧장 페이즈의 종료로 이어질 것이기 때문이다.

초능력

페이즈 공간의 현실감이 물리적 세계에서 불가능한 행동을 하는 능력을 한정하지는 않는다. 실습자의 두려움만이 페이즈 속에서 할 수 있는 일을 한정한다는 사실을 명심해야 한다.

예를 들어, 실습자가 어떤 장소에 가야 한다면 – 아주 먼 곳일 지라도 – 공간이동을 해서 갈 수 있다. 어떤 물체를 이쪽 방에서 저쪽 방으로 옮겨야 한다면 염력으로 옮길 수 있다. 페이즈 체험의 중요한 장점 중 하나는 훼방받지 않는 행동의 자유이다.

비범한 능력을 터득하려면 페이즈 속에서 단지 몇 번만 집중적으로 능력을 계발하면 된다.

염력

염력(생각으로 물체를 움직이는 것)을 배우려면 깊은 페이즈를 경험하는 동안 하나의 물체에 집중하고 움직임을 상상함으로써 그것을 움직이기를 시도해보라. 필요한 것은 그 물체의 움직임을 적극적으로 의도하는 것뿐이다. 그밖에는 그 어떤 외부적 행동도 필요 없다. 모든 사람이 선천적으로 방법을 알고 있다. 처음의 시도가 성공적이지 않더라도 계속 밀고 나가라. 오래 지나지 않아 실습자의 의도가 온전한 결과를 낼 것이다. 염력은 계획한 작업을 수행할 도구가 되어서 페이즈를 훌륭히 체험하도록 도와준다.

염화念火

그저 바라보기만 함으로써 페이즈 속의 물체에 불을 붙이는 데는 물체를 뜨겁게 만들어 불을 붙이겠다는 강력한 욕구가 필요하다. 성공적으로 수행되면 물체는 연기를 뿜으며 검게 일그러지다가 활활 타오를 것이다.

텔레파시

페이즈 속에서 텔레파시를 개발하기 위해서는 살아 있는 대상의 생각을 듣겠다는 의도를 가지고 주변의 내, 외부적인 소리에 귀를 기울이면서 대상을 응시해야 한다. 경험 많은 실습자들조차도 텔레파시를 계발하는 동안에는 어려움에 부딪힌다. 그러나 성공할 경우, 페이즈 속에서 사람들과 접촉하는 일이 매우 수월해진다. 텔레파시를 사용해서 사람, 동물, 물체의 생각을 알아차리는 것이 가능해지는 것이다. 그러나 이것을 너무 진지하게 받아들여서는 안 된다. 이런 일이 가능한 것은 단지 기대를 실현시켜주는 것이 페이즈의 성질이기 때문이다.

자신감의 중요성

페이즈 능력의 계발을 좌우하는 요인은 기법 수행능력에 대한 자신감이다. 처음에는 이런 자신감이 결여되어 있다. 평상 상태에 맞춰져 있는 인간의 두뇌는 못 보던 뭔가를 할 수 있는 능력에 대한 자신감을 차단하기 때문이다. 페이즈 능력을 수행할 자신감이 확고해지면 곧 모든 일이 수월해진다.

페이즈 능력에 대한 자신감이 강해지더라도 실습자는 페이즈 속의 능력들은 페이즈 내에만 한정된다는 사실을 온전히 인식해야 한다. 현실세계에서 염력이나 염화나 변신을 시도하는 것은 시간과 에너지의 낭비가 될 수 있다.

동물로 변신하기

많은 실습자들이 페이즈 속에 있는 동안 자기 몸의 형체를 가지고 다양하게 실험해본다. 실습자의 몸은 페이즈 공간의 특성 덕분에 어떤 형체도 취할 수 있다. 다소 어렵기는 하지만 이런 실험은 상당히 인기가 있고 재미있다. 거의 모든 고수급 페이저들은 조만간에 동물로 변신하는 실험을 해본다.

흥미로운 사실!

사람들이 페이즈 속에서 인간의 형체로 나타나는 이유는 단지 평소에 그 형체에 익숙해 있기 때문이다. 페이즈 속에서는 사람의 '몸'과 같은 것은 없기 때문에 실제로는 그 어떤 신체나 사물로도 존재할 수 있고, 그 구석구석의 미묘한 느낌을 느낄 수 있다.

변성된 물리적 지각에 대한 실험의 특징은, 믿을 수 없을 정도로 섬세하고 세밀한 감각을 느낄 수 있다는 점이다. 만일 페이즈 실습자가 도마뱀의 형체를 취한다면 그는 그 꼬리를 느낄 뿐만 아니라 혀는 이제 갈라져 있는 것을 느낄 것이다. 한편, 실습자가 늑대의 형체를 취한다면 그는 발에 돋은 발톱을 느끼고 엄청나게 강화된 후각을 경험할 것이다. 다른 모든 감각도 마찬가지다. 이런 감각들의 현실감은 페이즈 속에서 몸을 가지고 화현化現하는 능력에 얼마나 숙달해 있느냐에 따라 달라진다.

실습자는 인간이 가지고 있지 않은 신체 부위의 감각 인식을 담당하는 뇌의 새로운 부분이 활성화된 것 같은 느낌을 받는다. 그리고 이런 신체 부위를 느낄 수 있을 뿐만 아니라 곧이어 제어할 수도 있게 된다. 예를 들어, 실습자가 페이즈 속에서 새가 되었다면 그는 자신의 날개를 느낄 뿐만 아니라 마치 날 때부터 날개가 있었던 것처럼 능숙하게 그것을 제어할 수 있게 될 것이다. 인간의 모든 감각은 이처럼 지각을 재구성해낼 수 있으며, 이것은 살아 있는 대상뿐만 아니라 생명이 없는 대상들 — 돌, 나무, 가구 등 — 에도 적용된다.

여러 말 할 것 없이, 실습자의 몸을 변신시키는 기법을 소개한다.

분리하자마자 변신하기

분리 직후 실습자의 주의의 초점은 이미 자신이 원하는 모습을 갖추고 있는 느낌에 맞춰져 있어야 한다. 단순히 상상만 해서는 안 된다. 대신 새로운 몸을 당장 느끼려고 애써야 한다. 예를 들어, 실습자가 뱀으로 변하고 싶다면 굴러 나온 후 어떻게든 간에 인간의 몸이 아니라 가늘고 긴 뱀의 몸으로 나오고 있는 자신을 느껴야 한다. 성공하지 않았다면 다른 변신기법을 시도해야 한다. 이 기법은 페이즈 진입 초기에만 사용할 수 있기 때문이다. 변신에 성공했다면 통상적인 분리 후에 하는 것과 마찬가지로 새롭게 얻은 몸속에 있는 동안 즉시 페이즈를 심화하는 단계로 넘어가야 한다.

역동적 변신

페이즈 속에서 여전히 인간의 형체로 있는 동안 실습자는 자신이 목표로 하는 동물의 모습을 취하면서 그 동물의 움직임을 적극적으로 모방해야 한다. 이 과정 동안 그 생명체의 움직임만 모방하는 것이 아니라 그 동물이 된 자신의 느낌을 느끼려고 애쓰는 것이 중요하다. 실습자는 점차 목표한 동물의 모든 해부학적 느낌과 외형을 띠게 될 것이다. 예를 들어, 실습자가 호랑이가 되기로 했다면 땅에 닿는 앞발과 발톱의 촉감에서 시작하여 꼬리 끝에 이르기까지 그 대형 고양잇과 동물의 몸 전체를 느끼려고 애쓰면서 네 발로 도약을 시도해야 한다.

공간이동 즉시 변신하기

눈을 감고 원격이동을 통해 공간이동하는 기법을 사용할 때 공간이동의 도착지보다는 당신의 외모와 내적 감각에 주의를 집중해야 한다. 공간이동이 되고 나면 실습자는 올바른 장소에 올바른 모습으로 도착해 있을 것이다. 예를 들어, 실습자가 그저 구체가 되기로 마음먹었다면 페이즈 속에서 눈을 감은 채 가고 싶은 공간에 대한 생각과 자신의 감각 양쪽 모두에 주의를 집중해야 한다. 그러면 즉각 비행하는 느낌과 몸의 느낌이 점점 변하는 느낌이 일어날 것이다. 집중하는 정도에 따라 수 초 내에 원하는 곳에서 비행이 끝나고, 실습자는 즉시 구형의 모습과 그에 상응하는 몸의 느낌을 가지게 될 것이다.

의도로써 변신하기

경험이 풍부한 실습자나 의지를 쉽게 집중할 수 있는 사람은 특별한 기법을 사용하지 않고도 종종 자신이 원하는 형체를 취할 수 있다. 그저 강렬하게 어떤 형체를 취하려는 욕구를 품는 것만으로도 충분하며, 그러면 그 형체가 문득, 또는 점차적으로 찾아온다. 궁극적으로, 이것이 모든 실습자들이 추구하고 노력해야 하는 경지다. 예컨대 용으로 변신하기로 했다면 실습자는 그 욕구에 의도를 집중해야 하며, 그러면 그의 몸의 느낌은 유동적인 상태를 거쳐서 변신된 후에 다시 안정될 것이다. 아니면 그는 그저 지각되는 가운데 불을 뿜는 용으로 변신하기 시작할 것이다. 이 기법을 행할 때 또 도움이 되는 것으로는, 페이즈 속에서 특별한 효과를 프로그래밍해서 만들어낼 수 있는 마법의 약을 먹는 방법도 있다.

이러한 모든 기법들 — 그리고 페이즈 자체에 대한 모든 연습 — 과 함께, 의도와 자기확신과 욕구와 목적성이 매우 중요하다. 무슨 일이 있어도 거침없이 달성해내고자 하는 확고한 욕구만 있다면 특별한 기법을 아는 것은 보통 불필요하다. 페이즈 속에서 변신에 실패할 때 그 뿌리에는 항상 의도와 자신감의 문제가 놓여 있다. 흔히 페이저들은 그저 변신능력에 대한 자신감이 모자라는 것일 뿐이다. 그것이 다른 형체를 취하려는 시도의 실패로 표현되는 것이다.

페이즈 속에서 변신 기법을 행할 때 자신감이 부족하면 그것은 언제나 최종결과에서 확연히 드러난다. 한편, 자신감 부족은 그가 자기분석에 몰두해 있음을 가리킨다. 따라서 이것은 기법에 대한 집중이 부족함을 나타낸다. 온전히 집중하여 기법에 몰두하는 것만이 성공적 결과를 실질적으로 보장해주는 것은 바로 이 때문이다.

심화와 유지에 관한 한 신속하게 외모를 변신시키는 것이 중요하다. 그러지 않고 변신 과정을 질질 끌거나 느리게 행하면 퇴장이 일어날 것이다.

고통 제어하기

페이즈에서 즐길 수 있는 모든 긍정적인 경험과 함께, 고통스러운 성질의 경험 또한 일어날 수 있다. 깊은 페이즈 상태에서 벽에 부딪히는 것은 물리적 현실에서 벽에 부딪힌 것과 같은 통증을 유발할 것이다.

페이즈 속의 어떤 행동은 불가피하게 불쾌한 고통의 느낌을 일으킬 수 있다. 그러니 고통을 초래하는 행동을 피하는 방법을 알아야 한다. 어떤 행동에서 고통이 발생하지 않으리라는 내면의 확신에 집중한다면 문제가 완화될 것이다. 실습자는 고통은 없다고 확신하면서 벽을 주먹으로 때리는 방법으로 이런 식의 집중력을 시험해볼 수 있다. 실험이 성공한다면 동일한 결과를 얻기 위해 똑같은 수준의 노력을 해야 할 필요가 다시는 없을 것이다. 페이즈에는 고통이 없다고 생각하는 것만으로 충분하다.

페이즈 내의 도덕적 규범

경험의 초창기부터 페이즈 공간의 윤리기준은 물리적 세계의 사회규범이나 법과는 아무런 공통점이 없다는 것을 이해해야 한다. 페이즈 공간은 외견상 물리적 세계의 모든 속성과 기능을 닮아 있다. 이는 단지 우리가 이러한 것들에 익숙해져 있어서 다른 것을 기대하지 않기 때문일 뿐이다. 도덕적 원칙과 규범은 그것이 형성된 곳에서만 적용된다. 페이즈에 있는 동안 그런 규범을 믿는 것은 의미가 없다.

실습자는 현실세계에서는 받아들일 수 없다거나 부적절하거나 나쁜 것이라는 이유로 어떤 행동을 자제할 필요가 없다. 그런 것은 모든 것이 완전히 다른 법칙에 의거하여 돌아가는 페이즈 세계에서는 잘 어울리지 않는 행동 패턴일 뿐이다.

페이즈 속에 존재할 수 있는 유일한 도덕적 규칙은 실습자 자신이 설정하는 규칙이다. 원하기만 한다면 완전하고 거침없는 자유를 누릴 수 있다.

느낌과 가능성 탐사하기

지속적인 연습을 원한다면 초보 실습자는 곧바로 특정한 목표를 향해 돌진해서는 안 된다. 성취에 초점을 맞추기 전에 페이즈와 먼저 그 환경을 샅샅이 탐사하는 것이 낫다. 이것은 체험에 친숙해지게 하고 방해 없이 페이즈에 진입하여 활동할 수 있게 해준다.

현실에서와 마찬가지로, 뭐든지 먼저 일어나는 일부터 배우는 것이 지식을 늘리고 전문화할 수 있는 열쇠다. 초보자는 처음에는 자신이 실제로 페이즈 속에 와 있다는 단순한 사실을 즐겨야 하고, 그런 다음 페이즈의 세부와 작용 메커니즘을 터득해야 한다. 페이즈에 들어오면 실습자는 마주치는 모든 것을 살피고 교감하면서 페이즈를 탐험해야 한다.

실습자는 또한 페이즈에서 일어날 수 있는 모든 느낌을 충분히 선명하게 느끼도록 애써야 한다. 그것이 현실에서 얼마나 흔치 않은 일인지를 온전히 이해하기 위해서이다. 실습자는 움직임 — 걷기, 뛰기, 점프, 비행, 떨어지기, 헤엄치기 — 을 경험해야만 한다. 주먹으로 벽을 쳐서 고통스러운 느낌을 느껴보라. 맛을 느끼는 가장 간단한 방법은 냉장고로 가서 거기에 있는 모든 것을 먹어보는 동시에 각각의 냄새를 맡아보기를 잊지 않는 것이다. 벽을 통과해 걷고, 공간이동을 하고, 대상을 만들어내고 다루라. 탐험하라. 이 모든 행동은 그 자체로서 매우 흥미롭다. 가능성은 실로 무한하다. 그러나 이런 가능성을 잘 이해하고 속속들이 탐사했을 때만 실습자가 진실로 페이즈가 무엇인지를 안다고 말할 수 있을 것이다.

기본기를 행할 때의 전형적인 실수

- 페이즈가 훼손되지 않았는지를 판단하고자 할 때 떠나온 물리적 환경과의 유사성을 근거로 판단하는 것. 페이즈 속 사물의 물리적 성질은 현실을 모방한 것이다.
- 주위의 환경이 페이즈인지 물리적 세계인지를 판단하려고 할 때 너무 짧은 시간 동안 하나의 대상에만 극도로 집중하는 것.
- 페이즈의 자연스러운 길이를 전부 활용해야 하는데 너무 빨리 일부러 페이즈를 끝내려고 하는 것.
- 마비가 일어날 때 차분하고 이완된 행동을 취하지 않고 공황상태에 빠지는 것.
- 공포심은 일시적이며 해결할 수 있는 것임에도 공포 때문에 페이즈 연습을 거부하는 것.
- 페이즈의 초입에서 눈을 뜨는 것. 이는 종종 퇴장으로 이어진다.
- 몸에서 분리해 나오면 심화를 해야 하는데도 너무 빨리 페이즈 속에서 시력을 만들어 내려고 하는 것.
- 시력을 만들어내는 동안 지나치게 서두르는 것. 대부분 시력은 자연스럽게 나타난다.
- 시력을 만들어내기 위해 권장된 10~15센티보다 너무 먼 거리에서 양손을 바라보는 것.
- 살아 있는 대상들을 접촉하느라 '유지' 기법을 잊어버리는 것.
- 벽이나 다른 딱딱한 물체를 통과해 공간이동을 할 때 눈을 감거나 초점을 흐리게 하기를 잊어버리는 것.
- 필수적인 내면의 욕구와 신뢰 없이 페이즈 속에서 뭔가 초인적인

일을 하고자 하는 것.

- 고통을 제어하는 법을 배우지는 않고 페이즈 속에서 고통을 겪을 까봐 두려워하는 것.
- 페이즈 속에서는 도덕적 규범이 적용되지 않는데도 이를 준수하는 것.
- 주변을 먼저 철저하게 탐사하여 환경에 친숙해지려고 하지 않고 실용적인 목적을 위해 당장 페이즈를 이용하려 드는 경향.

연습문제

질문

1. 페이즈를 온전히 활용하기 전에 먼저 숙달해야만 하는 페이즈 속의 기법이 있는가?
2. 비행을 통해서 페이즈가 훼손 없이 지속되고 있는지를 알아낼 수 있는가?
3. 실습자가 페이즈 속에서 잠자리를 일어났는지 현실에서 일어났는지에 대해 의구심이 있을 경우, 페이즈와 현실 중 어느 곳에서 일어났을 가능성이 큰가?
4. 몸으로 돌아가기 위해서는 몸에 대해 생각하는 것만으로 충분한가? 그리고 몸을 제어하기 위해서는 몸으로 돌아가야만 하는가?

5. 수면마비를 극복하기 위해서는 어떤 팔을 열심히 움직여야 하는가?
6. 수면마비를 극복하기 위해 자신에게 농담을 걸어도 되는가?
7. 페이즈 속에 있는 동안 육안을 움직일 수 있는가?
8. 수면마비를 극복할 수 없으면 무엇을 해야 하는가?
9. 페이즈 연습을 하지 않을 때도 수면마비가 일어날 수 있는가?
10. 두려움을 다루어 지배할 수 없으면 어떻게 되는가?
11. 두려움을 극복하기 위해 점차적으로 페이즈를 숙달하는 것이 가능한가?
12. 페이즈 속에 두려움의 원인이 될 만한 것이 존재하는가?
13. 특별한 테크닉을 사용하지 않고도 눈꺼풀을 떠서 시력을 만들어낼 수 있는 것은 어떤 시점인가?
14. 침대에 앉은 후, 몸에서 완전히 분리되기 전에 눈을 뜨려고 시도하면 무슨 일이 일어나는가?
15. 페이즈 속에서 살아 있는 대상들과 접촉하는 것이 왜 몸으로 돌아가게 만들 수 있는가?
16. 이야기하는 상대방의 입을 자세히 살펴보고 있으면 어떤 문제가 일어날 수 있는가?
17. 페이즈 속에서는 작은 글씨를 얼마나 빨리 읽을 수 있는가?
18. 신문의 글씨와 대형광고판의 글씨 중 페이즈 속에서 읽기 쉬운 것은 무엇인가?
19. 페이즈 속에서 뭔가를 읽을 때 글자 대신 상형문자가 보일 수도 있는가?
20. 눈을 감은 채 벽을 향해 뛰어가서 벽을 통과하는 것이 가능한가?

21. 페이즈 속에서 날기 위해서는 몸의 어떤 근육을 긴장시켜야 하는가?
22. 페이즈 속에서 얻을 수 없는 초감각적 능력이 있는가?
23. 페이즈 속에 있는 동안 실습자는 공으로 변신할 수 있는가?
24. 페이즈 속의 고통은 물리적 세계의 고통과 어떻게 다른가?
25. 페이즈 속에 있는 동안 실습자는 고령자에게 자리를 양보해야 하는가?
26. 도덕적인 고려 때문에 페이즈 속에서 할 수 없는 일은 무엇인가?

과제

1. 다음번 페이즈 연습시간 동안 방과 주방과 욕실을 면밀하게 살펴보면서 집 곳곳을 돌아다녀보라.
2. 벽을 통과하는 법을 터득하라. 이 기법을 완성시키는 데에 한 번의 긴 페이즈를 온전히 사용하라.
3. 페이즈 속에서 나는 방법을 터득하라.
4. 깊은 페이즈 속에 있는 동안 주먹으로 벽을 치면서 고통을 제어하는 법을 터득하라.
5. 페이즈 속에 있는 동안 염력과 염화 능력을 터득하라.
6. 시력을 가지고 실험하는 데에 한 번의 긴 페이즈 체험을 사용하라. 이미 시력이 있는 경우가 아니라면 시력을 창조한 다음 눈을 감고 다시 시력을 재창조하라. 한 번의 페이즈 동안 이것을 적어도 열 번 실행하라.
7. 한 번의 긴 페이즈 동안 다양한 종류의 글을 찾아다니면서 다양한 크기의 글자를 읽는 실험을 해보라.

제9장

공간이동과 대상 찾기

공간이동과 대상 찾기의 핵심

일상의 현실에서도 마찬가지지만, 움직여 다니며 필요한 물건들을 찾는 방법을 알지 못한다면 페이즈 공간을 활용할 수가 없다. 깨어 있는 상태에서는 대강 어떤 것이 어디에 있고 그것을 어떻게 찾는지를 알고 있다. 페이즈 속에서는 이와 같은 가정이 적용될 수 없다. 페이즈의 메커니즘은 이와는 전혀 다른 원리에 의해 작동하기 때문이다.

공간이동과 대상 찾기를 같은 장에서 다루는 이유는 두 기법이 모두 동일한 메커니즘에 의존하고 있기 때문이다. 즉, 동일한 방법이 ― 소수의 예외는 있지만 ― 공간이동과 물건 찾기 모두에 적용될 수 있다.

이 장에서 설명하는 기법을 공부하고 나면 페이즈 속의 실습자는 어떤 장소든 갈 수 있고 어떤 물건이든 찾을 수 있게 될 것이다. 유일한 한계는 상상력과 소망의 한계뿐이다. 상상력과 소망에 한계가 없으면 가능성에도 한계가 없다.

공간이동은 가까운 거리를 통과하는 방법에 초점을 맞춰서는 안 된다. 예를 들어, 가까운 방은 그저 걸어서 갈 수 있고 집 밖으로는 복도나 창을 통해 나갈 수 있다. 이런 것은 자연스럽고 쉬운 행동들이다. 이보다는 물리적인 수단으로는 빨리 갈 수 없는 외딴 목적지로 이동하는 방법에 관심을 집중해야 한다.

공간이동에 필요한 안전 절차를 언급하는 것은 중요하다. 경험이 부족한 실습자는 때로 페이즈를 현실로, 현실을 페이즈로 착각할 수 있다. 페이즈를 현실로 착각하는 것은 위험하지 않다. 실습자는 단지 진입 시도가 실패한 것으로 믿고 있는 것일 뿐이기 때문이다. 그러나 현실을 페이즈로 착각하는 경우 실습자는 위험에 빠지거나 심지어는 생명을 위협하는 행동을 할 수 있다. 예를 들어, 잠에서 깬 상태로 침대에서 나온 후 모든 것이 페이즈 속에서 일어나고 있다고 생각한다면, 초보자는 페이즈에서 흔히 그러는 것처럼 날아오르기를 기대하며 창문 밖으로 뛰어내릴 수도 있다. 단지 이런 이유 때문에라도 페이즈를 깨어 있는 상태와 확연하게 구별할 수 있게 해주는 수준의 경험을 쌓은 후에 비로소 비행을 위한 지름길을 택해야 한다.

공간이동 기법을 행할 때 작은 문제가 발생한다면(예컨대 엉뚱한 곳에 착륙하는 것) 실습자는 그저 원하는 결과를 얻을 때까지 기법 연습을 계속해야 한다. 어느 쪽이든, 초기의 훈련은 훗날 모든 일이 수월해지게 하기 위해 반드시 거쳐야 하는 일이다.

대상 찾기 기법은 무생물과 살아 있는 대상 모두에 사용된다. 즉, 이 기법은 사람을 찾거나 식기를 찾는 데 똑같이 작용한다. 하지만 살아 있는 대상을 찾는 데에만 적용되는 기법도 몇 가지 있다.

페이즈 공간의 기본 속성

페이즈 공간을 제어하는 모든 방법은 한 가지 기본법칙에서 비롯된다. 페이즈 공간의 가변성 정도는 페이즈의 깊이와 그 안의 대상들의 안정성에 반비례한다는 것이다. 즉, 페이즈가 깊고 안정적일수록 그 안에서 흔치 않은 어떤 일을 하는 것이 더 어렵다. 깊고 안정적인 페이즈에서는 페이즈의 법칙이 물리적 세계의 법칙을 밀접하게 닮아가기 시작하기 때문이다.

모든 공간이동과 대상 찾기 기법은 이 기본법칙을 활용하는 방법에 관한 지식을 바탕으로 한다. 비밀은 페이즈의 깊이뿐만 아니라 페이즈의 안정성 — 이는 결과적으로 페이즈 속에서 경험하는 감각의 수에 크게 좌우된다 — 도 페이즈 제어에 영향을 끼친다는 사실에 있다. 공간이동이나 대상 찾기 기법들은 이런 경험되는 감각들이 특정 행동을 통해 약화될 때 사용된다.

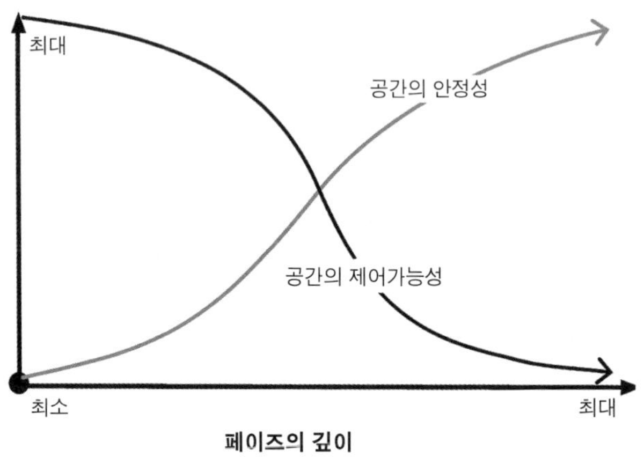

즉, 페이즈 속에 있는 실습자가 빨간 연필을 가지고 그것을 살펴보고 있다면 촉각과 시각이 이에 관여하고, 그것은 그 물체를 완전한 형태로 존재하게끔 만든다. 그러나 눈을 감으면 연필 이미지의 안정성은 금방 약화된다. 이런 상황에서는 실습자가 눈을 떴을 때 연필이 진한 파란색으로 나타나게 하기 위해서는 (충분한 훈련 후) 연필이 진한 파란색이라는 믿음에 집중하기만 하면 된다. 이 현상은 연필의 색이 더 이상 뇌의 지각영역에 의해 결정되는 것이 아니기 때문에 일어난다. 따라서 색을 바꾸는 것도 가능한 것이다.

만일 빨간색 연필이 테이블에 놓여 있고 실습자의 눈은 감겨 있다면, 그리고 연필이 테이블 위에 없다는 생각에 집중한다면 눈을 떴을 때 연필이 사라져 있는 것을 발견하게 될 것이다. 본질적으로, 연필이 테이블 위에 놓여 있어도 실습자가 눈을 감았을 때에는 연필에는 아무런 지각도 투입되지 않고 있는 것이다. 실습자의 눈이 연필을 보고 있지 않고 손이 연필을 만지고 있지도 않다. 연필은 그저 기억으로 남아 있을 뿐이다. 실습자는 암시를 통해 이 기억을 수정하는 것이다.

페이즈 공간의 안정성을 좌우하는 요소들

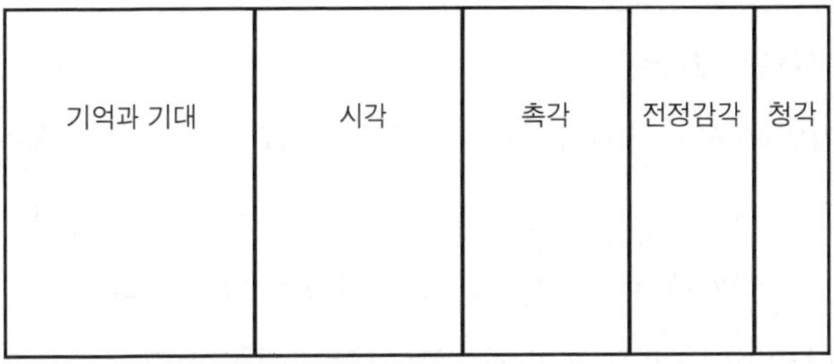

기억과 기대	시각	촉각	전정감각	청각

공간이동 기법

분리하는 동안 공간이동하기

공간이동을 하는 가장 쉬운 방법은 몸에서 분리해 나오는 동안에 이동하는 것이다. 이 기법은 사용하기가 매우 간단하고 편리하다. 이 기법은 거의 모든 분리기법과 결합시킬 수 있으며, 몸을 빠져나가는 초기 단계에서 원하는 장소의 이미지나 느낌에 초점을 맞추는 방법으로 행할 수 있다. 페이즈 진입이 일어날 것이고, 분리는 선택한 장소에서 완료될 것이라고 상상한다면 한결 더 좋다.

흥미로운 사실!

거주지를 바꾼 후에도 실습자는 한동안 이전에 자주 페이즈를 하던 익숙한 집에서 몸을 빠져나오기를 계속할 것이다.

이 기법의 단점은, 분리는 페이즈 경험의 초입에서만 일어나고, 따라서 단 한 번밖에 사용할 수 없다는 데 있다. 첫 공간이동 후에는 다른 방법을 고려해야 한다.

문을 통한 공간이동

이 기법을 사용하기 위해서는 어떤 문이든 그 문이 원하는 장소에 데려다줄 것이라는 강한 믿음을 가지고 문에 다가가야 한다. 문을 연 다음에는 목적지를 보고 그곳에 발을 내딛게 될 것이다. 문이 원래 열려 있었다면 이 기법을 하기 전에 완전히 닫아야 한다.

이 기법의 단점은 이것을 연습하려면 언제나 문이 필요하다는 것이다. 문이 없는 경우 이 공간이동 기법을 사용하는 사람은 대상 찾기 기법을 사용하여 문을 만들어야 한다.

염력 이동을 통한 공간이동

이 기법을 적용하기 위해서는 눈을 감은 다음(시력이 존재하는 경우) 페이즈의 다른 곳에 있는 어떤 장소에 대한 생각이나 이미지에 주의를 집중하라. 그러면 빠르게 날아가는 느낌이 느껴지면서 2~10초 내에 목적지에 도달하게 될 것이다.

이 기법의 성공은 하나의 목표, 곧 원하는 장소에 강력하게 집중하는 데에 달려 있다. 이 기법은 매우 분명하고 자신 있게, 그리고 산만하지 않게 적극적으로 수행되어야만 한다. 이와 관련 없는 모든 생각은 이 기법의 수행에 매우 부정적인 영향을 미친다. 그런 생각들은 불필요하게 비행에 걸리는 시간을 지연시키고 퇴장을 유발하거나 원하지 않는 장소에 도착하게 만든다.

눈을 뜬 채로 염력 이동을 통한 공간이동

이 기법은 다른 장소로 공간이동을 하고자 하는 강한 욕구가 만들어내는 불안정한 페이즈 공간을 필요로 하기 때문에 어렵다. 눈을 감은 채로 비행을 통해 염력 이동을 할 때는 실습자가 현재의 장소로부터 자신을 풀어놓게 되지만, 여기서는 그렇지 않다. 따라서 페이즈에 머물러 남아 있기에 자신 있고 경험 많은 실습자들만이 이 기법을 사용할 수 있다.

기법의 수행에 관한 한, 실습자는 그저 멈춰서 원하는 장소에 이미 가 있다는 생각에 집중하면서 그 장소의 이미지에 초점을 맞추기만 하면 된다. 생각을 하는 동안 아무것도 만지거나 바라보지 않는 것이 중요하다. 이 시간 동안 주변 공간은 희미하고 흐릿해진 다음 사라질 것이다. 그러면 의도한 공간이 서서히 나타나기 시작할 것이다. 공간이 변하는 빠르기는 목표 위치에 도달하고자 하는 욕구의 강도에 따라 달라진다.

집중이 약하거나 페이즈의 깊이가 부족할 경우 공간이 불안정해진 후에 안정된 상태로 복구되지 않을 수 있다. 그리고는 깨어 있는 상태로 돌아가게 될 것이다.

눈을 감고 하는 공간이동

이것은 가장 쉬운 기법 중 하나다. 이 기법을 사용하려면 실습자는 눈을 감고 다음번에 눈을 뜨면 원하는 곳에 가 있을 것이라는 강한 욕구를 품기만 하면 된다. 이 기법의 효과를 현저히 높이기 위해서는 눈을 감는 순간에 자신이 이미 원하는 장소에 도달해 있다고 상상하

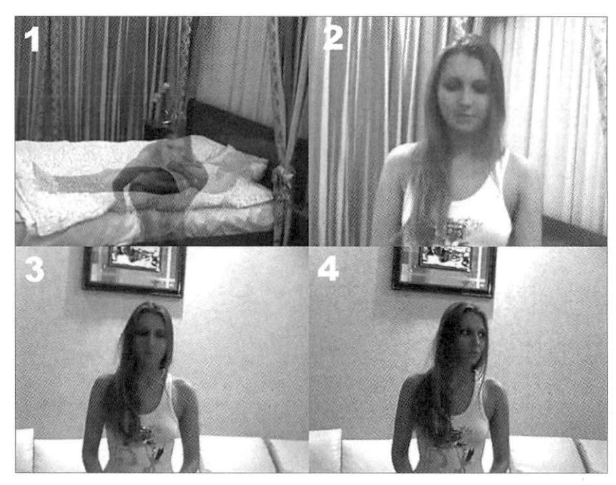

는 것이 도움된다. 예를 들어, 'A지점'에 가기 위해서는 눈을 감고 이미 'A지점'에 있는 것에 주의를 집중한 다음 그곳에서 눈을 뜨라. 페이즈 속에 남아 있기 위해서는 이 기법은 움직이는 동안에 — 즉, 걷거나 뛰거나 나는 동안 — 행하는 것이 낫다.

멀리 떨어져 있는 대상에 집중함으로써 공간이동하기

이 기법을 행하기 위해서 실습자는 원하는 장소의 사소한 세부사항을 먼 거리에서 응시해야 한다. 대상의 세부적인 모습을 보려는 의도가 강할수록 그 대상이 있는 곳에 빨리 도달할 것이다.

이 기법의 단점은 이런 식의 공간이동은 멀리서라도 이미 보이는 장소로만 이동할 수 있다는 것이다.

벽을 통한 공간이동

이 기법은 눈을 감고 걷거나 날아서 벽을 통과하는 방법으로 행하며, 가려는 장소가 벽 뒤에 있다는 확고한 신념을 가지고 행한다. 장벽이 반드시 벽일 필요는 없다. 실습자가 통과해서 걷거나 날 수 있는 투명하지 않은 물체 — 스크린, 옷장 등 — 라면 무엇이든 가능하다.

이 기법의 주요 단점은 페이즈의 단단한 물체를 뚫고 나아가기에 적합한 기법이 필요하다는 것이다. 이 기법을 적용하기 위한 또 다른 필요조건은 통과할 수 있는 장벽의 존재 유무이다.

다이빙을 통한 공간이동

이 기법은 벽 대신에 — 벽은 늘 사용 가능한 것은 아니다 — 건물 바닥이나 지면을 이용한다는 점만 빼면 벽을 뚫고 통과하기와 동일하다. 실습자는 눈을 감고 거꾸로 다이빙을 해야만 하며 가려는 장소가 단단한 표면 아래에 있다는 것을 완전히 확신해야 한다. 당연히 단단한 물체를 뚫고 통과할 수 있는 능력도 필요하다.

실습자는 바닥이나 지면을 통과해 다이빙을 하거나 테이블, 의자, 침대 등의 모든 평평한 표면에도 뛰어들 수 있다.

회전을 통한 공간이동

이 기법을 적용하려면 페이즈 속의 실습자는 회전이 멈추면 원하는 장소에 도달해 있을 것이라는 믿음에 집중하는 동시에 축을 따라 회전을 시작해야 한다. 회전하는 동안에는 눈을 감거나, 아니면 특정한 대상에 초점을 맞추지 말아야 한다. 일반적으로, 축을 따라 2~5회 회전하면 충분하다. 다시 말하지만 모든 것은 마음이 산란하지 않아서 원하는 목표에 오롯이 집중할 수 있는 능력에 달려 있다.

거울을 통한 공간이동

거울의 특별한 속성과 거울에 대한 사람들의 미신적인 믿음 때문에 거울은 페이즈 속에서 쉽게 공간이동을 하는 데에 이용할 수 있다. 이를 위해서는 페이즈 중에 발견되는 큰 거울 속으로 뛰어들기만 하면 된다. 뛰어드는 동안 당신은 거울 바로 뒤에 있는 원하는 장소에 주의를 집중할 수 있다. 거울의 성질상, 당신은 거울의 면을 지나갈 때 눈을 감거나 몸을 돌릴 필요조차 없다.

흥미로운 사실!

페이즈 학교 세미나에서 초보자들에게 첫째 페이즈 동안에 거울을 보게 할 때, 경험의 묘사가 비슷한 경우는 거의 없다. 모든 일이 사람마다 다르게 일어나기 때문이다. 어떤 사람은 실제로 자신이 비친 모습을 보고, 어떤 사람은 아무것도 보지 못한다. 다른 사람을 보는 사람들도 있다. 거울에 비친 움직임이 실습자의 움직임과 일치하지 않는 경우도 있다. 한 세미나에서는 열여섯 명의 사람들이 페이즈 속에 있는 동안 거울을 보았는데, 유사한 경험을 한 사람은 한 사람도 없었다.

대상 찾기 기법

공간이동 방법

모든 공간이동 기법은 대상 찾기 기법에도 적용할 수 있다. 두 기법이 모두 주변 공간의 변화를 요구하기 때문이다. 실습자는 특정 장소에 집중하는 대신 찾거나 변화시킬 공간의 구체적인 세부사항에 초점을 맞춰야 한다. 그러면 그 결과(이 기법에 숙달했다면) 필요한 대상을 찾는 것은 보장된다. 그러나 행동을 시작한 원래의 장소를 유지하는 것은 보장되지 않는다.

현재의 장소에 남아 있으면서 대상을 찾는 것이 목표라면 뒤에서 설명하는 전문화된 기법을 사용하라. 그 기법은 페이즈 공간의 일부만을 변화시킨다.

이름을 불러서 찾기

이 기법은 살아 있는 대상을 찾는 데에만 사용된다. 실습자는 살아 있는 페이즈 속 대상이 등장하거나 가까이 나타나게 하기 위해 사람이나 동물의 이름을 불러야 한다. 부르는 소리는 거의 고함 정도로 큰 소리여야 한다. 그렇지 않으면 기법이 늘 먹히지는 않을 것이다. 결과를 얻기 위해서는 보통 몇 번 이름을 부르는 것으로 충분하다.

원하는 살아 있는 대상이 이름이 없거나 실습자가 이름을 모르는 경우, 아무 이름 혹은 "이리와!" 같은 일반적인 부르기도 급한 대로 쓸모 있을 것이다. 이때는 원하는 사람이나 동물의 명확한 이미지에 마음의 초점을 맞추면서 불러야 한다.

물어서 찾기

이 기법을 행하려면 페이즈 속의 아무에게나 접근해서 그에게 어딜 가면 원하는 대상을 빨리 찾을 수 있을지 물어보라. 대개 바른 대답이 바로 주어지며, 그 말을 따라야 한다. 그러나 시간 낭비를 피하기 위해서는 대상이 '가까이에' 있어야 하며 '빨리' 찾아야 한다고 분명히 말하기를 빼먹지 말아야 한다. 이렇게 대화하는 동안 어떤 상황에서도 정보의 정확성에 대해 의심해서는 안 된다. 의심한다면 의심하는 대로의 상황이 현실화되어 펼쳐질 것이기 때문이다.

이 기법의 단점은 살아 있는 사람을 만나야 한다는 것과 페이즈 속에서 상대방과 의사소통하는 기술이 뛰어나야 한다는 점이데, 그것은 어려운 일이 될 수도 있다.

몸을 돌려 찾기

이 기법에서는 찾는 대상이 등 뒤의 어딘가에 있다는 생각에 집중하면서 그것을 상상해야 한다. 그러고 나서 몸을 돌리면 바로 전에는 그곳에 없었더라도 실제로 대상이 그곳에 있는 것을 보게 될 것이다. 이것은 실습자가 대상이 나타날 것으로 예상하는 장소를 몸을 돌리기 전에 본 적이 없는 경우에 가장 잘 된다.

모퉁이를 돌아서 찾기

어디든 모퉁이에 다가갈 때, 찾는 대상이 모퉁이를 돌면 바로 나타날 것이라는 생각에 집중하면서 이를 상상한다. 그러고 나서 모퉁이를 돌면 실제로 대상을 발견하게 될 것이다. 공간의 시계視界를 제한하는 것이라면 무엇이든 모서리로 간주될 수 있다. 반드시 집이나 기타 건물의 모퉁이일 필요가 없다. 옷장 모서리, 트럭 모서리 등도 될 수 있다.

이 기법의 단점은 모퉁이 저편의 무엇이든 간에 그것을 가릴 만큼 충분히 큰 모퉁이가 있어야 한다는 것이다.

손안에서 찾기

이 기법은 기본적으로 손안에 들어올 수 있거나 손으로 잡을 수 있는 대상을 찾는 데에만 적용할 수 있다. 이 기법을 행하려면 대상이 이미 손안에 있다는 생각에 집중하라. 그 순간에 손을 보아서는 안 된다. 이 생각에 집중하면 얼마 지나지 않아 먼저 대상이 손에 놓여 있는 느낌이 약하게 느껴질 것이고, 그다음엔 찾는 물건의 전체적 느낌과 모습이 나타날 것이다.

변형 기법으로 찾기

이 기법은 공간 감각이 완전히 사라지지 않은 가운데 페이즈 공간을 변형시킨다. 실습자는 찾는 대상이 원하는 장소에 나타나리라는 생각에 강력하게 집중해야 한다. 실습자의 원하는 바가 반드시 실현되리라는 충분한 확신이 있어야 한다. 그러면 그때부터 변형이 시작될 것이다. 즉, 공간이 비틀리면서 흐릿해지고, 찾는 대상이 스스로 나타나기 시작한다. 그러면서 페이즈 공간 속의 필요한 변화와 함께 밝기와 초점이 다시 회복될 것이다.

이 기법은 다른 기법들에 비해 어려워서 경험의 수준이 높아졌을 때만 사용하는 것이 좋다. 변형 과정 동안에는 페이즈 속에 머물러 남아 있기가 어렵기 때문이다.

기법의 이름에서도 알 수 있듯이 이 기법은 대상을 찾고, 또 찾은 대상으로부터 새로운 대상을 만들어내는 데에 사용될 수 있다.

공간이동과 대상 찾기를 할 때의 전형적인 실수

- 페이즈의 안정을 전제하지 않고 공간이동과 대상 찾기 기법을 적용하는 것.
- 어떤 장소로 가거나 대상을 찾고자 하는 욕구에 대한 집중이 부족한 것.
- 완전한 확신을 갖지 못하고 결과의 달성을 의심하는 것.
- 강렬한 소망과 적극성 없이 수동적으로 기법을 행하는 것.
- 첫 시도에 기법이 먹히지 않거나 올바로 작동하지 않을 때 공간이

동 기법이나 대상 찾기 기법을 다시 반복하기를 잊는 것.

- 눈을 감고 염력으로 움직이는 긴 과정 동안 관련 없는 생각에 정신이 팔리는 것. 빈틈없는 온전한 집중이 필요하다.
- 충분한 경험 없이 눈을 뜨고 염력이동 기법을 적용하는 것.
- 눈 감기 기법을 사용할 때 즉시 공간을 이동하는 데 실패하는 것. 이것은 염력이동 기법과 같은 방식의 비행을 야기할 수 있다.
- 집중으로 공간이동 기법을 적용하는 동안 멀리 있는 대상의 세부적인 모습을 지나쳐버리고 일반적인 특징만을 관찰하는 것.
- 분리 중 공간이동을 할 때 이동하고자 하는 소망을 늦게 품는 것. 즉각 이동하고자 하는 즉석의 소망이 필요하다.
- 문을 통한 공간이동 기법을 사용할 때 먼저 문을 완전히 닫기를 잊어버리는 것. 문을 닫지 않으면 문 뒤에 이미 있는 것을 접해버리게 된다.
- 단단한 대상을 뚫고 통과하는 방법을 모르는 채 벽을 뚫고 가기 위해 공간이동 기법을 사용하는 것.
- 벽을 통과하는 공간이동 과정에 주의를 너무 많이 기울이는 것. 이것은 벽 속에 갇혀버리게 만든다.
- 거꾸로 다이빙하여 공간을 이동하는 동안 눈 감기를 잊어버리는 것. 기법을 완료할 때까지 눈을 계속 감고 있어야 한다.
- 이름을 불러 대상을 찾는 동안 살아 있는 대상을 마음속에 충분히 떠올리지 않는 것.
- 페이즈의 살아 있는 대상들과 수동적으로 의사소통하는 대신 캐물어서 대상을 찾으려고 하는 것.
- 모퉁이를 돌아 대상을 찾는 기법을 적용할 때 멀리 있는 모퉁이를

사용하는 것. 소중한 시간을 낭비하지 않도록 근처에 있는 모퉁이를 택하라.

- 페이즈 공간을 다루는 충분한 경험 없이 변형 기법을 적용하는 것.

연습문제

질문

1. 페이즈에서 공간이동을 할 수 있게 되면 무엇이 가능해지는가?
2. 페이즈에서 대상 찾기를 할 수 있게 되면 무엇이 가능해지는가?
3. 공간이동과 대상 찾기 기법의 공통점은 무엇인가?
4. 공간이동 기법과 대상 찾기 기법이 제공하는 가능성을 유일하게 한정하는 것은 무엇인가?
5. 아주 짧은 거리의 공간이동은 어떻게 할 수 있는가?
6. 창밖으로 뛰어내려 비행하는 기법은 언제 시도할 수 있는가?
7. 공간이동 기법과 대상 찾기 기법이 원하는 결과를 낳지 않았다면 무엇을 해야 하는가?
8. 대상 찾기 기법을 사용하여 현실에서 사람을 찾는 것이 가능한가?
9. 깊은 페이즈 상태에 있을 때 공간의 안정성은 떨어지는가?
10. 공간과 대상의 안정성을 좌우하는 기본 요소는 무엇인가?
11. 공간의 안정성에 대한 청각의 영향력은 얼마나 큰가?
12. 염력이동 기법을 사용할 때 가장 중요한 것은 무엇인가?

13. 염력이동 동안 움직임의 속도는 무엇에 달려 있는가?
14. 초보자는 눈을 뜨고 염력이동 기법을 적용해야 하는가?
15. 눈 감고 공간이동하기 기법은 어떤 기법으로 바뀔 수 있는가?
16. 멀리 있는 대상에 집중하는 방식으로 공간을 이동하는 동안 크고 작은 세부 사항들을 면밀히 조사해야 하는가?
17. 분리하는 동안 공간이동하기 기법은 분리 후에 적용해야 하는가, 분리를 시작하면서 적용해야 하는가?
18. 문을 통한 공간이동 기법을 적용할 때 문이 열려 있는 것이 나은가, 닫혀 있는 것이 나은가?
19. 벽을 뚫고 공간이동하는 것이 실패할 수 있는 이유는?
20. 다이빙을 통한 공간이동 기법을 사용할 때 밟고 서 있을 수 있는 곳에 있는 것이 중요한가?
21. 회전 기법을 적용할 때 회전을 상상해야 하는가, 실제로 회전을 해야 하는가?
22. 대상을 찾기 위해 공간이동 기법을 사용하는 것이 가능한가?
23. 이름 부르기 기법을 사용할 때 찾는 사람의 이름을 모르면 어떻게 해야 하는가?
24. 질문 기법을 사용해 대상을 찾는 동안 대상을 '빨리' 찾아야 한다는 것을 설명하는 것이 중요한가?
25. 몸을 돌려 대상 찾기 기법을 할 때 몸을 얼마나 돌려야 하는가?
26. 울타리의 모퉁이는 모퉁이를 돌아 대상 찾기 기법을 적용하기에 적합한가?
27. 변형 기법을 행하는 동안 눈을 감아야 하는가?

과제

1. 앞으로 세 번의 페이즈를 통해 모든 공간이동 기법을 사용해보고, 가고 싶은 곳을 어디든 여행하면서 공간이동 기법을 실험해보라.
2. 공간이동에 전념한 세 번의 페이즈를 체험해본 후 자신에게 가장 잘 맞는 기법을 고르라.
3. 다음번 페이즈에서는 에펠탑, 달, 친척집을 여행해보라.
4. 공간이동 기법을 포함하여 대상 찾기 기법을 모두 시험해보는 데에 다음 세 번의 페이즈를 바치라.
5. 대상을 찾는 데 전념한 세 번의 페이즈 후 당신에게 가장 편안하게 느껴지는 기법을 고르라.
6. 다음번 페이즈에서는 어머니를 찾은 다음 같은 곳에서 이 책과 빨간 구체, 녹색 장미를 찾아내보라.

제10장

응용

페이즈 응용의 핵심

페이즈를 처음으로 접할 때는 온갖 감정과 체험이 일어나서 실습자는 페이즈가 어떤 목적에 응용될 수 있을지 따위에 대해서는 의문을 가져볼 여유가 없다. 경험이 쌓여가면 응용법에 대한 의문이 점차 중요성을 띠기 시작한다. 페이즈의 응용은 이 현상이 어떻게 정보와 새로운 경험을 얻는 수단을 제공해줄 수 있는지에 대한 이해의 바탕이 있어야만 그 위에 좀더 선명히 부각되기 시작하는 것이다.

어떤 이들은 목표를 미리 정해놓고 그 밖의 다른 것에는 관심 없다는 것처럼 페이즈 실습에 임한다. 그러나 구체적인 목표를 정하고 나면 그 목표의 출처가 어디인가 하는 문제가 고개를 들 수 있다. 페이즈 현상은 실제와는 무관한 선입견과 고정관념의 두꺼운 껍질에 싸여 있기 때문이다. 이 장의 주목적은 현실을 허구로부터 떼놓는 것이다. 그리고 두 번째 목적은 페이즈 체험으로부터 얻어낼 수 있는 것이 무엇인지를 상술하는 것이다.

페이즈의 입증된, 접근 가능한 실질적 응용법은 어떤 것이든 페이즈의 세 가지 성질로부터 비롯된다. — 1) 그 어떤 성질과 기능을 지닌 그 어떤 대상이나 공간도 만들어낼 수 있는 페이즈의 능력에 근거한 응용법 2) 정보를 얻기 위해 잠재의식에 접속할 수 있는 기회에 근거한 응용법 3) 실습자의 심리에 영향을 끼칠 수 있는 페이즈의 능력에 근거한 응용법.

가장 중요한 것은, 이 장에 설명된 것들은 그 어떤 것도 성취하기가 어렵지 않다는 것이다. 모든 응용법은 실습자가 공간이동이나 대상 찾기 기법에 온전히 마음을 집중하여 적절히 적용하기만 하면 바로 첫 경험에서 이뤄낼 수도 있다. 실습자가 신비주의적인 세계관을 가졌든 실질적인 세계관을 가졌든 상관없이 누구나 이 모든 응용법을 사용할 수 있다.

이 현상을 응용할 수 있는 범위는 물론 이 장에 설명된 범위를 능가한다. 다른 응용법들은 단지 아직 입증되지 않아서 올바른 방법이 알려지지 않은 것일 뿐일 수 있다. 오직 실습자 자신만이 페이즈 속에서 가능한 것의 한계를 정할 수 있다. 물론 상식이 발휘되어야 한다. — 그러지 않으면 논리적으로나 심리적으로 그릇된 관념을 불식시키기가 어려울 것이다. 이 책의 목표는 최소한이나마 어떤 상황에서도 무너지지 않는 확고한 토대를 제공하는 것이다. 실습자가 연습에 충실히 임하기만 한다면 그 너머의 훈련과 이론적 공부에 들어가서도 길을 잃고 헤맬 일은 훨씬 줄어들 것이다.

가상현실 창조 능력에 근거한 응용

많은 사람들이 뇌와 관련하여 페이즈 상태의 본질이 무엇인지 궁금해한다. 페이즈란 것이 죄다 머릿속에서 일어나는 일인지 어떤지가 궁금한 것이다. 그러나 페이즈를 실질적으로 응용한다는 관점에서 본다면 이런 의문은 별 의미가 없다. 모든 물리적 환경의 지각은 감각기관을 통해 일어난다. 페이즈의 지각도 현실의 지각과 동일하고, 때로는 그것이 훨씬 더 현실적이다. 이 장에서 설명하는 모든 것이 현실에서 일어나는 것이든, 아니면 한갓 가상현실이든 간에 마주치는 감각의 측면에서 보면 전혀 다를 것이 없다.

여행

- 세계여행: 지구상의 어떤 곳이든 갈 수 있다. 실습자가 예전에 살았던 곳이나 방문했던 곳을 다시 찾아가거나 매우 가보고 싶은 장소를 가는 것은 특히나 재미있다. 에펠탑이나 오세아니아에 있는 섬, 이집트의 피라미드, 앙헬 폭포 등 지구상의 모든 아름다운 곳을 가볼 수 있게 된다.
- 우주여행: 인류가 가까운 시일 안에 화성에 갈 일은 없을 것 같지만 페이즈 속에서는 공간이동 기법을 사용하여 화성의 땅을 딛거나 화성의 독특한 풍광을 경험할 수 있다. 우주 공간에서 은하, 성운, 행성, 별을 관찰하는 것보다 더 경이로운 일은 없다. 사용가능한 모든 페이즈 응용법들 중에서도 이 기법은 실습자에게 가장 인상적이고 아름다운 경험을 제공해준다.
- 시간여행: 페이즈 기법은 어린 시절을 방문하거나 어떤 사람이

미래에 어떤 모습일지를 찾아가서 볼 수 있게 한다. 임신한 여성은 페이즈 속에서 자신의 아이가 어떤 모습일지를 볼 수 있다. 시간을 거슬러 여행해 가서 기자에서 피라미드를 건설하는 광경을 목격하고, 17세기의 파리를 보고, 쥐라기의 공룡들 사이를 돌아다닌다.

- 다른 세계로의 여행: 문헌에 나오거나 실습자가 창조한 세상이나 상상 속의 세계를 여행할 수 있다. 이것은 외계문명, 평행우주, 동화나 영화에 나오는 세계 등이 될 수 있다. 모든 목적지가 당신의 지척에 있다.

만남

- 친척 만나기: 페이즈 속에서는 친척들을 만나고 이야기할 수 있는 놀라운 가능성이 있다. 친척들끼리 늘 만날 수는 없기 때문이다. 물론, 양쪽 다 올 필요는 없다. 한 쪽이 필요한 만큼의 소망을 품는 것으로 충분하다. 상대방은 전혀 이를 알지 못할 수도 있다. 가까운 친척을 만나 정보를 교환하고자 하는 소망을 실현하는 것은 보물 같은 일이다.
- 지인 만나기: 때로 중요한 사람을 만나지 못하는 상황이 오기도 한다. 이것은 소망을 이루어 마침내 그 사람을 다시 만날 수 있는 기회다.
- 죽은 사람 만나기: 페이즈 현상의 본질과는 상관없이, 페이즈 외에는 다른 어떤 것도 이미 사망한 사랑하는 사람을 만나고, 그에게 말을 건네고 껴안을 수 있게 해주지 못한다. 이것은 모든 사람이 할 수 있는 개인적인 생생한 경험이다. 그리고 이런 만남이 크

게 어렵지도 않다. 유일하게 필요한 것은 용기이다. 기법의 관점에서 보면, 안정적인 페이즈와 대상 찾기 기법의 응용이 처음에는 불가능하게 보였을 수도 있는 경험을 위한 장을 마련해준다. 하지만 페이즈 속에서 죽은 사람을 만날 때, 대상 찾기 기법에서 일어날 수 있는 왜곡은 매우 바람직하지 않은 사건을 초래할 수 있다는 점을 유념해야 한다.

- 연예인 만나기: 대상 찾기 기법을 사용하면 그 어떤 유명인도 만날 수 있다. 그것은 역사적 인물, 현대의 정치인, 예술가 등이 될 수도 있다. 페이즈에서는 어떤 상호작용을 위해서라도 이들에게 접근할 수 있다. 예컨대 실습자는 줄리어스 시저, 예수 그리스도, 나폴레옹, 처칠, 스탈린, 히틀러, 엘비스 프레슬리, 마릴린 먼로 등등 무수한 사람들을 만날 수 있다.

소망의 실현

누구나 꿈을 가지고 있다. 현실에서 그 꿈이 이루어질지와는 상관없이 적어도 페이즈 속에서는 실현된 꿈을 즐길 수 있다. 어떤 사람은 라스베이거스를 방문하는 것을 꿈꾸고, 어떤 사람은 페라리를 수집하기, 우주 방문, 돈 더미에 파묻히기, 한계 없는 성경험을 꿈꾼다. 페이즈 속에서는 이 모든 것을 경험할 수 있다.

가상현실의 대안

페이즈 속에서는 마치 진짜처럼 게임 속 전투에 참여할 수 있다. 실습자는 완벽하게 사실적인 감각을 즐기면서 색다른 세계나 장소를 방문하고, 손에 있는 무기를 느끼고, 심지어 화약 냄새까지도 맡을 수 있다. 원할 경우 전투에서 얻은 상처의 느낌을 경험해볼 수도 있다. 페이즈 속에서 게임을 할 수 있는 가능성은 컴퓨터의 성능이 아니라 실습자의 상상력에 좌우된다.

잠재의식 접속능력에 근거한 응용

신비주의나 비전주의의 관점에서 볼 때 페이즈에서 정보를 얻어내는 것이 당연한 일이라고 한다면 그런 것을 믿지도 않는 물질주의자에게는 어떨까?

페이즈 상태가 단지 두뇌의 아주 비일상적인 상태이고 거기서 일어나는 지각은 뇌기능이 극사실적으로 발휘된 것일 뿐이라고 가정해보자. 그리고 실습자가 페이즈 속에서 한 숲속으로 여행을 하기로 했다고 하자. 그러려면 눈을 감고 공간이동을 하는 기법을 사용하고, 그 결과로 숲이 나타난다.

그 광경 속에 숲과 그 속의 모든 것과 숲의 기원에 관련된 아주 세밀한 지식이 담겨 있다면 어떻게 될까? 두뇌는 일상적 현실보다 훨씬 뛰어난 극사실적 공간을 만들어낸다. 그 속에는 무수한 풀잎과 나뭇잎, 무수한 나무와 온갖 소리가 있다. 각각의 풀잎은 그저 하나의 점과 같은 것이 아니라 저마다 고유한 입체적 구조를 지니고 있다. 각각의 나뭇잎도 그것을 구성하는 낱낱의 요소들로 이뤄져 있다. 각각의 나무도 저마다 독특한 자연의 패턴이 만들어낸 껍질을 입고 있다.

갑자기 바람이 불어와 숲을 지나가면 무수한 나뭇잎과 풀잎이 기류를 따라 파도치듯 흔들리기 시작한다. 그러니까 우리 내부의 어떤 것이 단지 몇 초 사이에 우리가 보고자 하는 광경의 낱낱의 세부뿐만 아니라 그 각각의 세부를 하나하나 제어하는 능력을 발휘하고 있는 것이다.

페이즈란 것이 단지 마음의 한 상태라 하더라도, 그것이 곧 그 안에 정보의 원천을 갖고 있지 않다는 뜻은 아니다. 마음은 엄청난 컴퓨터의 능력을 보유하고 있고, 불가능에 가까운 상상력을 지니고 있다. 아무리 강력한 컴퓨터도 이같은 묘기를 부릴 수는 없다. 어떻게인지는 몰라도 실습자는 페이즈 속에서 놀라운 능력을 꺼내어 쓸 수 있게 된다. 오직 그런 경지에 이르는 정확한 방법을 배우는 일만이 남아 있다.

페이즈 공간은 잠재의식의 지배를 받고 있을지도 모른다. 이것은 실습자가 페이즈 상태에서 잠재의식에 접속할 수 있다는 뜻이다. 잠재의식은 일상생활 중에 엄청난 능력으로 계산하여 판단한 정보를 내보낸다. 하지만 인간은 그 신호를 듣지도 인식하지도 못한다. 왜냐하면 사람은 정보를 언어를 통해서 받아들이는 데에 길들여져 있기 때문이다. 잠재의식은 언어의 틀 속에서는 거의 기능하지 못한다. 의식 차원에서의 잠재의식과의 소통은 오로지 페이즈 속에서만 가능하다. 만약 페이즈 속의 모든 대상이 잠재의식에 의해 만들어지고 제어된다면 그것들을 통역자로 이용할 수 있다. 예컨대, 페이즈 속에서 어떤 사람과 이야기를 나누면 그 대상과 전달되는 정보는 잠재의식의 제어를 받지만 일상적인 언어를 통해 그것을 들을 수 있다.

페이즈에서 어떻게 정보가 제공되는지에 대한 설명은 명쾌하게 입증하기가 거의 불가능하다. 어쩌면 발견되지 않은 다른 정보원이 있을지도 모른다. 하지만 그것은 별로 중요하지 않다. 가장 중요한 것은 확실히 알려져 있다. — 페이즈에서 정보를 얻는 방법 말이다.

페이즈에서 정보를 얻는 절차

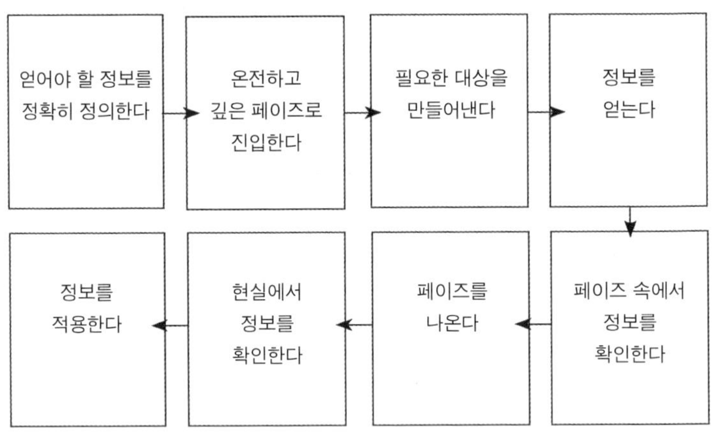

페이즈에서 정보를 얻어내는 절차는 복잡하지 않다. 페이즈에 진입한 후 정보를 얻어내고 그것을 확인하는 기법과 방법만 배우면 된다.

페이즈의 본질이 잠재의식의 제어를 받는 두뇌의 어떤 비범한 상태라는 실질주의적 설명에 근거한다면 페이즈에서 얻어내는 정보의 양은 한정되어 있다고 볼 수 있다. 페이즈가 두뇌라는 울타리 속에 존재한다면 두뇌는 오로지 탄생 이래로 받아들인 데이터로만 작동할 수 있다. 감각기관을 통해 지각된 모든 것은 다른 데이터와 연관되어 기억되는 듯하다. 이것은 우리가 의식하는 지각정보 — 감각에 입력되는 전체 데이터의 한 작은 귀퉁이일 뿐인 — 뿐만 아니라 잠재의식 수준에 각인되는 엄청난 양의 정보에도 해당된다.

어떤 사건이 사실은 다른 사건 — 그 또한 이전에 일어난 일의 결과인 — 의 결과라면 어떤 일도 우연히 일어나지 않는다. 초기 데이터는 알려져 있다. 그러므로 그것이 암시하는 것이 무엇인지도 계산할 수 있다.

그렇다면 만일 모든 것이 오로지 잠재의식의 데이터에 근거한다면 개인의 삶에 관련된 모든 것에 관한 정보 — 실습자의 경험과 실습자가 함께 삶을 경험하는 사람들의 경험 — 를 얻어낼 수 있을 것이다. 우리 자신의 미래와 과거, 또한 다른 이들의 미래와 과거도 파악할 수 있다. 페이즈에서 얻을 수 있는 정보를 모두 알아내려면 개인의 지식 용량은 어림잡아 백 배, 아니 천 배나 늘어나야만 할 것이다.

페이즈에서 얻을 수 없는 유일한 정보는 잠재의식이 사전정보를 지니고 있지 않은 것에 관한 정보다. 예컨대, 백만 달러짜리 당첨 복권을 사는 법은 배울 수 없다. 왜냐하면 필요한 계산을 할 근거 데이터가 없기 때문이다. 또한 잠재의식은 실습자에게 지구 반대편의 작은 마을의 한 골목이 어떻게 생겼는지는 보여줄 수가 없다. 실습자는 또한 잠재의식이 어떤 정보를 제공해줄 수 있고 어떤 정보는 제공해줄 수 없는지를 추측하지도 말아야 한다. 왜냐하면 착오하기 십상이기 때문이다. 예컨대, 실습자가 파리를 가본 적도 없고 에펠탑을 본 적도 없다면 실습자의 잠재의식도 그에 대해 아무것도 모른다고 가정할 수 있다. 하지만 그의 삶에서 그의 마음은 이미 사진과 그림과 이야기와 동영상과 책 등등으로부터 엄청난 양의 정보를 받아들였다.

페이즈에서 정보를 얻어내는 데는 세 가지의 기본 기법이 있다. 각각은 사용하기 전에 잘 살펴보고 알아둬야 할 장단점을 가지고 있다.

살아 있는 대상

페이즈에서 정보를 얻어내려면 실습자는 충분히 깊은 페이즈 속에서 대상 찾기 기법을 사용해 사람을 찾아 간단한 질문을 하는 방법으로 필요한 정보를 얻어내야 한다. 필요한 정보가 특정한 사람과 연관되어 있다면 그 사람을 페이즈 속에서 찾아야 한다. 정보가 특별히 어떤 사람과 연관된 것이 아니라면 일반적인 정보원을 만들어내는 것도 가능하다. 이 정보원은 지혜와 지식과 관련된 사람이라야 한다. 예를 들어, 이 정보원은 현명한 은둔자, 잘 알려진 철학자나 구루일 수 있다.

이 방법의 장점은 추가적으로 질문하는 것이 쉽고 획득한 어떤 정보라도 확인하기 쉽다는 데 있다. 하지만 이 방법의 단점은 많은 사람들이 페이즈 속에서 살아 있는 대상과 의사소통하는 것을 어려워한다는 데 있다. 이는 대상의 무반응 때문이거나 대상과 이야기를 하면서 페이즈를 유지하기가 어렵기 때문이다.

무생물 대상

비문, 책, 신문과 같은 자료에서 정보를 찾기 위해 대상 찾기 기법을 사용하라. 정보를 찾는 동안 찾은 것이 구하는 정보를 담고 있으리라는 믿음에 집중해야 함을 기억하라. 정보의 출처는 종이 매체에 한정되지 않는다. 라디오나 텔레비전을 듣거나 볼 수 있고, 컴퓨터 검색엔진이나 파일 시스템 또한 결과를 낼 수 있다.

이 기법의 큰 단점은 추가 또는 후속 질문이 생겨날 경우 상당한 골칫거리가 발생한다는 것이다. 이는 실습자가 하던 일을 멈춰서 검색과정을 반복해야 하게 만들 수 있다.

이 기법의 장점은 실습자가 살아 있는 대상과 의사소통을 하는 데 문제를 겪을 경우 일시적인 대안이 될 수 있다는 점이다.

에피소드

이 방법을 사용하여 정보를 얻으려면 원하는 정보를 가져다줄 사건을 상상하라. 그런 다음 공간이동 기법을 사용해 설정된 사건이 일어날 것으로 예상되는 곳으로 이동하라. 목적지에 도착한 다음 무슨 일이 일어나는지, 그리고 그 사건이 전달하는 정보가 무엇인지 이해하기 위해 시각적으로 관찰하라. 에피소드 기법은 관찰을 통해 정보를 얻을 수 있는 경우에만 적합하다.

정보의 진위를 어떻게 확인할 수 있을까? 페이즈 속에서 정보를 수신하는 기법은 복잡하지 않으며, 몇 번의 시도만으로도 성공하는 것으로 판명되었다. 그러나 앞에서 언급한 바와 같이 선명한 인식의 범주에 들지 않는 페이즈 공간의 속성은 딱히 안정적이지는 않다. 겉모습뿐만이 아니라 그 속성에 있어서도 그렇다. 때문에 정보의 정확성 또한 대상 자체에 따라 달라진다. 문제는 실습자가 문제의 대상을 적절히 제어하지 못할 수 있고 잘못된 정보를 받을 수 있다는 데 있다.

흥미로운 사실!

페이즈 공간은 일상적인 현실이 아니다. 따라서 관측한 모든 것을 사실로 간주해야 한다는 믿음을 바탕으로 페이즈 공간을 대해서는 안 된다.

실습자가 일말의 의심도 없이 살아 있는 대상이나 무생물 대상 찾기를 배운 경우에도 여전히 수신한 정보가 항상 정확하다는 보장은 없다. 기법과 관련된 몇 가지 요령을 통해 대상이 진실을 말하는 능력을 가지고 있는지를 시험해볼 수 있다.

예를 들어, 대상은 완전히 확신에 차서 이야기할 수 있지만, 이것이 그 대상이 전달하는 내용이 모두 진실임을 뜻하지는 않는다. 대상을 찾는 동안 의심을 경험한다면 그 의심이 대상이 말하는 것에 영향을 미칠 수 있다. 바로 이것이 무슨 일이 있어도 의심을 피해야 하는 이유이다. 단, 초보자들은 처음에는 여기서 어려움을 겪기 마련이다.

대상이 정확한 정보를 제공할 수 있는지 여부를 확인하려면 대조 질문을 해야 한다. 대조 질문은 기본적으로 매우 간단한 질문을 하고 대상의 반응을 관찰하는 것으로 구성되어 있다. 예를 들어, "2 곱하기 2는 무엇인가?", "내 이름은 무엇인가?", "내가 몇 살인가?", "내가 어디에 살고 있나?" 등이다. 대상이 이렇게 간단한 질문조차 제대로 대답하지 못할 경우, 그 대상에게서 정보를 얻는 것은 더 이상 의미가 없다. 그 대상을 만들면서 실습자가 오류를 범한 것이 틀림없다. 제대로 된 대상은 침묵하거나 대조 질문의 답을 알지 못한다고 말할 것이다.

어떤 정보든 얻은 후에는 이를 확인해야 한다. 확인은 확인 질문을 통해서 한다. 실습자는 대상에게 그 정보가 어디에서 왔는지를 물어볼 필요가 있다. 이는 현실 속에서 실습자가 정보의 사실 여부에 대한 증거를 찾을 수 있도록 세부사항을 알기 위해서이다. 질문을 다른 말로 바꾸어 말한다면 대상에게 같은 질문을 한 번 이상 할 수도 있다. 바꿔 말한 질문에 대한 대답은 반드시 동일해야 한다.

기억하라. 정보의 성격이 중요할수록, 그리고 그것이 내포하는 행위가 진지할수록 현실 세계에서 그 정보를 확인하는 데 더 많은 노력을 기울여야 한다. 질문과 관련된 기법을 올바르게 수행했을지라도 정보의 일정 정도는 부정확하기 마련이기 때문이다.

최대한 간단한 질문을 사용하여 정보를 얻는 것 또한 매우 중요하다. 찾아야 할 정보가 단순할수록 더 낫다. 이것을 할 수 있게 되면 페이저는 좀더 어렵고 중요한 과제로 넘어갈 수 있다. 엄청나게 어려운 일을 가지고 이런 실험을 시작하는 것은 의미가 없다. 현관에 몇 켤레의 신발이 있는지를 세는 것도 할 수 없는 실습자가 백만장자가 될 방법을 찾을 수는 없을 것이다.

다른 모든 것 외에도, 필요한 정보가 얼마나 구체적인지를 고려하는 것이 중요하다. 실습자들은 종종 페이즈에서 완전히 모호하거나 추상적인 질문에 대한 답을 찾곤 한다. 이는 낮은 성공률로 이어질 것이다. 질문이 구체적일수록 답을 얻게 될 확률도 높아진다. 예를 들어, '미래에 나를 기다리고 있는 것이 무엇인가?'와 같은 모호하고 모든 것을 아우르는 질문에 구체적이고 명확한 답을 기대하는 것은 말이 되지 않는다. 어떤 매우 구체적인 목표를 달성할 방법에 대해 질문하는 편이 훨씬 낫다. 또 다른 예로는 '어떻게 하면 임금을 인상받을 수 있을까?' 대신에 '현재 진행 중인 프로젝트를 어떻게 하면 성공시킬 수 있을까?'라고 물으라. '어떻게 하면 건강해질 수 있을까?' 대신 '어떻게 하면 두통을 없앨 수 있을까?' 라고 물으라.

페이즈 상태에서 왜곡되지 않은 정보를 얻는 능력은 거의 달인 수준의 기술로 여겨진다. 그렇다면 문제는 어디서 발생할까? 이미 언급한 바와 같이, 정보를 얻는 것은 기술적인 면에서 볼 때는 전혀 어려운 것이 아니다. 그저 페이즈 상태로 들어가서 물체나 페이즈 공간으로부터 무언가를 찾으면 되는 일이다. 문제는 완전히 다른 차원에서 발생한다. 이 차원은 사람들이 제어하기 훨씬 더 힘든 차원이다. 즉 생각, 기분, 믿음 등의 차원 말이다. 이 차원들은 피상적인 동시에 깊은 뿌리를 가지고 있다.

현재 진행되고 있는 연구에서 가장 흥미롭고 재미있는 작업 중 하나는 페이즈의 공간과 속성과 기능이 실습자 내면의 정신적 배경에 따라 어떻게 달라지는가에 대한 연구이다. 이 작업은 다음의 예시에서 특히 분명해진다. 이 예시에서는 페이즈 공간이 무의식에 의해 제어되는 것으로 가정한다. 또한 실습자가 간접기법을 사용해 페이즈로 들어가고, 침실에 있는 동안 몸 밖으로 빠져 나온 것으로 가정한다. 잠재의식은 채 1초도 되지 않는 짧은 순간 만에 방 전체를 수백 가지의 세밀한 세부사항에 이르기까지 정확하게 만들어낼 수 있다. 놀라운 것은 물리적 법칙을 위반하지 않고 커튼의 실 한 오라기에서부터 잉크로 그려진 벽지 위의 점 하나하나에 이르기까지 모든 것을 그처럼 빨리 만들어내기 위해 필요한 계산의 양이다. 다음으로, 실습자는 계산기를 가지고 하는 잘 알려진 테스트를 행하기로 한다. 이를 위해 실습자는 계산기를 찾아내서 계산할 숫자를 입력해야 한다. 그런 다음 현실에서 계산기의 답을 확인할 것이다. 그래서 실습자는 대상 찾기 기법을 사용하여 계산기를 찾아낸다. 실습자가 찾아낸 것은 단순히 상징적인 계산기가 아니라 실제 계산기이다. 계산기는 크기는 작지만 매우 복잡한 물건이다. 그러나 페이즈는 그것을 아주 정확하고 정밀하게 만들어낸다. 계산기의 모든 선과 자판과 곡선이 모두 어떤 그림보다도 더 정교하게 만들어진다. 심지어 이 계산기는 분해될 수도 있고 그 부품을 검사할 수도 있다. 페이즈 속의 모든 것은 눈 깜짝할 사이에 만들어진다.

그러나 곧 문제가 발생한다. 실습자가 '2×2'를 누르자 이상한 결과가 나타나는 것이다. 예컨대 AP345B, 5?eE74047 등, 정답이 아닌 계산 결과가 나오는 것이다.

여기서 역설적인 상황이 발생한다. — 잠재의식은 실습자 주변의 공간을 불가능에 가까울 정도로 정확하게, 아주 시시콜콜한 세부사항까지 만들어낸다. 그럼에도 바로 그 잠재의식이 간단한 곱셈조차 하지 못하는 것이다. 실습자 자신은 단 몇 초 내에 풀 수 있는 간단한 수학 문제를 말이다. 이 상황이 이상하지 않은가? 사실 이 상황은 전혀 이상한 것이 아니다. 여기서 페이즈 공간과 페이즈 공간 속에서의 계산능력은 중요한 문제가 아니다. 페이즈에게 이런 계산은 전혀 어려운 것이 아니다. 사실 계산능력은 실습자가 마음대로 발휘할 수 있는 능력 중 하찮은 것에 불과하다. 실습자가 구구단을 잘 모르는 경우에라도 말이다.

문제의 핵심은 실습자가 주어진 테스트를 수행할 때의 마음가짐이다. 실습자는 단지 자신감이 부족했을 수도 있다(그리고 이러한 의심은 결과에 반영된다). 또한 머릿속이 다른 생각과 감정들로 가득 찼을 수도 있다. 이것은 모든 노력을 수포로 돌아가게 할 수 있다. 어떤 이유에서인지는 몰라도, 이러한 현상이 때로는 페이즈 속뿐만 아니라 일상적인 현실에서도 적용되는 것으로 보인다..

페이즈 속에서 눈을 감고 공간이동 기법을 사용할 때도 이와 매우 유사한 상황이 발생한다. 다른 엉뚱한 생각을 하거나 공간이동의 결과에 대해 의심을 하는 것만으로 충분하다. 그러면 그 공간이동 여행을 성공시키는 데 훨씬 더 많은 시간이 걸릴 것이다. 심지어는 다른 장소로 떨어지거나 육체로 되돌아올 수도 있다. 정보를 얻는 데에도 바로 이와 같은 메커니즘과 시스템이 작동한다. 원격 이동의 경우, 찾고자 하는 답의 핵심을 이해하거나 느끼기 위해서 몇 번 공간이동을 하는 것만으로 충분하다. 그러면 정보를 얻는 데에 더 장기적인 문제가 발생할 수 있다.

페이즈 상태의 증명된 속성 중의 하나는, 페이즈의 안정성과 지속성은 페이즈 속의 감각을 경험하는 사람의 안정성과 끈기에 정비례한다는 것이다. 이런 이유 때문에 물체의 외부적인 특성은 매우 안정되고 변하지 않는 경향이 있다. 예를 들어, 실습자가 깊은 페이즈 상태에 있을 때에는 벽 속에 팔을 집어넣을 수 없다. 그러나 동시에 정신적인 동요가 오면 동일한 물체의 성질과 눈에 보이지 않는 기능이 매우 불안정하고 민감하게 변할 수도 있다. 이것이 페이즈 속에서 물을 즉석에서 증발시키거나 물을 파란색 벽돌로 변하게 만드는 것이 어려운 이유이다. 그러나 물을 보드카로 변하게 하는 것은 쉽다. 이때의 변화는 맛과 냄새만이 아니라 성질의 변화까지 동반하여 그것을 마시는 사람의 마음에도 영향을 미친다. 사실 물과 보드카는 겉모습은 동일하고 성질만 다를 뿐이다. 마찬가지로, 정보를 얻기 위해 페이즈 속에서 만들어진 물체는 실습자의 마음 상태에 따라 완전히 달라진다. 어지러운 마음은 실습자가 살펴보고자 하는 물건 자체를 얻지 못하게 하여 페이즈 속의 물건이 실습자에게 손쉽게 알려줄 수 있는 그것을 차단한다.

이런 이유로 해서 페이즈 속에서 정보를 얻고자 하는 실습자는 중요한 한 가지를 기억해야 한다. 즉 실습자는 획득하는 정보에 대해 외면적만이 아니라 내적으로도 최대한 초연해야 한다. 이와 아울러, 모든 일이 잘 돌아갈 것임을 완전히 믿어야 한다. 그렇지 않으면 물체는 단순히 정보를 전달하지 못하고 실습자가 듣고자 하는 대답과 듣고 싶어하지 않는 대답 사이에서 어느 것을 택할까 망설이게 될 것이다.

이 문제는 연습을 통해 상당 부분 극복될 수 있다. 그러나 이 작업을 용이하게 하는 몇 가지 요령이 있다. 요령 중 가장 간단한 것으로는, 실습자가 물건에게 단도직입적으로 질문을 하는 것이 아니라 곁가지 주제를 놓고 대화하다가 느닷없이 질문을 던지는 방법이 있다. 이 방법은 그저 실습자로 하여금 잠시 동안이라도 긴장을 풀고 일어나는 일에 대해 초연한 태도를 유지할 수 있게 해 준다.

창조성 계발

이 교재를 읽는 창의적인 사람이라면 누구나 예술적 목적이나 문화와 관련된 목적에 페이즈를 이용할 폭넓은 가능성에 대해 한 번 이상 생각을 해보았을 것이다. 그리고 사실 이 분야의 한계를 상상하는 것은 쉽지 않다. 기술적 한계가 없는 것은 물론, 창의적인 결과물의 종류에도 아무런 한계가 없다. 예술가, 음악가, 조각가, 디자이너 모두가 각자의 목적에 따라 페이즈 연습을 응용할 수 있을 것이다. 페이즈 연습이 제공하는 체험은 그 자체로서 충분하다. 이러한 체험들은 실습자들로 하여금 실로 인간의 상상력이라는 콸콸 솟는 영감의 원천에 연결되게 해준다.

- 예술작품 창작: 예술적 감각이 있는 실습자라면 대상 찾기 기법이나 공간이동 기법을 사용해 현실에서 만들 수 있는 대상을 페이즈 속에서 의도적으로 찾아볼 수 있다. 필요할 경우, 페이즈에서 그 대상을 좀더 살펴보기 위해 쉽게 돌아가볼 수도 있다. 예를 들

어, 화가라면 페이즈 속의 아름다운 풍경 속으로 수시로 돌아가서 그것을 나중에 현실세계에서 캔버스에 담을 수 있다.

- 미래에 완성될 예술 작품 보기: 예술가가 아이디어를 실현하는 과정에 있다면 디자인의 최종결과를 페이즈 속에서 미리 볼 수도 있다. 화가라면 완성된 그림을 미리 살펴볼 수 있다. 조각가는 완성된 조각을 볼 수 있을 것이고 건축가는 현실에서는 아직 초기 디자인 단계에 있는 집을 둘러볼 수 있게 될 것이다. 어떤 창조작업이든지 페이즈 속에서는 모두 시뮬레이션될 수 있다.
- 영감과 환상의 원천: 페이즈 연습은 창조작업에 긍정적인 영향을 주는 아이디어와 소망을 제공한다. 또한, 소망의 실현과 색다른 공간들로의 여행은 굉장한 감정들을 일깨워서, 탁월한 영감을 불러일으킨다.

창작물의 모형을 만들어보는 데에 페이즈를 이용하는 것 역시 가능하다. 페이즈 상태에서는 그야말로 모든 것을 창조할 수 있기 때문이다. 예술가는 이제 막 그리려고 하거나 이미 부분적으로 스케치한 풍경을 만들어낼 수 있다. 이는 예술가로 하여금 결과를 미리 평가하고 필요하다면 무엇이든 고칠 수 있는 기회를 준다. 또는 그리고자 하는 모든 풍경을 살펴본 다음 가장 느낌이 좋은 풍경으로 작업을 시작할 수 있다. 아니면 지금까지 본 모든 풍경들을 동시에 살펴볼 수도 있다. 페이즈 공간은 그것을 섬세한 세부까지 쉽게 재현해낼 수 있기 때문이다.

페이즈가 제공하는 가능성은 음악가에게도 매우 유용하다. 페이즈는 오케스트라나 코러스를 사용한 악보를 포함해 어떠한 복잡한 악보라도 만들어낼 수 있게 해주기 때문이다. 그 단원들은 곡의 난이도를 걱정할 필요 없이 자유롭게 지휘할 수 있어서 음악가의 모든 요구를 맞춰주면서도 스트레스를 받지 않는다. 또한 그는 오케스트라가 곡을 자신이 원하는 대로 즉시 연주해낼 수 있을지를 걱정하지 않아도 된다. 왜냐하면 결과는 언제나 그가 원하는 대로 나올 것이기 때문이다. 물론 실습자는 무엇보다 먼저 페이즈를 숙달해야만 하지만, 그것이 정말 장애물이 될 수 있을까?

조각가나 건축가들은 페이즈에서 무엇이든지 만들어내고 그것을 세밀히 살펴서 디자인에 잘못이 있는지를 검토해볼 수 있다. 어떤 매체를 이용하든 간에 예술가가 자신의 작업에 페이즈를 어떻게 이용할 수 있을지를 일일이 설명하는 것은 별 의미가 없다. 그들 자신이 그 용도를 알아낼 수 있을 것이기 때문이다. 어떤 매체를 이용하든 예술가는 거기서 자신에게 좋은 용도를 찾아낼 것이다.

페이즈 속에서 만들어진 예술작품은 어디로도 사라지지 않는다는 점을 강조할 필요가 있다. 즉, 이전의 페이즈에서 이미 만들었던 예술작품을 다듬을 수 있을지에 대해서는 걱정할 필요가 없다. 이 예술작품들은 그곳에 영원히 보존되며 언제든 다시 찾을 수 있다. 다른 말로 하면, 모든 정보는 완벽하고 온전하게 저장된다.

창조적인 일을 하는 사람이 걱정해야 할 유일한 부분은 페이즈 속에서 그토록 쉽게 만든 훌륭한 걸작을 현실세계에서 재현해낼 방법이다. 사실 페이즈 공간은 깨어 있는 상태의 의식보다 훨씬 더 강력하다. 즉, 평소의 깨어 있는 삶에서 우리의 능력은 훨씬 감소된다. 그러나 페이즈 속으로 돌아가서 세부적인 것들을 마무리할 기회는 언제든지 있다. 본질적으로, 모든 것은 우리의 기억력에 의해서만 한정되는

데, 우리의 기억력은 평소에 깨어 있는 생활 속에서는 그토록 많은 양의 정보를 기억해내지 못한다.

스포츠

인간 활동의 많은 분야에서 운동기량은 매우 중요하다. 때로는 모든 것이 이 능력에 좌우되기도 한다. 운동기량은 무술에서부터 펜싱, 체조, 역도, 피겨스케이팅에 이르는 대부분의 스포츠에서 가장 중요한 요소이다. 여러 면에서 이런 운동들의 기량은 반사적 행동을 수행하는 능력의 터득에 달려 있다. 체조선수는 훈련과정 동안 공중제비 등의 묘기를 수십 번씩 되풀이해서 연습한다. 또한 권투선수는 수개월간의 연습 중 절반의 시간을 한 가지의 펀치를 연습하는 데만 바친다.

이런 사람들에게는 페이즈에서 할 수 있는 운동 훈련이 더 있다. 이 훈련의 가능성은 처음에는 분명하지 않을 수 있다. 그러나 페이즈 속에서 움직이면 깨어서 움직일 때와 동일한 부분의 뇌가 활성화된다. 신경신호가 근육에 보내지지만 않을 뿐이다. 페이즈 속에서 어떤 운동을 연습하든 간에 그것은 현실세계에서도 거의 똑같은 효과를 유지할 것이다. 이 현상은 훈련일정을 보충해주고, 심지어는 부상을 당했거나 기타 이유로 훈련을 할 수 없을 때도 공백을 메워준다. 물론, 페이즈 속의 연습만으로 올림픽 챔피언이 될 수는 없다. 그러나 그럼에도 불구하고 페이즈 속에서 연습하는 것은 매우 효과적이다.

동아시아의 무술인들은 특히 페이즈에 끌리는 것으로 나타났다. 그래서 많은 가라테 팬들은 페이즈 속에 있는 동안 테크닉을 완성하거나 더 강한 라이벌에게 대항하는 시뮬레이션 연습을 한다. 더욱 흥미로운 것은 어떤 사람들은 세계적으로 유명한 대가들을 찾아 개인교습을 받는다는 것이다. 특히 인기 있는 페이즈 트레이너로는 스티븐 시걸, 재키 찬, 그리고 물론 브루스 리 등이 있다.

페이즈 속의 스포츠는 정보를 찾아내는 기법과 결합시킬 수 있다. 정보를 찾는 기법은 이 책에 설명되어 있다. 학생은 올바로 훈련하는 방법이나, 해당 스포츠 능력을 향상시키고 이 종목에서 성공하기 위해서는 어떤 기술과 기회를 활용해야 하는지 등을 정보 찾기 기법을 사용해서 찾아낼 수 있다. 물론 이것은 학생이 운동을 즐길 경우의 이야기다.

페이즈 — 마약의 대안

새로운 감각을 찾아내어 삶을 더 다채롭게 즐기고자 할 때, 페이즈 실습자는 마약에 기대고 싶어지는 경향에도 충분히 대처할 수 있다. 페이즈는 본질적으로 마약을 이용해서 얻는 체험보다 훨씬 더 강렬한 체험을 하게 해주는, 의존성이 없는 안전한 방법이다. 부분적으로는 알코올에도 적용할 수 있다. 알코올에 대한 관심은 페이즈를 통한 자기계발을 통해 제거될 수 있기 때문이다.

페이즈 속에서 마약을 복용하여 현실에서 마약을 복용했을 때와 동일한 감각을 체험하면 현실에서 약물에 의존하는 습관에서 벗어날 수 있다.

이보다 더 시급한 것은 비전秘傳 수련에 페이즈가 도입되게 하는 것이다. 이들 비전 단체의 수련은 흔히 다양한 허브나 화학물질에 크게 의존하는 경향이 있다. 사람들은 대부분 '자기계발'이나 '영혼', '상위 자아와의 접속'을 위해서라면 규제된 약물을 사용하는 것을 부끄럽게 생각하지 않는다. 그러나 거의 대부분의 경우, 사람들이 규제된 약물을 사용하는 이유는 단순하다. 즉, 이들은 단지 깊은 변성의식상태를 체험하기 위해 이용할 수 있는 다른 방법이 있다는 사실을 알지 못하기 때문에 규제된 약물을 사용하는 것이다. 온갖 약물이나 대마초, 선인장, 버섯 등에 쩔어 있는 비전 수행자들과 얘기를 나눠보라. 그들은 페이즈로 들어갈 수 있는 간단하고 접근하기 쉬운 방법이 있다는 사실을 알았다면 그런 모험을 무릅쓰지 않았을 것임을 서슴없이 인정할 것이다.

사람들은 고대의 샤먼들과 동방박사가 특별한 무언가를 알고 있었고 그들이 매우 높은 경지의 비술秘術을 지니고 있었다는 믿음에 익숙해져 있다. 그러나 거의 모든 문화권에서 이런 사람들은 이런저런 자극제의 힘을 빌려서만 능력을 보이는 경우가 대부분이었다. 이들은 현대인이 추구하는 종류의 자기계발법 대신, 언제나 손쉬운 퇴폐의 길을 택하여 마약성 물질을 통한 환각을 연출했다.

불행히도 서구에는 페이즈 진입을 돕는 간접기법에 관한 지식이 제대로 알려져 있지 않은 탓에 페이즈를 체험을 돕는 화학물질의 시장이 형성되는 상황에 이르렀다. 간접기법을 제대로 행하기만 하면 90퍼센트의 성공률이 보장됨에도 불구하고, 사람들은 페이즈 체험이란 기법이나 방법론이 아니라 특정 약물의 복용 여부에 달린 문제라는 믿음에 세뇌되어 있다. 그 결과로 이런 약물에 대한 순전히 심리적인 의존성은 갈수록 심해지고, 기법을 통해 페이즈로 진입하는 방법은 발전하지 못하고 있다. 보조 물질이 사용되면 높은 수준의 연습에 대해 논하는 것은 불가능하다. 페이즈의 가장 중요한 특징은 약물 없이 들어갈 수 있다는 점이다.

검증되지 않은 효과들

사람들은 종종 연습을 통해 실제로 얻을 수 있는 것에 대해 뿌리 깊은 오해를 품은 채 페이즈 연습에 임한다. 아래에 이 같은 오해를 열거했다. 여기에 나와 있는 것들이 불가능한 것으로 판명된 것은 아니다. 하지만 실수와 시간 낭비를 방지하기 위해서는 입증되고 증명된 방법을 바탕으로 행동해야 한다.

물리적 이탈

페이즈 현상을 처음으로 우연히 경험할 경우, 그것을 영혼이 실제로 몸에서 이탈한 것으로 해석하지 않기란 거의 불가능하다. 첫 페이즈 체험은 실제로 이런 느낌이다. 경험이 쌓이면 현실의 어떤 부분은 페이즈 속의 어떤 것들과 일치하지 않는다는 것을 쉽게 알아차리게 된다.

지금까지 과학적인 실험이나 관찰을 통해 실제로 영혼이 몸에서 물리적으로 빠져나오는지 증명된 바는 없다. 예를 들어 페이즈 속에서는 현실세계에 있는 장소로 날아가는 것이 불가능하다. 그러나 실제로 현실세계의 장소를 날아다니는 것처럼 보일 수는 있다. 경험하는 장소는 마음속에서 만들어진 것이다. 페이즈 속에서 누군가를 꼬

집은 다음 현실세계에서 그 사람이 멍들어 있는 것을 보는 것도 불가능한 일이다.

다른 세계

페이즈 공간은 현실세계와 유사하기 때문에 실습자는 영혼이 몸에서 빠져나왔다고 생각하고 싶어질 수 있다. 때로 페이즈는 완전히 비일상적인 형태를 띠기도 한다. 그 결과 실습자는 자신이 평행우주에 들어섰다고 생각할 수 있다. 즉, 저 너머의 세계, 아스트랄계, 멘탈 공간, 또는 에테르 등 말이다. 페이즈 속에서 여러 장소로 여행을 다닐 수는 있지만, 그것이 곧 페이즈가 실제로 다른 세계들을 가로질러 여행하거나 그런 세계들을 이용할 수 있게 해준다는 뜻은 아니다. 실습자는 분별력을 가져야 한다.

초능력 계발

페이즈 연습을 초감각적인 능력으로 생각하는 것은 부분적으로는 맞다. 이제껏 신비하게 여겨졌던 매우 특별한 기술을 실제로 계발하는 것이기 때문이다. 하지만 시대가 변했으니 페이즈가 소수만이 이해하는 지식의 은밀한 창고에 감춰져 있어서는 안 된다.

페이즈 연습이 특별한 능력을 가져다줄 수 있다고 주장하는 증명되지 않은 이론이 있다. 이에 대한 설명이 문헌에 가득 나와 있지만 아직 이를 증명한 사람은 없다. 페이즈 속에서 특별한 능력을 계발하는 것도 마찬가지이다. 물론 페이즈 속에서 어떤 훈련을 할 수는 있겠지만 그런 훈련이 현실에서도 똑같은 결과를 가져오지는 않는다. 페이즈 연습이 초능력을 얻기 위한 연습이 되어서는 안 된다. 현실로 가지 있는 결과를 가져올 수 있는 증명된 활용법들이 많이 있기 때문이다. 현실감을 잃지 말라.

장애인을 위한 페이즈 응용법

대부분의 사람들은 페이즈 연습을 그저 오락거리로 여기거나 기껏해야 자기계발의 한 요소로 보지만 신체적 장애가 있는 사람들에게는 완전히 다른 의미를 갖는다. 이들에게 페이즈는 현실의 장애가 사라지는 유일한 곳일 수 있다. 장애를 가진 실습자들은 페이즈 속에서 현실에서 경험하는 삶보다 훨씬 더 다양한 가능성을 경험한다.

시각 장애인은 페이즈 속에서, 현실에서 사람들이 보는 것보다 훨씬 더 명료하게 사물을 볼 수 있게 될 것이다. 마비된 사람이라면 걷고, 뛰고, 날 수 있게 될 것이다. 귀가 들리지 않는 사람은 시냇물의 졸졸거리는 소리와 새들의 지저귐을 들을 수 있게 될 것이다. 장애인들에게 페이즈는 신체적 제약에서 해방된, 새롭고 비할 데 없는 세계를 발견할 수 있는 기회의 장이다.

물론, 꼭 이해해야 할 몇 가지 미묘한 차이들이 있다. 예를 들어 태어날 때부터 앞을 보지 못하는 사람이 보통 사람들이 보는 것과 같은 방식으로 페이즈 속에서 볼 수 있게 될지는 의문의 여지가 있다. 그러나 이 문제는 충분히 연구되지 않았으며, 따라서 앞이 보이지 않는 사람들은 그들 스스로 독립적으로 연구를 계속해야 할 것이다. 둘째, 장애 유형의 일부는 페이즈를 연습하는 데 부정적인 영향을 미칠 수 있다. 예를 들어, 눈이 보이지 않는 사람들은 잠든 상태와 깨어난 상태

사이의 중간 상태를 포착하는 데 더 어려움을 겪는다. 시각이 있는 사람들과는 달리, 이들은 소리를 감지하여 눈을 뜨지 않고도 깨어날 수 있기 때문이다. 셋째, 심리적인 요인은 명백하게 부정적인 영향을 미칠 수 있다. 장애물을 생기게 할 수 있는 특정한 믿음이나 태도 등이 그것이다.

각각의 문제가 무엇이든, 특정한 분야에 페이즈를 응용하는 것은 추가적인 연구가 필요하다. 이것은 장애인의 재활에 유용한 도구이기 때문에 상당한 주의를 기울일 가치가 있다. 이것은 실용적이고 독특하며, 이것이 제공하는 체험은 매우 놀라운 것이다.

생리에 미치는 영향력에 근거한 응용(축소판)

페이즈의 도움을 받는다면 생리기능에 매우 이로운 영향을 줄 수 있는 세 가지 주요 요소가 있다. 첫째, 생리에 영향을 미치는 방법을 배우기 위해 잠재의식에 접촉하는 것이 가능하다. 둘째, 뇌는 실제 사건보다 감각에 더 강하게 반응한다. 예를 들어, 페이즈 속에서 달리기를 할 경우, 신체에 일어나는 변화는 현실에서 달리기를 하는 사람의 몸에서 일어나는 변화와 동일할 것이다. 즉, 호흡과 혈압이 상승하고 심장 박동수는 빨라지고 심지어는 발로 가는 혈류도 많아진다. 셋째, 실습자가 페이즈 속에서 의식의 깊은 변화를 경험하는 동안은 모든 직간접적 자기암시가 가장 큰 효과를 발휘하는 시간이다.

생리기능에 대한 영향력이 모두 100퍼센트 효과를 발휘하는 것은 아니다. 그러나 성공의 보장이 없더라도 생리기능에 영향을 미치고사하는 노력 자체는 주목할 만한 가치가 있다. 놀랄 만한 결과를 얻을 수도 있기 때문이다. 좋은 결과를 얻으려면 페이즈 속에서 반복적으로 영향을 미쳐야 한다는 것을 항상 기억하라. 현실세계에서도 약물치료에는 반복적인 투약이 필요하다.

목표가 질병의 진행에 영향을 미치는 것이라면, 페이즈에 모든 희망을 걸지는 말라. 의사의 도움에 가장 먼저 의지해야 한다. 병이 심각한 것일수록 이 원칙은 더욱 중요하게 적용된다.

정보 얻기

정보 찾기에서와 동일한 기법을 사용하여 건강 문제에 관한 정보를 얻을 수도 있다. 건강 문제를 해결할 방법을 배우는 것도 가능하다. 그런 방법이 존재한다면 말이다. 두 가지 가능성 모두 제3자에게 적용할 수 있다. 페이즈를 통해 다른 사람의 생리에 영향을 미칠 수 있는 방법으로서는 정보를 수집하는 것이 유일하게 증명된 방법이다. 예를 들어, 페이즈 속에서 잘 알려진 치유가에게 찾아가서 자신이나 친구나 가족의 건강 문제를 물어볼 수 있다. 확인된 방법은 의학의 도움을 받아서 사용해볼 수 있다.

의사의 치료

대상 찾기 기법을 통해 페이즈 속에서 의사를 찾고, 그에게서 진찰을 받거나 현재의 질병이나 기타 건강 문제의 진단이나 치료를 요청할 수 있다. 예를 들어, 복통의 경우 의사는 배를 촉진하고 다양한 지점에 지압을 하거나 특별한 마사지를 해준다. 수술을 포함하여 어떤 행위든지 다 가능하다. 그러면 실습자는 페이즈에서 나온 후에도 긍정적인 효과를 느낄 것이다.

약물 복용

플라시보 효과는 현실에서보다 페이즈 속에서 훨씬 더 강력하다. 모든 행위가 깊이 변성된 의식상태에서 발생하고 직접적으로 지각되기 때문이다. 대상 찾기 기법으로 기존의 문제를 치료하는 데 쓸 약을 찾아낼 수도 있다. 원하는 효과를 얻기 위해 스스로 약물을 만들어낼 수도 있다. 예컨대 현실에서 급성 두통이 있는 경우, 실습자가 페이즈 속에 있는 동안 진통제를 먹으면 깨어 있는 상태에서도 진통제의 효과를 부분적으로 느끼게 될 것이다.

직접적인 영향

페이즈 속의 행위는 모든 질병이나 문제에 직접적인 영향을 미칠 수 있다. 예를 들어, 인후염의 경우 마음속으로 목 부분의 작열감을 상상하거나 사우나처럼 더운 곳으로 이동해 따뜻해지게 할 수 있다. 신체의 유연성을 높이고 싶다면 페이즈 속에서 스트레칭을 하는 것이 몸으로 하여금 그에 상응하는 힘줄과 근육을 이완시키고 긴장시키면서 실재하지 않는 행위에 적응하게끔 할 것이다.

프로그래밍

이것은 페이즈 속에서의 평범한 자기암시나 자가훈련과 전혀 다르지 않다. 자기암시나 자가훈련은 현실보다 페이즈 속에서 더 강력해진다. 실습자는 조용히, 또는 소리 내어 원하는 목표를 반복해서 말한다. 그리고 가능하면 원하는 결과를 경험하는 것을 상상해야 한다.

예를 들면, 목표가 우울증을 완화하는 것이라면 실습자는 페이즈 속에서 행복한 기분을 재현하려고 노력하면서 가능한 한 최고의 행복감을 느껴야 한다. 동시에, 모든 것이 괜찮을 것이고 모든 것이 훌륭하게 되어갈 것이라는 완전한 앎과 기대를 가지고 목표를 조용히 반복하면 틀림없이 원하는 결과를 이뤄낼 것이다.

유익한 경험들

현실에서 이로운 모든 것은 페이즈 속에서도 이롭게 경험된다. 몸은 그것에 사실상 동일한 방식으로 반응할 것이기 때문이다. 유익한 경험으로는 예컨대 운동, 헬스클럽에 가는 것, 마시지를 받는 것, 진흙 또는 소금 목욕을 하는 것, 즐거운 감정을 경험하는 것 등이 있다.

심리

페이즈 관련 기법을 연습하는 것은 심리상태에 이로운 영향을 미친다. 그것이 새로운 기회를 가져다주고 새로운 감정을 불러일으키기 때문이다. 그러나 이와 다른 심리적인 효과를 내는 특별한 페이즈 응용법도 있다. 예를 들어, 실습자가 특정한 종류의 공포를 직면하고 다룰 수 있는 환경을 만들어냄으로써 페이즈 공간을 공포증을 다루는 매개체로 이용할 수도 있다. 다양한 종류의 콤플렉스도 유사한 방법으로 극복할 수 있다. 부정적인 사건들을 새로운 태도로 다시 대하려고 노력하면서 그 사건들을 다시 경험하는 재방문(re-visiting)이라 불리는 잘 알려진 기법을 활용하는 방법 또한 페이즈에서 성공적으로 이용되고 있다.

생리에 미치는 영향력에 근거한 응용(확대판)

정보 얻기

행동 이 기술의 핵심은 페이즈 속에서 자가치료에 활용할 수 있는 유용한 정보를 얻는 것이다. 획득한 정보를 이용하여 현실에서 어떤 행동을 취할 수도 있고, 페이즈 속에서 직접 행동할 수도 있다. 다른 사람을 돕는 법을 배우거나 그 사람이 질병을 극복하기 위해 해야 할 일이 무엇인지를 알아낼 수도 있다. 예를 들어, 실습자에게 어떤 질병이나 건강문제가 있는 경우, 페이즈 속에서 어떤 약이 가장 효과가 좋은지를 알아내거나 페이즈 속에서 어떤 행동을 취해야 병이나 질환을 극복할 수 있을지를 알아낼 수 있다.

적응증 치료적 적응증適應症• 은 무한하다. 이 기법은 정보와 지식의 획득에 관한 것이기 때문에 병의 심각성이나 종류와는 상관없이 모든 자가치료에 사용될 수 있다. 또한 현실 속에서 치료를 원하는지, 페이즈 속에서 치료를 원하는지 등의 의도와도 상관없다.

예시 예를 들어, 실습자가 직장에서 다리를 다쳤다고 해보자. 심하게 아픈 멍이 들어서 나으려면 오랜 시간이 걸린다. 그래서 어떻게 하면 멍을 더 빨리 낫게 하고 덜 아프게 할 수 있을지 의문이 생겼다. 실습자는 페이즈 속으로 들어가 살아 있는 대상으로부터 정보를 얻어내는 기법을 사용한다. 그리고 이를 위해 외과의사를 불러낸다. 실습자는 간단히 문제를 설명하고 조언을 요청한다. 의사는 고통을 없애기 위해 일단 짧은 시간 동안 달리기를 하거나 그저 단순히 고통을 느

• 어떠한 약제나 수술 따위에 의하여 치료 효과가 기대되는 병이나 증상. 역자 주.

끼지 말라고 조언한다. 그런 다음 현실로 돌아가기 전에 상처에 냉찜질을 하거나 많은 양의 국부마취제를 주입한다. 페이즈 속의 의사는 또한 생각조차 해본 적 없는 재료를 사용하고 압박붕대를 매거나 특정한 약을 복용하라고 조언할 수도 있다. 그 결과 페이즈 속에서와 현실에서 모두 위의 행동을 취하여 그 행동의 특성에 상응하는 결과를 얻을 수 있다.

효과 효과(여기서는 페이즈에서 얻은 지식의 정확도)는 실습자의 숙달 정도, 즉 실습자가 페이즈로부터 정보를 얻을 수 있는 능력에 따라 크게 달라진다. 초보자의 경우 획득한 정보가 정확할 확률은 20~40퍼센트 정도에 불과하다. 그러나 경험이 늘수록 확률은 70~100퍼센트까지 올라갈 수 있다. 이를 고려하면 획득한 정보를 검증하는 기법을 사용하는 것이 필수적이다.

어려움 페이즈를 사용해 이러한 종류의 치료를 하는 것이 어려운 것은 실습자가 추가적인 능력을 가지고 있어야 하기 때문이다. 즉, 실습자는 페이즈로부터 올바른 정보를 얻는 능력과, 물론 그 정보를 검증할 수 있는 능력을 가지고 있어야 한다. 대개는 그저 페이즈 속에 들어가서 페이즈를 심화한 다음 그 상태를 유지시키면서 계획했던 행동을 한다. 그러나 이 경우에는 모든 것이 훨씬 더 어렵다.

얻은 지식의 정확도 자체는 실습자가 수신한 정보에 얼마나 편견이 섞이지 않았는지, 그리고 얼마나 정확한 정보를 얻을 수 있다고 믿었는지에 따라 크게 좌우된다. 실습자는 자신이 듣고 싶은 것을 말하도록 정보원을 압박해서는 안 된다. 이렇게 하는 것은 정확한 정보가 나오는 것을 막는 짓이다. 평범한 사람이 상당한 훈련 없이 이런 습관의 스위치를 '끄는' 것은 쉽지 않다. 사람들은 모두 마음 한구석에서 무언가를 고민하거나 어떤 대화에서 얻고자 하는 결과를 품고 있는 데에 익숙해져 있기 때문이다.

접근성 페이즈 속에서 치료를 위한 정보를 얻는 것은 물론 가장 어려운 과정 중 하나이다. 때문에 초보자는 이 과정을 꼭 해야만 할 절박한 이유가 없다면 피하는 것이 좋다. 페이즈를 통해 치유를 하는 다른 많은 방법들과는 달리, 여기서는 정보를 얻는 별도의 어려운 기술을 습득해야 한다.

약 복용하기

행동 대부분의 사람들은 진짜 약과 함께 네 번에 한 번 정도는 설탕으로 만든 가짜 약을 먹었을 때 나타나는 소위 위약효과라는 것에 대해 알고 있다. 페이즈 속에서는 훨씬 더 인상적이고 큰 위약효과를 낼 수 있다. 어떤 알약(또는 다른 투여 형태)도 만들어낼 수 있을 뿐 아니라 그 효과 또한 즉각 느낄 수 있기 때문이다. 주어진 성질을 지닌 어떤 약을 투여했을 때 육체는 이에 반응하는 것 외에는 다른 선택의 여지가 없다. 이 모든 것이 육체가 페이즈 속에서 발생하는 사건에 반응하게 하고, 가능한 모든 방법으로 실습자의 현실의 육체가 그 효과를 재현하게끔 만든다. 이것은 훌륭한 방법이다.

육체는 완전히 속아 넘어가서 이런저런 방식으로 작동하고, 특정 문제를 해결하거나 어떤 작업을 완수하도록 강요받는다. 이 현상이 어떻게 발생하는지를 이해하는 열쇠는 다음과 같다. 육체는 페이즈 속에서 일어나는 모든 경험들이 마치 현실에서 일어나는 것처럼 반응하고, 따라서 페이즈 속에서 일어난 일들에 대해 물리적으로 적응하려고 노력한다. 이 과정에서 필요한, 지금까지는 부족했던 효과를 만들어내려고 노력한다.

이는 다음과 같은 간단한 실험을 통해 분명해진다. 페이즈 속에서 달리기를 하는 실습자를 관찰할 때 그의 호흡 패턴이 변화한 것이 기록된 것이다. 심박수 및 혈압, 심지어는 발로 가는 혈류도 증가했다. 게다가 이것은 단지 외부적인 지표다. 이런 외적인 지표와 더불어, 실습자가 실제로 경주를 할 때 일어날 법한 호르몬의 분비가 관찰되었다. 다음의 예를 통해 이러한 내부적 변화에 대해 이해할 수 있다. 페이즈 속에서 보드카 한 잔을 마신다. 그는 보드카의 냄새와 맛을 느낄 수 있을 뿐 아니라 즉각적으로 이에 상응하는 효과를 느낄 수 있다. 이 효과는 깨어 있는 상태로 복귀한 이후에도 남아 있을 수 있다. 그러나 실습자가 보드카가 물과 똑같은 성질을 가지고 있다는 생각에 초점을 맞출 경우 보드카는 영향을 미치지 않을 수 있다. 즉, 이 때문에 보드카는 본연의 성질을 잃게 될 수도 있다는 얘기다. 따라서 페이즈 속에서 약을 복용할 경우 실습자는 가능한 한 강력하게 곧장 그 약의 효과를 느낄 수 있도록 노력해야 한다.

페이즈 속에서 위약의 형태로 약을 복용하는 것이 어떻게 효과를 낼 수 있는지는 오랫동안 설명되지 않았다. 특히 아무리 생생한 감각과 반응이 동반된다 하더라도 실습자가 위약을 복용하고 있다는 사실을 안다는 상황을 고려하면 더욱 그렇다. 이에 대한 대답은 2010년 말 하버드 의과대학에서 과민성대장증후군 환자들을 대상으로 행한 위약 실험에서 나왔다. 이 실험은 환자들이 위약, 즉 설탕으로 만든 알약을 복용한다는 사실을 알고 있었다는 점에서 특별했다. 위약을 복용한 환자군은 아무것도 복용하지 않은 대조군에 비해 거의 두 배에 가까운 증상 감소를 경험했다. 또한 2008년 듀크 대학은 위약 실험을 하면서 가격 범위가 서로 다른 것으로 가정한 가짜 진통제를 사람들에게 주었다. 그 결과 '비싼' 진통제는 85퍼센트 피험자들에게 효과가 있었던 반면 '싼' 진통제는 61퍼센트의 피험자들에게서만 효과를 발휘했다. 설탕으로 만든 똑같은 알약 사이에 효과의 차이가 있다는 점뿐만 아니라 애초에 설탕으로 만든 알약이 그토록 효과를 낼 수 있었다는 점이 흥미롭다. 이 실험은 최대의 효과를 얻기 위해서는 페이즈 속에서 잘 알려지고 널리 광고된, 비싼 약을 복용하는 것이 낫다는 것을 입증해준다.

약을 복용하여 페이즈 속에서 자가치료를 하는 절차는 다음과 같다. 실습자는 특정한 약을 찾거나 (대상 찾기 기법을 사용하여) 만들어내야 한다. 그런 다음 당장 그 자리에서 즉시 그 약의 효과를 적극적으로 느끼려고 노력하면서 평상시와 같은 방법으로 약을 복용한다. 어떤 약의 일차적인 효과를 느낄 수 없는 경우 가장 연관성이 큰 부작용이 느껴질 것이다. 약이나 치료물질 자체는 정제, 알약, 주사액, 연고, 물약 등 어떤 형태든지 취할 수 있다. 실습자가 페이즈 속에서 이러한 물질을 섭취하면 몸은 이 물질의 효과 및 그와 관련된 감각을 재현하기 시작할 것이다. 또한, 이에 따른 반응이 내부 생체기능 차원에서 일어날 것이다. 즉, 해당 치료물질이 가져올 만한 그 효과를 말이다. 이것은 모두 매우 간단한 일이다.

원하는 치유 소품을 가지고 자신만의 치료법을 만들어내는 능력은 매우 중요하다. 예를 들어, 실습자는 동시에 두 개 이상의 병을 치료하기 위해 대상 찾기 기법을 통해 프로그래밍된 알약을 만들어낸 다음 복용할 수 있다. 현실에는 이러한 약이 존재하지 않더라도 말이다. 한편, 실습자가 만들어낸 물질은 기존의 약이나 잘 알려진 약들에 비해 효과가 덜하다는 규칙을 주목할 필요가 있다. 실습자들의 심리적인 장벽 때문이다.

물론, 대부분의 경우 페이즈 속에 있는 동안 단 한 번만 약을 복용하는 것으로는 충분하지 않다. 따라서 실제 의약품을 처방받을 때와 같이 일정한 간격으로 적량을 복용하면서 일종의 치료 체계를 따르는 것이 좋다. 일부 복잡한 병의 경우에는 현실에서와 마찬가지로 평생 동안 페이즈 속에서 정기적으로 약을 복용해야 할 수도 있다.

복용량과 관련하여 한 가지 중요한 점을 언급할 필요가 있다. 실제로 페이즈 속에서는 아무런 약을 복용하지 않고도 여전히 원하는 효과를 얻을 수 있다는 점이다. 그러나 의지하는 것도 없이 실습자가 자신의 신체를 원하는 방식으로 작동하게 하기란 쉽지 않은 일이다. 약 자체는 의지할 수단 역할을 함으로써 원하는 자가치유 프로그램의 활성화를 훨씬 더 촉진해주는 도구이다. 복용량은 전혀 중요하지 않은 것으로 드러났다. 그러나 연습 초반에 수립한 규칙을 따르는 것이 더 좋다. 이것이 품질 및 양과 상관관계가 있는 무의식의 프로그래밍을 활성화하기 때문이다. 그럼에도 불구하고 과다복용은 부작용이 있을 수 있다. 실습자가 자유롭게 자신의 몸에 약의 효과를 재현하는 방법을 배우게 되면 극소량의 조제약을 사용하는 것이 가능할 것이다.

다양한 약 중 하나를 선택할 때, 이들 약이 가지고 있는 부작용이 페이즈 속에서도 발생할지에 대한 의문이 생길 수 있다. 페이즈 속에서는 부작용의 발생빈도가 50~100퍼센트까지 감소한다는 점을 자신있게 말할 수 있다. 잠재의식에게 모든 약의 최우선적 기능은 치료이기 때문이다. 한편, 신체가 부작용을 일으키도록 프로그램되지 않았을 수도 있다. 이런 상황을 감안할 때, 부작용이 잘 알려진 약은 사용하지 않는 것이 바람직하다. 이런 약을 사용할 경우 부작용이 있을 수 있을 뿐 아니라 기법과 관련된 특정한 실수를 할 경우 부작용이 더 심해질 수도 있기 때문이다. 즉, 이런 약은 페이즈 속에서 치료보다는 더 큰 해를 끼칠 수 있다.

적응증 페이즈 속에서 약을 복용하는 것과 관련된 적응증에는 사실상 한계가 없다. 정보를 얻는 것과 마찬가지로, 어떤 목적을 달성하거나 질병을 해결하는 방향으로 페이즈를 활용할 수 있다.

예시 실습자가 심한 감기에 걸려 두통, 콧물, 기침, 발열 등의 증상이 나타났다고 가정해보자. 실습자는 깊은 페이즈 상태로 들어가 대상 찾기 기법을 사용하여 침실 스탠드 위에서 한창 선전 중인 물에 녹는 종류의 감기약 한 박스를 찾아낸다. 그런 다음 그는 부엌으로 가서 정제 한 정을 물컵에 넣는다. 정제는 쏴 하는 소리를 내며 녹기 시작한다. 정제가 녹자마자 그는 그것을 마시면서 동시에 즉시 그 효과를 느끼기를 시도한다. 몸을 타고 내려가는 온기와 행복의 느낌이 일어나고 열이 내려가면서 콧물 증세가 완화되는 등의 효과를 느낀다. 현실로 돌아온 후 실습자는 즉시 몸이 나아지거나 그 시점부터 점차 회복되기 시작한다. 이후 며칠에 걸쳐 이 과정을 수차례 반복한다. 그런 다음 실습자는 별도로 예방 치료과정을 행하여 앞으로는 감기가 덜 심하게 하거나 덜 자주 걸리게 할 수 있다.

물론 대상 찾기 기법은 다양한 목적에 이용될 수 있다. 예를 들어 당신은 이미 감기약이 녹아 있는 물컵을 찾아냄으로써 시간을 절약할 수 있다.

효과 초보자가 치유 수단으로서 페이즈 속에서 약을 복용할 경우 그 효과는 약 50~70퍼센트 정도이다. 즉, 대부분의 경우 분명하고 안정적인 효과가 있다. 현실에서 알약이 이만큼 효과를 내는 경우가 드물다는 점을 감안하면 많은 경우 이것이야말로 이용가능한 자가 치유법 중 최고임을 알 수 있다. 경험이 풍부한 실습자의 경우 효과는 90~100퍼센트에 달한다. 이따금 페이즈 속에서 약을 복용하는 간격을 조정할 필요가 있다. 종종 효과를 최적화하기 위해 용량을 늘릴 필요가 있기 때문이다.

어려움 페이즈 속에서 약 복용하기와 관련된 실질적인 어려움은 없다. 여기서 필요한 것은 기본적으로 대상 찾기 기법과, 약을 복용할 때 그 효과를 재현하는 능력이다. 그저 이런 일이 일어나기를 바라는 마음을 심화시킴으로써 이를 달성할 수 있다. 첫 번째 시도에서 이를 달성할 수 없는 경우 두 번째 또는 세 번째 시도에서 효과를 볼 수 있을 것이다.

접근성 약은 페이즈 상태에 있는 동안 신체에 영향을 미치는 기본적인 수단이다. 이 기법은 초보자도 사용하기 쉽고 숙달이 쉬운 만큼 실습자는 이 기법을 즉시 자신의 행동계획 레퍼토리에 넣고 바로 첫 시도부터 결과를 내도록 노력해야 한다. 이 기술의 높은 효과를 고려하면 특히 그렇다.

직접적 영향력

행동 약 복용 기법에서 설명한 바와 같이, 페이즈 속에 있는 동안 신체에 직접적인 영향이 가해지는 것은 페이즈 체험이 주는 영향에 대해 신체가 모든 차원에서 반응하기 때문이다. 즉, 페이즈 속에 있는 동안 신체에 어떤 일이 행해지면 그 효과는 페이즈 속에서 즉각적으로 느껴진다. 이와 동시에 마치 모든 일이 현실에서 일어나고 있는 것처럼 물리적 세계에 있는 몸에도 실제 효과가 느껴진다. 약 복용 기법과 직접적 영향력 기법의 사이의 주요한 차이점은 직접적 영향력 기법의 경우 매개체(약)를 통해 문제에 접근하는 대신 직접 부딪힌다는 데 있다. 이 방법은 본질적으로 더 철저하지만 더 어려운 방법이다.

실제로 이 방법은 다음과 같이 작동한다. 실습자는 페이즈 상태로 들어가서 가능한 모든 수단을 최대한 동원하여 아픈 장기나 조직에 직접적으로 영향력을 주기 시작한다. 이때의 수단은 현실에 존재하는 수단이든 존재하지 않는 수단이든 모두 가능하다. 또한 외부적인 접촉 없이 단지 의식 수준에서도 몸에 영향을 줄 수 있다. 여기서 핵심은 직접적인 영향력을 미친다는 바로 그 인식이다. 이러한 인식 없이는 이 기법을 적용하는 의미가 없다. 명심하라.

가열, 냉각, 에너지 방출, 감각 마비, 마사지, 주사제 주입, 연고 바르기, 방사선 치료 등 몸 전체나 몸의 개별적인 부분들에 직접적인 영향을 미칠 수 있는 방법은 많다. 일반적으로 현실에서 가능한 모든 것, 또는 불가능한 모든 것이 해당한다. 이 과정을 위해서는 주도권을 가지고 창의적인 접근방식을 취할 필요가 있다.

실습자는 페이즈 속에 있는 동안 몸 전체나 개별 부위에 영향력을 미칠 수 있다. 예를 들어, 실습자는 손쉽게 몸 전체를 따듯하게 만들고 두뇌 전체를 뜨겁게 만들거나 심지어는 믿을 수 없는 소리처럼 들리겠지만, 두뇌를 마사지할 수도 있다. 실습자는 페이즈 속에 있는 동안 손으로 자신의 몸을 관통하여 장기를 만지고 필요하다면 장기에 영향을 미칠 수 있다. 너무나 괴이한 이야기라서 못 믿겠다는 사람도 있을 수 있겠지만 말이다. 이것은 매우 현실감 있게 느껴져서 자신의 손이 몸을 통과하여 내부 장기를 만지는 것을 느낄 때 드는 두려움 때문에도 사람들은 오랫동안 그것을 시도해볼 엄두조차 못 내곤 한다. 예를 들어, 실습자가 간에 어떤 영향을 미치고 싶다면 그는 왼손으로 간을 들 수 있을 뿐만 아니라 간을 들고 있는 감각과 함께 간 자체를 직접적으로 느낄 수 있게 될 것이다. 심장이나 뇌에 영향을 주는 경우에는 특히 무서운 기분이 들 수 있다. 페이즈는 이 모든 일을 할 수 있는 유일한 곳이다. 그리고 이것은 실로 평생 지속될 감정적 인상을 남겨놓는 놀라운 체험이다. 중요한 것은 병뿐만이 아니라 그 증상에도 영향을 미칠 수 있다는 점이다. 실습자는 증상을 완화시키고 제거함으로써 그 증상의 원인에도 영향을 미치게 된다. 이것은 증상 자체의 원인이 잘 알려져 있지 않은 경우 특히 중요하다.

물론, 페이즈 속에서 몸에 영향을 미치기 위한 다른 대부분의 기법들과 마찬가지로, 단 한 가지의 직접 치료만으로는 종종 충분하지 않다. 일반적으로 며칠 연속으로 페이즈에 들어가거나, 심지어는 일련의 치료 과정을 행하는 방식으로 수차례 절차를 거쳐야 한다. 어느 쪽이든, 이 모든 것은 기법을 구사하는 실습자의 능력에 달려 있다. 경험이 풍부한 실습자에 비해 초보자가 훨씬 더 많은 과정을 거쳐야 한다는 것은 말할 나위도 없는 일이다.

적응증 병의 부위가 알려져 있는 경우 몸에 직접적인 영향력을 미치는 것은 매우 쉽다. 증상이 거의 없어서 잘 알려져 있지 않은, 눈에 보이지 않는 병에 직접적으로 영향을 미치는 것은 매우 어려운 일이다.

예시 부상당한 다리의 예를 다시 들어보자. 실습자는 깊은 페이즈 상태로 들어가서 즉시 가능한 모든 방법으로 다리를 움직이기 시작한다. 첫째, 실습자는 아프지 않고 이미 치유된 다리에 의식을 집중

한다. 그런 다음 내부에서 만들어진 치유력을 지닌 열과 진동을 순환시킨다. 치료 효과는 즉시 느낄 수 있어야 한다. 시간이 남으면 대상 찾기 기법을 사용하여 진통제와 즉효의 타박상 치료제가 들어 있는 주사기를 찾아낸다. 약을 다리에 주사하면서 즉시 약의 효과를 느껴보려고 노력한다. 이런 일은 쉽게 일어난다. 실습자는 마비감과 함께 주사로부터 오는 좋은 기분을 느낀다. 가능하다면 치유과정을 가속시키기 위해 마지막으로 특별히 만든 연고를 다리에 바른다. 페이즈에서 돌아오면 즉시 다리가 훨씬 덜 아프고 회복이 곧 시작될 것 같은 기분이 든다. 그렇지만 동일한 과정을 여러 번 반복해서 행하는 것이 가장 좋다.

또 다른 예시로서 신장결석을 앓는 실습자는 깊은 페이즈 상태로 들어가서 몇 분 동안 결석을 녹여주는 따뜻한 진동을 신장으로 '쏘도록' 노력한다. 이를 위해서는 먼저 단지 자신의 신장을 느껴보도록 노력한 다음 강한 욕망의 힘으로써 신장에 필요한 작용들을 일으킨다. 곧이어 양손을 복부 속으로 미끄러지듯 들어가게 하여 양손에 각각 신장 하나씩을 잡고 신장 속의 결석이 녹도록 마사지를 시작한다. 그런 다음 조심스럽게 손가락을 신장 속에 미끄러지듯 들어가게 한 다음 손가락으로 결석들을 문질러 무해한 분말로 만든다. 효과를 극대화하기 위해 실습자는 규칙적이고 지속적으로 이 절차를 수행해야 한다. 이것은 금방 해결되는 문제가 아니기 때문이다.

효과 대부분의 경우, 직접적 영향력을 미치는 기법은 매우 효과적인 치료수단이다. 특히 손에 만져지는 확실한 병일 경우 더욱 그렇다. 효과는 초보자들의 경우에도 60~80퍼센트에 달한다. 경험이 많은 실습자들이 달성할 수 있는 효과는 말할 것도 없다.

어려움 페이즈 속에 있는 동안 인체에 직접적인 영향력을 미치는 일에는 실질적인 어려움이 따르지 않는다. 이러한 영향력의 효과를 느끼는 것만이 필요할 뿐이다. 그리고 욕망이 충분히 강하다면 사전훈련 없이도 이러한 효과를 느끼는 것은 쉽다. 손을 몸속으로 넣을 때 발생하는 공포감 같은 사소한 문제가 남아 있을 뿐이다. 이 공포감은 일반적으로 극복하기가 쉽지 않다. 그러나 실습자의 목표가 충분히 진지할 경우 공포감은 대개 극복할 수 있게 된다. 호기심만으로는 실습자가 위험을 무릅쓰고 모험을 하도록 만들기에 충분치 않다.

접근성 페이즈 속에서 질병이나 건강문제에 직접적인 영향력을 미치는 것은 매우 효과적일 뿐만 아니라 충분히 쉽다. 따라서 초보자라도 첫 시도부터 이 기법을 사용해도 좋다. 또한 페이즈 속에서 자가 치료를 위한 다른 기법들에 숙달된 후에도 절대 잊어버리지 않는 것이 좋다. 이 기법은 기본기 중의 하나다.

프로그래밍

행동 자동 훈련과 자가 프로그래밍, 자기최면의 효과는 오랜 세월에 걸쳐 입증되어왔다. 깨어 있는 동안 행해도 효과가 있다는 사실이 증명되었다. 최면상태가 깊을수록 효과는 더욱 강력하다. 이런 점에서 볼 때 페이즈 속에서 치유를 위해 유사한 기법을 사용해보자는 생각이 일어나지 않을 수 없다. 페이즈 상태야말로 스스로, 의식적으로 다다를 수 있는 가장 깊은 최면상태이기 때문이다. 또한, 자기최면으로 들어가는 일반적인 최면상태는 깊이나 효과 면에서 페이즈와는 비교조차 할 수 없다. 따라서 자가 프로그래밍은 다른 어떤 상태보다 페이즈 속에서 몇 배나 더 효과적이다. 어느 모로 보나 현대는 이런 종류의 기법들이 새롭게 발전해나가기에 좋은 시대이다.

페이즈 속의 프로그래밍은 스스로 실현되는 잠재의식의 확고한 의도를 만들어내는 일로 이뤄진다. 페이즈 공간은 이러한 프로그래밍을 위한 가장 효과적인 장소이다. 페이즈 속에 있는 사람은 의식적으로, 독자적으로 다다를 수 있는 가장 깊은 변성의식상태에 있기 때문이다. 인간의 많은 질병이 본질적으로는 심인성이지만 실제로 고통을 일으킨다는 사실에 비추어 본다면 페이즈 속에서 사용되는 프로그래밍 테크닉은 이런 '질병'들을 뿌리부터 제거해줄 수 있다.

실전에서, 건강문제를 해결하고자 하는 실습자는 페이즈 속으로 들어가서 잠재의식의 차원에서 자신의 결의를 전한다. 페이즈 속에서는 이것을 여러 가지 방식으로 할 수 있다. 먼저 실습자는 단순히 큰 소리로 문제 해결이나 건강에 관련된 자신의 결심을 확고하게 진술할 수 있다. 둘째, 말 없는 이해와 의도의 수준에서 프로그래밍을 할 수도 있다. 이 두 번째 방식은 언어적 암시보다 훨씬 더 어렵다. 그러니 초보자는 하지 않는 것이 좋다.

한 번의 시도에 페이즈 전체 시간이 소요돼서는 안 된다. 여기서 중요한 것은 시도의 길이가 아니라 질이기 때문이다. 중요한 것은 프로그래밍이 대뇌피질 하부의 가장 깊고 의미 있는 수준에서 발생한다는 것이다. 그것이 단지 10~15초 동안만 지속되는 경우에도 말이다. 건성으로 몇 가지 단어를 발음했다고 해서 그것이 마치 주문을 거는 것과 마찬가지로 스스로 모든 일을 해낼 거라고 생각하지 말라. 이 단어들은 지각과 자각의식의 모든 수준에서 경험되고 느껴져야 한다.

잠재의식을 프로그래밍할 때는 언어적 처방에 부정적인 진술이 포함되지 않도록 주의하는 것이 매우 중요하다. 예를 들어, '나는 불면증이 없다'고 말하는 대신 '나는 깊고 충분히 잠잔다. 나는 빨리 잠에 든다'고 확언하는 것이 훨씬 낫다. 페이즈 속에서 자가치료를 기하는 다른 기법들과 마찬가지로, 프로그래밍할 때, 어떤 문제에 대해 단 한 번만 행하는 것으로는 충분하지 않다. 여러 날 동안 여러 번 결의를 전하는 것이 좋다. 때로는 전체 치료과정을 거치는 것이 권장된다.

적응증 페이즈 속에서 자가치유를 하기 위한 프로그래밍은 거의 모든 질병이나 질환에 적용될 수 있지만 개인적인 심리나 일반적인 웰빙 문제에 관한 것일 때 가장 효과를 발휘한다. 예를 들어, 실습자는 이 기법을 사용해 전반적인 작업 능력을 개선하거나, 피로나 불안을 완화하거나, 체력을 강화하거나, 전반적인 건강을 증진시키거나, 면역체계를 강화하거나, 이보다 훨씬 더 많은 일을 할 수 있다.

예시 실습자는 심각한 단계에 있는 병을 가지고 있고 이 병은 피로뿐만 아니라 화난 기분을 동반한다. 그러나 매일 같이 일하러 가야 하기 때문에 치료를 위해 병가를 낼 수가 없다. 그래서 그는 깊은 페이즈 상태에 들어가 큰 소리로 다음과 같이 말한다. "페이즈를 나가면 나는 하루 내에 기운차고 건강하고 활력 있는 기분을 느낄 것이다. 내 기분은 좋아질 것이고 이상적인 전반적 행복감을 느낄 것이다. 나는 건강하다. 나는 활동적이다. 나는 행복하다. 나는 무한한 에너지를 가지고 있고 활력으로 넘친다." 한편, 실습자는 이 말을 건성으로 말하는 것이 아니라 이 말을 느끼고 경험하려고 노력해야 한다. 물론, 페이즈를 나가기 전에 병을 치유하기 위한 추가적인 절차를 시작하는 것이 더 좋다. 어쨌든, 현실로 돌아간 직후에 이 확언을 반복하면 훌륭한 결과를 가져올 수 있다.

효과 페이즈를 통한 자가치유 프로그래밍의 효과는 그리 높지 않다. 대부분의 사람이 자신이 프로그래밍한 결의를 깊고 완전하게 느끼지 못하기 때문이다. 초보자들의 경우 효과는 30~50퍼센트 범위의 어딘가에 있다. 연습을 많이 할수록 효과가 커진다. 흥미롭게도, 페이즈를 통해 자가치유를 하는 다른 기법들의 경우와는 달리, 경험 많은 실습자들은 흔히 단 한 번의 세션으로도 충분하다.

어려움 프로그래밍 기법을 사용할 때 발생하는 가장 큰 어려움은 만들어진 결의를 진심으로 느낄 수 있어야 한다는 데에 있다. 이것은 많은 사람들에게 넘기 힘든 벽이 될 수 있다. 각자의 심리적 틀 때문이거나, 하고 있는 일 자체를 이해하기가 어려울 경우에 그렇다. 프로그래밍 과정 자체가 실습자를 페이즈 밖으로 쫓겨나게 할 수 있다는 사실 또한 별도로 언급해둘 필요가 있다. 이 과정은 마음을 느긋하게 해주는 경향이 있기 때문이다. 따라서 프로그래밍을 할 때는 페이즈 유지를 위한 몇 가지 기법을 사용하기를 잊지 않는 것이 중요하다. 예컨대 끊임없이 양손을 비비거나, 뭔가를 가까이서 자세히 살피거나, 진동을 내내 유지할 수 있다.

접근성 효과와 기술적 애로를 고려하자면 초보자들에게는 페이즈 속에서 자가치료를 한다는 것이 종종 그리 쉬운 것만은 아니다. 따라서 이런 방식으로만 해결할 수 있는 어떤 특정한 목표가 있는 경우가 아니라면 다른 기법을 사용하는 것이 좋다.

심리적 영향

행동 심리적, 혹은 심신상관성 질환에 관련된 문제를 해결해야 한다면, 심리적 영향을 미치기 위한 페이즈 이용법은 신체에 영향력을 미칠 수 있는 가장 효과적이고 확실하고 증명된 방법이다. 과학 연구를 통해 자각몽의 효과가 입증된 것은 거저 그렇게 된 일이 아니다.

이 기법의 작동원리는 간단하다.

— 육체는 페이즈 속에서 체험한 사건에 적응한다.

— 과거의 부정적인 사건의 재경험은 그 경험이 남긴 생리적 차원의 각인을 지워준다.

자가치유의 맥락 밖에서조차 페이즈를 연습하는 것은 그 자체가 강력한 긍정적 효과를 가져온다는 사실을 언급해두고 시작하는 것이 도움이 될 것이다. 그 효과는 페이즈를 추구하는 사람이라면 누구에게나 분명히 나타난다. 요점은, 일단 누구든 페이즈를 체험하여 실로 광활하고 무한한 세계의 지평에 눈을 뜨면 이제까지와는 다른 방식으로 현실의 삶과 관계를 맺기 시작하리라는 것이다. 그는 더 열려 있게 되고, 자신과 세계를 대하여 어려움을 덜 겪고, 더 사교적인 사람이 된다. 또한, 대단한 작업이기는 해도 페이즈에 실질적으로 숙달되면 내면의 중심이 확고해진다. 페이즈 연습은 개인에게 유익한 효과를 가져다주지 않을 수가 없다. 페이즈는 그 자체가 진정한 형태의 자아 구현이기 때문이다. 현혹과 추측에 가까운 다른 연습들과는 달리, 페이즈는 진정한, 그리고 지속적인 자아 구현이다.

적응증 페이즈 속에서 심리적 영향력을 미치는 방법을 통해 다음과 같은 종류의 문제들에 영향을 미칠 수 있다, — 정신질환 및 기타 문제(공포증, 두려움, 콤플렉스, 우유부단, 우울증, 사회 불안 및 기타 다수). 페이즈 속에서 자가치유를 기하는 이 기법은 심리적인 것이 아닌 질환에는 적당하지 않다. 예외가 있다면 그것은 심신상관성 요인에 의해 발생한 병이다. (일부 보고에 따르면 모든 병의 50퍼센트까지가 이 범주에 해당한다. 그러나 이러한 구별은 사례별로 분류하기가 어렵다.)

예시 어떤 사람이 비행기로 여행하기를 두려워한다고 해보자(비행 공포증). 이 문제를 해결하기 위해 이 사람이 해야 할 일은 깊은 페이즈 상태로 들어가 공간이동 기법을 사용하여 심한 난기류를 만난 비행기에 타도록 하는 것이다. 이 모든 일이 현실에서 실제로 일어나는 일이 아니라는 사실에도 불구하고 경험하는 공포는 현실의 상황에서 경험하는 그것의 80~120퍼센트에 달할 것이다. 페이즈 상태에서는 현실감이 극도로 높아지기 때문이다. 사실상 페이즈 속에서 느끼는 감각과 현실에서 느끼는 감각 사이에는 어떤 차이도 없다. 그러나 페이즈 속에서는 목숨과 신체에 실질적인 위협이 가해지지는 않는다. 실습자는 잠재의식 속에서 이것을 알고 기내에 최대한 오래 머무르려고 노력하면서 진동과 흔들림, 갑작스런 하강에 익숙해진다. 단지 몇 번 이처럼 흥미진진한 상황을 되풀이하는 것만으로도 어떤 공포증이든 마음의 전면에서 물러나게 하여 더 이상의 고통을 일으키지 못하게 하기에 충분하다. 그 공포증이 완전히 사라져버리지는 않더라도 말이다.

다음에 살펴볼 예는 어린 시절 좋아하던 강아지가 죽어버린 매우 힘든 상황을 겪은 사람의 시나리오다. 이 경우, 아주 해묵은 방법이 상당한 효과를 발휘한다. 즉, 육체를 떠난 영혼과의 대화가 그것이다. (이 방법은 육체를 떠난 영혼이 인간일 경우에도 효과가 있다.) 이 방법은 매우 확실한 방법이다. 특히나 기술적인 면에서 어려운 점이 전혀 없다는 점을 고려하면 더욱 그렇다. 실습자가 해야 할 일은 깊은 페이즈 상태로 들어가 대상 찾기 기법을 사용하는 것이다. 어린 시절 기억 속의 강아지와 완전히 똑같은 강아지가 나타날 것이다. 그 강아지는 실습자의 얼굴을 핥고, 뛰어놀고, 짖고, 충성스러운 눈길로 주인을 쳐다보면서 작은 꼬리를 끊임없이 흔들 것이다. 실습자는 다시 한 번 강아지를 들어올려 쓰다듬고, 털을 만지고, 강아지의 온기와 무게를 느껴볼 수 있게 될 것이다. 강아지는 마치 실제 현실에서 마주친 것처럼 이전과 똑같은 모습을 하고 있을 것이다. 심지어는 강아지가 장난스럽게 손을 물 때도 그것을 느낄 수 있다. 처음으로 이런 만남을 갖게 되면 자연스럽게 약간의 슬픔을 느끼고 눈물을 흘릴 수 있다. 그러나 페이즈 속에서 강아지를 계속해서 만날 수 있다는 것을 깨닫고 나면 슬픔은 이내 물러난다. (사랑하는 동물의 죽음으로 인한 모든 심리적인 문제들의 경우도 마찬가지다.) 실습자는 강아지가 정말 살아 있다고 느끼기 시작한다. 결국, 인식이란 연역적인 추론이 아니라 감각적으로 받아들여지는 것으로부터 생겨나는 것이다.

효과 페이즈 속에서 심리적 영향력을 미치기 위한 도구들은 매우 효과적이다. 심리에 대해 논하고 있으니 말인데, 이 기법의 효과를 다른 치료법들과 비교하는 것은 쉽지 않다. 그럼에도 불구하고, 초보자들의 경우에도 첫 시도 성공률이 100퍼센트에 달한다. 이것은 매우 두드러지는 사실이다.

어려움 이 자가치유 기법에 영향을 받는 것은 정신과 마음이므로, 결과를 얻기 위해서는 소정의 내적 노력이 필요하다. 예를 들어, 어떤 사람이 폐소공포증을 극복하고자 한다면, 페이즈 속에서 밀폐된 공간에 있게 될 때 실질적인 공포가 일어날 것이다. 그럼에도 불구하고 그는 스스로 자신의 공포증을 직면해야 한다. 여기서 페이즈는 스스로의 노력을 위한 발판을 제공해줄 뿐이다. 실습자 측의 노력 없이도 이 방법의 놀라운 효과가 마술처럼 반짝 나타날 줄로만 알아서는 안 된다.

접근성 페이즈에 처음으로 진입하는 초보자들도 심리적 영향력을 미치는 기법을 이용하여 페이즈 속에서 자가치유를 어렵지 않게 시도할 수 있다. 공간이동 능력 외에는 특별한 기술이 필요하지 않기 때문이다. 따라서 처음부터 이 과정을 이용할 수 있다.

다른 사람 치유하기

자가치유 외에도 페이즈 상태는 다른 사람을 치유하는 데 영향력을 미칠 수 있는 상당한 가능성을 제공한다.

대부분의 사람들이 처음으로 관심을 갖는 것은 자가치유가 아닌 다른 사람을 치유하는 것이라는 사실은 새로운 것이 아니라 자연스러운 것이다. 이런 사람들은 아마도 어떤 이유에서건 페이즈를 이용할 수 없거나 이런 일에 매우 부정적인 편견을 가지고 있는 사랑하는 사람들이 있을 수 있기 때문이다. 이 책의 독자 중에는 비전통적인 방법으로 질병을 치료하는 전문가나 그 자신이 초보 치유가도 있을 것이다.

페이즈 속에서 다른 사람에게 영향력을 미치는 다양한 이론적 방법들 중에서 단 한 가지 방법만이 효과가 입증된, 전적으로 실행가능한 방법이라는 점을 우선 강조할 필요가 있다. 이 방법은 정보 얻기 기법이다. 그 밖의 모든 기법들은 실습자 자신에게 미치는 효과는 의심의 여지 없이 실험적으로 증명되었지만 그것이 타인에게 끼치는 영향력은 이론으로만 남아 있다. 현재까지는 아무도 통제된 실험환경에서 타인에게 원격으로 영향력을 미치는 것을 입증해 보여주지 못했다. 예를 들어, 당신이 페이즈 속에서 어떤 친구를 찾아 그에게 약을 준다면, 그 약이 친구에게 미칠 영향은 이론상으로만 남아 있을 뿐이다.

정보를 획득하는 기법 외에 다른 기법을 사용하려는 시도는 시간과 에너지를 헛되이 낭비시킬 위험이 있음을 인식해야 한다. 필시 어떤 사람들은 페이즈를 통해 타인에게 직접적인 영향을 미칠 수 있음을 입증했다고 주장할 것이다. 그러나 여기서는 모든 사람이 말 그대로 첫 시도에서부터 성취할 수 있는 것만 논할 것이다. 여기서는 어찌됐건 원격으로 타인에게 영향을 미치는 것은 불가능하다는 것을 분명히 말할 수 있다. 그런 결과를 보고한 사람이 거의 없기 때문이다. 원격으로 타인에게 영향력을 미치는 방법 또한 그야말로 불분명하다. 어느 쪽이든, 이처럼 지금까지 검증되지 않은 실험에 착수할 경우 위험을 각오해야 한다. 그럼에도 불구하고 페이즈를 통해 타인에게 원격으로 영향을 미치는 것이 효과가 있는 것으로 드러날 경우, 이것이 안정적인 결과를 가져오게 하기 위해 추가해야 할 것이 무엇인지는 실습자 자신이 이미 알고 있을 것이다.

페이즈 현상의 본질에 대한 실습자의 이론적인 견해가 실습자의 행동방침 선택을 크게 좌우할 것이다. 예컨대 실리주의자라면 타인을 돕는 데에 정보 얻기 기법 외의 다른 방법은 쓰지 않을 것이다. 신비주의자라면 자신의 연습에서 장애물을 거의 만나지 않을 것이다. 선택은 각자에게 달렸다. 다른 기법들이 타인에게 영향을 미칠 수 있다고 하더라도 그 결과는 전혀 안정적이지 않다는 점을 이해해야 한다. 그 결과에 대한 경험적 증거가 부족하고, 본인의 견해와 이론에 의한 결과가 아닐 때는 많은 사람들이 결과를 의심할 것이기 때문이다. 경험적 증거가 부족하다는 사실 자체로 인해서 여기서 명확한 의견을 표하기는 힘들다. 현재까지 과학적 실험이 확인해준 사항은 없다. 물론, 실습자가 진정 다른 사람을 돕고자 한다면 정보 얻기 기법 외에 검증된 방법이 하나 더 있다. 돕고자 하는 사람이 페이즈를 연습하고 적절한 기법을 사용하여 자신을 치유하도록 설득하는 방법이다. 실용적인 관점에서 보자면 이것이야말로 페이즈 속에서 타인에게 영향력을 미치려고 애쓰는 것보다 훨씬 더 확실한 방법이다.

정보 얻기 기법은 다른 사람을 치유하기로 마음먹은 실습자에게 도움을 줄 것이다. 이 기법은 그 방법과 함께 이 책에 자세히 설명되어 있다. 유일한 차이는 자신에 대한 정보가 아니라 특정한 사람에 대한 정보를 구해야 한다는 점이다. 실습자는 현실에서 치료를 제공하는 방법뿐 아니라 종합적인 진단을 하는 방법까지 배울 수 있다.

이것이 작동하는 과정은 다음과 같다. 실습자는 정보 얻기 기법을 사용하여 지인이 겪고 있는 문제를 다루는 데 도움을 줄 전문가를 찾아낸다. 그런 다음 이 의사와 그를 어떻게 도울 수 있는지, 현실에서 무엇을 해야 하는지 등에 대해 이야기를 나눈다. 페이즈 속 의사의 처방전과 조언은 이후 그 처방전이 필요한 사람에게 전달된다. 또는 페이즈 체험 전체를 필요한 사람에게 들려줄 수도 있다.

물질주의적인 관점에서 보자면 페이즈를 이용해서도 아무나 다 도와줄 수는 없다는 사실에 주의할 필요가 있다. 자세한 설명을 않더라도, 어떤 사람에 대해 더 많이 알수록, 페이즈 속에서 그에 대한 정보를 더 잘 찾을 수 있다는 사실을 분명히 말할 수 있다. 실습자가 그 사람의 사진만 본 경우에라도, 그에 대한 정보를 찾아 어떤 방식으로든 그를 도울 수는 있게 될 것이다. 그러나 실습자가 그 사람을 개인적으로 알고 있다면 페이즈를 통해 그에 관해 얻을 수 있는 정보의 양은 극적으로 증가할 것이다. 실습자는 어떤 사람의 건강이나 그의 질병에 가장 적절한 치료법에 관한 정보를 페이즈 속에서 얻으려 들기 전에 그 사람과 적어도 잠시 동안이라도 이야기를 해보아야만 한다.

다른 사람을 치유하는 이론적 방법

다음의 방법들은 결코 실질적인 효과가 입증되지 않았다. 실습자는 각자의 재량에 따라 이 방법들을 실험해볼 수 있다. 또한, 실습자가 다음 방법으로 사람들을 돕고자 한다면, 어떤 경우에라도 그들의 문제 전체를 해결해주겠다고 약속해서는 안 된다. 전통적인 치료법을 포기해서는 안 되기 때문이다.

학생은 자신의 능력을 평가할 때 현명하고 현실적이어야 한다. 연습을 막 시작하는 경우, 그리고 자신의 견해 대부분이 개인적인 경험이 아니라 빌려온 이론을 바탕으로 하고 있는 경우에는 더욱 그렇다.

또한, 이 방법들은 모두 대상을 찾는 능력을 필요로 한다. 타인을 치료하는 기법의 핵심을 터득하기 위해서는 그것을 자신에게 적용해보아 스스로 배워가는 것이 가장 좋다. 여기서는 다른 사람을 위한 몇 가지 기법을 적용하는 방법을 간단히 설명할 것이다.

거의 대부분의 사람들이 "우리가 페이즈 속에서 찾아서 치료할 대상들은 대체 누구인가?"라는 질문을 한다. 이 질문은 한 가지 단순한 이유 때문에 생기는 것이다. 즉, 실습자가 페이즈 현상의 상세한 사항에 대해 자신 있게 말할 수 있게 해줄, 이 현상의 본질에 대한 명확한 일반적인 정의가 없다는 사실 말이다. 많은 사람들이(세계 인구의 약 25퍼센트가) 여전히 태양이 지구 주위를 도는 것이 아니라 지구가 태양 주위를 돈다는 사실을 모르고 있다. 그러니 이런 관점으로부터 눈앞의 현상을 직시하기까지는 가야 할 길이 멀다.

페이즈 속의 주체와 대상이 누구인지, 혹은 무엇인지를 깨닫고 나면 마침내 페이즈 현상의 본질에 대한 이해가 손에 잡힐 것이다. 물질주의자에게는 페이즈 속의 사람들이 겉보기에 아무리 현실적이고 믿을 수 있게 행동하더라도 그들은 현실세계의 인간이나 대상들과는 아무런 관계도 없는 한갓 복제물일 뿐일 것이다. 신비주의자에게는 페이즈 속의 사람이나 대상이 실제 사람의 영혼일 것이다. 그러니 늘 마찬가지다. — 각자는 자신의 가정과 지식에 따라 세상을 바라본다. 그러니 이런 문제에 관해서는 항상 경계를 게을리하지 않는 것이 좋다. 사람들은 모두 온갖 종류의 함정의 힘에 너무 쉽게 굴복하기 때문이다. 그중의 어떤 함정에서는 평생 벗어나지 못한다.

약 복용하기 다른 사람을 치료하는 데에 이 기법을 사용하기 위해서는 우선 페이즈 속에서 치료 대상을 찾아야 한다(대상 찾기 기법을 사용). 그런 다음에는 건강문제의 성질에 따라 적절한 약물을 투여하도록 한다. 조제약은 물론 모든 민간요법 또한 가능하다. 예를 들어, 치료 대상이 오랜 두통에 시달리고 있을 경우, 강력한 진통제나 두통의 원인을 없애는 다른 약을 (알고 있는 경우) 주어서 복용하게 해야 한다.

직접적인 영향 타인에게 직접적으로 영향력을 미치는 경우, 페이즈 속에서 우선 그를 찾은 다음 문제가 있는 장기나 그의 전반적인 건강 상태에 대해 직접적으로, 그리고 확고하게 작업해야 한다. 이를 위해, 실습자는 마음에 떠오르는 모든 것에 더하여 공식 처방이나 민간요법, 다양한 종류의 마사지 등을 사용할 수 있다. 예를 들어, 환자가 심하게 햇볕에 그을었을 수 있다. 치료를 위한 다른 모든 가능성에 덧붙여서 실습자는 그의 손상된 살갗 위로 손을 움직여 피부를 회복시키거나(회복은 쉽게 일어난다), 치료를 가속화하기 위해 주사제를 주입하거나 연고를 사용하는 등의 일을 할 수 있다.

프로그래밍 페이즈 속에서 치유 대상을 찾은 다음에는 그저 그의 눈을 쳐다보며 그가 그 문제를 기지고 있지 않으며, 그 문제가 금방 지나갈 것이며, 건강하고 활기차고 행복하다는 사실을 명심하게 한다. 실습자의 친구는 만성피로에 시달리고 있을 수도 있다. 이 경우, 페이즈 속에서 친구를 찾은 다음 그가 에너지로 가득 차 활기차고, 무한한 에너지와 강력한 동기를 가지고 있고, 그 어느 때보다 목표 지향적임을 확신하게 만들어야 한다. 이 모든 것을 확고한 목소리로 그에게 직접 말해야 한다. 바라건대 친구의 안색이 즉시 변하여 즉각적인 효과를 확인할 수 있을 것이다. 실습자는 또한 프로그래밍이 효과가 있다는 구두 확인을 받을 수도 있다.

심리적 영향 이 치료 기법을 선택하여 다른 사람에게 효과를 발휘하게 하려면 실습자는 우선 실험 대상을 찾은 다음 그가 필요로 하는 느낌과 경험에 몰입하게 해야 한다. 예를 들어, 어떤 사람이 개를 무서워한다. 그러면 실습자는 대상 찾기 기법을 사용해 그를 찾은 다음 그가 여러 마리의 순하고 귀여운 개들에 둘러싸인 상황에 데려다놓고 서로 부비며 놀이를 하게 한다. 반대로, 실습자는 그를 매우 공격적으로 행동하는 개들이 물려고 위협하는 상황에다 그를 데려다놓을 수도 있다. 그러나 여기서 목표는 도움을 받는 사람이 긴장하거나 두려움을 느끼지 않고 침착하게 개들을 물리치게끔 하는 데 있다. 이것은 그리 쉽지 않을지도 모른다. 아무튼 실습자는 그가 문제에 대한 태도를 변화시키게끔 돕기를 시도해야 한다.

가능한 한 가장 실질적인 방법으로 이 기법을 적용할 수 있다는 사실을 다시 한 번 언급하고자 한다. 즉, 건강문제를 가지고 있는 사람이 스스로 페이즈 연습을 시작하도록 요청하는 것 말이다. 인생에서 페이즈를 알고 있는 것 자체만으로도 영원히 긍정적인 효과가 미칠 것이다. 그에 따른 자가치료 가능성은 말할 것도 없다. 페이즈를 연습하는 것은 한 사람이 마주칠 수 있는 가장 흥미로운 경험 중 하나다.

경고!! 목표가 병의 진행에 영향력을 미치는 것이라면, 모든 희망을 페이즈에만 걸지는 말라. 반드시 의사의 도움에 우선적으로 의지해야 한다. 병이 심각할수록 이 규칙이 더욱 강력히 적용되어야 한다.

응용 시의 전형적인 실수

- 페이즈가 충분히 깊어지지 않은 상태에서 응용법을 시도하는 것. 응용을 시도하기 전에 항상 심화기법을 행해야 한다.
- 페이즈를 응용하는 데 너무 몰두한 나머지 '유지' 기법을 잊어버리는 것.
- 우주공간이나 물속을 여행할 때 호흡하는 방법 고려하기를 잊어버리는 것. 이것은 질식하는 느낌으로 이어질 수 있다.
- 시간여행을 할 때 시간여행에 집중하지 않고 특정한 대상에 집중하는 것. 시간여행이 초점이 되어야 한다. 시간여행이야말로 응용법 수행의 핵심이기 때문이다.
- 살아 있는 대상을 만날 때야말로 유지를 늘 유념해야 할 때인데 '유지'를 위한 기법을 잊어버리는 것.
- 두려움을 극복할 능력이 없이 죽은 사람을 만나는 것. 일단 극복하면 두려움은 절대 다시 나타나지 않는다.
- 페이즈를 연습하는 동안 욕망을 억제하는 것. 페이즈 속에서는 욕망에 아무런 제한이 없다.

- 실습자가 스스로 특별한 한정을 두지 않는 한 페이즈 속에서는 행동에 대한 규범이나 관습이 없음에도 불구하고 특정 행동을 스스로 제한하는 것.
- 페이즈 속에서 정보를 찾는 동안 잠재의식의 범위를 넘어선 지식을 얻으려고 하는 것.
- 살아 있는 대상들과 의사소통하는 방법을 모르는 채 이들로부터 정보를 얻는 기법을 행하는 것.
- 대상이 가치 있는 정보를 전해줄 능력이 있는지 확인하기를 잊는 것. 확인하지 않을 경우 불량 정보를 얻을 확률이 훨씬 높다.
- 현실에서 정보를 사용하기 전에 페이즈 속에서 정보를 확인하지 않는 것.
- 중요한 정보를 현실에서 사용하기 전에 확인하기를 잊는 것. 현실에서 불량 정보를 사용하게 되는 것을 피하기 위해서는 반드시 확인을 해야만 한다.
- 페이즈를 통해 생리기능에 영향을 미치는 시도를 한 번밖에 하지 않는 것. 대부분의 경우 반복적인 노력을 해야만 결과를 얻을 수 있다.
- 의학적 조언을 구하는 것이 의무임에도 페이즈만으로 질병을 고치려 드는 것.
- 페이즈를 몸에서 영혼이 빠져나오는 것으로 믿는 것. 이것은 연습 중에 쉽게 반증된다.
- 검증되지 않은 응용법은 시간낭비라는 모든 증거에도 불구하고 검증되지 않은 응용법에만 집중하는 것.

연습문제

질문

1. 페이즈의 가장 기본적인 응용법 세 가지는 무엇인가?
2. 모든 실습자가 입증된 페이즈 응용법을 이용할 수 있는가?
3. 페이즈 속에서 아프리카를 여행하는 것이 가능한가?
4. 페이즈 속에서 달 위를 걸을 수 있는가?
5. 페이즈 속에서 지구의 탄생 시점으로 가는 것이 가능한가?
6. 페이즈 속에서 거울 뒤에 있는 마법의 세계로 가는 것이 가능한가?
7. 페이즈 속에서 어떤 친척을 만날 수 있는가?
8. 페이즈 속에서 가장 좋아하는 배우를 만나고 그와 이야기하는 것이 가능한가?
9. 소중한 꿈을 무엇이든 실현할 수 있는 곳은 어디인가?
10. 실습자는 컴퓨터 게임 '둠Doom'에 나타날 수 있는가?
11. 음악가는 창작에 페이즈를 이용할 수 있는가?
12. 페이즈를 연습하는 것이 실습자의 상상력에 영향을 미치는가?
13. 페이즈 공간을 지배하는 가장 유력한 것은 무엇인가?
14. 페이즈 속에서 어떤 종류의 정보를 얻을 수 있는가?
15. 페이즈 속에 있는 동안 잃어버린 아파트 열쇠가 어디에 있는지 찾을 수 있는가?
16. 페이즈 속에 숨겨져 있는 보물을 찾을 수 있는 사람들은 어떤 사람들인가?
17. 페이즈 속에서 얻은 정보를 정확한 것으로 봐야 하는가?

18. 페이즈 속에서 얻은 정보를 페이즈 속에서 확인했다고 해도 깨어난 후에 이를 다시 확인해야 하는가?
19. 심화작업을 행하기 전에 정보 찾기를 해야 하는가?
20. 살아 있는 대상 기법을 사용하여 정보를 찾고자 한다면, 목표가 직장상사의 생각을 알아내는 것일 경우 누구와 대화해야 하는가?
21. 살아 있는 대상으로부터 어떻게 정보를 얻을 수 있는가?
22. 벽에 적혀 있는 글자를 무생물 정보원으로 이용할 수 있는가?
23. 아파트 열쇠를 어디서 잃어버렸는지를 알기 위해 에피소드 기법을 사용할 수 있는가?
24. 페이즈 연습을 통해 질병을 치료하려고 하기 전에 의사와 상의해야 하는가?
25. 페이즈 속에서 생리기능에 영향을 미치는 방법은 결과가 늘 100퍼센트 보장되는가?
26. 다른 사람의 몸에 영향력을 미치기 위해서 사용할 수 있는 기법에는 어떤 것들이 있는가?
27. 몸과 몸의 기능에 영향력을 미치는 정보를 얻는 것이 가능한가?
28. 페이즈 속에서 잘 알려진 진통제를 먹은 다음 페이즈를 나간 후에도 그 효과를 경험하는 것이 가능한가?
29. 페이즈 속에서 자기암시를 이용하는 것이 가능한가?
30. 운동선수가 자신의 능력을 개발하는 데에 페이즈를 사용할 수 있는가?
31. 페이즈를 연습하는 동안 영혼이 몸을 빠져나간다고 생각하는 것은 현실적인 생각인가?
32. 페이즈를 통해 평행우주로 들어가는 것이 가능한가?

33. 페이즈 속에서 초능력이 계발되기를 희망해도 되는가?

과제

1. 페이즈 속에서 좋아하는 가수를 만나고 당신이 꿈꾸는 집으로 여행을 떠나라.
2. 페이즈 속에 있는 동안 페이즈 분야의 권위자를 찾아내고 이들로부터 어떤 진입기법이 당신의 연습에 가장 적당한지를 배우라.
3. 사우나로 공간이동을 하거나, 자기암시를 하여 온몸으로 열기를 느껴보라.
4. 페이즈 속에서 그저 바라봄으로써 사물을 움직이는 법을 터득하고, 현실에서는 이 기술이 어느 정도 반영되는지를 살펴보라.

〈주변 정보〉

제11장

유용한 팁

실용적 접근법

불필요하게 시간을 낭비하지 않고 연습을 할 수 있는 유일하게 확실한 방법은 페이즈 현상의 본질과 가능성에 대해 실용적이고 합리적인 태도로 접근해가는 것이다.

해리解離 현상과 관련하여 사용할 수 있는 정보의 대부분은 부정확하다. 이는 맨 처음 페이즈로 들어가는 동안 분명해진다. 논리적인 사고방식으로 백지상태에서 연습을 시작해야 하는 이유도 이 때문이다. 즉, 본인의 체험을 통해 확인되지 않은 모든 것은 적당히 걸러서 받아들여야 한다. 이 말은 지인, 작가, 교사, 블로그, 포럼의 경험이 아닌 자신의 개인적 경험만을 진지하게 받아들여야 한다는 뜻이다.

인간은 실수를 저지른다. 따라서 실수를 물려주는 것도 인간이다. 그 결과로 페이즈 현상에 관한 온갖 모순적인 미신이 퍼지게 되었다.

비전秘傳 문헌에 기록된 모든 것을 버려야 하는 것은 아니다. 어쩌면 비전 문헌에서 무엇을 도출해낼 수도 있다. 하지만 이런 문헌에서 얻은 새로운 지식을 보편적인 진리로 여겨서는 안 된다.

집이 흔들리지 않고 서 있기 위해서는 견고한 기초가 필요하다. 페이즈 연습을 위해 훌륭한 기초를 세우는 유일한 방법은 초자연적 현상으로 알려진 모든 것들을 무시하고 과학적인 시각에서 현실적인 태도로 이 현상에 접근해야 한다. 견고한 기초가 확립되고 나면 그 위에 비로소 모든 사람이 자기만의 진실을 구축할 권리를 가지게 된다.

독자적 분석

실습자가 오로지 페이즈 체험에만 관심이 있다면 단지 이 안내서와 기타 자료를 공부하는 것으로 충분할 것이다. 하지만 최상의 결과를 얻고자 자신의 분석을 기초로 하여 그 위에 낱낱의 생각과 소견을 구축하는 일에 충분한 노력을 기울여야 한다.

다양한 정보원으로부터 답을 구하여 모든 의문이 해결될 때까지는 결코 실질적인 진척을 기대해서는 안 된다. 묘사하거나 설명할 수 없는 것들이 많이 있다. 많은 문제에 대한 해결책은 언제나 각자의 판단과 이해에 달려 있다. 모든 답을 찾아낸다는 것은 불가능한 일이다. 또한 모든 답을 가지려고 하는 태도는 실질적인 진척에 심각한 방해물이 된다. 실습자는 경험을 통해 쌓아가는 수행이 아니라 미심쩍은 문헌이나 말의 샛길로 빠지게 될 것이기 때문이다.

타인의 경험과 조언은 실습자를 오류로 이끌 수 있다. 어떤 경우에도 권위가나 이룰 수 없는 이상理想을 상정해서는 안 된다. 탐구와 훈련을 해가는 동안 논리적이고, 심지어는 회의적인 접근법을 취해야 한다. 이 안내서의 목표는 독자가 독자적인 분석력을 키워가기에 충분한 1차적이고 사실에 입각한 정보를 제공하는 데 있다.

페이즈 기법을 행하다가 어떤 이해할 수 없는 현상이나 문제에 부딪힌다면 다른 곳에서 그 원인을 찾기 전에 그 현상을 독자적으로 분석해봐야만 한다. 탐구자가 스스로 추론해보지 않고 밖에서 답을 구한다면 오류를 받아들이고 그에 따라 행동하게 될 위험이 커진다.

많은 실습자들이 자신의 성공과 실패를 스스로 분석해보려 들지 않는다. 그 대신 그들은 온갖 종류의 책을 뒤적이지만 그 책들은 종종 서로 모순된다. 외부로부터 온, 확인되지 않은 정보를 뒤범벅하여 사용하는 것은 더 깊고 중독성이 강한 오류로 이끌고 갈 뿐이다.

페이즈 진입 방법과 페이즈 체험상의 오류를 발견하고 분석하기 위한 척도

	간접기법	꿈 자각 기법	직접기법
1	깨어날 때 의도를 품으라	확고한 의도를 품으라	의식을 계속 이탈시키라
2	기법을 순환적용하여 어떤 기법이든 작용하게 만들라(이미 페이즈 안)	잠 속으로 빠지라	깊은 의식 이탈을 만들어내라 (이미 페이즈 안)
3	분리하라	꿈임을 자각하라	분리하라
4	페이즈를 심화시키라(전 기법 공통)		
5	행동계획을 실천하라(전 기법 공통)		
6	오랫동안 페이즈를 유지하라(전 기법 공통)		
7	몸에서 다시 빠져나오라(전 기법 공통)		

페이즈 진입이나 페이즈의 제어에 문제가 있다면 이 척도를 보고 빼먹거나 완수하지 않은 단계를 찾아내야 한다.

문헌에 대한 태도

모든 종류의 문헌은 페이즈에 관한 정보를 전하는 중요한 수단이 되어왔다. 페이즈 현상은 다른 용어들로도 불린다. 아스트랄 투사, 유체이탈 여행, 자각몽 등이 그것이다. 책은 정보를 전하는 것 외에 종종 오류를 퍼뜨리는 매개체가 되기도 한다.

페이즈에 관한 책을 몇 권 살펴보면서 책 속에 설명되어 있는 사건과 이론들을 서로 비교해보면 오류를 금방 알아낼 수 있다. 이런 정보들은 서로 모순되고, 저자를 포함하여 누구에게도 증명된 적 없는 소견을 근거로 한 것인 경우가 많다. 그 결과는 거의 항상 해당 주제에 관한 그릇된 확신에서 비롯된, 현실과 동떨어진 어림짐작이다. 그러나 현실세계와는 달리 페이즈는 실습자가 자신의 눈이나 느낌을 신뢰할 수 있는 곳이 아니다. 페이즈의 겉으로 보이는 모습과 성질은 그것을 경험하는 사람에 따라 사뭇 달라진다.

예를 들어 실습자가 페이즈로 진입했을 때 자신의 몸이 바로 옆 침대 위에 누워 있을 것이라고 믿는다면 몸은 항상 그곳에 있을 것이다. 실습자가 유체는 언제나 육신과 줄로 연결되어 있어야 한다고 믿는다면 그는 페이즈 속에서 언제나 밧줄을 보고, 그것에 매여 있는 느낌까지 느끼게 될 것이다. 이것은 기대가 현실이 되는 간단한 예이다. 이와 마찬가지로, 어떤 사람이 우연히 페이즈에 들어선 다음 죽음의 시간이 다가왔다고 생각한다면, 그는 천사들과 저 끝에 작은 빛이 보이는 터널을 보게 될 수도 있다. 또 매우 종교적인 사람이라면 무언가 거룩한 것, 심지어는 하나님을 만난 느낌을 느끼게 될 수도 있다. 외계인에 납치되어서 페이즈 속으로 들어왔다고 해석한다면, 정확히 그런 일이 일어날 것이다.

이런 일이 늘상 일어나는 일이 아니라면 이 모든 것이 아주 재미있을 것이다. 실습자가 페이즈 진입 사실에 대해 아무런 의심도 하지 않는다면, 유일하게 남은 일은 그것을 믿고, 다른 사람들에게 이야기하고, 책을 쓰는 일이다.

환영이 아닌 사실만을 전하는 저자들도 있지만, 초보자로서는 환상이나 공공연히 꾸며낸 이야기로부터 진실을 가려내기란 좀처럼 쉽지 않다. 이것이 모든 책을 회의적인 태도로 대하는 것이 합당한 이유다. 어떤 책의 내용이든, 유일한 진실은 개인적 체험을 통해 검증된 것이다. 그 밖의 나머지는 그저 참고와 고려의 대상으로 남아 있어야 한다.

결론적으로, 책을 공부하는 것은 실습자가 페이즈 속에 들어가서 경험을 제어할 수 있게끔 해줄 기법에 관한 정보를 얻기 위한 것이어야 한다. 이것이 모든 믿음과 이론들 사이의 유일한 교차점이다.

연습 환경

페이즈 진입에 사용되는 기법들은 특별한 종류의 두뇌 작용과 관련되기 때문에, 정신을 산만하게 하는 외부적인 요소가 최소화된 편안한 조건을 조성할 필요가 있다. 방은 너무 춥거나 덥거나 너무 밝아서는 안 된다. 어두운 방 안에서 쾌적한 온도에서, 또는 수면 안대를 착용하고 기법을 행하는 것이 연습이 훼방받지 않도록 돕는 방법이다.

흥미로운 사실!

환한 방에서 눈에 수면 안대를 착용하는 것은 성공률을 두 배로 높여주고, 페이즈 상태가 훨씬 더 깊고 길어지게끔 도와줄 수 있다.

소음이 끼어들면 정신이 매우 산만해지므로 성공적인 연습을 위해서는 이런 소음이 없는 곳을 찾는 것이 좋다. 흔히는 핸드폰을 끄고 문과 창문을 닫는 것으로 충분하다. 이것이 도움이 되지 않는다면, 또는 창밖이 매우 시끄럽다면 귀마개를 사용해도 좋다.

사람들이 놀라지 않도록 미리 주의를 해두는 것도 도움이 된다. 또한 실습자의 침대에는 아무도 없는 것이 바람직하다. 대부분의 경우, 애완동물이 기법의 수행을 방해한다. 애완동물에게는 미리 먹이를 주고 간접기법이나 직접기법을 연습하는 방에서 내보내야 하는 이유도 이 때문이다.

같은 취미를 가진 사람들과 얘기하기

자신의 체험을 다른 실습자들과 공유하는 것을 통해 큰 도움을 얻을 수 있다. 이를 통해 특정한 문제에 관한 정보와 새로운 지식, 서로의 경험을 교환할 수 있기 때문이다.

메일이나 포럼, 블로그를 통해서보다는 직접적인 대화를 통해서 가장 많은 것을 얻을 수 있다. 같은 관심사를 가진 사람들과 얼굴을 맞대고 만나는 것은 동지애와, 연습할 때 고려해야 할 유용한 지식의 기반을 조성해준다.

이 현상에 대한 정보가 잘 알려져 있지 않은 현실로 인해 이야기 나눌 사람을 찾는 데 어려움이 있을 수 있다. 이는 페이즈 체험을 친구나 가족들과 나눔으로써도 해결할 수 있다. 이들 또한 페이즈 실습자가 아니라도 상관없다. 그들에게 이 안내서와 같은 연습 교재를 건네준다면 더 좋다.

홍미로운 사실!

전 세계적으로 페이즈를 즐기는 가족들이 점점 늘고 있다. 페이즈 연구센터에 등록된 모든 가족들 중 가장 흥미로운 가족은, 삼대에 걸친 여섯 명의 구성원들 (14세~65세)이 경쟁적으로 페이즈를 연습하고 있는 가족이다. 또 다른 경우로는 부모와 함께 페이즈를 열심히 연습하는 여덟 살짜리 아이가 있다.

www.obe4u.com 웹사이트에도 페이즈 전용 토론의 장이 있어 많은 정보를 교환할 수 있다. 이 사이트에는 또한 세계 각국에 있는 페이즈 실습자 클럽 운영자들의 연락처가 있다. 페이즈 실습자 클럽은 서로 만나서 체험을 공유하는 열성 실습자들로 이뤄진 비영리 단체이다.

일기를 쓰는 올바른 방법

페이즈를 배우고 연습하는 동안 일기를 쓰면 큰 도움이 된다. 올바로 기록된 일기는 실습자의 분석력이 개발되도록 도와서 페이즈 체험의 질이 증진되게 한다. 일기는 즉흥적이고 산발적인 연습을 체계적인 숙달 훈련으로 변하게 한다.

효율적인 기록은 패턴을 찾아내는 통계적인 연구를 가능케 하는 방대한 양의 지표를 포함하고 있어야 한다. 페이즈에 진입할 때마다 날짜, 시간, 페이즈 진입과정에 대한 자세한 설명, 페이즈 체험의 내용 등이 그것이다. 오류나 실수에 대한 설명 및 다음 페이즈에서 할 행동계획도 기록해야 한다. 연습의 초보단계에서는 실패한 시도에 대해서도 적어두는 것이 도움이 된다. 나중에는 성공한 경험만 기록해도 된다.

다음은 올바른 기록의 앞부분의 예이다.

데이터

열두 번째 체험

2008년 1월 5일

오후 2시 13분

체험

이른 아침에 일어나서 운동 후 샤워를 하고 아침을 먹었다. 점심 때까지 TV를 보고 책을 읽었다.

점심 직후 오후 1시경 낮잠을 자기 위해 누웠다. 간접기법을 행하고 싶어서 이 의도를 확언했다. 깨어날 때 움직였기 때문에 그 영향을 없애기 위해 강제수면 기법을 시도한 후 잠들었다. 두 번째에는 움직이지 않고 깨어났고, 구르기를 시도했다. 그러나 효과가 없어서 위로 떠올라서 일어나 서기를 시도했다. 그다음에는 유체 움직이기로 넘어갔다. 오른손에서 움직임이 일어났다. 몇 초간 손을 움직인 다음 내부의 소리 듣기를 시도해보기로 했다. 소리가 들리기 시작했지만 소리를 크게 만들 수는 없었다. 하지만 그때 눈앞에 이미지들이 나타나서 나는 그것들을 보기 시작했다. 이미지들이 생생해진 다음 나는 구르기를 하기로 했고 그것을 차질 없이 성공시켰다.

시야가 베일을 통해 보는 것처럼 흐릿했다. 그러나 다른 감각들은 거의 현실에 가깝게 생생해졌다. 그것은 내가 창문으로 다가갔을 때이다. 어찌된 일인지 밖은 겨울이 아니라 여름이었다. 창 밖에는 빨간색 소방차가 서 있었다. 하늘에는 구름이 매우 낮게 깔려 있었다. 태양이 구름 위에 있었다.

그다음엔 모든 것이 빠르게 사라져버리고 나는 어느새 내 몸으로 돌아와 있었다. 일어나서 시간을 보니 오후 2시 15분이었다.

실수

1. 유체 움직이기가 효과가 있을 때 다른 기법으로 넘어가지 말아야 했던 것은 물론이지만 그저 움직이지만 말고 움직임의 폭을 넓히려고 적극적으로 노력했어야 했다. 어쨌든 움직임이 발생하면 언제나 페이즈로 진입할 수 있다. 2. 소리의 경우도 마찬가지다. 나는 소리를 크게 만들거나 귀 기울여 들으려는 큰 욕구가 없었다. 모든 것을 활기 없이 행했다. 3. 행동으로 바로 들어갈 것이 아니라 심화기법부터 먼저 했어야 했다. 시각이 선명하지 않았기 때문이다. 4. 유지기법을 사

용했어야 했다. 5. 유지기법을 동시에 행하지 않고 오랫동안 아래를 내려다보고 있으면 안 된다. 하지만 나는 창밖과 하늘에 있는 모든 것을 구경했다. 6. 행동계획 실천하기를 잊어버렸다. 7. 페이즈 재진입을 시도했어야 했다.

다음번을 위한 행동계획

1. 최대한 페이즈를 심화하기. 2. 벽 통과 시도하기. 3. 뉴욕에 있는 이모에게로 공간이동해가기. 4. 자유의 여신상으로 공간이동하여 여신상의 왕관을 살펴보기.

제12장

45가지 기법 모음

기법에 관한 일반원칙

아래에 상술된 기법들은 먼저 잠을 자지 않고 페이즈로 들어가는 직접기법이나 깨어나자마자 행하는 간접기법 모두와 함께 사용될 수 있다. 예외는 꿈 자각 기법인데, 이 기법들은 다른 기법들의 성공률에 직접적인 영향을 미칠 수밖에 없지만 따로 제시해놓았다. 반대로 다른 모든 기법들은 꿈을 자각할 확률을 높여주는 부수적 영향을 미칠 수밖에 없다. 몇 가지 예외를 제외하면 이 기법 모음에는 외부의 물리적 요인이나 화학물질을 필요로 하는 비자발적인 페이즈 진입 방법은 포함되지 않았다.

각 방법의 사용에 관련된 구체적인 내용들은 해당 부분에 상세히 설명되어 있다. 아래에 나와 있는 모든 기법은 각 방법의 지침에 따라 사용되어야 한다. 하지만 여기서 한 가지 근본적인 차이를 이해하고 넘어갈 필요가 있다. 깨어나자마자 행하는 간접기법의 경우, 가장 관심이 끌리고 감이 오는 기법들을 빠르게 바꿔가며 해봄으로써 잘 먹히는 기법을 찾는 것이 목표다. 어떤 기법이 작동하기 시작하면 그 기법을 계속하면서 노력을 한층 더 쏟아 부으라. 그런 다음 바로 분리를 시도하라. 그 기법이 얼마나 잘 먹히는지는 그 효과의 강도가 분명히 말해줄 것이다. 예를 들어, 머릿속에서 상상한 움직임이 실제로 일어날 수 있다. 깨어나자마자 행한 기법으로부터 일어나는 모든 생생한 느낌은 그 기법이 먹히고 있으며, 실습자가 이미 페이즈 속에 있음을 뜻한다.

이 기법들은 직접기법을 사용할 경우 보조적인 역할을 하며 잠시간의 의식이탈을 돕는 '부유하는 마음 상태'(실행 중인 기법의 유형에 따라 의식이 차차 희미해지거나 활성화되는)를 만들어내는 데에 사용된다. 의식이탈 정도가 깊을수록 의식이 다시 떠오를 때 즉시 페이즈로 진입할 가능성이 높아진다. 한편, 기법은 처음부터 끝까지 잘 먹혀들 수도 있다. 그러나 이것은 간접기법을 사용할 때와는 달리, 의식이탈이 없이는 아무런 의미가 없다.

먼저 잠을 자지 않고 행하는 직접기법의 성공률은 깨어나자마자 행하는 간접기법의 성공률의 10분의 1이라는 사실을 유념하는 것도 중요하다. 아래의 모든 기법들이 깨어나자마자 행해질 경우 쉽게 결과를 얻을 수 있지만 그 밖의 경우에는 초보자들에겐 쓸모가 없는 것도 이 때문이다.

각 기법은 일반적인 용어로만 설명했으며, 실습자가 페이즈가 일어나는 모든 메커니즘에 대한 기본적인 이해를 가지고 있어서 덧붙이지 않은 함의는 스스로 알아서 채울 수 있는 것으로 가정했다.

다음의 몇 가지 요령은 사실상 아래에 나열될 모든 기법의 성공률을 상당히 높여주게끔 활용할 수 있다. 첫째, 기법을 단순히 '건성으로' 행하는 것이 아니라 기법에 모든 것을 걸고 그것과 온전히 하나가 되도록 애쓰며 모든 감각을 불어넣어야만 한다. 다음으로, 감긴 눈꺼풀 뒤에서 시선을 최대한 자연스럽게 살짝 치켜뜨면 좋다. 셋째, 먼저 머리에서 발끝으로 이어지는 축을 따라 180도 회전을 하는 자신을 상상하면서 기법을 행하기 시작하라. 넷째, 기법을 행하는 동안 기법이 과거에 먹혀들었을 때의 느낌이나 페이즈가 일어났을 때의 느낌을 떠올리도록 늘 애쓰라. 다섯째, 페이즈에 들어가려는 동기가 언제나 분명해야 한다. 그 동기는 어쩌면 당신이 떠올릴 수 있는 가장 흥미로운 행동계획으로부터 생겨날 수 있다.

자기만의 기법을 만들기 위한 표

아래에 설명된 기법들은 무수히 존재할 수 있는 변형법의 대양 속의 물방울 하나에 지나지 않는다. 사실 모든 페이저들이 독자적으로 특정한 기법적 요소를 고안해내고 그것을 실습에 성공적으로 활용할 수 있게 되리라고 말하는 것만으로도 충분하다. 한 기법에는 많은 변형법이 있고, 그중 몇 가지를 동시에 사용할 수 있다는 사실을 고려한다면 가능한 기법의 수는 수천을 헤아린다. 하지만 그것들은 모두가 몇 가지 근본적인 방식에서만 다를 뿐이어서, 어떻게 다른지만 알면 당신도 원하는 만큼 얼마든지 많은 기법을 쉽게 만들어낼 수 있게 될 것이다. 게다가 기법을 만들어내는 원리를 이해하고 나면 기법 자체를 개념화하고 이해하는 것이 엄청나게 쉬워진다.

기법을 만들어내기 위한 표가 아래에 제시되어 있다. 하지만 남용하지는 말아야 한다. — 결국 기법은 페이즈 진입이라는 문제 앞에서는 부차적인 것일 뿐이기 때문이다. 가장 중요한 것은 페이즈 상태가 어떻게 일어나게 되는지를 이해하는 것이다. 그러고 나면 모든 기법이 제대로 작동하기 시작한다. 그러지 않고는 수십 수백 가지의 기법을 알고 있더라도 아무런 쓸모가 없다.

페이즈 진입기법을 만들어내고 그것이 실제로 어떻게 작용하는지를 이해하기 위한 표

		A 적극적 (감각적 지각)	B 적극적 (상상)	C 소극적 (감지)
1	**시각**	이미지 관찰(hint)	심상화	이미지 관찰
2	**청각**	소음(hint)	소리 상상하기	내부의 소리 듣기
3	**운동감각**	유체 움직이기	상상 속의 움직임	
4	**전정감각**	진짜 회전	상상 속의 회전	
5	**촉각**	진동	휴대폰	

혼합기법의 예:

손 심상화 기법	1A, 3B, 2B(C)
수영 기법	3B, 5B(C)
외계 피랍 기법	4B, 5B
밧줄 기법	1B, 3B, 4B, 5B
감각-동작 심상화 기법	1B, 2B, 3B, 4B, 5B

주: 후각은 거의 사용되지 않고, 감정적 느낌은 끌어내기가 힘들므로 이 표에 포함되지 않았다. 그 밖의 다른 몇 가지 요소들도 제외됐다.

움직임을 이용한 기법

분리기법

실습자는 페이즈 상태를 만들어내기 위한 어떤 기법도 사용하지 않고 즉시 몸에서 분리를 시도한다. 단순히 굴러서 나오거나, 위로 떠오르거나, 일어서거나, 기어 나오기 등.

유체 움직이기

페이저는 근육을 움직이지 않고 몸의 한 부위를 움직이기를 시도한다. 그러는 동안 아무것도 상상하거나 심상화하지 않는다. 몸의 부위는 예컨대 팔, 다리, 어깨, 머리, 심지어는 턱이 될 수도 있다. 움직임이 일어날 때의 주된 목표는 움직임의 폭을 최대한 증폭시키는 것이다. 그러나 꼭 움직이는 속도를 높이거나 움직이는 부위를 확대하려고 할 필요는 없다.

상상으로 움직이기

페이저는 단순히 상상만으로 시작한 움직임을 생생하게 느껴보기를 시도한다. 예컨대 이 움직임은 수영, 달리기, 날기, 팔이나 다리로 노를 젓는 것 등이 될 수 있다. 이것을 하는 동안 기법을 심상화할 필요는 없다. 여기서는 움직임 자체가 가장 중요하기 때문이다.

시각을 이용한 기법

이미지 관찰 기법

페이저는 눈을 뜨지 않고 눈앞의 빈 공간을 응시한다. 어떤 이미지가 보이기 시작하자마자 마치 그 이미지의 너머를 보는 것처럼 초점을 흐리게 하여 이미지를 더 잘 식별하려고 노력한다. 이것은 이미지를 더 안정적이고 현실감 있게 만들어줄 것이다.

심상화 기법

페이저는 눈에서 15센티 내에 있는 대상을 생생하게 보고 식별하려고 노력한다.

전정감각을 이용한 기법

상상 회전 기법

페이저는 머리에서 발끝으로 이어지는 축을 따라 자신의 몸이 회전을 하고 있다고 상상한다. 최종목표는 상상 속의 감각이 실제 감각으로 바뀌게 하는 것이다. 일반적으로 회전은 어떤 차원에서도 일어날 수 있다. 그러나 실습자는 회전을 심상화하거나 옆에서 자신을 보려고 시도해서는 안 된다. 중점을 둬야 할 것은 전정감각이기 때문이다.

실제 회전 기법

페이저는 육신의 느낌을 머리에서 발끝으로 이어지는 축을 따라 회전시키기를 시도한다. 이 경우, 이 과정을 심상화하거나 상상할 필요는 없다. 회전평면은 마음대로 바꿔도 되지만 진짜 느낌으로부터 시작해야 한다.

그네 기법

페이저는 그네를 타고 있는 느낌이나, 자신의 몸이 그와 버금가는 진폭으로 흔들리고 있는 느낌을 느끼기를 시도한다. 주요 목표는 그네를 타는 생생한 느낌을 느끼고, 360도 회전을 하는 것이다.

청각을 이용한 기법

내부의 소리 듣기 기법

페이저는 소음이나 배경의 일정한 소리가 들리는지 귀를 기울이면서 머릿속의 소리를 들어야 한다. 어떤 소리가 들리면 동일한 수동적인 내부의 소리 듣기를 통해 그 소리를 최대한 증폭시키도록 애쓴다.

강제적인 내부의 소리 듣기 기법

페이저는 적극적으로, 심지어는 무리해서라도 모든 힘을 써서 머릿속의 소리나 배경의 잡음을 들으려고 애써야 한다. 이것이 효과가 있을 경우 동일한 적극적인 내부의 소리 듣기 기법을 사용해 최대한 그 소리를 증폭시키도록 애쓴다.

소리 상상하기 기법

페이저는 머릿속에서 특정한 소리를 들으려고 애쓴다. 누군가의 목소리, 익숙한 음악, 자신의 이름이 불리는 소리 등이 가장 효과적이다. 이런 소리가 들리면 실습자는 그 소리를 가능한 한 크게 만들도록 노력한다.

촉각을 이용한 기법

휴대전화 기법

페이저는 손에 놓여 있는 대상 — 즉, 휴대폰, 사과, TV 리모컨 등 — 을 느끼려고 노력한다. 한편, 실습자는 그 생생한 느낌이 최대한 세밀하게 느껴지도록 노력해야 한다.

감각 상상 기법

페이저는 몸으로 촉감을 느끼려고 노력한다. 이 느낌은 누군가, 또는 무언가가 자신 위에 누워 있는 감각에서부터 시작해 누군가, 또는 뭔가를 만지는 느낌으로 끝난다.

두뇌 긴장 기법

페이저는 발작적으로 또는 지속적으로 뇌를 마치 근육처럼 긴장시키려고 노력한다. 이것은 압력, 소음, 진동에 더해 두개골 내부에 정말로 긴장된 느낌을 가져다준다. 이것은 기본적으로 페이즈로 들어갈 수 있게 해주는 진동을 만들어내고 강화하는 기법이다.

근육을 쓰지 않고 몸을 긴장시키는 기법

뇌를 긴장시키는 것과 같지만 몸 전체를 가지고 한다. 실습자는 몸을 긴장시키려고 하지만 근육을 긴장시키지는 않는다. 이것은 내부의 긴장과 소음과 진동을 발생시켜 페이즈로 이어지게 한다.

신체 지각 기법

페이저는 몸이 당기어 분리되고, 압박되고, 팽창되고, 수축되고, 꼬이고, 아니면 어떤 식으로든 뒤틀리고 있는 느낌을 진짜처럼 느끼려고 노력한다.

육체의 실제 움직임과 감각을 이용한 기법

안구운동 기법

페이저는 급격한 좌우 또는 상하 안구운동을 한다. 눈은 내내 감고 있는 상태여야 한다. 기법을 제대로 행하면 진동이 발생하거나, 분리가 일어날 수도 있다.

이마 응시 기법

눈을 뜨지 않고 이마 중앙의 일점을 향해 시선을 보낸다. 강제적이거나 너무 공격적으로 움직여서는 안 된다. 이것은 깊은 수면 동안 자연스럽게 향하는 위치로 안구를 데려다줄 것이다. 이것은 반사적으로 페이즈 진입이 일어나게 하거나 다른 기법의 성과를 높여줄 것이다.

호흡 기법

페이저는 호흡과 호흡의 모든 측면 — 흉강의 팽창과 수축, 공기로 채워지는 폐, 입과 목구멍을 통과하는 공기 등 — 에 주의를 집중한다. 부드럽게 페이즈로 넘어가거나 진동이 발생할 수 있다.

팔 올리기 기법

페이저는 하박을 세운 채로 누워서 잠든다. 실습자의 의식이 희미해지면 팔이 떨어지면서 다른 기법을 행하거나 바로 분리해 나와도 됨을 신호해줄 것이다. 의식이 이탈된 동안 전환하기에 적절한 상태가 되었을 수 있기 때문이다.

촉각 자극 기법

실습자는 끈으로 느슨하게 발목이나 손목을 묶거나 수면 안대를 쓴다. 이런 생소한 느낌은 실습자가 깨어날 때, 또는 의식이탈 직후 적절한 작업을 행하도록 상기시켜줄 수 있다.

생리적 불편 기법

실습자는 하루 내내 거의 음식을 먹지 않거나 짠 음식을 많이 먹으면서 물을 거의 마시지 않는다. 반대로, 하루종일 물을 매우 많이 마실 수도 있다. 이에 따른 생리적인 불편은 종종 실습자를 깨워 꿈의 자각을 유도하거나 직접기법을 행할 때 깊은 잠으로 빠져들지 않도록 막아준다.

의도와 감정을 이용한 기법

강제수면 기법

페이저는 의식적으로 자연스러운 수면을 모방한다. 그런 다음 기법을 행하거나 의식이 흐려지기 전 마지막 순간에 바로 몸을 떠나기를 시도한다. 이 기법은 독립적으로 사용하거나 다른 기법과 병행하여 사용할 수 있다.

의도 기법

실습자는 오로지 당장 페이즈를 체험하고자 하는 강렬하고 집중된 의도를 통해 페이즈에 들어간다. 혹은 이 의도는 하루종일 차분하고도 지속적으로 느끼는 욕구의 형태를 띨 수도 있다. 의도는 특히 시도하는 동안이나 시도를 시작하기 한참 전뿐만 아니라 매번 잠에 빠질 때에도 특히 효과가 있다. 이 순간을 활용하여 직접기법이나 간접기법을 사용할 수 있기 때문이다.

상태 상기 기법

기법을 사용하거나 사용하지 않고 페이즈 진입을 시도할 때, 실습자는 이전에 페이즈를 체험했을 때의 느낌을 상기하려고 — 따라서 유도하려고 — 노력한다.

진동 상기 기법

진동을 유도하기 위해 페이저는 그저 최대한 세밀하게 진동의 느낌을 상기해내려고 노력한다. 진동을 강하게 원하는 것도 진동을 유도할 수 있다.

공간이동 기법

실습자는 페이즈를 만들어내는 기법이나 분리기법을 사용하지 않고 고집스럽고 확신에 찬 태도로 곧바로 공간이동 기법을 행하려고 노력한다.

동기부여 기법

페이즈가 저절로 일어나게 하거나 기법이 더 잘 먹히게 하기 위해 실습자는 무슨 일이 있어도 해보고 싶은 가장 흥미롭고 중요한 페이즈 행동계획을 짠다.

공포 기법

페이저는 최대한 무섭고 끔찍한 묘지 같은 뭔가를 기억해내려고 애쓰고, 그것이 바로 자기 옆에 있다고 상상한다. 이것은 완전한 공포와 두려움을 불러일으키기 위한 것이다. 이것은 적당한 때가 되면 페이즈 상태로 격상될 것이다. 이 기법의 중요한 결함은 두려움이 페이즈 상태에서도 계속될 수 있어서 실습자가 나중에 그 상태를 벗어나려고 애쓰게 될 수 있다는 점이다.

비행 기법

실습자는 페이즈를 만들어내는 기법이나 분리기법을 사용하지 않고 처음부터 비행하는 느낌을 불러일으키려고 노력한다.

숫자 세기 기법

페이즈로 들어가기 위해 실습자는 100에서 1까지 숫자를 센다. 이어질 페이즈 진입기법이 무엇이냐에 따라 실습자는 계속 집중하여 숫자를 세거나, 아니면 의식이탈을 만들어내려고 노력해야 한다.

점찍기 기법

실습자는 몸의 큰 관절들의 살갗 정점으로 주의를 보내거나 관절 자체의 내부로 의식을 이동시킨다. 각 지점을 최대한 또렷이 느끼려고 애쓰면서 몇 초 또는 몇 호흡 동안 각 지점에서 잠시 멈춰야 한다.

혼합 기법 베스트

수영 기법

페이저는 헤엄치는 과정을 최대한 세부적으로 상상하려고 노력하면서 그 과정의 모든 신체감각과 심지어는 몸을 감싸고 있는 물의 느낌까지 느끼기를 시도한다. 어떤 수영법이라도 사용할 수 있다. (2010년과 2011년 페이즈 학교 세미나에서 애용된 최고의 기법이다.)

로프 기법

페이저는 머리 위에 로프가 매달려 있고 그 로프를 타고 올라가고 있다고 상상한다. 한편, 실습자는 자신의 팔의 움직임, 로프의 감촉, 높이의 느낌을 느끼도록 해야 한다. 때로는 이 과정을 심상화하는 것이 추가될 수 있다.

손 심상화 기법

페이저는 마치 손을 따뜻하게 하려는 것처럼 양손을 비비고 있는 것을 느끼려고 노력한다. 그러는 한편 손의 움직임, 접촉하는 손의 느낌, 문지르는 소리 등을 느끼려고 하는 것이 중요하고, 또한 전 과정을 보려고 해야 한다. 눈에서 15센티 내의 거리에서 상상 속의 손을 비벼야 한다.

감각-동작 심상화 기법

페이저는 이미 몸에서 분리되었으며 가능한 모든 감각의 강화를 포함하는 페이즈 심화기법을 사용하고 있다고 최대한 확고히, 적극적으로 상상하려고 애써야 한다. 실습자는 모든 것을 가까운 거리에서 관찰하고 물건을 만지는 등의 행동을 하면서 방 안을 걷고 있다고 상상해야 한다. 즉, 페이즈를 만들어내는 기법이나 분리기법을 사용하지 않고 바로 페이즈를 심화해야 한다.

일반적이지 않은 기법

외계 피랍 기법

실습자는 외계인이 침실을 침입하여 자신의 발목을 잡고 몸에서 당겨내고 있다고 상상한다. 아니면 우주선에서 나오는 광선이 자신을 끌어내고 있다고 상상한다.

섹스 기법

실습자는 성행위의 깊은 감각을 최대한 세밀하게 느끼려고 애쓴다. 이것은 수동적인 형태로 여성에게 더 잘 먹힌다.

칫솔 기법

실습자는 양치질을 하고 있는 자신을 느끼려고 노력한다. 손의 움직임, 입속 칫솔의 느낌, 치약의 맛을 느끼려고 한다. 화장실 거울 앞에 서 있는 자신을 상상함으로써 감각을 하나 더 추가할 수도 있다.

베개 소리 기법

귀를 베개에 대고 베개에서 나는 소리, 멜로디, 목소리를 들으려고 한다. 특정한 소리를 들으려고 노력해도 되고 그저 들리는 소리에 수동적으로 귀를 기울여도 된다.

꿈 자각을 위한 기법

닻 기법

깨어 있는 동안 실습자는 특정한 닻 — 자신의 손, 물소리, 사람들의 얼굴 등 — 을 만날 때마다 자신의 상태를 점검하는 습관을 들인다. 이 연습은 점차 꿈속으로 옮겨가서 실습자가 닻에 반응하여 주변의 모든 것이 꿈임을 깨달을 기회를 준다. 닻은 깬 상태에서도 꿈속에서도 거의 볼 수 없거나 너무 자주 마주치거나 하지는 않는 대상으로 정해야 한다. 자신이 현실에 둘러싸여 있는지 꿈속의 풍경에 둘러싸여 있는지를 더 확실히 판단하기 위해서는 닻을 만날 때마다 공중부양을 시도하거나 극도의 집중상태로 들어가봐야 한다.

꿈 기억 개발 기법

실습자는 아침과 저녁에 한 번씩 가장 최근에 꾼 꿈을 모두 상기해낸다. 더 확실한 결과를 위해서는 꿈 일기를 쓰고 가능한 한 많은 꿈속 에피소드를 기록해야 한다. 꿈을 많이 기억해낼수록 다음번 꿈은 더 생생해질 것이고 그것이 꿈임을 더 자주 자각하게 될 것이다.

꿈 지도 작성 기법

여기서 실습자는 꿈 일기를 쓰는 것뿐만이 아니라 특별한 지도에 자신이 꿈속에서 있었던 모든 장소를 표시한다. 주된 목표는 꿈속에 나온 장소들이 하나로 합쳐진 통합된 지도를 제작하는 것이다.

꿈 분석 기법

마음속에서 떠올리든 꿈 일기를 쓰든 간에 꿈을 분석할 때는 반드시 꿈을 꾸는 동안 알아채지 못하고 지나친 논리적 모순을 최대한 비판적인 눈으로 가려내야 한다. 그것은 실습자가 꿈속에 있음을 알려주는 확연한 신호로 이용될 수 있기 때문이다. 이처럼 비판적인 눈은 차츰 꿈속에서까지 유지되어서 실습자로 하여금 꿈을 페이즈로 전환시킬 수 있게 해준다. 이 기법은 깨어나자마자 즉시 꿈을 분석할 때 특히 효과를 발휘한다.

최상의 기법

최상의 보편적 기법

페이즈에 친숙해진 실습자는 필요한 상태를 만들어내는 기법은 사용하려 하지 않는다. 그는 그 상태를 곧장 얻으려고 할 것이다. 이것은 페이즈에 관련된 느낌을 집중적으로 상기하면서 페이즈를 경험하고자 강렬히 의도하는 것과 유사하다. 이 기법은 상당한 경험을 쌓은 페이저에게만 적합하다.

제13장

페이즈의 얼굴들

스티븐 라버지

스티븐 라버지는 1947년에 미국에서 태어나서 19세 때 애리조나 주립대학에서 수학 학사학위를 받았다. 1969년에 스탠퍼드 대학교 화학과 대학원에 진학했다가 휴학하고, 1977년에 복학한 그는 꿈을 포함한 인간의 마음에 관한 공부를 하여 1980년에 심리생리학 박사학위를 받았다. 1987년에는 자각몽 연구소를 설립했다.

라버지는 페이즈 상태에 관한 연구로 가장 큰 과학적 공헌을 했다. 라버지는 꿈을 꾸는 동안에 의식이 깨어 있을 수 있음을 세계 최초로 엄연한 과학실험을 통해 증명해 보여준 학자 중 한 사람이다. 이것은 실험 대상이 측정장비를 부착한 채 잠을 자면서 꿈속에서 안구를 움직여 특정한 신호를 보낸 것을 기록함으로써 증명되었다. 이 실험은 또한 꿈속에서 지각되는 몸(유체)과 육체의 안구 운동이 동시에 일어난다는 사실을 입증했다.

1985년에 출판된 《자각몽》(Lucid Dreaming)은 라버지가 쓴 명저이다. 하워드 라인골드와 함께 쓴 《자각몽 세계의 탐사》(Exploring the World of Lucid Dreaming)는 1990년에 출판되었다.

라버지의 연구와 성취의 중요한 특징은 이 현상의 본질에 대한 지극히 실용주의적 접근법에 있다. 그는 아마도 전혀 비이성적인 데가 없는 보기 드문 저자 중의 한 사람이 틀림없다. 그의 책에서 읽고 배울 수 있는 모든 것은 누구나 직접 해보고 확인할 수 있다. 거기에는 이 세상 밖의 초능력 같은 황당한 이야기가 없다.

카를로스 카스타네다

카를로스 카스타네다는 개인적인 경력을 말살해버리는 '전사의 길'이라는 영적 수행법을 따르고자 했기 때문에 그의 자세한 신상은 알려지지 않았다. 다만 그는 1925년에서 35년 사이에 미국 밖에서 태어났고 1960년대에 UCLA에 입학하여 거기서 자신의 저서를 바탕으로 인류학 박사학위를 받았다.

그의 삶은 전적으로 후안 마투스, 혹은 돈 후안 카초라의 가르침을 공부하는 데 바쳐졌다. 그의 페르소나는 인디언 샤먼, 마법사, 그리고 고대 '톨텍' 문화의 계승자 이미지의 혼합이다.

카스타네다는 십여 권의 책을 썼지만 페이즈 상태와 가장 관련 깊은 책은 《자각몽, 또 다른 현실의 문》(정신세계사 刊, 원제는 the Art of Dreaming)이다. 여기에는 꿈의 자각을 통해 페이즈로 진입하는 몇 가지 효과적인 기법이 담겨 있다. 그가 이야기하는 주제는 신비주의로 점철되어 있어서 실용주의는 거의 찾아볼 수 없다.

카스타네다의 주된 작업의 방향이 페이즈 상태를 다루는 쪽이 아니었음에도 그는 전 세계에 퍼진 명성으로 인해 이 분야를 개척한 원조 중의 하나가 되었다. 그는 1998년에 사망했다.

로버트 A. 먼로

로버트 먼로는 1915년 미국에서 태어나서 1937년에 오하이오 주립대학 공대를 졸업했다. 그는 라디오 방송 프로듀서와 감독으로 한동안 일하다가 뉴욕에서 자신의 라디오 방송국을 차려서 빠르게 확장했다.

1956년에 그의 회사는 음파가 마음에 비치는 영향에 대한 연구에도 착수했다.

1958년에 먼로는 우연히 페이즈 현상을 개인적으로 체험했는데, 그것이 그의 관심을 매혹하여 평생을 이 분야의 연구에 바치게 했다. 1974년에 그는 먼로 연구소를 설립했다. 이 연구소는 오로지 음향과 그 밖의 기술이 비일상적 의식상태에 미치는 영향을 연구하는 일에만 매진한다.

그의 첫 번째 책 《몸 밖의 여행》(Journeys Out of the Body)은 1971년에 나왔고, 《먼 여행》(Far Journeys, 1985)과 《궁극의 여행》(Ultimate Journey, 1994)이 뒤이어 나왔다.

먼로는 지금까지 페이즈 상태를 대중에게 널리 알리는 데 가장 큰 공헌을 해왔다. 하지만 그는 페이즈를 마음이 실제로 육체를 빠져나오는 것으로 이해했고, 그가 그것을 '몸 밖의 체험'(OBE: Out-of-Body Experience)로 명명한 이유도 이 때문이다. 《몸 밖의 여행》은 큰 성공을 거두어서 먼로는 하루아침에 이 분야의 요지부동의 권위자가 되었다.

하지만 먼로의 작업에 끼친 신비주의의 막대한 영향은 무시할 수가 없다. 이것은 그의 두 번째 책 이후에 특히 두드러진다. 책에 묘사된 현상의 대부분은 실제로 입증되지 않았다. 마음이 몸을 떠났음을 보여줄 엄밀한 과학실험은 단 한 번 시도되었지만 실패했다. 결국 페이즈에 대한 전형적인 그릇된 관념만 널리 퍼졌고, 그와 함께 유체이탈체험에 대한 일반의 인식도 널리 퍼졌다.

로버트 먼로는 1995년에 사망했다.

패트리샤 가필드

패트리샤 가필드는 1934년에 미국에서 태어났다. 그녀는 열네 살 때부터 하루도 빠짐없이 꿈 일기를 적기 시작하여 그녀 자신과 온 인류가 페이즈에 관련된 꿈 현상에 대한 깊은 통찰을 할 수 있게 했다.

그녀는 임상심리학 박사로, '꿈 연구 학회'의 창설자 중 한 사람이다.

그녀는 많은 책을 썼는데, 1974년에 쓴 베스트셀러 《창조적인 꿈꾸기》(Creative Dreaming)가 가장 널리 알려져 있다. 이 책은 페이즈 상태를 실질적이고 비전문적인 태도로 접근해간 최초의 문헌 중 하나로 전 세계적 관심과 인정을 받았다. 이 책은 훌륭한 실질적 지침을 담고 있고, 다양한 문화권의 꿈 관련 풍습이 소개되어 있다.

실반 멀둔

멀둔은 1903년 미국에서 태어났다. 그는 '아스트랄'이라는 비전秘傳적 용어를 쓰긴 했지만 미국 페이즈 연구의 개척자로 손꼽힌다.

그는 열두 살 때 우연히 페이즈 속에서 깨어나서 지각되는 몸(유체)을 육신과 연결시키고 있는 끈을 목격했다. 처음에 멀둔은 그 체험을 하는 동안 자신이 죽어가고 있다고 생각했다. 하지만 결국은 그것이 '아스트랄 투사'의 한 사례였던 것으로 결론을 내렸다. 그는 이 현상을 계속 체험했지만 그것을 온전히 제어하는 능력이 모자라서 고급 페이저가 될 수 없었다.

미국의 저명한 미지 탐구가인 히어워드 캐링턴과의 공조로 두 사람은 《아스트랄체 투사》(The Projection of the Astral Body, 1929)라는 책을 써서 세상을 놀라게 했다. 두 사람은 두 권의 책 — 《아스트랄 투사의 사례》(The Case For Astral Projection, 1936)와 《아스트랄 투사 현상》(The Phenomena of Astral Projection, 1951) — 을 더 썼다.

멀둔의 책(특히 첫 번째 책)은 신비주의적인 논조에도 불구하고 페이즈에서 일어날 수 있는 가장 다채로운 현상들에 대한 유익한 설명과 실질적인 정보를 많이 담고 있다. 하지만 멀둔은 비이성적인 신비주의적 용어들을 대중화하여 매우 널리 퍼지게 한 대표적인 인물로 여겨지고 있다.

실반 멀둔은 1971년에 사망했다.

찰스 리드비터

찰스 리드비터는 1847년에(다른 정보에 의하면 1854년) 영국에서 태어났다. 옥스퍼드 대학에서 어려움을 겪은 끝에 낙오한 후 리드비터는 수계한 사제가 되었지만 이후 은비학에 심취했다. 이것이 그를 1883년에 신지학회에 가입하게끔 이끌었고, 그는 그 가장 유명한 멤버 중의 한 사람이 되었다.

명철한 마음과 과학지식, 초상현상에 대한 관심의 조합이 그로 하여금 다양한 주제에 관한 많은 책을 쓰게 했다.

그중 《꿈: 무엇이며 어떻게 일어나는가》(Dreams: What They Are and How They Are Caused, 1898)는 페이즈 현상을 다룬 최초의 저서 중 하나다. 리드비터의 글은 은비학 용어와 이론으로 점철되어 있다. 거기서 아스트랄계라는 용어는 페이즈를 대부분 가리키는 말로 사용되고 있지만 이 책에는 기법에 관련된 유용한 지침이 없지 않다.

찰스 리드비터는 1934년에 사망했다.

로버트 브루스

로버트 브루스는 1955년 영국에서 태어났다. 그는 호주에서 살면서 인생의 작업을 했다. 여러 해 동안 해리解離 현상에 대해 연구하고 홍보한 후 21세기 초에 그는 아스트랄 투사 분야의 선구적인 권위자 중의 한 사람이 되었다. 그는 또 다른 여러 초상현상에 대한 전문 연구가다.

로버트 브루스는 몇 권의 책을 썼는데 그중 가장 중요하고 유명한 책은 《아스트랄 역학》(Astral Dynamics, 1999)이다. 저자는 매우 개방적인 은비학적 시각을 가지고 있어서 그것이 그의 이론과 용어에서 강하게 드러난다. 그의 책에 나오는 유용하고 실질적인 지침들은 종종 누구도 확인하거나 증명하지 못한 많은 양의 정보로 꽉 차 있다. 로버트 브루스는 또한 페이즈 현상에 관한 전형적인 미신과 고정관념을 많이 퍼뜨리고 있다.

리처드 웹스터

리처드 웹스터는 뉴질랜드에서 태어나서 살고 있다. 그는 50여 권의 책을 썼고 그의 책은 전 세계에 수백만 부가 팔렸다. 그중에서 《초심자를 위한 아스트랄 여행》(Astral Travel for Beginners) 같은 책은 순전히 페이즈 현상에 관한 책이다. 하지만 이 책은 페이즈 현상에 대한 널리 퍼진 그릇된 관념과 그것을 설명하는 오도된 이론으로 도배되어 있다. 기법에 관한 부분도 효과적으로 잘 제시하지 못했다.

저자는 자신이 실질적인 체험을 해보지 않았을 가능성이 많아 보인다. 그가 다양한 주제에 관해 쓴 여러 책들의 내용에 대해서도 마찬가지다.

찰스 타트

찰스 타트는 1937년 미국에서 태어났고 1963년에 노스캐롤라이나 대학교에서 심리학 박사학위를 받았다. 그는 스탠퍼드 대학에서도 공부했고 초개아 심리학의 창시자 중 한 사람이다.

최초의 저서인 《변성의식상태》(Altered States of Consciousness, 1969)를 출판한 이래로 그는 비일상적인 의식상태에 관한 가장 뛰어난 연구가가 되었다. 이 책은 꿈의 자각을 통해 페이즈에 진입하는 것을 최초로 논한 책이다. 이 책은 LSD와 마리화나가 의식 수준의 고양을 위한 도구로 여겨지던 시대에 각광을 받았다. 이 책은 화학물질을 통해 유발된 페이즈 상태에 대해서도 이야기하고 있다.

제14장

최종시험

이 시험의 질문들은 하나 이상의 정답을 갖고 있거나 어떤 답도 다 틀릴 수도 있다. 그러니 질문을 정독하여 질문이 무엇을 암시하는지, 요점이 정확히 무엇인지를 확실히 파악하도록 주의를 기울여야 한다.

문제를 최소한 반 이상 맞히면 학생의 이론적 지식이 만족할 만한 수준이라 볼 수 있다. 반도 맞히지 못한다면 약한 부분을 다시 공부하거나 책을 처음부터 다시 읽어야 한다. 그러지 않으면 근본적인 실수를 저질러서 개인적 연습에도 차질이 빚어질 것이다.

점수가 80점 이상이면 실습자의 이론적 지식은 고급 수준이어서 페이즈 체험에도 물론 긍정적인 영향을 미칠 것이다. 정답은 책 끝의 부록에 있다.(보기 중에 정답은 여러 개일 수도, 없을 수도 있다)

1. 간접기법인 유체 움직이기를 행 하는데 뜻하지 않게 소음과 생생한 이미지가 일어난다면 어떻게 해야 하는가?

A) 유체 움직이기를 계속한다.

B) 이미지 관찰하기나 내부의 소리 듣기로 기법을 바꾼다.

C) 그 기법들을 전부, 혹은 몇 가지만 동시에 행한다.

D) 가장 징조가 강한 기법을 택해서 계속한다.

2. 잠에서 깼을 때 뜻하지 않게 몇 초 동안 눈을 뜨고 있었다. 이 경우 간접기법을 시작하는 최선의 방법은 무엇인가?

A) 분리를 시도한다.

B) 이미지 관찰 기법

C) 강제수면 기법

D) 기법을 행하지 말고, 움직이지 않은 채 모든 것을 다시 시작할 수 있도록 다시 깨어나리라는 의도를 품은 채 잠을 자는 것이 가장 좋다.

3. 오랫동안 잠을 못 자거나 기운이 빠진 상태에서 밤에 잠들기 전에 직접기법을 행하려면 어떻게 하는 게 더 좋은가?

A) 이미지 관찰 기법만 계속한다.

B) 행동에 주의를 가만히 기울여 집중한다.

C) 부유하는 의식 상태가 일어나지 않게 한다.

D) 기법을 자주 바꿔가며 행한다.

E) 깊이 이완한다.

4. 직접기법을 행할 때 약한 진동이 일어난다. 진동을 증폭시키기 위해서 두뇌 긴장시키기 기법을 행해도 되는가?

A) 그렇다.

B) 아니다.

C) 실습자가 기운이 빠졌거나 수면부족일 때만 해도 된다.

D) 그날 페이즈 진입 시도를 한 적이 없다면 해도 된다.

5. 잠들기 직전에 아래 중 무엇을 하면 꿈 자각을 통해 페이즈에 진입할 성공률을 높여줄까?

A) 직접기법을 행한다.

B) 잠에서 깰 때 간접기법을 행하리라고 마음먹는다.

C) 간밤의 꿈을 상기한다.

D) 그렇게 해서 페이즈에 진입했을 때 실행할 행동계획을 짠다.

6. 꿈이 사라지기 직전에 꿈을 자각했다면 최대한 빨리 페이즈에 진입하기 위해서 아래 중 무엇을 해야 할까?

A) 다시 꿈을 자각하기 위해서 다시 잠들려고 애쓴다.

B) 즉시 간접기법을 행한다.

C) 잠시 쉰 후에 직접기법을 행한다.

D) 간밤의 꿈을 상기하기 시작한다.

7. 아래 중 어느 것이 수면마비 상태에서 깨어났을 때 재빨리 페이즈에 진입하게 할까?

A) 이완

B) 꿈을 자각하게 되리라는 의도를 품고 잠든다.

C) 육체의 안구와 혀를 움직인다.

D) 직접기법

8. 누워 있다가, 혹은 밤중에 깼는데 저절로 몸 밖으로 던져졌을 때 어떻게 해야 하는가?

A) 몸으로 돌아가서 적절한 간접기법을 행한다.

B) 페이즈에서 하기로 마음먹었던 행동계획을 행한다.

C) 즉시 페이즈를 심화시킨다.

D) 앞이 보이지 않는다면 재빨리 시력을 확보하도록 애쓴다.

E) 강제수면 기법을 행한다.

9. 페이즈에 진입하려고 굴러 나오기를 했는데 부분적으로만 되고 아무리 애써도 더 이상은 진척이 없다. 이 상황에서는 무엇이 최선인가?

A) 다시 들어가서 굴러 나오기를 다시 한다. 이것을 몇 번 반복한다.

B) 간접기법 순환적용을 시작한다.

C) 쉬었다가 몇 분 후에 분리를 다시 시도한다.

D) 위로 떠오르기나 일어서기, 기어 나오기로 분리를 시도한다.

E) 페이즈 진입 간접기법을 아무거나 행한 후 다시 굴러 나오기를 시도한다.

10. 굴러 나오기를 하다가 뜻하지 않게 바닥이나 벽 속에 갇혔다. 페이즈를 회복하기 위해 무엇을 해야 하는가?

A) 힘으로 장애물을 빠져나간다.

B) 공간이동 기법을 행한다.

C) 몸으로 돌아가서 다시 굴러 나오기를 시도한다.

D) 감각을 증폭시킨다.

11. 분리하는 동안 형체 없는 어두운 공간 속을 날고 있을 때 어떻게 하면 페이즈를 심화시킬 수 있을까?

A) 머리부터 다이빙하기 기법을 행한다.

B) 아무런 방법이 없다.

C) 진동을 만들어내어 증폭시킨다.

D) 자기 몸을 만져본다.

E) 페이즈의 다른 곳으로 공간이동하여 감각증폭을 통해 페이즈를 심화한다.

12. 15~30초 후에도 심화기법이 제대로 먹히지 않으면 무엇을 해야 하는가?

A) 더 깊이 들어가도록 계속 애쓴다.

B) 페이즈에서 나온다.

C) 몸으로 돌아왔다가 다시 페이즈 진입기법을 행한다.

D) 짜놓은 행동계획을 실행한다.

13. 눈을 감고 공간이동을 할 때 페이즈를 유지하기 위해 어떤 기법이나 방법을 써야 하는가?

A) 진동을 증폭시키고 유지시키는 기법

B) 촉각 증폭, 양손을 비비며 감각 느끼기

C) 아무 기법도 하지 않는다.

D) 회전 기법

E) 페이즈에 남아 있겠다는 의도를 소리 내어 반복해 말한다.

14. 어떤 상황에서 페이즈 속에서 잠에 빠질 가능성이 가장 높은가?

A) 만나고 싶은 사람을 찾고 있을 때

B) 살아 있는 대상과 대화하고 있을 때

C) 모든 행동을 완전히 멈추고 완전히 고요해져 있을 때

D) 목적 없이 다니고 있을 때

E) 주변에서 일어나는 일에 반응하여 개입할 때

15. 다음의 어떤 표시가 실습자가 페이즈를 빠져나와 현실로 완전히 돌아와 있음을 보장하는가?

A) 시계가 실제 시간을 가리키고 있고, 고개를 돌렸다가 다시 봐도 같은 시간을 가리키고 있을 경우.

B) 감각이 완전히 생생할 때.

C) 친구나 가족이 방 안에 함께 있으면서 실습자와 대화하고 있을 때.

D) 페이즈가 끝났다는 속 느낌.

E) 손가락 끝을 가까운 거리에서 5~10초 동안 노려봐도 아무런 일이 일어나지 않을 때.

16. 어떤 상황에서 페이즈 여행을 의도적으로 중지해야 하는가?

A) 돌아가는 것이 불가능할 것 같거나 죽음에 직면한 듯한 두려움이 엄습할 때.

B) 현실세계에서 해야 할 일에 늦었을 가능성이 확실할 때.

C) 이상한 사건이나 대상을 만나 겁이 날 때.

D) 이해할 수 없거나 미지의 무엇에 대한 설명할 수 없는 죽음의 공포가 엄습할 때.

E) 페이즈 속의 누군가가 실습자에게 현실로 돌아갈 것을 고집할 때.

F) 페이즈 세계의 대상 때문이 아닌 이유로 몸에 날카로운 통증이 느껴질 때.

17. 끔찍한 존재나 위험한 인물을 피하려고 노력할 때 가장 일어나기 쉬운 일은?

A) 대상이 재미없어하며 멈춘다.

B) 대상에 대한 두려움이 사라진다.

C) 페이즈가 더 자주 일어나고 평소보다 더 길고 깊어진다.

D) 실습자는 침착해지고 덜 불안해한다.

E) 두려움이 클수록 대상이 더 자주 실습자를 뒤쫓을 것이다.

18. 페이즈에서 시력이 저절로 회복되지 않을 때 시력을 회복시킬 것을 고려해야 하는 경우는?

A) 분리 직후 심화하지 않은 상태에서

B) 심화하고 나서 바로

C) 공간이동 시 어두운 공간을 날아가는 동안

D) 분리가 일어난 후 주변을 즉시 탐험해보고 싶어질 때

19. 벽 앞에 서서 벽을 가까이서 살펴보지 않은 채 통과하려면 어떻게 해야 하나?

A) 손과 팔을 벽 속으로 천천히 밀어넣은 다음 몸 전체와 머리를 통과시킨다.

B) 머리를 먼저 천천히 밀어넣고 다음에 몸 전체를 통과시킨다.

C) 벽에 구멍을 내어 구멍을 크게 늘인 후 지나간다.

D) 어깨를 벽에 부딪혀서 벽을 무너뜨린다.

20. 페이즈에서 양팔이 완전히 마비되어 움직이지 않는다. 출구가 하나밖에 없는 방에서 이런 일이 일어났고 문이 닫히기 시작하고 있다. 문이 닫히지 않게 할 두 가지 가장 쉬운 방법은 무엇인가?

A) 큰 소리로 문에게 열려 있을 것을 권위적으로 단호하게 명령한다.

B) 팔을 해방시켜 문을 잡는다.

C) 염력으로 문을 멈춘다.

D) 사람 찾기 기법으로 사람을 만들어낸다.

21. 페이즈에서 문 열기 기법으로 공간이동을 할 때 일어날 수 있는 어려움은 무엇인가?

A) 문이 열리지 않는다.

B) 문 뒤에 엉뚱한 장소가 나타난다.

C) 손이 문 손잡이를 통과해버려서 문을 열 수가 없다.

D) 결정적인 순간에 마음을 집중하기가 어려워진다.

E) 문 뒤에 암흑의 허공이 나타난다.

22. 몸에서 처음 분리해 나올 때 굴러서 나온 후 페이즈에서 공간이동을 할 때 결과를 얻기 위해서는 어떤 조건이 필요한가?

A) 아무것도 보(이)지 않아야 한다.

B) 해가 진 후에 연습을 해야 한다.

C) 어딘가에 가 있게 될 거라는 확고한 의도가 있어야 한다.

D) 최종결과에 대한 확신이 있어야 한다.

E) 진동이 있어야 한다.

23. 실습자는 페이즈에서 모든 것이 잘 보이지 않는 어두운 방에 있다. 샹들리에가 있지만 스위치는 없다. 방 안을 밝히기 위해 샹들리에를 켜는 가장 빠른 방법은?

A) 스위치를 찾을 수 있는 곳으로 공간이동을 한다.

B) 대상 찾기 기법으로 플래쉬를 찾아서 방 안을 밝힌다.

C) 샹들리에의 전구를 손으로 비빈다.

D) 대상 찾기 기법으로 방 안에 스위치를 만들어낸다.

E) 눈을 감고 방 안이 밝아졌다고 상상한 후 눈을 뜬다.

24. 페이즈에서 살아 있는 대상과 대화하다가 특정 인물을 데려다놓고 싶은 생각이 일어난다. 이 경우 초심자에 한해서 어떤 조치가 권장할 만한가?

A) 문 기법이나 모퉁이 기법을 써서 원하는 대상이 거기 있다고 상상하고 옆방으로 간다.

B) 원하는 대상의 이름을 크게 불러서 불러낸다.

C) 공간이동으로 다른 곳으로 갔다가 돌아올 때 두 대상이 다 거기에 있게 한다.

D) 눈 감기 기법으로 원하는 대상을 더 데려다놓는다.

E) 대화하고 있는 상대에게 다른 대상을 더 데려와도 되는지 물어본다.

25. 공간이동으로 갈 수 없는 곳은 어디인가?

A) 맘모스의 몸속

B) 과거나 미래

C) 천국

D) 영화 〈스타워즈〉의 장면 속

26. 사람 찾기 기법을 제대로 행했을 때, 페이즈 속의 죽은 사람은 살아 있을 때의 모습과 어떻게 다를까?

A) 실습자 자신만이 차이를 만들어내거나 차이를 발견하지 않을 수 있다.

B) 죽은 사람은 목소리가 다르다.

C) 죽은 사람의 머리는 후광이 감싸고 있다.

D) 죽은 사람에게서 느껴지는 지각은 살아 있을 때보다 덜 생생하다.

E) 죽은 사람은 아무것도 기억하지 못한다.

27. 페이즈 속의 살아 있는 정보원에게서 정보를 얻을 때 어떤 어려움이 생길 수 있는가?

A) 얻은 정보가 기억나지 않는다.

B) 정보원이 아무 말도 하지 않는다.

C) 적당한 정보원이 아니다.

D) 정보원이 이성일 때는 성적 유혹

E) 가짜 정보를 얻는다.

28. 실습자가 코가 막히고 목이 따가운 감기에 걸렸을 때 무엇이 치유를 도와줄까?

A) 며칠 동안 연달아 페이즈에 진입해서 페이즈 동안 줄곧 진동을 유지하고 증폭시킨다.

B) 아스피린을 먹고 며칠 동안 연달아 페이즈에 진입한다.

C) 며칠 동안 연달아 페이즈에 진입하면서 페이즈에서 더운 곳으로 여행한다.

D) 몇 번의 페이즈 동안 스트레스받는 상황을 경험한다.

E) 페이즈에서 의사를 찾아서 현실이나 페이즈 자체 내에서 무엇이 최선인지를 물어본다.

29. 스티븐 라버지가 이뤄낸 것은 다음 중 무엇인가?

A) 자각몽 연구소 설립

B) 인류학 박사

C) 자각몽이 가능함을 과학적으로 증명

D) 심리생리학 박사

E) 페이즈 내의 안구운동이 현실의 그것과 동시에 일어남을 증명

30. 은비주의의 시각이 전혀 섞이지 않은 실용주의적 시각에서 페이즈 상태 연구에 접근한 사람은?

A) 스티븐 라버지

B) 로버트 먼로

C) 실반 멀둔

D) 찰스 타트

E) 패트리샤 가필드

F) 카를로스 카스타네다

제15장

최고 단계의 연습

전문가급 실습자

간접기법과 페이저의 심화 및 유지를 위한 기초적 원칙에 전반적으로 익숙해지는 것은 문턱 단계의 실습으로 간주될 수 있다. 연습의 기술적 측면에 관한 세부적 지식은 기초 단계다. 이제부터는 연습의 고급 단계를 논할 것이다. 이것은 낮은 단계와는 모든 면에서 질적으로 다르다.

실습자가 아직도 일주일에 최소한 몇 번씩 의도적으로 페이즈에 진입할 수 없다면 이 장은 읽지 말아야 한다. 그러면 아직은 불필요하고 이해하기 어려운 것들이 더해져서 마음에 더 큰 혼란이 빚어질 수 있다. 그래도 읽기로 했다면 자신의 결정이 가져올 결과에 자신이 전적으로 책임을 지고 위험을 감수해야 할 것이다.

페이즈 연습의 숙달 과정은 순차적인 과정이다. 먼저 간단한 배경지식과 기법을 가지고 시작하여 갈수록 어려운 작업을 해나간다. 하지만 어떤 단계에 도달하고 나면 과정은 다른 길로 돌아간다. 즉, 배후의 원리를 깨달으면서 전반적인 접근법이 단순화되는 것이다. 처음부터 배후 원리로부터 출발할 수는 없다. 그것은 개인적 연습을 통해 기본을 숙지한 이후에만 깨달아질 수 있는 것이기 때문이다. 이런 단계는 많은 실습자들에게 자연스럽게 찾아온다. 이 장의 목적은 단지 페이즈를 꾸준히 연습하는 사람이 의식적으로, 또는 무의식 중에 깨닫게 되는 것들을 조명하는 것이다.

실습자의 마음과 주의력 범위가 덩치 큰 이론적 지식에 압도되더라도 걱정할 필요는 없다. 경험을 해가면 모든 것이 단순해질 것이다. 그리고 훈련과정 자체가 더 큰 즐거움을 가져다줄 것이다. 어쩌면 더 높은 형태의 훈련만이 진정한 페이즈 실습으로 간주되어야 할 것이다. 이 단계에 이르러야만 페이즈 실습이 삶과 조화를 이루어 불편을 초래하지 않게 되기 때문이다.

높은 단계의 실습자는 다음을 성취할 수 있다.

- 간접기법의 효과를 90퍼센트 이상 거둘 수 있게 된다.
- 꿈을 자각하고자 하면 80퍼센트 이상 성공할 수 있게 된다.
- 직접기법의 효과를 60퍼센트 이상 거둘 수 있게 된다.
- 페이즈 심화에 걸리는 시간이 최소로 단축되고 행동계획을 실행하면서 동시에 행할 수 있게 된다.
- 페이즈 유지에 힘이 적게 들고 효과도 오래 간다.
- 원하는 즉시 페이즈를 이런저런 방식으로 응용할 수 있게 된다.
- 중간급의 실습자도 하루에 여러 번(재진입을 제외하고 3~6회) 페이즈에 진입할 수 있게 된다. 높은 단계의 실습에서는 이것이 일상이 된다.

모든 면에서 이런 단계에 이르지 못한 페이저는 아직도 뭔가 근본적인 실수를 저지르고 있는 것이므로 마쳐야 할 공부거리가 있다. 고급단계에 이르렀다면 그는 이미 두 세계에서 살고 있고 그의 눈앞에는 한계 없는 우주가 펼쳐져 있어서 오로지 그 자신만이 자신의 행동을 결정할 수 있고 그 속에서 의미를 발견해낼 수 있다. 그는 자신의 체험을 그 누구도, 그 무엇도 본질적으로 바꿔놓지 못하는 지점에 와 있다.

절대 원칙

순수한 욕구는 고급단계 연습의 핵심 원리 중 하나다. 실습자는 어떤 기법으로부터 자신이 요구하는 것이 무엇인지를 이미 잘 알고 있다. 그는 페이즈 상태를 불러놓고 구체적인 욕구에 초점을 맞춤으로써 목표를 곧바로 달성해내기를 추구한다. 달리 말해서 이제 페이저는 무엇을 경험하고자 혹은 성취하고자 하는 욕망을 추구하지, 모호한 목표를 좇는 의식을 치르려 하지 않는다.

이제 실습자는 무엇을 이루고자 하면 그저 단순히 의지를 낸다. 그것은 별다른 행동이 필요 없이 얻어진다. 이제는 대부분의 기법이 의미가 없어진다. 기법이 필요한 것은 오직 그 기법이 어려운 상황에서 결과를 얻어낼 수 있는 유일한 방법이 되었을 때만이다.

간접기법

실습이 고급 단계에 이르면 페이저는 페이즈 자체 때문에는 놀라지 않게 된다. (다른 단계에서는 그렇지 못하다.) 놀라는 유일한 경우는 페이즈 진입 시도가 실패할 경우이다. 간접기법의 경우에는 특히 그렇다. 세 가지의 주요인이 성공률을 좌우한다.

깨어나자마자 행한 기법이 너무 적극적인 접근방식으로 인해 먹히지 않는다면 기법과 병행하여 강제수면 기법을 올바로 활용하면 언제든지 처리된다. 그러면 기법이 늘 먹히기 시작하므로 기법의 선택은 이제 중요하지 않다. 그리고 깨어나자마자 행한 기법이 먹혀들기 시작했다면 그것은 페이즈 상태가 깊어졌다는 확실한 표시다. 경험 많은 실습자들은 이내 간접기법을 행하면서 동시에 강제수면 기법을 사용하기 시작한다. 그들이 즉석에서 몸을 빠져나갈 수 있거나 첫 번째로 사용하는 기법이 먹히게 할 수 있는 것은 바로 이 때문이다.

경험 많은 페이저는 올바른 페이즈 상태를 얻기 위해 간접기법을 행하지 않는다. 그는 페이저 상태로 곧바로 옮겨가고, 의식을 제어하기 위해서는 특정한 기법을 행할 수도 있다. 과제는 깨어나자마자 올바른 페이즈 상태 — 특정한 생리적 상태 — 를 얻는 것이다. 그리고 그런 상태가 이미 되어 있다면, 그리고 그 상태가 이미 꽤 익숙해져 있다면 남은 것은 목적을 향해 가는 일뿐이다! 이것이 비밀의 전부다.

그것이 어떤 느낌인지를 말로 설명하는 것은 거의 불가능하다. 하지만 많은 이들이 직관적으로 그렇게 한다. 그것은 대개 페이즈 상태를 상기하고, 강제수면 기법을 행하고, 어떤 일이 있어도 페이즈에 진입하고자 하는 강한 욕구를 품는 것으로써 그렇게 된다.

한 가지 논리적 사실을 이해하면 간접기법의 효과가 극적으로 높아진다. — 잠에서 깨어날 때 실습자는 사실상 언제나 깊든 얕든 이미 페이즈에 들어 있다는 사실 말이다. 생리학적으로 말하자면 잠에서 깨어난 사람은 정의상 페이즈 상태에 있다. 실습자가 이것을 이해하고 나면 훨씬 더 자신 있고 집중력 있게 페이즈 진입을 시도하게 되고, 결과가 뒤따를 것이다. 실패한 시도의 상당 부분은 어떤 잘못된 행동 때문이 아니라 자신감의 결여가 현실화되기 때문이다. 이것은 페이즈가 기대를 실현시키는 성질 때문이다. 스스로 아무 일도 일어나지 않으리라고 기대한다면 페이즈 속에 있더라도 아무런 일도 일어나지 않을 것이다. 당신은 이미 페이즈 속에 있으므로 지금 당장 잘 해낼 것임을 믿으라. 그리고 결과를 즐기라! 잠에서 깨어날 때마다 우리는 실제로 이미 페이즈 속에 있다. 이것을 깨닫기 위해 다음과 같이 접근할 수도 있다. 즉, 깨어날 때 할 일은 페이즈 진입이 아니라 그것을 심화시키는 일이다. 이것은 감각-동작 심상화 기법에서 쉽게 볼 수 있다. 이 기법은 사실상 분리나 사전의 기법 수행 없이 페이즈를 심화시키는 방법이다. 경험 많은 실습자에게는 이 기법이 잘 먹히지만 초심자는 이것을 터득하는 데 어려움을 겪는 것은 다 이유가 있다.

직접기법

경험 많은 실습자가 이르게 되는 중요한 결론은, 직접기법이 사실은 쉬운 것이어서 다른 기법들보다 크게 어렵지 않다는 사실이다. 문제는 단지 몇 가지 미묘한 사항을 이해하는 데 있다. 그것이 명료해지기만 하면 결과를 얻어내기가 쉬워진다.

부유하는 마음상태가 결정적으로 중요함을 늘 역설하는데도 불구하고 거의 모든 초심자들은 고집스럽게 온갖 기법을 다 뒤지며 비방을 찾아 헤맨다. 하지만 고급 실습자들은 기법을 거의 사용하지 않는다. 그들은 거의 아무런 노력도 긴장함도 없이 즉시 부유하는 마음상태를 찾아간다. 경험 많은 실습자들의 입에서는 언제나 똑같은 말이 나오는 이유가 여기에 있다. ― "맞아, 난 아무것도 안 해. 그저 누워서 페이즈를 기다릴 뿐이야." 그리고 그것은 50~70퍼센트의 경우 그저 찾아온다. 이것은 몸을 떠나려고 맨땅에 헤딩을 하면서 많은 시간과 에너지를 허비하고도 기껏해야 순전히 운으로 1~2퍼센트의 성공밖에 못 거두는 일부 초심자들의 경우와는 뚜렷이 대조된다.

고급 실습자가 직접 페이즈에 진입하는 예를 들어보자. 페이저는 페이즈 속에서 할 흥미로운 일들을 계획하고 저녁에 잠들기 불편한 자세로 누운 채 그저 페이즈에 들어가면 얼마나 신나는 일이 벌어질까 하는 생각을 품은 채 잠을 청한다. 이것이 전부다! 3~10분쯤 지나면 그는 이미 의식이 이탈해서 페이즈로 들어간다. 그러는 동안 그는 금방 잠속으로 떨어져버릴 것 같은 느낌이 들면 의식의 초점을 유지하기 위해서 간접기법을 차례로 행한다. 반대로 마음이 지나치게 깨어 있으면 최대한 잠들기 편한 자세로 누워서 특정 기법을 단조롭게 행한다. 하지만 대부분의 경우, 직접기법의 핵심은 불편한 자세로 잠에 들기를 시도하는 데 있다. 마음의 배후에는 늘 페이즈에 대한 생각을 품은 채 말이다. 최소한 이렇게 하도록 되어 있고, 이것이 종종 먹히는 방법이다. 이것이 예비조건인 올바른 종류의 의식이탈을 유도하는 최선의 조건이라는 단순한 이유 때문에 말이다. 이 상태로부터 페이즈가 일어난다. 만일 아무런 소득 없이 10~15분이 지나간다면 페이저는 그냥 잠을 자거나 시도를 멈춘다. 페이즈의 직접 진입은 즐겁게 해야 하는 것이기 때문이다. 페이저가 연습을 즐기고 있지 않다면 그것은 곧 그가 오류에 빠져 있다는 표시다.

한편, 페이저가 이룰 수 있는 가장 중요한 발전은 시도의 최종목표에 대한 자신의 태도다. '페이즈에 들어가면 신나겠는걸' 하는 생각을 품는 이유가 있다. 이 생각은 마음의 한가운데가 아니라 배후에 머물러 있어야 한다. 실습자는 어떤 일이 일어나든 말든 초연해야 한다. 그는 무엇을 조종하려는 마음이나, 욕망이나, 무엇이 중요하다는 느낌을 내려놓아야 한다. 그러면 모든 것이 잘 먹혀든다. 어떤 일이 있어도 곧장 페이즈에 들어가려고 하는 강한 욕망을 품고 누워서 직접기법을 행하면 아무런 일도 일어나지 않을 것이다. 태연하고 집착 없는 태도를 갖지 않으면 페이즈는 일어나지 않는다. 조바심과 기대로는 아무런 일도 일으킬 수 없다. 고급 실습자라면 페이즈 진입에 대해 지나친 조바심이나 욕심이 느껴질 때는 직접기법을 시도하지도 않을 것이다. 그는 마음이 편안하고 차분하여 결과에 대해 어느 정도 초연할 때만 페이즈 진입을 시도한다. 물론 깊은 곳에서는 초연하지 않다. 그의 욕구는 깊은 곳에 간직되어 있다. — 그것은 결과를 얻는 것을 방해하는 생리 반응을 일으킬 정도로 표면에 나와 있지 않다. 실습자가 이 원리의 의미를 이해하기만 하면 그의 페이즈 진입 성공률은 갑자기 부쩍 올라갈 것이다.

유일한 예외는 페이즈 진입에 직접기법을 연장술과 함께 사용하는 경우일 것이다. 이 경우에는 기법이 훨씬 더 큰 중요성을 띠고 깊이 간직된 의도는 덜 중요해진다. 이것은 잠에서 깨어서 얼마나 시간이 많이 지났느냐에 좌우된다. 이런 경우의 시도는 효과 면에서는 간접 기법에 더 가깝다.

꿈 자각하기

경험 많은 실습자에게는 꿈 자각하기가 가장 노력과 주의가 적게 드는 일이다. 사실상 그는 밤중에 — 더 낫기로는 연장술을 하면서 — 꿈을 자각하게끔 하기 위해 단 두 가지의 일을 한다. 첫째, 자신을 꿈속으로 끌어들일 흥미로운 행동계획을 짠다. 다음으로, 잠에 빠져드는 동안 그저 자각몽을 경험하고자 하는 욕구를 품는다. 단, 거기에 너무 빠지거나 집착하지 않고서 말이다. 그게 전부다! 이것이 먹히지 않는다면 그것은 실습자에게 매우 놀라운 일이 될 것이다.

이번에도 역시 모든 것은 의도를 올바로 품는 데 달려 있다. 경험 많은 실습자는 초심자들과는 근본적으로 다른 식으로 의도를 품는다. 초심자가 '나는 꿈을 자각하게 되기를 바란다'는 생각을 품는다면, 페이저는 '나는 꿈꾸는 동안 곧 그것을 자각할 거야'라고 자신에게 말할 것이다. 이것은 그 프로그래밍이 잠재의식의 더 깊은 곳에 심어지게 한다. 게다가 그의 이전의 훈련은 이미 그를 그 순간에 대비되어 있게 해놓았으므로 더 이상은 해야 할 일이 없다.

비자율적인 방법

페이즈 진입에 고도로 숙달된 고급 단계의 실습자들은 장치든 도와줄 짝이든 오디오 파일이든 화학물질이든 약초든, 그 어떠한 보조적 수단도 사용하지 않는다. 그런 것은 단순히 필요가 없다. 초심자에게도 혼자의 노력으로 페이즈에 진입하는 것이 훨씬 더 쉬운 일일진대 고급 페이저에게는 말할 것도 없다. 비자율적인 방법은 언제나 정규 기법을 사용할 때 흔히 저지르는 오류를 다른 사람들처럼 바로잡는 대신 외부의 해결책을 찾으려는 이들에게나 필요한 것이다.

심화

고급 실습자가 사용하는 심화기법은 초급 실습자가 사용하는 기법과 본질적으로 거의 다르지 않다. 하지만 이 기법을 행하는 방식에는 두 가지 본질적인 차이가 있다.

첫째, 경험 많은 실습자는 행동계획을 실행하기 시작할 때 동시에 심화기법을 행하는 쪽을 선호할 것이다. 말하자면 그는 초심자들처럼 분리해 나오고, 심화한 다음에 행동계획을 실행하지 않는다. 대신 그는 분리해 나와서 즉시 행동계획을 실행하고, 그와 아울러 동시에 감각의 현실감을 강화시킨다. 이 방법은 심화의 효과를 더 높여주고, 페이즈에서 다른 일을 할 수 있도록 시간을 절약해준다.

둘째, 고급 실습자들은 심화하고자 하는 의도와 그것을 실현하는 방법에서 초심자와 다르다. 초심자가 흔히 어떤 행동을 기계적으로 한다는 사실만으로 거기서 결과가 얻어지기를 기대한다면, 고급 페이저는 마치 기법 자체에 의해 극도로 사실적인 페이즈로 이끌려가는 것처럼 생생한 페이즈를 만들어내고자 하는 집중된 목표와 욕구로써 심화기법을 행한다. 그러는 동안에 또한 이전의 체험의 느낌을 계속 떠올린다. 기법은 단지 그가 의도를 더 잘 구현시키도록 돕는 역할을 할 뿐이다.

유지

고급 실습자라도 여전히 애써야 하는 유일한 일이 있다면 그것은 페이즈를 유지하는 일일 것이다. 하지만 그것은 상대적인 의미에서 애쓴다는 것일 뿐, 그것은 완성을 향한 애씀이다.

경험 많은 페이저가 초심자와 다른 점 중의 핵심은, 그가 페이즈에 머무는 시간은 그가 원하는 일을 하기에 충분한 시간이라는 점이다. 페이즈에 머물 수 있는 시간이 아무리 짧더라도 그것은 재진입 횟수만큼 배로 불어난다. 단 하루만 하더라도 말이다. 그 결과 그는 언제나 스스로 정한 과제를 모두, 그리고 종종 매우 신속히 수행할 수 있다. 목표를 모두 이룰 수 있다면 한 번에 페이즈에 머물 수 있는 시간 길이 때문에 불평할 이유가 어디 있겠는가?

고급 페이저의 가장 첫 번째 표시는 페이즈에서 실행할 흥미롭고도 쓸모 있는 행동계획을 늘 지니고 있다는 것이다. 그는 자신이 페이즈에서 무엇을 하고 싶은지, 그것을 어떻게 할 것인지를 늘 알고 있다. 그는 페이즈에서 하고 싶은 일을 늘 가지고 있기 때문에 언제든지 페이즈에 진입하고 싶어한다. 그것이 물질현실과는 아무런 관계가 없는 일이더라도 말이다. 게다가 고급 페이저들은 독자적으로 페이즈를 연구하고, 그것이 다시 자신의 연습을 더욱 자극해주고 개인적 발전을 도와준다.

초심자들이 유지를 시도하면서 겪게 되는 주된 문제는 역설적이게도 퇴장에 대한 두려움이다. 본의 아니게 몸으로 돌아가게 되는 것 말이다. 이것은 거의 언제나 그들로 하여금 유지기법을 그릇 행하게끔 만들고, 자신의 능력에 대한 자신감은 말할 것도 없고 유지하고자 하는 의도조차 결여되게 만든다. 그런데 이것이야말로 페이즈 유지에 관한 한 가장 결정적인 요소다.

초심자들은 유지기법을 몸으로 돌아가지 않으려고, 혹은 잠에 빠지지 않으려고 행하지만 숙달된 실습자는 페이즈 속에 머무는 상태를 유지하기 위해 유지기법을 행한다.

그 결과 초심자는 종종 보기 좋게 페이즈에서 쫓겨나고, 숙달된 실습자는 훨씬 더 길고 편안한 페이즈 체험을 즐긴다. 의식적으로 몸으로 다시 돌아가는 기법은 말할 것도 없지만, 페이즈 속에서 몸을 생각하기만 해도 몸으로 돌아가게 될 위험성은 다분하다.

페이즈 속에서 어떤 방법이든 유지기법을 행할 때, 실습자는 자신이 원하는 만큼 오랫동안 페이즈에 머물러 있으리라는 지극히 강한 확신을 가져야만 한다. 그런 확신 하나만으로도 페이즈의 평균시간을 상당히 연장시키기에 충분하다.

하지만 페이즈 유지에서 고급 실습자들은 진짜 문제를 직면해야 한다. — 헛퇴장 말이다. 페이즈로부터 몸으로 돌아오는 경우 중 절대다수는 착각이다. 각 개인의 성격과 연습 수준에 따라 모든 퇴장의 50

내지 90퍼센트는 착각일 수 있다. 몸으로 돌아오면 다시 분리해 나오기를 시도해야만 한다는 것이 필수적인 규칙으로 정해져 있는 것도 바로 이 때문이다. 이 규칙을 지키더라도 체험은 종종 헛깨기로 끝나고, 그 사실을 시간이 지나고 나서야 깨닫게 된다.

이 문제는 페이즈로부터 몸으로 돌아오는 것이 사실 대단히 큰일이 아니라는 점을 이해하면 부분적으로 해결된다. 그런 일이 일어난다면 그것은 연습 중에 흔히 일어날 수 있는 아무렇지도 않은 일일 뿐이다. 그냥 페이즈 속에 있다면 그것은 쉽게, 혹은 빨리 끝날 수 없다. 숙달된 실습자는 언제나 ― 언제나! ― 최대한 똑같은 자신감을 가지고 페이즈 재진입을 시도해야 한다. 그리고 마침내 다시 몸을 떠날 수가 없게 된다면 최소한 두 번은 현실점검(reality check - 초집중, 코 막고 숨쉬기, 현실과 불일치하는 점 찾아보기 등)을 해야 한다. 사실은 아직도 여전히 페이즈 속에 머물러 있을 가능성이 다분하기 때문이다. 현실점검만으로도 페이즈 체험이 20퍼센트까지 연장될 수 있다. 요약하자면, 높은 단계의 연습에서는 몸에서 다시 빠져나가는 시도를 해야만 한다. 만일 빠져나갈 수가 없다면 현실점검을 해야만 한다.

거의 모든 실습자들이 몸으로 돌아온 줄로 착각하는 경험을 하는 데는 몇 가지 이유가 있다. 그중 중요한 것은 페이즈를 유지하는 능력에 대한 자신감 결여 때문이다. 이것은 의도와 집중력을 강화함으로써 처리할 수 있다. 하지만 사실상 별 해결책이 없는 문제도 있는데, 그것은 인간의 변성의식상태가 지닌 놀라운 성질 ― 가짜 기억에서 비롯된다.

페이즈 체험 중에 때로는 가짜 기억의 덩어리 ― 하지만 상당히 세부적이고 감정적 부하가 걸린 ― 가 페이저의 기억 속에 문득 떠오른다. 이것은 그가 페이즈에 오래 머물렀음을 뜻하고, 따라서 심리적으로 매우 수용적인 상태에 있음을 뜻한다. 그 결과로 페이저는 퇴장에 대해 별 저항감을 느끼지 않거나, 심지어는 스스로 퇴장을 조작하게 될 수도 있다. 몸으로 돌아오자마자 그는 페이즈가 느껴졌던 것보다 실제로는 훨씬 더 짧았다는 사실을 깨닫는다. 때로는 아주 세밀히 분석을 해보아야만 이 흔치 않은 문제가 밝혀져서 실습자로 하여금 자신이 5분으로 느껴졌던 시간이 아니라 단지 10초 동안 페이즈에 머물렀음을 깨닫게 할 수 있다. 그럼에도 인간의 마음의 이 기이한 속임수에 대한 처방은 동일하다. — 어떻게 느껴지고 어떻게 생각되든 상관없이 반드시 다시 몸을 빠져나가기를 시도하는 것이다. 그리고 이것이 실패하면 현실점검을 하라.

제어

숙달된 실습자는 페이즈 속에서 공간이동을 하고, 그 속에서 어떤 기법을 사용하든, 아니면 기법을 사용하지 않고 그저 순전히 의지력만으로 한 번만에 대상을 찾아낼 것이다. 그에게는 한 손가락으로 집이나 산을 들어올리는 것이 전혀 어렵지 않다. 그의 마음은 더 이상 일상적 세계의 성질과 패턴 속에 머물러 있지 않기 때문이다. 그는 인간이든 외계인이든 어떤 종류의 몸에도 들어가서 어떤 감각이라도 만들어낼 수 있다. 달리 말해서 실습자가 페이즈 속에서 할 수 없는 일이 있다면 그것은 그가 페이즈를 제어하는 힘이 모자람을 의미하고, 아직 더 공부해야 한다는 뜻이다.

그가 해야 할 일은 분명하다. ― 의도, 자신감, 욕구 말이다. 이것이야말로 페이즈 제어의 모든 측면을 결정하는 요소들이다. 뭔가가 먹히지 않으면 기법에서가 아니라 기법이 내부에서, 잠재의식 안에서 행해진 방식에서 실수를 찾아내야 한다. 잠재의식은 물리적 세계의 한계가 더 이상 적용되지 않는다는 사실에 결코 적응하지 못할 것이다.

응용

고급 페이저에게는 페이즈를 잘 알려진 실질적 용도에 응용하는 것이 어렵지 않음에도 불구하고 그가 그것을 자주 할 가능성은 적다. 여기에는 몇 가지 이유가 있다. 첫째, 페이저 체험의 횟수가 수천 번에 이르고 하루에도 여러 번을 하게 되면 단순히 당신의 요구는 체험량을 따라잡지 못한다. 간단히 말해서, 페이저는 하고 싶은 일을 이미 다 해버렸기 때문에 응용법을 아주 가끔씩밖에 하지 않게 된다. 둘째, 고급 페이저들에게는 페이즈가 어떤 과제나 문제를 해결하는 수단이 아니다. 그들에게 그것은 그저 살아가는 하나의 삶인 것이다. 사실 우리는 페이즈 세계에서 무엇을 성취하기 위해 여기 물리적 세계에서 살고 있는 것이 아니다. 우리는 이 세계를 위해서 살고 있다. 페이즈도 마찬가지다. 페이즈 세계는 단지 그것이 존재한다는 것 자체만으로 훌륭하고 놀랍고 마법 같다. 그리고 우리는 거기서 살 수 있다. 고급 실습자들이 페이즈에서 특별히 찾는 것이 없는 이유는 이 때문이다. 그들은 두 세계에서 산다는 사실 그것으로 만족한다.

페이즈에서 정보를 얻는 것은 가장 난도 높은 응용이다. 그 밖의 다른 응용법은 중급의 실습자들에게도 별로 어렵지 않다. 하지만 믿을 만한 정보를 얻어내는 기술을 터득하는 것은 결코 끝이 없는 작업이다.

여기서는 기법을 최대한 단순화했다. 사실 정보 찾기 기법은 실습자와 그의 잠재의식(혹은 일부 사람들이 믿는 바로는 정보장) 사이에 매개물을 만들어내는 데에 필요하다. 이 매개물은 정보를 좀더 분명히 '보고 듣고' 이해하기 위해서 필요하다. 하지만 결국 이 모든 것은 내면에서 실제로 일어나는 일을 이해하지 못하는 초심자를 위한 매개물이요 의식儀式이다. 그러나 그들도 외부적으로 일어나는 일은 이해한다. 그러니 그들에게 그것을 설명해줄 다른 방법은 없다. 대부분의 경우 숙달된 실습자들은 정보를 찾는 데 가장 명쾌한 방법 — 직접 얻는 방법 — 을 사용할 것이다. 실습자의 의문은 사념체로 제기되고 그 답은 그의 기억 속에 즉시 나타난다. 마치 그것을 이미 알고 있었던 것처럼 말이다. 이것은 오래전부터 알려져 있는 가짜 기억 현상과도 유사하다. 하지만 이 경우에는 기억이 반드시 가짜여야 하는 것은 아니다. — 거기에는 정말 유용한 정보가 담겨 있을 수 있다. 달리는, 무엇을 찾아낼 것인지를 페이즈 진입 전에 설정하고, 그 답은 분리해 나온 직후에 마음속에서 찾아낼 수도 있다.

영향력을 미치는 응용법의 효과도 같은 방식으로 일어난다. 기대효과는 페이즈에서 약을 복용하거나 다른 수단을 통해서 얻어지는 것이 아니라 직접 효과를 유도해냄으로써 일어난다. 그럼에도 한편으로는 잠재의식이 작용하는 특별한 방식 때문에 육체의 빠른 반응을 유도하기 위해 약이나 유사한 수단의 형태로 보조적인 '버팀목'을 사용하는 것이 때로는 권장되기도 한다.

삶 속에 자리매김하기

고급 페이저는 실생활과 연습 사이에서 적절한 균형을 맞추며 산다. 이것은 성공적이고 만족스러운 물리적 세계의 삶으로 반영된다. 그것은 연습을 방해하지도 않고 연습의 가치를 떨어뜨리지도 않고 오히려 그것을 정서적으로 풍부한 경험이 되게 해준다. 페이즈는 물리적 세계의 삶을 풍부해지게 하고 물리적 세계의 삶은 페이즈를 풍부해지게 하는 것이다. 일상생활 속의 문제는 연습에 나쁜 영향을 미치므로 페이즈 연습의 향상을 추구할 때조차도 현실세계를 망각해서는 안 된다. 의식은 현실세계로부터 일어나기 때문이다. 마찬가지로 페이즈 자체도 폭넓은 응용법을 통해 사업이나 직장경력을 위해 활용될 수 있다.

숙달된 실습자는 현실의 삶을 위한 때와 페이즈를 위한 때가 언제인지를 항상 알고 있다. 이 둘이 뒤섞이지 않고 구별될 때 모든 일이 가장 잘 흘러간다. 예컨대 일과시간에는 페이즈에 대해 생각하지 않고 중요한 일에 집중할 수 있도록 해야 한다. 연습에 임할 때는 골치 아픈 문제는 미뤄놓고 주의를 연습에만 쏟아야 한다. 실습자는 이 두 가지의 삶을 확연히 구분하여 이 방침이 지켜지지 않을 때 불가피하게 발생하는 연습의 공백을 피해야만 연습이 가장 편안하게 진행된다.

하지만 이것이 곧 고급 페이저는 날마다 빠짐없이 페이즈 진입을 해야만 함을 암시하려는 것은 아니다. 그들도 자의로든 외부적 환경에 의해서든 쉴 때가 있다. 때로는 신체적인 이유로 하고 싶은 마음이 들지 않을 때도 있다. 상태가 좋을 때는 일주일에 3~5회 정도 할 수 있고, 하루에 3~6회 페이즈에 진입할 수 있다. 이렇게 하면 1년에 약

500회의 페이즈 체험을 갖게 되므로 이만큼이면 이 현상에 숙달해가기에 충분한 시간이다.

지도 능력

페이저가 연습의 높은 단계에 이르면 그는 이제 새로운 타입의 사람이 된다. 그리고 그들은 어쩌면 — 인간 의식 진화의 측면에서 본다면 — 미래의 남녀가 될지도 모른다. 그들은 각자의 개인적 훈련을 통해 강화되어가는 기법에 관한 드문 지식의 보유자가 된다. 그들은 자신이 꿈만 꾸어왔던 드물고 소중한 기술을 지니고 있음을 깨닫고 이해해야만 한다. 이 지식은 단지 개인적 출세나 두 세계에 동시에 사는 데에만 적용되어서는 안 된다. 내면의 세계와 외부세계가 조화를 이루어 시너지를 낼 때만 멋진 세상이 된다.

그러므로 실습자는 자기 주변의 사람들과 이 현상에 대한 그들의 반응에 늘 더 많은 주의를 기울여야 한다. 주변에 페이즈 현상을 이해하고 실습하는 사람들이 많을수록 자신도 편안해진다. 물론 이 같은 인간의 감춰진 능력에 관한 지식은 오직 이론적 중립성의 기치 아래서, 그리고 최대한 실용주의적 태도로써 전파해야 한다. 그래야만 까마득한 시절부터 훈련에 독이 되어온 사회적 배척을 피하여 널리 받아들여지게 할 수 있다.

숙달된 페이저들은 친구나 가족을 가르칠 수 있을 뿐만 아니라 지역의 실습자 클럽을 이끌 수도 있고 페이즈 학교의 지부를 열 수도 있고, 책이나 기사를 쓸 수도 있고, 웹사이트를 만들고 페이즈 센터의 실험에 참여할 수도 있다. 그리고 체험이 쌓여가면 그런 센터에서 자기만의 연구를 시작할 수도 있을 것이다.

가장 중요한 것은 자신의 체험과 지식이 허비되지 않게 하는 것이다! 그것이 모든 인류에게 이롭게 쓰이게 할 길을 찾아보라. 이제 당신은 특별한 사람이고, 이제는 당신이 나서서 세상을 변화시킬 차례다!

4부

의식의 진화 2.0

성경, 외계인 납치, 임사체험의 공통점

서문

이 글은 신이나 외계인, 또는 사후의 생에 관한 것이 아니다. 이 모든 주제들뿐만 아니라 다른 많은 주제들에 엄청난 흔적을 남긴 어떤 현상에 관한 것이다. 그러나 사람들은 대개 이 사실을 알아차리지 못한다.

나는 사람들이 때로 하나님이나 외계인을 봤다고 주장하거나 임사체험을 했다고 할 때, 이들이 우리의 감춰진 능력에 대해 잘못된 해석을 한 것이라고 생각한다. 우리는 진실을 알고 나서 이 현상의 설명에 대해 생각해야 한다.

나는 유체이탈체험에 대한 거의 모든 것을 알고 있다. 일주일 내내, 24시간 내내 이 주제 속에서 살고 있기 때문이다. 이것은 나의 삶이다. 나는 매일 같이 수십 개의 유체이탈체험을 분석하는데, 이것이 내가 일상의 모든 측면에서 이 현상의 명백한 흔적을 알아볼 수 있는 이유다. 나는 이것을 증명할 수 있다.

실제로, 유체이탈 현상은 너무나 정상적인 것이어서, 그것은 의식 진화의 다음 단계를 가리키는 하나의 표지판일지도 모른다. 아마도 미래에는 우리의 의식이 육신 속의 깨어 있는 상태로만이 아니라 그 바깥에서도 존재할 것이다. 우리는 의식 진화의 다음 단계에 정말로 매우 가까이 다가와 있는 것 같다.

제1장

성서 속의 아스트랄 여행자들

내가 신이 존재하지 않는다고 말하려는 것은 아니라는 점을 처음부터 분명히 밝혀둬야겠다. 나는 그저 사건을 잘못 해석했을 가능성이 있는 특정한 경우들에 대해 논할 것이며, 그 이상은 아니다. 만약 신의 존재에 대해 논하고 싶었다면 다른 글을 썼을 것이다.

나는 아홉 살 때 처음으로 성경을 읽었다. 순전한 호기심과 개인적인 욕구에서였다. 그때도 자연스러운 질문이 떠올랐다. — 성서 속 이야기에 나오는 주인공들은 거의 항상은 아니라도 아주 종종, 꿈속이나 꿈과 유사한 상태에서 높은 존재들을 만나는 것이 아닐까?

그 밤에 여호와의 말씀이 나단에게 임하여 이르시되

(사무엘하 7장 4절)

밤에 환상이 바울에게 보이니 마게도냐 사람 하나가 서서 그에게 청하여 이르되 마게도냐로 건너와서 우리를 도우라 하거늘

(사도행전 16장 9절)

밤에 주께서 환상 가운데 바울에게 말씀하시되 두려워하지 말며 침묵하지 말고 말하라

(사도행전 18장 9절)

그 밤에 하나님이 이상異像 중에 이스라엘에게 나타나 이르시되 야곱아 야곱아 하시는지라 야곱이 이르되 내가 여기 있나이다 하매

(토라의 첫 번째 책: 창세기 46장 2절)

그 밤에 하나님의 말씀이 나단에게 임하여 이르시되

(역대상 17장 3절)

나는 그것이 명백하게 밝혀져 있는 사례들은 굳이 나열하려고 하지 않았다. — "꿈속에서 하나님이 그에게 나타나 말하시기를…" 성경에는 이와 같은 구절이 무수히 많다. 나와 내 학생들이 이미 꿈을 자각할 뿐만 아니라 잠들 때 또는 깨어날 때도 몸을 떠나는 기술을 쓴다는 사실만 아니었다면 이 정도에서 그쳤을 것이다. 우리 학생들의 경험담을 살펴보자.

… 오늘 밤 마침내 의식이 깨어 있는 가운데 그 일이 일어났다! (알마기코)

… 나는 밤중에 침실에서 깨어났다. 어두웠다. 불을 켜려고 했지만 스위치가 늘 있던 자리에 있지 않았기 때문에 꿈을 꾸고 있음을 깨달았다. 너무 어두웠기 때문에 정말 무서워지기 시작했다. (아미고)

… 나는 간접기법을 더 자주, 더 열심히 하기 시작할 때까지 1년 넘게 아스트랄 투사를 할 수 없었다. 그 일이 드디어 오늘 아침 9시에 일어났다. (아지무트)

하지만 이것은 맛보기에 불과하다. 가장 흥미로운 것은 성경 속에서 잠들자마자, 또는 깨어나자마자 저절로 몸에서 빠져나온 사례에 대한 분명한 묘사를 적어도 네 개는 발견했다는 사실이다. 한편, 이런 묘사가 분명히 네 개보다는 많이 있지만, 나머지는 짧게 묘사되어 있고 따라서 덜 눈에 띄는 예들이다. 우리가 살펴볼 네 구절은 그야말로 가장 구체적인 내용을 담고 있으며, 모든 것이 담겨져 있다.

4 자기 자신은 광야로 들어가 하룻길쯤 가서 한 로뎀 나무 아래에 앉아서 자기가 죽기를 원하여 이르되 여호와여 넉넉하오니 지금 내 생명을 거두시옵소서 나는 내 조상들보다 낫지 못하니이다 하고

5 로뎀 나무 아래에 누워 자더니 천사가 그를 어루만지며 그에게 이르되 일어나서 먹으라 하는지라

6 본즉 머리맡에 숯불에 구운 떡과 한 병 물이 있더라 이에 먹고 마시고 다시 누웠더니

7 여호와의 천사가 또다시 와서 어루만지며 이르되 일어나 먹으라 네가 갈 길을 다 가지 못할까 하노라 하는지라

(열왕기상 19장)

익숙한 이야기인가? 엄마가 학교에 가라고 깨워서 옷을 입고 책가방을 챙겼는데 난데없이 다시금 엄마가 당신을 깨웠던 일이 기억나

는가? 이런 일은 아마도 여러 번 일어났을 수 있다. 아니면 자명종 소리에 깨서 시계를 분명히 껐는데도 자명종이 다시 울려서 당신을 깨웠던 일을 기억하는가? 이것은 전형적인 헛깨기(깨어난 줄로 착각한 상태)이다. 당신은 거의 매일 같이 헛깨기를 겪는다. 그러나 그것은 언제나 의식 속에서 희미하다. 이처럼 경험이 생생하지 못한 것이 사람들이 헛깨기가 일어난 것을 흔히 알아채지 못하는 이유이다. 깨어날 때 일어나는 모든 느낌과 움직임의 3분의 1은 현실에서 일어난 것이 아니라 단지 그렇게 보이는 것일 뿐이다.

… 대략 8~10세 사이였을 때다. 알람시계가 울렸고 나는 침대에서 나오기를 힘들어하고 있었다. 나는 잠시 동안 학교 갈 시간이 되었군, 하고 생각했다… 그런 후 침대에서 일어났다. 잠이 완전히 깨어서 화장실로 갔다… 그런데 갑자기 엄마가 방으로 들어와서 일어나서 학교에 가라고 말했다… 이런 일은 한 번만이 아니었다. (에드가라스)

엘리야가 향나무 아래가 아닌 편안한 아파트에서 잠들었고, 깨어나자마자 든 생각이 하나님에 대한 것이 아니라 다음 날 학교에 가야 한다는 사실에 대한 것이었다고 상상해보자. 그런 경우에도 천사가 엘리야를 찾아올까? 또는 엘리야의 집에 있는 에드가라스를 상상해보자. 잠드는 동안 몸을 떠나는 것에 대해 생각하는 것은 다음번 깨어날 때 유체이탈체험을 하는 중요한 비법 중의 하나다. 한편, 당신은 몸을 떠나는 것뿐만 아니라 그 체험 자체에서 얻고 싶은 것에 대해 생각할 수도 있다. 천사가 엘리야가 오후에 산책하면서가 아니라 잠든 직후에 하나님과의 관계에 대해 생각하던 엘리야를 찾아간 것이 전혀 놀라운 일이 아닌 이유이다. 그러나 엘리야는 뒤따른 깨어남이 가짜란 것을 알아채지 못했다. 유체이탈체험은 느낌의 선명도가 깨어서 경험하는 현실을 능가하기 때문이다.

1 아이 사무엘이 엘리 앞에서 여호와를 섬길 때에는 여호와의 말씀이 희귀하여 이상異像이 흔히 보이지 않았더라

2 엘리의 눈이 점점 어두워 가서 잘 보지 못하는 그때에 그가 자기 처소에 누웠고

3 하나님의 등불은 아직 꺼지지 아니하였으며 사무엘은 하나님의 궤 있는 여호와의 전 안에 누웠더니

4 여호와께서 사무엘을 부르시는지라 그가 대답하되 내가 여기 있나이다 하고

5 엘리에게로 달려가서 이르되 당신이 나를 부르셨기로 내가 여기 있나이다 하니 그가 이르되 나는 부르지 아니하였으니 다시 누우라 하는지라 그가 가서 누웠더니

6 여호와께서 다시 사무엘을 부르시는지라 사무엘이 일어나 엘리에게로 가서 이르되 당신이 나를 부르셨기로 내가 여기 있나이다 하니 그가 대답하되 내 아들아 내가 부르지 아니하였으니 다시 누우라 하니라

7 사무엘이 아직 여호와를 알지 못하고 여호와의 말씀도 아직 그에게 나타나지 아니한 때라

8 여호와께서 세 번째 사무엘을 부르시는지라 그가 일어나 엘리에게로 가서 이르되 당신이 나를 부르셨기로 내가 여기 있나이다 하니 엘리가 여호와께서 이 아이를 부르신 줄을 깨닫고

9 엘리가 사무엘에게 이르되 가서 누웠다가 그가 너를 부르시거
든 네가 말하기를 여호와여 말씀하옵소서 주의 종이 듣겠나이다 하라
하니 이에 사무엘이 가서 자기 처소에 누우니라
10 여호와께서 임하여 서서 전과 같이 사무엘아 사무엘아 부르시
는지라 사무엘이 이르되 말씀하옵소서 주의 종이 듣겠나이다 하니
11 여호와께서 사무엘에게 이르시되 보라 내가 이스라엘 중에 한
일을 행하리니 그것을 듣는 자마다 두 귀가 울리리라

(사무엘상 3장)

나의 연구에 따르면 자그마치 조사 대상의 50퍼센트가 잠에 들 때 적어도 한 번 이상 이와 비슷한 목소리를 들은 것으로 보고되었다. 게다가 그들은 비록 상상 속의 목소리이긴 하지만 인식할 수 있는 소리를 들은 일을 기억한다. 당신들 모두가 잠들 때와 깨어날 때 실재하지 않는 소리를 들은 적이 수백 번이나 있지만 그것이 진짜 소리라고 생각하고는(그것을 이웃 사람들의 말하는 소리나 창문 밖에서 나는 소리라고 생각하고는) 그 소리에 대해 아무런 의심도 해보지 않은 것은 조사 대상에 포함시키지도 않았다. 이 모든 것은 의식이 점점 희미해질 때나 다시 돌아올 때 일상적으로 일어나는 일이다.

… 오후 2시쯤 침대에 눕기로 마음먹었다. 2분쯤 지나서 막 누웠을 때, 어떤 목소리가 들렸다. 왠지는 몰라도 누군가가 소파 옆에 있는 의자에 앉아 있는 것이 느껴졌다. (굿맨)

… 말 그대로 잠들기 몇 초 전에 마치 누군가가 나를 부르는 것 같

은 소리를 들었다… 내가 그때까지 아직 잠을 자고 있지 않았다는 점에 주목하기 바란다. 처음에는 평범한 '목소리'였다… 그런데 그다음에는 점점 상관 같은 목소리가 되더니 이내 나에게 명령을 내리기 시작했다. 그러더니 마치 무언가가 나를 침대로 잡아당기는 것 같이 느껴졌다. (슬라이더)

심지어는 이런 소리를 유도하고 이런 소리를 이용해서 몸을 빠져나가는 특별한 기법도 있다. 그 기법은 내부의 소리 듣기 기법이라고 불린다. 이 기법에는 많은 변형이 있다. 여기에는 잠들 때, 그리고 특히 깨어날 때 누군가가 당신의 이름을 부르는 것을 들으려고 노력하는 것이 포함된다. 당신의 이름이 불리는 소리를 들으면 몸에서 분리해 빠져나갈 수 있다. 실습자들은 보통 하나님을 만나는 것 말고 다른 목표를 설정한다. 반면 사무엘은 자신의 멘토에게서 꼭 그렇게 하라는 확실한 명령을 받았다 "가서 누워 있어라. 그가 너를 부르면, 너는 '주여, 당신의 종이 여기 있나이다' 하고 말하라."

이제 성경의 다음 두 구절을 살펴보자. 이 두 구절은 매우 유사하다. 우리 중 무려 3분의 1 이상이 수시로 너무나 익숙한 어떤 상황을 마주쳤던 것을 기억한다. 즉, 수면마비(가위눌림)가 그것이다. 수면마비는 거의 항상 극심한 공포를 동반하고, 흔히 잠들 때나 깨어나는 순간 발생한다.

12 어떤 말씀이 내게 가만히 이르고 그 가느다란 소리가 내 귀에 들렸었나니

13 사람이 깊이 잠들 즈음 내가 그 밤에 본 환상으로 말미암아 생

각이 번거로울 때에

14 두려움과 떨림이 내게 이르러서 모든 뼈마디가 흔들렸느니라

15 그때에 영이 내 앞으로 지나매 내 몸의 털이 주뼛하였느니라

16 그 영이 서 있는데 나는 그 형상을 알아보지는 못하여도 오직
한 형상이 내 눈앞에 있었느니라 그때에 내가 조용한 중에 한 목소리
를 들으니

(욥기 4장)

12 해질 때에 아브람에게 깊은 잠이 임하고 큰 흑암과 두려움이
그에게 임하였더니

13 여호와께서 아브람에게 이르시되 너는 반드시 알라 네 자손이
이방에서 객이 되어 그들을 섬기겠고 그들은 사백 년 동안 네 자손을
괴롭히리니

(토라의 첫 번째 책: 창세기 15장)

우리는 수백의 사례들 중 엄선한 현대의 사례를 몇 가지 살펴볼 것이다. 그것은 특히 느껴진 감정의 측면에서 위에 인용된 성경 구절과 아주 흡사하게 당신을 놀라게 할 것이 틀림없다.

… 갑작스러운 날카로운 소리와 함께 아래로 떨어지는 것 같았다. 오른쪽 귀에서 들리던 누군가의 이해할 수 없는 속삭임이 비명으로 바뀌었다. 그 소리는 잠시 잦아들었지만 결국엔 다시 모든 방향에서 울려 퍼졌다. 나는 죽을 것 같은 두려움 때문에 공포에 사로잡혔다. (스트렛)

… 나는 꿈을 꾸는 동안 시작된 격렬한 공포 때문에 잠에서 깼다… 미친 듯한 공포가 갑자기 나를 압도했다. 멀리서 뭔가가 엄청난 소음을 내기 시작했다. (스카이어)

… 지난번 나는 끔찍한 공포를 동반한 수면마비를 겪고 침대에서 굴러 나왔다. (솔)

깨어나거나 잠들자마자 일어나는 공포와 어둠… 이런 것은 모두 유체이탈여행에서는 그야말로 일상적인 일이다. 초보자들은 전체 체험의 3분의 1의 경우에 이런 감정을 경험하는 것으로 보고한다! 한편, 초보자들은 신과의 만남은 거의 기대하지 않는다. 일반적으로 초보자들에게 신이 나타나지 않는 이유는 이 때문이다.

이것이 이 현상의 핵심을 말해준다. 저절로 일어나는 제어되지 않은 유체이탈체험 속에서는 당신은 그 순간 무서워하거나 기대하는 바로 그것을 정확히 경험한다. 이에 대해서는 아래에서 계속 설명할 것이다. 한편, 위에 발췌한 성경 구절 속에서 주인공들이 하나님을 만난 이유는 너무나 분명히 이해할 수 있다. — 그들이 오직 하나님만을 생각했다면 하나님을 만날 수밖에 없는 것이다. 하나님을 본 것은 그들에게 너무나 정상적인 일이었다.

여기에 가장 중요한 것이 있다. 이 모두가 공허한 이야기나 말도 안 되는 이론처럼 들릴 수 있지만 내 말을 들어보라. 성경에 나오는 인물들만이 하나님을 만난 것은 아니다. 다른 출처에도 이런 유사한 이야기들이 얼마나 많이 있을까? 정말 많다. 그리고 이 이야기들은 모두 숨길 수 없는 특징을 지니고 있다. — 눕고, 잠들고, 깨어나는 등 말이다. 게다가 실습자들도 몸을 떠나는 연습을 할 때마다 하나님을 만날 수 있다. 절차는 간단하다. 몸 밖으로 빠져나가는 기법을 사용한 다음 대상 찾기 기법을 사용하면 된다. 이것이 전부다. 예전에 어려서 처음으로 유체이탈여행에 홍미를 갖게 되었을 때, 나는 순전한 호기심으로 여러 번 하나님을 만났었다. 나는 나와 똑같은 경험을 한 많은 실습자들을 만날 수 있었다. 당신도 스스로 해볼 수 있다.

하지만 누구를, 또는 무엇을 만나는 것인가? 정말로 하나님인가? 이것은 당신이 판단할 문제다. 어떤 실습자는 잠재의식이 만들어낸 가상현실이라고 말할 수 있다. 유체이탈체험을 하는 동안은 잠재의식이 모든 것을 제어한다. 다른 사람은 많은 신들이 존재하는 평행우주를 방문했다고 주장하지만, 어떤 사람들은 이 모든 경험이 모든 사람들이 이야기하는 동일한 신을 만난 것이라고 말한다. 여기서 모든 사람은 자신이 옳다고 생각하는 방식대로 일어난 일을 해석한다. 가장 가능성 있는 설명은, 실제 하나님은 이런 현상들 속에 나타나지 않았다는 것이다. 신은 충분히 존재할 수 있지만 이 같은 사례들에서는 뭔가 좀 다른 일이 일어나고 있는 것이다.

결론

성경의 하나님이 나타난 이야기들 중 적어도 일부는 창조주가 방문한 것이라고 하기 어렵다. 가장 가능성 있는 설명은, 그것은 전능하신 신에 대한 믿음과 기대에 의해 유도된 초자연적 에피소드를 담고 있는 자연발생적이고 자각되지 않은 유체이탈 상태의 경험이라는 것이다. 이 입장을 지지하는 가장 설득력 있는 주장은, 누구라도 이런 경험을 스스로 재현할 수 있다는 사실이다. 누가 알겠는가. 자연발생적인 유체이탈체험이 없었다면 아마도 성경 자체가 기록되지 못했을 수도 있다.

그리고 성경 자체가 우리가 보유하고 있는 잠재능력에 대한 하나의 암시가 아닐까? 이 능력은 매우 중요하고 특별해서 우리는 이 능력을 신성과 연결지어 생각하지 않을 수 없다.

제2장

외계인에 의한 납치

외계문명이 존재하는지 여부의 문제는 이 글의 논점 밖에 있다. 그러나 UFO 피랍에 관한 대다수의 기록은 성경에 나타난 경우들처럼 자연발생적인 유체이탈 상태를 잘못 해석한 것과 관련 있다는 점을 언급하고자 한다. 각 시대에는 그 시대만의 신들이 있다. 나는 정말로 우주에는 다른 문명들이 있다고 믿지만 사람들이 무수한 '피랍 기록'을 읽고 추론하는 것처럼 외계인들이 실제로 가정방문을 했다고 생각지는 않는다.

성경 속에 하나님이 등장할 때와 마찬가지로, 나는 외계인에 의한 납치 이야기를 대할 때마다 불편한 느낌이었다. 두 가지 모두가 거의 항상 피험자가 잠들 때나 깨어날 때 일어나기 때문이다.

… 아기가 우는 소리를 듣고 나는 잠에서 깼다. 어두웠지만 당겨진 창문의 채양 사이로 빛이 약간 비쳐들고 있었다. 나는 유아 침대로 가서 아기를 안기 위해 몸을 구부렸다. 그러나 아기는 그곳에 없었다! 나는 아빠에게 소리를 질렀지만 전혀 움직이지 않았다. 불을 켜려고

방의 다른 쪽으로 갔지만 불은 들어오지 않았다! 나는 침대로 돌아갔다. 밝은 빛이 비쳐서 창문을 통해 들어오고 있었다. 아기는 거기에서, 매우 흥분한 듯 아직도 울고 있었다. 나는 아기를 들어 올려 꼭 껴안았다… 집 바로 위에는 매우 큰 삼각형 모양의 물체가 떠 있었다. (크리스티나)

… 몇 시간 후 나는 이상한 소리 때문에 잠에서 깼다. 나는 나의 오두막에 누군가가 침입해 들어온 것 같은 느낌을 느꼈다. 그리고 이내 침실에 서 있는 어떤 생물체를 발견하고 충격을 받았다. (휘틀리)

당신이 아직도 위의 결론이 틀렸을 것이라는 희망을 품고 있다면 내가 지금 하려는 말을 들으면 완전히 당황할 것이다. 열다섯 살 때 나 또한 '피랍'되었었다. 그러나 2년 후 상당한 유체이탈과 자각몽 경험을 쌓은 후 나는 그것들이 모두 자연발생적인 유체이탈체험이었다는 사실을 깨닫게 되었다. 그 경험이 계속 반복되지 않았다면, 그리고 그 현상을 진저리나도록 집요하게 실험하고 연구하기 시작하지 않았다면, 나는 아직까지도 내가 외계인에게 납치되었었다고 백 퍼센트 확신하고 있을 것이다. 어찌 되었건, 그 느낌은 완전히 진짜 같았다. 다름 아닌 자기 자신의 느낌을 어떻게 믿지 않을 수 있겠는가? 나는 늘 아주 선명한 자각몽을 꾸곤 했지만, 이것은 아무리 생각해보아도 꿈과는 전혀 달랐었다.

'피랍' 중에 경험한 잠 깨기, 잠들기, 공포, 마비는 당신이 무수한 자료에서 계속 읽게 될 외계인 납치 이야기의 전형적인 특징이다. 예를 들어보자.

… 어느 날 밤 나는 겁에 질린 채 오전 3시쯤 잠에서 깼다. 나는 침대 발치에 두 존재가 서 있는 것을 느꼈다. 무엇을 보게 될지 두려워서 나는 그것들을 보려고 하지 않았다. 나는 시계의 불빛과 내 옆에서 자고 있는 제프(남편)를 보았다. 그를 깨우기 위해 몸을 돌리려고 했지만 (나는 엎드려 있었다) 몸이 마비된 상태였다. 곧이어 나는 비명을 지르려고 했지만 아무런 소리도 나오지 않았다. (익명)

… 1987년 6월의 끝 무렵 나는 침대에 누워 있는 동안 마치 누군가가 나를 보고 있는 것 같은 일말의 불안감을 느꼈다. 시간은 밤 10시였다. 곧이어 나는 "우리는 당신을 위해 왔습니다. 우리는 당신을 해치지 않을 것입니다"라고 말하는 목소리를 들었다. 그다음 나는 온몸이 마비되어 눈밖에는 움직일 수가 없다는 것을 깨달았다. (익명)

… 어느 날 밤 나는 밖에 앉아 책을 읽고 있었다. 갑자기 무언가가 마치… 마치 나를 질식시키고 있는 것 같았다. 나는 공황상태에 빠지기 시작했다. 숨을 쉴 수 없었기 때문이다. 비명을 지르려고 했지만 아무런 소리도 나오지 않았다. (익명)

… 침대에 누워 있는 동안 그는 뭔가가 자신의 발목을 움켜쥐는 것을 느꼈다. 그는 갑자기 감각을 잃고 마비된 느낌을 느꼈지만 의식은 남아 있었다. 곧이어 그는 모자를 쓴 서너 개의 형체가 침대 옆에서 있는 것을 알아차렸다. (피터)

그런데 위의 이야기들에서 나타나는 특징들은 유체이탈여행과 자각몽에도 전형적인 것이다! 이상하지 않은가? 나의 학생들 또한 페이즈 체험을 하는 동안 똑같이 특이한 특징을 지닌 존재들을 만났다는 것이 좀 이상하지 않은가? 차이는 단지 실습자들은 일어난 일을 과장하지 않는다는 데 있다. 이들은 유체이탈 여행자들은 첫 번째 모험 동안에 어떤 일이든 경험하게 될 수 있다는 사실을 이미 알고 있기 때문이다. 다음은 우리의 인터넷 포럼에서 찾을 수 있는 무수한 사례들 중의 일부일 뿐이다.

… 뭔가가 변했을 때, 나는 막 잠에 든 상태였다. 나는 누군가가 침실 의자에서 뛰어내리는 것 같은 소리를 들었다. 그러나 집에는 고양이 한 마리조차 없었다. 그다음으로는 발소리가 들렸다. 나는 그 전은 물론 그 후에도 그토록 지독한 공포를 경험해본 적이 없다. 나는 거실에서 잠을 자고 있었고 현관문을 볼 수 있었다. 문이 열리기 시작했지만 누구인지 보이지 않았다. 그들이 왼쪽에서 나를 향해 오기 시작했을 때야 나는 곁눈으로 그들을 흘끗 볼 수 있었다. 그들은 약 180센티의 키에 반투명했다. 그들의 몸을 통과해 벽을 볼 수 있었다. 그들은 아름다운 청록색의 빛나는 아몬드 모양의 눈을 가지고 있었다. 나는 일어나거나 도움을 요청하고 싶었지만 손가락 하나도 움직일 수 없었다. (릴리아)

… 나는 바닥에서 자고 있었다. 나는 여느 때의 아침과 같이 깨어났다. 나는 반쯤 깨어 침대에 누운 채로 천장을 올려다보면서 하루를 계획하고 있었다. 갑자기 누군가가 복도를 걷는 소리가 들렸다. 나는 사무실에서 밤을 보냈었나… 철제문은 안쪽에서 잠겨 있었다… 창문

도 강철 틀로 보강되어 있었다. 나는 공포로 마비됐다… 문이 천천히 열리기 시작했고 키가 180센티 정도 되는 어떤 존재가 방으로 들어왔다. 그의 피부는 노랗고 푸르스름했으며 머리는 크고 가늘었다. (스카이어)

… 나는 소파에서 잠을 잔 후 막 갑작스럽게 깬 상태였다. 무슨 일이 일어났는지를 아직 확실히 파악하지 못한 상태인데 갑자기 험악하고 무서운 난쟁이 같은 존재가 나와 떨어진 곳의 모퉁이에서 나타났다. 모든 것이 너무나 현실적이어서 나는 온몸에 닭살이 돋은 채 공포로 얼어붙었다. (로만)

… 날카로운 굉음에 이어 떨어지는 느낌… 나는 당황했고 생명의 위협을 느꼈으며, 그들에게 내 영혼을 빼앗길 것 같은 기분을 느꼈다. 일어서거나 눈을 뜨거나 움직이려는 시도가 모두 소용없었다. 나는 온몸이 마비된 것을 느낄 수 있었고 이것은 두려움을 더욱 증폭시켰다. (스트렛)

위에 나온 것은 우리 포럼에 게시된 체험자들의 이야기의 작은 일부분일 뿐이지만, 아무도 우리의 웹사이트가 UFO 현상에 몰두해 있다고 말할 수는 없을 것이다. 사람들은 그저 새로운 능력을 계발하고 있는 것이다. '피랍'과 몸을 빠져나가는 연습을 하는 것 사이의 차이는 단지 사건에 대한 해석에만 있다고 생각한다. 물론 당신은 이 현상이 상호배타적이지 않고 외계인들이 '납치'를 용이하게 하기 위해 우리의 기법을 사용할 수도 있다고 말할 수 있다. 그러나 당신이 자유의지로 몸을 떠나서 스스로 외계인을 찾아가 그들과 대화를 한다면 그것을 '납치'라 할 수 있을까? 한편, 당신이 외계인들과 하고 싶은 일이 무엇이든 그것을 막는 것은 아무것도 없다. 내가 실제로는 납치된 적이 없다는 사실을 이해하고 난 후, 나는 외계인에 대한 두려움을 극복하기 위해 일부러 외계인들을 만났다. 그리고 실습자들의 다수가 의도적으로 적어도 한 번 이상 외계인들을 만났다는 것은 무엇을 말해주는가?

보고된 모든 UFO와 외계인과의 조우 중, 적어도 3분의 1에서 당신은 자연발생적인 유체이탈체험의 숨길 수 없는 증거를 찾을 수 있을 것이다. 그리고 이런 보고들 중 또 다른 3분의 1은 명확히 유체이탈체험이 근간을 이루는 현상이었음에도 불구하고 그 세부적인 내용들이 빠져 있거나 생략됐다. — 모순을 은폐하기 위해 종종 고의로 말이다. 여기 그것이 발생하는 방식을 보여주는 가장 단순한 예가 있다.

… 빙 돌아가면서 창문이 달린 둥근 모양의 비행체에서 나오는 빛을 내가 처음 발견한 것은 자정이 지나서 집으로 돌아가는 길이었다. 단 1, 2초 정도로밖에 느껴지지 않는 사이에 나는 깊이 이완되었고 잠깐 동안 밤을 낮으로 바꿔놓은 강렬한 타는 듯한 빛이 사라지자 갑자기 차분해졌다. 내가 남편에게 한 첫 번째 말은 "무슨 일이 있었지? 내가 기절했었나?"였다. 남편은 아무 말도 하지 않았다. 내게 대답해줄 만한 말이 아무것도 없었기 때문이다. 그는 조심스럽게 가족을 태우고 집으로 차를 몰아갔다. (켈리)

이쯤이면 켈리가 이야기의 첫 부분에서 단순히 졸았으며, 밤중에 차를 타고 기다가 잠에 빠졌다는 것과, 모든 일이 물리적 세계 밖에서 일어났으며 그것도 그녀에게만 일어났다는 사실이 분명해졌으리라. 그러나 그 느낌은 너무나 생생해서 그녀는 그것을 다르게 해석했다. 즉, 단순히 남편이 자신의 기억을 지운 것이라고 말이다. 그리고 결과는 충격적이다. 외계문명의 존재를 증언하는 가장 널리 퍼진 이야기들 중 하나가 된 것이다.

하지만 왜 이런 '피랍'이 일어나는 것일까? 메커니즘은 매우 단순하다. 의식은 때때로 몸보다 먼저 깨어난다. 또는 의식적인 마음보다 몸이 먼저 잠드는 것이다. 감각적 지각의 측면에서 보면 아무것도 변한 것이 없을지라도 그 순간 사람들은 물리적 세계 밖에 있는 자신을 발견한다. 이것은 자연발생적인 유체이탈체험이다. 일어나고 있는 일 때문에 의심이 일어나면 내면의 두려움과 기대가 즉시 표면으로 올라와 가장 사실적인 방식으로 실현된다. 예전에는 천사와 신들이 살아 있는 사람들을 찾아왔지만 외계인 이야기가 방송 전파를 채우고 있는 시대에는 이밖에는 더 기대할 수 있는 게 없다.

하나님이나 화성에서 온 방문객을 기대할 때 자연발생적인 유체이탈이 무엇으로 이어지는지에 대해서는 이미 말했다. 하지만 이제는 외계인이나 천사가 외에 다른 것들이 마음을 차지할 때는 무슨 일이 일어나는지를 보여주는 증거로서 역시 자연발생적으로 이런 상태에 빠진 한 아이의 이야기를 들어보도록 하자.

… 그 일은 내가 여덟 살 때 겨울 밤늦게 일어났다. 잠에서 깨어났는데 바깥이 한밤중이라기에는 너무나 밝다는 사실에 놀랐다. 나는 화장실로 걸어갔다… 그리고 물을 조금 마시고 창문가로 갔다. 그때 나는 시끄럽게 창턱을 가로질러 뛰어다니고 있는 난쟁이만한 크기의 무

엇을 보고 유리컵을 거의 떨어뜨릴 뻔했다. 그것은 창문과 거의 같은 크기였다. 그 생물은 인간의 형상을 하고 있었고 작은 검정 부츠와 줄무늬의 밝은 녹색 스타킹, 밝은 빨간색 재킷과 같은 색의 후드 모자를 쓰고 있었다… 나는 너무나 무서워서 도망가서 숨어야겠다고 생각했다. 그러나 강렬한 호기심 때문에 창문에 좀더 가까이 다가가 내가 보고 있는 것이 무엇인지 확인해보기로 했다. 창문으로 다가간 후 나는 이상한 물체가 집 한쪽에서 밖으로 날아가는 것을 보았다. 나는 그 윤곽과 모양을 보고 즉시 알아차렸다. 바로 산타의 썰매였다! (아즈레이스)

지금까지 수천 명의 사람들이 내 세미나에 참석했고 이들 중 많은 이들은 수면마비, 자연발생적으로 일어난 유체이탈, 심지어는 '외계 피랍'을 경험한 이후로 유체이탈여행에 관심을 가지게 되었다. 자연발생적인 유체이탈체험을 외계 피랍으로 해석하는 것은 경험 그 자체만큼이나 널리 퍼져 있다. 미국에서만 실시한 설문조사에 따르면 미국인의 10퍼센트가 적어도 한 번 이상 외계인에게 납치당한 적이 있다고 주장한다.

결론

대부분의 경우에 이 현상은 신기한 외계인의 존재에 대한 증거가 아니라 우리가 단지 일상적으로 갇혀 사는 이 육체 이상의 존재임을 보여주는 증거다. 한편, 이 모든 것은 실습을 통해 쉽게 입증할 수 있다. 누구든지 유체이탈여행 기법을 사용하면 외계인을 만나볼 수 있다.

제3장

살아서 터널 끝의 밝은 빛을 보는 법

임사체험이야말로 유일하게 사후의 생을 다소라도 직접적으로 일별하게 해준다. 유감이지만, 우리는 이제부터 바로 그 현상에 대해 논할 것이다. '유감'이라고 한 것은, 임사체험의 본질을 완전히 다른 관점에서 검토해야 하게 될 것이기 때문이다. 간단히 말해서, 유체이탈여행과 자각몽 모두 임상적 사망 시의 임사체험과 본질은 동일한 것이 틀림없다. 그러나 유체이탈여행과 자각몽은 웬일인지 사후세계의 존재를 증명하지 못한다. 이들은 심지어 널리 제기된 주장들을 반박하기까지 한다. 이 문제를 살펴보기 전에, 나는 사후세계가 없다는 것을 증명하려고 하는 것이 아니라는 점을 분명히 말해두고 싶다. 나는 그저 사후의 생이라는 문제와 관련된 현상들 중의 하나가 완전히 다른 본질과 의미를 가질 수 있다는 것을 설명하고자 한다.

순전히 논리적인 관점에서 볼 때, '임사'체험을 실제로 죽음의 순간에 임박하여 일어나는 일로 간주하는 것은 정확하지 않다는 점을 우선 말해둬야겠다. 임사체험에 대한 이야기는 언제나 살아 있는 사람과 관계되기 때문이다. 아마도 이 모든 일이 죽음보다는 삶과 더 관계가 있는지도 모른다. 또한 이 책에 소개된 레이먼드 무디는 자신이 수집한 이야기들이 영혼의 생존이나 사후의 생을 증언하는 명백한 증거라고까지 하지는 않았다는 사실을 언급하고 싶다. 그는 그저 한 가지 가설을 세우고, 자신이 수집한 훌륭한 증언들을 통해 그것을 뒷받침했을 뿐이다.

당신도 다음 이야기들이 죽음의 문턱에 있었던 사람들의 이야기라는 사실을 미리 알지 못한다면 그것이 멀쩡히 살아 있는 유체이탈 여행 실습자가 쓴 것으로 추측하기가 십상이라는 점을 인정해야 할 것이다.

… 나는 나 자신이 몸 밖으로 빠져나와서 매트리스와 침대 옆 난간 사이를 미끄러져 나오는 것을 느낄 수 있었다. 실은 난간을 통과해 바닥으로 내려온 것처럼 보였다. 곧이어 나는 천천히 위로 떠오르기 시작했다.

… 그 시점에서 나는 시간감각을 잃어버린 것 같았고 몸에 관한 한 물리적 현실감을 잃어버렸다. 몸과의 접촉이 끊긴 것이다. 내 존재나 나 자신, 혹은 내 영혼 등 당신이 어떻게 이름 붙이든 바로 그것이 머리를 통과해 밖으로 나와 떠오르는 것을 느낄 수 있었다. 전혀 아프지 않았고 그저 들어 올려져 내 위에 떠 있는 것만 같았다.

… 나는 테이블 위에 있었고 그들이 하고 있던 모든 것을 볼 수 있었다. 나는 내가 죽어가고 있다는 것을, 이것이 끝이라는 것을 알고 있었다. 그런데도 나는 내 아이들에 대해, 누가 그들을 돌봐줄지를 걱정하고 있었다. 나는 갈 준비가 되어 있지 않았다.

— 레이먼드 A. 무디, 《삶 이후의 삶》 중에서

반대로, 유체이탈 실습자의 체험에 대해 읽을 때는 그 이야기들이 죽음의 순간에 체험한 상황에 대한 묘사로 추정하게 된다. 특히 임박한 죽음의 느낌이 유체이탈 시에 가장 흔히 경험되는 느낌들 중 하나라는 사실을 고려한다면 더욱 그렇다.

제어되지 않는 유체이탈 동안에는 당신이 가장 두려워하거나 기대하는 것이 바로 당신에게 일어날 일이다. 그리고 바로 여기서 신, 영혼의 비행, UFO에 대한 보고가 나오는 것이다. 간단히 말해 유체이탈은 의식은 '켜져' 있지만 몸은 '꺼져' 있을 때 일어난다. 겉보기로는 마취상태에 있거나 죽어가는 동안에도 똑같은 일이 일어날 수 있고, 실제로 종종 일어난다. 즉, 사람들은 유체이탈여행 실습자들이 빠지는 것과 동일한 상태에 빠진다. 혹시나 수술대 위에 있는 동안이나 심각한 병에 걸려 있는 동안 이런 상황에 처해 있는 자신을 발견하게 된다면 압도적 다수의 경우 당신의 생각은 신이나 천사, 저 끝에 밝은 빛이 보이는 터널로 향하게 될 것이다. 그러면 당신이 하게 될 체험도 정확히 그것이다.

유체이탈여행의 특징에 포함되지 않은 임사체험만의 고유한 특징은 없다. 예컨대, 침대에 누워 있는 자신의 몸을 보는 것이 있다.

… 나는 그 어떤 공간도 차지하지 않고, 침대에 누워 있는 내 온몸을 포함해 주위의 모든 것을 볼 수 있었다. (레이먼드 무디)

… 마치 내 몸이 천장을 통과하는 것처럼 느껴졌고 계속 더 높이 높이 위로 끌어올려졌다. 나는 이미 죽은 것이 아닌가 해서 두려웠다. 사실 죽음보다는 미지의 세계가 더 두려웠다. 모든 것이 너무나 신속

히 일어나고 있었고, 나는 그 같은 변화에 준비되어 있지 않았다. 나는 내 방 안을 날아다니며 침대에 누워 있는 나 자신을 보았다. (시그마)

빛을 방사하는 구체들도 있다.

… 심한 통증으로 깨어났을 때 나는 몸을 돌려 더 편안한 자세를 취하려고 했는데, 그 순간 천장 바로 밑의 방구석에서 빛이 나타났다. 그것은 거의 구체와 같은 빛으로 된 공이었고 아주 크지는 않았다. 직경 30~40센티 정도에 지나지 않았다. 나는 잡아당겨져 몸을 떠나는 느낌을 받았다. 내가 천장 쪽으로 올라가고 있는 중에 뒤돌아보니 내 몸이 침대 위에 누워 있는 것이 보였다. (레이먼드 무디)

… 나는 침대 위로 약 30센티 정도 떠 있었다. 내 등 아래로 모든 것이 환하게 밝혀져 있는 이유를 이해할 수 없었다. 왼쪽 어깨 너머로 보니 어깨뼈에서 15센티 정도 떨어져 있는 작고 밝은 흰 구체가 보였다. 그것이 방을 밝히고 있었다. (루클리녹)

신체 지각의 부재도 마찬가지다.

… 영혼, 마음, 의식(또는 뭐라고 이름 붙이든)이 몸으로부터 놓여난 죽어가는 사람들은 몸을 느끼지 않았다고 말한다. 놓여난 후에는 어떤 종류의 '신체'에도 있지 않았다는 것이다. (레이먼드 무디).

… 이해할 수 없었다. 아무런 느낌이 없었고 내 손을 볼 수 없었다.

나는 마치 침대 위 벽에 걸려 있는 하나의 투명한 구체 같았다. (톨릭)

한편, 빛의 터널 체험조차 임사체험만의 독점적인 영역은 아니다.

… 당신은 이것이 이상하다고 생각할 것이다. 나는 길고 어두운 곳을 통과해 움직이고 있었다. 마치 하수구 같은 것으로 보였다. 그것을 설명할 수가 없다. 움직여가는 동안 나는 내내 이 소리, 이 울리는 소리를 내고 있었다. (레이먼드 무디)

… 터널을 지나 날아갈 때 나는 터널에 많은 지선과 경로가 있는 것을 보았다. 끝에는 밝은 빛이 있었다. 무슨 일이 일어나는지 관심이 당겼고, 그러자 또 다른 현실 속으로 떨어졌다. (이고르)

두 체험 사이의 유사성은 피할 수 없다. 직접 경험해보지 않은 사람에게조차 이것은 확연하다. 유체이탈 실습자의 수가 날로 증가함에 따라 나는 두 가지 유형의 체험을 모두 겪어본 사람들을 점점 더 많이 만날 수 있게 되었다. 그들이 뭐라고 말하는지 아는가? 두 가지 체험이 하나이며 동일하다는 것이다! 스스로 연습을 하는 경우에는 죽을 위험이 없다는 점만 제외하면 두 체험 사이에는 근본적인 차이가 없다.

임사체험과 유체이탈여행이 같은 것임을 뒷받침해주는 또 다른 강력한 논거가 있다. 사이비 임사체험이 그것이다. 임사체험과 유체이탈, 그리고 사이비 임사체험 사이에는 전혀 차이가 없다. 한번은 어떤 사람이 내게 와서 임상적인 죽음, 유체이탈, 터널을 통과하는 여행 등을 체험했던 일을 말한 적이 있다. 그에게 몇 가지 질문을 하자 임상적인 죽음은 없었으며 나머지 체험은 일반적인 자연발생적 유체이탈 동안에 일어난 것이라는 사실이 명백해졌다. 임상적인 죽음은 의사가 심박 정지 사실을 확인하는 순간이다. 이는 도넛을 곁들인 호화로운 아침식사 후에 꾸벅꾸벅 조는 것과는 다르다.

게다가, 유체이탈체험을 하고 있으면 자신이 죽어가고 있다고 판단하게 되기가 쉽다. 이런 생각은 모든 유체이탈체험의 5분의 1에서 일어난다. 수천 번의 유체이탈을 체험한 나 역시 아직도 수시로 그런 공포에 빠지곤 한다. 하물며 흔히 몸을 떠나자마자 위축되어 몸으로 돌아가버리는 초보자들은 말할 것도 없다.

… 나는 실제로 바닥에 떨어졌지만 아무런 물리적인 감각도 느끼지 않았다. 그저 공황상태의 공포와 희미하게 느껴지는 죽음의 전조뿐이었다. (부두쉬)

… 나의 본성을 충분히 깨닫게 되자 나는 내가 몸을 가지고 있지 않다는 것을 분명히 이해할 수 있었다. 몸은 그저 사라져 있었다! 내가 처음으로 한 생각은 '이게 바로 죽음이란 것이로구나'였다. (유리)

… 그때 내가 죽어가고 있다는 생각이 떠올랐다. 나는 거실로 달려가서 침대에 누워 있는 나 자신을 보았다. 그리고 나는 다시 나 자신 속으로 뛰어들었다. (릴리아)

당신은 내가 위의 모든 것을 가지고 그저 죽음 이후에도 삶이 있음을 증명한 것일 뿐이라고 주장할 수도 있다. 사실, 올바른 추론은 죽음의 위협 없이 임사체험을 할 수 있다는 것이다. 한편, 여기에는 한 가지 뜻밖의 결말이 있다. 유체이탈여행을 연습하는 첫해 동안 나는 내 영혼이 실제로 몸을 떠나고 있고, 따라서 나는 불멸의 존재가 되었다고 확신했다. 그러나 무수한 실험을 해보고 나니 내 '영혼'은 물리적 세계를 여행한 것이 아니라 내내 전혀 다른 곳을 여행했던 것임이 분명해졌다. 물리적 세계보다 더 실감나는 세계라고 하더라도 그 모든 것은 한갓 마음이 투사해낸 것일 뿐일 수도 있다. 많은 사람들은 그것이 평행우주라고 믿는다. 그러나 그것은 중요하지 않다. 중요한 것은, 이것은 매우 복잡한 질문이며 무수한 대답이 가능하다는 점이다.

결론

임사체험은 죽음 이후의 삶의 증거로서 중요한 것이 아니라 (비록 위급한 상황에서만 깨닫게 될지라도) 물질세계에서 우리는 스스로 인식하는 것보다 훨씬 더 많은 능력을 가지고 있음을 보여주는 증거로서 더 중요한 것일 수 있다. 이것은 누구든지 특별한 기법에 따른 절차를 통해 생명에 아무런 위협 없이 그 같은 '임사'체험을 할 수 있다는 사실로 더욱 강력히 뒷받침된다.

제4장

진화

페이즈 현상의 대중적인 성격

성경에 나오는 하나님 이야기, 외계인 납치 이야기, 그리고 임사체험 경험담에서 각각 한 가지씩 발췌한 이야기를 결합해보면 어떻게 될까?

… 환상적인 생각을 하며 깊은 잠에 들었을 때, 공포가 몰려와서 몸을 떨게 했고 뼈 마디마디를 흔들었다. 그때 "우리는 당신을 위해서 왔습니다… 당신을 해치지 않을 것입니다"라고 말하는 목소리가 들렸다. 내가 몸 밖으로 빠져나와 매트리스와 침대 난간 사이를 미끄러져 내려오는 것을 느낄 수 있었다. 사실은 난간을 통과해서 바닥으로 내려온 것만 같았다. 곧이어 나는 서서히 위로 떠오르기 시작했다…

나의 체험과, 다른 사람들의 무수한 유체이탈체험을 분석해본 결과, 위의 예는 초보자들에게 일어나는 첫 유체이탈의 전형적인 형태라고 분명히 말할 수 있다.

이런 현상들은 매우 밀접하게 서로 연관되어 있어서, 본질적으로 동일한 것일 가능성이 매우 높다. 여기에는 최고의 단계로 여겨, 다양한 이름하에 다른 것들과는 별개로 취급하는 신비주의 비전단체들의 동일한 훈련은 포함시키지도 않았다.

중요성을 무시할 수 없는 이 현상의 대중적 규모에 관해 몇 마디 언급해야겠다. 네 명 중 한 명은 잠들다가 또는 잠에서 깨면서 유체이탈을 체험했다. 세 명 중 한 명은 적어도 한 번 이상 수면마비를 경험한 적이 있다. 또한 두 명 중 한 명은 꿈을 자각한 경험이 있는 것으로 보고되었다. 그리고 모든 사람이 살짝 혹은 알아차리지 못하는 형태로 수백 번 이런 경험을 했다. 예컨대, 깨어날 때 일어나는 모든 움직임과 느낌 중 3분의 1은 진짜가 아니다. 잠에서 깨어 뭔가를 한 다음 그것이 물리적 세계에서 일어난 일이 아님을 의심조차 하지 않고 다시 잠자리에 돌아간 적이 얼마나 많은가?

모든 이야기를 종합해보면 이것은 분명히 모든 사람이 그 능력을 타고난 대중적인 현상이다. 나는 이것을 증명할 수 있다. 누구에게든지 유체이탈체험을 하도록 가르칠 수 있기 때문이다.

의식 진화의 새로운 단계

우리의 이런 능력은 늘 우리에게 영향을 미치면서 항상 함께해왔다. 하지만 우리는 이제야 그것을 올바른 방향에서 들여다보고 마침내 방 안의 코끼리 — 지금까지는 수백만의 마음을 혼란시키는 수수

께끼의 현상이었던 그것 — 를 볼 수 있게 되었다. 지금까지 서로 무관한 것처럼 보였던 다양한 현상들의 공통분모인 이것의 마땅한 역할을 이제는 인정해야 할 때가 되지 않았을까? 그러면 세상이 더 단순해지고 자신을 훨씬 더 잘 이해하게 되지 않을까?

이 분야에서의 나의 활동과 개인적 체험들 덕분에 완전히 다른, 그러나 지금까지 비교되지 않았던 현상들 사이의 공통점이 명백히 드러났다. 나로서는 모종의 공통분모가 작용하고 있다고 결론 내리지 않을 수가 없다.

인간은 적응이라는 특별한 능력을 가지고 지속적으로 진화해가고 있다. 지금으로서는 상상하기 어렵지만, 몇 천 년 전만 해도 우리의 의식과 자아 인식은 지금과는 완전히 다른 모습이었다. 지금과 같은 수준의 의식과 자아 인식은 그저 존재하지 않았다. 오늘날 일어나고 있는 일은 자연적인 진화 아니면 사회적(문화적) 진화로 달리 해석할 수 있다.

의식적 자각능력이 발달하여 우리의 깨어 있는 삶 전반을 장악하고 나면 그것은 불가능한 것으로 보이는 의식상태, 즉 우리의 몸이 잠들어 있을 때 일어나는 의식상태로 진화해갈 수 있다. 거칠게 표현하자면, 의식은 우리의 일상적인 깨어 있는 마음속의 방을 달려나가 두뇌 속을 계속 확장해간다. 이 과정을 증언하는 증거가 딱 하나 있다. 인구의 절반은 꿈속으로 불꽃처럼 확 들어오는 온전한 자각의식을 경험해보았다고 말한다.

한편, 유체이탈 현상의 기원을 찾는 또 다른 시각은 과학과 문화의 근본적 변혁에 주의를 돌린다. 불과 3~4백 년 전만 해도 평균 지능수준은 오늘날의 절반도 되지 않았다. 하지만 지금은 현대적 교육제

도와 엄청난 정보의 홍수, 번개처럼 빠른 통신 덕분에 우리의 의식은 마음의 자원을 최대치까지 사용해야 한다. 아마도 이 최대치는 충분하지 않을지도 모른다. 우리의 머릿속은 이미 가득 찼고, 아마도 이것이 의식이 겉보기에는 가지 말아야 할 곳, 아니 갈 수 없었던 곳으로 넘쳐 흘러가는 이유일 것이다. 현대사회가 가져온 이런 과부하 때문에 의식이 갈 만한 곳이 아무 데도 남아 있지 않다. 이 때문에 깨어날 때와 꿈꾸는 내내 자연발생적인 분리가 훨씬 더 자주 일어나는 것이다. 그것은 과거에도 있었지만 드물었다. 허나 이제는 끊임없이 일어나는 성질을 띠고 있다.

어느 모로 보나 우리는 지금 새로운 시대로 넘어가는 돌파구의 단계에 와 있다. 즉, 마음과 의식의 새로운 상태의 확립. 이것은 인류 진화의 다음 단계의 논리적 결과가 되었다.

우리는 유체이탈체험에 재능이 있는 아이들에게 특별한 관심을 쏟아야 한다. 대부분의 성인들은 자신도 아주 어렸을 때에는 유체이탈체험을 일상적으로 경험했었다는 사실을 잊어버렸다. 나는 연습 중에 어렸을 적에 유체이탈체험이 얼마나 자주 일어났었는지를 기억해내는 사람들을 많이 만났다. 말을 배우기도 전부터 유체이탈을 할 수 있었지만 나이가 들면서 훨씬 드물게 일어나기 시작하고 점차 그것을 잊어버리게 되었다고 주장하는 아이들과 이야기할 기회도 있었다. 이것은 의식의 자연스러운 진화, 아니면 반대로 퇴보를 말해준다.

어느 쪽이든, 우리는 자신이 가지고 있는 이런 새로운 의식상태로 주의를 돌릴 수 있다. 그리고 그것은 막 발전해가기 시작하고 있는지도 모른다. 전에는 완전히 다른 세 가지 주요 상태를 가지고 있었다면 — 각성, REM 수면, 비非 REM 수면 — 이제 우리는 각성과 REM 수면 사이에 두 가지 특성을 모두 포함하는 무언가를 가지고 있다. 이 상태의 존재에 대한 과학적 증명은 1980년대 초 스탠퍼드 대학의 스티븐 라버지가 처음 시도했다. 꿈을 꾸고 있는 동안의 의식상태에 관한 성공적인 실험이었다. 한편, 오늘날에는 그 실험의 결과가 훨씬 더 많은 종류의 현상에 의미를 부여해주고 있음이 분명하다. 자각몽은 유체이탈여행과 사실상 같은 것이지만 다른 방법의 결과로 발생한다는 사실이 완전히 밝혀졌다. 그리고 우리는 이미 많은 현상들에서 자연발생적인 유체이탈을 확인했다.

그러나 위의 맥락에서 '꿈'이라는 단어를 볼 때 이 현상 자체의 경험이 꿈속에 있는 것과 같은 느낌이리라고 생각하지는 말라. 우리는 극도로 생생한 느낌이 사람들로 하여금 자신이 죽어가고 있거나, 신을 보고 있거나, 외계인을 만나고 있다고 생각하게 만드는 온갖 사례들을 확인했다. 이런 체험을 설명하는 데는 종종 '극사실적'이라는 표현이 동원된다. 대부분의 유체이탈에서 모든 감각은 매우 고조되기 때문에 물리적 세계는 이에 비하면 희미한 꿈처럼 느껴진다.

나는 우리가 몸을 떠날 때 실제로 어디로 가는지에 대한 논의에는 전혀 관심이 없다. 내 일은 오직 사람들에게 그렇게 할 수 있는 기회를 알리고, 그것을 이용하는 방법을 가르쳐주는 것이다. 한편, 실제로 무슨 일이 일어나고 있는지에 대해서는 실습자가 독자적으로 판단하면 된다. 어떤 사람들은 물리적 세계를 영혼의 상태로 여행한다고 믿는다. 또 어떤 사람들은 자신의 영혼이 평행우주를 여행하고 있다고 생각한다. 또 다른 사람들은 이 모든 것이 단지 마음의 한 상태일 뿐이라고 본다.

페이즈의 미래

일정 시간이 지나면 두 세계에서 사는 것이 완전히 가능해질 것이다. 유체이탈여행이나 자각몽을 훈련하는 이들은 실제로 이미 두 세계에서 살고 있다. 그러나 여기서는 훈련이 아니라 우리에게 완전히 일상적인 것이 될 평범한 능력에 대해 이야기하고자 한다.

예를 들어, 어떤 사람이 저녁에 잠자리에 들면 그는 쉽게 금방 몸을 벗어나서 온갖 흥미로운 일들을 할 수 있게 될 것이다. 그리고 아침에 일어나기 전에도 종종 의식적으로 몸 밖에서 시간을 보내고 나서 다시 몸으로 돌아올 수 있게 될 것이다. 실질적으로 우리는 날마다 두세 시간의 여유시간은 가지고 있다. 몸 밖에 있을 때는 시간 감각이 극도로 섬세해진다는 점을 고려하면 이 두세 시간은 오히려 덤으로 얻는 또 하나의 삶에 가까울 것이다. 이것은 동시에 두 세계에 사는 것이라고밖에 표현할 수 없다. 그리고 이것은 완전히 일상적인 현상이 될 것이다.

이 과정은 얼마나 걸릴까? 그리고 언제 이것이 전 인류에게 자연스러운 일이 될까? 아마 몇십 년일 것이다. 어쩌면 한 세기나 천 년이 걸릴 수도 있다. 어쨌든 이 능력은 누구에게나 선천적인 것이지만, 그것이 폭넓게 받아들여지려면 몇 세대가 지나기를 기다려야 한다는 말이다. 그러나 이미 모든 사람들은 기법에 따른 절차를 통해 이것을 접할 수 있다. 필요한 것은 노력뿐이다.

우리는 이 기법을 온갖 다양한 목적에 활용할 것이지만, 유체이탈여행 실습자들에게 그것은 이미 현실이다. 시간과 공간 너머를 여행하고, 산 사람이든 죽은 사람이든 누구든지 만나보고, 필요한 정보를 얻고, 스스로 병을 치유하고, 예술적 영감과 도움을 얻고, 즐거움을 얻고, 또 그보다 훨씬 더 많은 일들을 할 수 있다. 근본적으로 새로운 세계가 우리 앞에 열리고 있다. 그 세계는 우리가 동화책에서나 읽으며 상상하던 세계다. 이 세계는 무한하고 이상적이다. 그곳은 갈 수 있는 곳이고 모든 일이 가능한 곳이다. 그리고 이 모든 것들을 물리적 세계보다 명료하고 온전한 자각의식과 신체 감각을 통해 누릴 수 있다. 아마도 이것 자체가 천국이 아닐까?

어떤 사람들은 우리가 몸을 벗어나면 모종의 평행우주로 들어간다고 믿는다. 그곳은 모든 것이 정보장 같은 것에 의해 제어되는 곳이다. 현실주의적인 사람들은 그것을 새롭게 발달된 정신적 상태라고 부르기를 선호할 것이다. 그 속의 모든 사건들은 초고성능 컴퓨터와 같은 환상적 능력을 지닌 우리의 강력한 잠재의식에 의해 제어되고 있다고 말이다. 그 어떤 슈퍼컴퓨터도 우리 잠재의식의 처리능력에 비하면 눈곱만큼의 능력밖에 발휘하지 못한다. 그것이 제대로 가동되는 것을 보면 당신은 깜짝 놀랄 것이다. 그것은 너무나 심오한 상태여서 아마도 고대인들은 그 현현顯現을 '하나님'으로 묘사한 듯하다. 이것은 자연발생적 유체이탈체험에 이상적인 시간을 분명히 알려주는 주요 성경 구절들이 거의 노골적으로 말해주고 있다.

14 하나님은 한 번 말씀하시고 다시 말씀하시되 사람은 관심이 없도다

15 사람이 침상에서 졸며 깊이 잠들 때에나 꿈에나 밤에 환상을 볼 때에

16 그가 사람의 귀를 여시고 경고로써 두렵게 하시니

(욥기 33장)

당신의 체험을 보내주세요!

당신이 유체이탈 여행(페이즈 진입)을 할 수 있게 되었다면 페이즈 연구센터는 언제든지 당신의 체험을 연구하고 그것을 작업에 적용할 수 있는 가능성을 탐사하고자 합니다. 당신의 첫 경험과 가장 흥미로운 여행 이야기를 이메일로 보내주세요. 당신의 성명과 나이, 국적, 사는 곳과 직업을 잊지 말고 포함시켜주세요. 이메일 주소: obe4u@obe4u.com

14장 최종시험의 답

1. A, B, C, D
2. D
3. B, C, D
4. C
5. A, B, C, D
6. B
7. 정답 없음
8. C
9. A, D, E
10. B, C

11. A, C, D, E
12. A, D, A+D
13. C
14. D, E
15. E
16. B, F
17. C, E
18. B
19. 정답 없음
20. A, C
21. A, B, D
22. A, C, D
23. E
24. B
25. 정답 없음
26. A
27. B, C, D, E
28. B, C, E
29. A, C, D, E
30. A, E

가장 쉬운 방법 요약

움직이거나 눈을 뜨지 않고 깨어난 즉시 몸에서 분리해 나오기를 시도한다. 분리 시도는 상상으로써가 아니라 근육을 움직이지 않으면서 실제 움직임을 일으키려는 의도로써 해야 한다.(굴러 나오기, 공중부양, 일어서기 등.)

3~5초 내에 분리가 일어나지 않는다면 즉시 아래의 간접기법들 중 자신에게 가장 효과적인 기법 몇 가지를 택하여 각각 3~5초 동안 번갈아가며 시도한다. 그중 어떤 기법이 작동한다면 그것을 더 오랫동안 계속한다.

- 이미지 관찰하기: 감은 눈앞에 떠오르는 이미지를 찾아서 살펴보기
- 내부의 소리 듣기: 머릿속에서 들리는 소리에 귀를 기울이거나

들으려는 의지를 강화시킴으로써 그 소리를 키우기

- 회전하기: 머리에서 발로 이어진 회전축을 중심으로 몸이 회전하는 것을 상상하기
- 유체 움직이기: 근육을 긴장시키지 않은 채 신체 일부를 움직이도록 시도하고, 움직임의 폭을 키우기
- 두뇌 긴장시키기: 두뇌를 긴장시키고 진동의 느낌이 일어나면 두뇌를 더욱 긴장시켜 진동을 강화시키기

기법이 확실히 작동하기 시작하면 즉시 그 기법이 더 잘 작동할 때까지 계속한 후, 분리해 나오기를 시도한다. 분리에 실패했다면 작동했던 기법으로 다시 돌아간다.

1분이 지날 때까지 간접기법을 번갈아 행하기를 포기하지 말라. 특히 이상한 감각이 느껴질 때마다 몸에서 분리해 나오기를 수시로 시도해보라.

주의!

페이즈 진입을 시도할 때, 실습자는 자신이 모든 일에 즉각적인 성공을 거두리라는 완전한 확신을 가져야 한다. 약간의 의심만 품어도 그것이 실습자를 몸 안에 남아 있게 할 것이다. 간접기법을 행할 때는 특히 그렇다.

페이즈의 숙달 과정에서 90퍼센트의 실습자가 부딪히는 네 가지의 전형적 장애물은 다음과 같다.

1. 페이즈를 심화시키기를 잊어버림
2. 페이즈를 유지시키기를 잊어버림
3. 페이즈에 들어갔는데 행동계획이 없음
4. 페이즈에서 퇴장당한 후 재진입하기를 잊어버림

페이즈 학교

미하일 라두가의 페이즈 학교는 전 세계 여러 나라에서 훈련 세미나를 연다. 코스의 과정은 학생으로 하여금 페이즈 현상에 숙달되게 하여 페이즈 내에서 여행하는 기술을 터득하게 한다. 현존하는 지부와 세미나 일정에 관한 정보를 다음의 웹사이트에서 얻을 수 있다. www.obe4u.com

우리는 페이즈 학교의 지부를 열거나 세미나를 주최하는 데 관심 있는 분의 연락을 환영한다. 세미나나 파트너십에 관한 문의는 다음 이메일 주소로 하면 된다. obe4u@obe4u.com

페이즈 연구센터

페이즈 연구센터는 2007년에 창립되었다. 애초의 주업은 페이즈 학교에서 페이즈 현상을 가르칠 단순화된 방법론을 개발하기 위해 집단실험을 행하는 것이었다. 이 책은 그 연구의 결과물이다. 센터는 이어서 이 현상의 모든 측면에 대한 연구에 착수하여 현재는 다른 사업과 더불어 페이즈의 근본적 성질을 밝혀내어 페이즈 상태를 제어하고 이 현상을 응용하는 최선의 방법론을 찾아내어 개발하고 대중화하기 위한 실험과 연구를 행하고 있다.

실험에 자원할 사람을 항상 모집하고 있다! 참여자에게는 페이즈에 관한 기초지식과 일주일에 최소한 한 번 페이즈에 진입할 수 있는 능력과 기초적인 영어 구사력이 요구된다. 현대의 정보통신기술 덕분에 어디에 살든지 참여할 수 있다. 당신의 체험이 헛되이 버려지게 놔두지 말고 우리의 실험을 당신의 행동계획 중 하나로 포함시키라!

정보가 더 필요하면 다음의 홈페이지를 방문하라. www.research.obe4u.com

용어 정의

간접기법 순환적용 : 페이즈 진입을 위한 가장 쉬운 방법으로, 잠에서 깨어나자마자 몇 가지 특정 기법을 그중 하나가 작동할 때까지 신속히 번갈아가며 행하는 것.

직접기법 : 사전에 잠을 자지 않았거나, 잠에서 깬 후 몸을 많이 움직였거나, 잠을 깬 지 5분 이상 지난 경우에 페이즈에 진입하기 위한 기법.

간접기법 : 얼마 동안이든 잠을 자고 깨어난 지 5분 이내에 페이즈에 진입하는 방법. — 잠을 깬 후 몸을 거의 움직이지 않았을 경우에만 가능하다.

꿈 자각 : 꿈을 꾸는 중에 그것이 꿈임을 자각함으로써 페이즈에 진입하는 것.

페이즈 심화 : 주변공간을 안정시킴으로써 페이즈를 최대한 실감 나게 만들기 위한 방법.

페이즈 유지 : 잠속으로 의식이 이탈하거나 현실로 돌아오거나 헛깨기를 하지 않도록 방지하여 페이즈 상태를 유지하기 위한 방법.

페이즈, 페이즈 상태 : REM 수면(급속안구운동) 중 뇌에서 활성화되는 의식 중심이 개입하는 모든 현상을 가리키는 포괄적인 용어.

유체이탈(OBE), 자각몽(LD), 아스트랄 투사 : 페이즈라는 용어로 총칭되는 현상들로서, 의식이 깨어 있는 동안 자신의 의식이 일상적인 육체적 지각의 범위를 벗어나 있음을 깨닫는 상태다.

REM(rapid eye movement) : 렘수면(렘 페이즈), 수면기간 중 두뇌활동이 증가하고 안구운동이 빨라지면서 꿈을 꾸는 수면단계.

퇴장 : 일상적 현실로 저절로 돌아와버림으로써 페이즈가 뜻하지 않게 종료되는 것.

수면마비 : 혼수상태. 잠에 빠지거나 깨어날 때, 페이즈에 진입하거나 빠져나올 때 흔히 일어나는 몸의 완전한 마비상태.

형틀(stencil) : 페이즈에서는 더 이상 지각되지 않는 진짜 몸.